中经"精品课程"系列
中经新文科·财经类系列规划教材

企业内部控制

主　编：田亚会　邝　雨　曲俊颖
副主编：闻　坤　时晓琼　姜　飞
　　　　邓　蔚　蒋　玲

中国经济出版社　中国石化出版社

·北京·

图书在版编目（CIP）数据

企业内部控制 / 田亚会，邝雨，曲俊颖主编．
北京：中国经济出版社：中国石化出版社，2025.6.
ISBN 978-7-5136-8190-2

Ⅰ.F272.3

中国国家版本馆 CIP 数据核字第 20256U6M61 号

选题策划	雷　生
责任编辑	贾轶杰
责任印制	李　伟
封面设计	任燕飞

出版发行	中国经济出版社
印 刷 者	天津嘉恒印务有限公司
经 销 者	各地新华书店
开　　本	889 mm×1194 mm　1/16
印　　张	18.5
字　　数	471 千字
版　　次	2025 年 6 月第 1 版
印　　次	2025 年 6 月第 1 次
定　　价	49.80 元

广告经营许可证　京西工商广字第 8179 号

中国经济出版社 网址 http://epc.sinopec.com/epc/ 社址 北京市东城区安定门外大街 58 号 邮编 100011
本版图书如存在印装质量问题，请与本社销售中心联系调换（联系电话：010-57512564）

版权所有　盗版必究（举报电话：010-57512600）
国家版权局反盗版举报中心（举报电话：12390）　服务热线：010-57512564

CONTENTS 目 录

理论篇

项目一　总论　003

任务一　内部控制的产生与发展…………………………………………009
任务二　内部控制的概念与要素…………………………………………020
任务三　内部控制的原则与方法…………………………………………024
任务四　内部控制的内容与局限…………………………………………028

项目二　企业内部控制环境　040

任务一　企业的组织架构…………………………………………………043
任务二　企业的发展战略…………………………………………………046
任务三　企业的人力资源…………………………………………………048
任务四　企业的社会责任…………………………………………………050
任务五　企业的文化建设与评估…………………………………………055

项目三　企业风险评估　063

任务一　企业风险简述……………………………………………………066
任务二　企业的风险识别…………………………………………………075
任务三　企业的风险评估…………………………………………………079
任务四　企业的风险应对…………………………………………………085

项目四　企业控制活动　　093

- 任务一　授权审批与不相容职务分离控制……………………………095
- 任务二　预算与运营分析控制……………………………100
- 任务三　会计系统与财产保护控制……………………………112
- 任务四　绩效考评控制……………………………116

项目五　企业信息与沟通　　126

- 任务一　信息与沟通简述……………………………128
- 任务二　企业信息与沟通主要风险及控制……………………………134
- 任务三　企业信息与沟通中的冲突与协调……………………………140

项目六　企业内部监督　　153

- 任务一　内部监督简述……………………………157
- 任务二　企业内部监督主要风险和控制……………………………160
- 任务三　企业内部检查评价……………………………163

实践篇

项目七　全面预算管理内部控制　　185

- 任务一　全面预算管理内部控制概述……………………………187
- 任务二　全面预算管理内部控制流程……………………………190
- 任务三　全面预算管理内部控制风险评估……………………………194
- 任务四　全面预算管理内部控制措施……………………………196

项目八　筹资业务内部控制　　202

- 任务一　筹资业务内部控制概述……………………………203

任务二　筹资业务内部控制流程 …………………………………………………… 205
　　任务三　筹资业务内部控制风险评估 ………………………………………………… 208
　　任务四　筹资业务内部控制措施 ……………………………………………………… 210

项目九　投资业务内部控制　　　219

　　任务一　投资业务内部控制概述 ……………………………………………………… 220
　　任务二　投资业务内部控制流程 ……………………………………………………… 222
　　任务三　投资业务内部控制风险评估 ………………………………………………… 226
　　任务四　投资业务内部控制措施 ……………………………………………………… 228

项目十　采购与付款业务内部控制　　　236

　　任务一　采购与付款业务内部控制概述 ……………………………………………… 237
　　任务二　采购与付款业务内部控制流程 ……………………………………………… 239
　　任务三　采购与付款业务内部控制风险评估 ………………………………………… 243
　　任务四　采购与付款业务内部控制措施 ……………………………………………… 245

项目十一　存货与生产业务内部控制　　　250

　　任务一　存货与生产业务内部控制概述 ……………………………………………… 251
　　任务二　存货与生产业务内部控制流程 ……………………………………………… 253
　　任务三　存货与生产业务内部控制风险评估 ………………………………………… 257
　　任务四　存货与生产业务内部控制措施 ……………………………………………… 259

项目十二　销售与收款业务内部控制　　　265

　　任务一　销售与收款业务内部控制概述 ……………………………………………… 266
　　任务二　销售与收款业务内部控制流程 ……………………………………………… 268
　　任务三　销售与收款业务内部控制风险评估 ………………………………………… 271
　　任务四　销售与收款业务内部控制措施 ……………………………………………… 274

项目十三　固定资产管理内部控制　　279

　　任务一　固定资产管理内部控制概述 …………………………………… 280
　　任务二　固定资产管理内部控制流程 …………………………………… 281
　　任务三　固定资产管理内部控制风险评估 ……………………………… 284
　　任务四　固定资产管理内部控制措施 …………………………………… 286

理论篇

项目一 总论

学习目标

知识目标	技能目标	素养目标
1. 了解内部控制的产生与发展。 2. 掌握内部控制的概念和要素。 3. 理解内部控制的原则和方法	1. 能够结合内部控制的发展历程对内部控制的发展趋势进行分析。 2. 能够结合具体案例分析企业内部控制的方法	1. 培养学生遵纪守法的法律意识。 2. 学会用历史观、政治观理解和运用政策

思政融入点

1. 在讲解内部控制的产生与发展时，在"以专业知识为纲"的基础上，基于政策导向和公众关注热点组织教学内容，从而使学生能够关注经济现实，评价和认知我国国情。

2. 在讲解内部控制的原则时，结合财务造假及舞弊等违背会计职业道德、破坏市场秩序、扰乱社会治安的行为，培养学生具有诚信服务品德和法律法规意识等良好的职业素养。

知识框架图

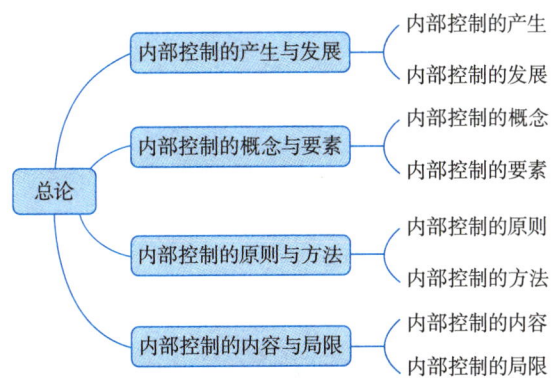

开篇案例

中航油新加坡公司内部控制案例分析

中国航油集团（新加坡）股份有限公司［以下简称中航油新加坡公司，为中国航空油料集团公司（以下简称中航油）的海外子公司］在高风险的石油衍生品期权交易的过程中蒙受了高达5.5亿美元的巨额亏损，成为继巴林银行破产以来最大的投机丑闻。中航油事件发生的根本原因在于其企业内部控制在执行方面的不完善。2004年，美国反虚假财务报告委员会（COSO）颁布了新的内部控制框架——《企业风险管理——整合框架》，不仅满足了企业加强内部控制的需求，也促进了企业建立更为全面的风险管理体系。

一、中航油事件简介

（一）中航油简介

中航油成立于2002年10月11日，是以原中国航空油料总公司为基础组建的国有大型航空运输服务保障企业，是国内最大的集航空油品采购、运输、储存、检测、销售、加注于一体的航油供应商。

中航油前身——中国航空油料总公司，核心业务包括全国100多个机场的供油设施的建设和加油设备的购置，为中外100多家航空公司的飞机提供加油服务（包括航空燃油的采购、运输、储存直至加入飞机油箱等）。

（二）中航油事件经过

2001年12月6日中航油新加坡公司获批在新加坡交易所上市时，该公司的业务中并没有后来引发巨亏风波的期权交易，上市的招股说明书中载明，中航油新加坡公司的石油贸易包括轻油、重油、原油、石化产品和石油衍生品五部分，其核心业务是航油采购，衍生品包括纸货互换和期货。

2002年3月，为了能在国际油价市场上拥有话语权，中航油新加坡公司开始了期权交易。对期权交易毫无经验的中航油新加坡公司最初只从事背对背期权交易，即只扮演代理商的角色，为买家和卖家服务，从中赚取佣金，没有太大风险。自2003年开始，中航油新加坡公司进行风险更大的投机性期权交易，而此业务仅由公司的两位外籍交易员进行。在2003年第三季度前，由于对国际石油市场价格的判断与实际走势一致，中航油新加坡公司尝到了甜头，于是一场更大的冒险拉开了序幕。

2003年第四季度，中航油新加坡公司对未来油价走势的错误判断为整个巨亏事件埋下了根源，引发了一连串不利的连锁反应。由于错估了石油价格趋势，公司调整了期权交易策略，卖出买权并买入卖权，此举导致期权在2003年第四季度出现120万美元的账面亏损（以市值计价）。2004年第一季度，期权盘位到期，公司开始面临实质性的损失。当时正在与新加坡石油公司（SPC）、英国富地、淡马锡等多家外国企业谈合作的中航油新加坡公司顾虑重重，最终选择在没有经过任何商业评估的情况下于2004年1月进行了第一次挪盘，即买回期权以关闭原先盘位，同时出售期限更长、交易量更大的新期权。出售的期权盘位多是在2004年第二季度至2005年第一季度到期，但也有一些甚至延伸到2005年第四季度。

根据普华的调查，虽然中航油新加坡公司公布的公告中2004年第一财政季度税前利润为1900万新加坡元，但它实际上已经亏损了640万新加坡元。

油价还在上涨，2004年6月，由于1月的挪盘，中航油新加坡公司陷入更大的危机中，面临着更巨额的亏损，似乎已经无路可退的中航油新加坡公司决定进行第二次挪盘。随着油价上升时呈指数级的扩大，6月挪盘的风险已经远远高于1月的挪盘，关闭原先盘位，出售期限更长、交易量更大的新期权交易成本也大幅增加。此次挪盘出售的大多数新期权是在2004年下半年或2005年到期。

如果期权对家提供的挪盘信息是正确的，而且公司能够对此进行正确分析和判断，中航油新加坡公司的情况原本可以改善。普华认为那时中航油新加坡公司还有机会。然而到了2004年第二季度，中航油新加坡公司的亏损已经扩大到了5800万新加坡元。

2004年9月，中航油新加坡公司再一次挪盘。与前两次挪盘不同的是，中航油新加坡公司不再与某个期权对家一对一地进行交易，而是同5个期权刘家同时交易。这次挪盘从8月31日持续到了9月27日。这次挪盘同样成倍扩大了风险，而不断高涨的保证金最终耗尽了公司的现金，也不再有银行愿意为其提供备用信用证，最终导致了财务困境。当中航油新加坡公司公布第三财政季度税前利润为1130万新加坡元时，实际上亏损已达3.146亿新加坡元。

二、中航油事件中的期货背景

中航油新加坡公司原总裁陈久霖在炒石油期货指数时，造成了5.5亿美元的巨额亏损，把套期保值做成了投机，破产并非意料之外。2003年初，伊拉克战争爆发，从2003年下半年开始，中航油新加坡公司参与石油期货、期权交易，买入并做多石油期权。此时国际油价波动上涨，陈久霖初战告捷，截至2003年底共盈利580万美元。尝到了甜头的中航油新加坡公司决定加大对期货市场的投资。

2004年第一季度，伊拉克战争结束，油价涨到30美元/桶，陈久霖认为未来石油价格上涨无望，价格将回落至战争前的水平，于是开始卖出期权，做空市场。事实证明这次改变交易的策略是错误的，由于战争，石油减产、供给减少，而世界石油需求量不断扩大，油价继续上涨。在期权盘位到期公司将面临亏损的情况下，不愿服输的陈久霖分别在2004年1月、6月和9月先后进行了三次挪盘，即买回期权以关闭原先盘位，同时出售期限更长、交易量更大的新期权。在杠杆效应的作用下，每次挪盘均成倍扩大了风险，该风险在油价上涨时呈指数级扩大，直至中航油新加坡公司不再有能力支付交易的保证金，最终爆仓，导致了财务困境，全面负债高达数亿美元。

陈久霖卖空期权损益，在于持有空头期权交易策略的投资者判断或者说预测、猜测的原油价格未来变化方向是否与预期一致。如果未来的石油价格呈现熊市，即价格普遍走低，那么该投资便会盈利，这正是中航油新加坡公司所期望的石油价格走势。但是，如果未来的石油价格呈现牛市，即价格普遍上涨，石油的价格走势与投资者的愿望恰恰相反，投资者便要承担损失。而事实上对于中航油新加坡公司而言，这句话不幸言中了。不难看出，中航油新加坡公司所采用的空头看涨期权策略是一个风险很高的投资策略，当石油市场呈现熊市时，空头看涨期权的持有者便盈利，但盈利的数额是有限的，最大盈利数额就是期初卖出。当市场呈现牛市时，投资者的风险是无限的。市场判

 | 企业内部控制 |

断失误是难以避免的，陈久霖的主要错误是卖空头头寸太大，并且采用了输了加倍的"赌徒策略"。这种交易既不是期货上典型的套期保值，也不是价差套利，这种做法就像把赌注押在投硬币出现正反面一样，是一种猜测性质的投机行为，风险很大。因此，交易者必须对市场行情进行研究分析，不断优化投资方案。中航油新加坡公司最后期权的持仓量已经超过了企业的交收能力，那为什么还会交易？难道公司内部控制就没有发现？显然，这是不可能的。

三、从内部控制角度分析中航油事件

1992 年，美国 COSO 进行深入研究之后发布了一份关于内部控制的纲领性文件《内部控制——整合框架》。在此基础上，2004 年又颁布了《企业风险管理——整合框架》，提出了内部控制八要素，即内部环境、目标制定、事项识别、风险评估、风险反应、控制活动、信息和沟通以及监控。以下将从这八个角度来分析中航油事件。

（一）内部环境

内部环境包含组织的基调，它为主体内的人员如何认识和对待风险设定了基础，包括风险管理理念和风险容量、诚信和道德价值观以及经营环境。

中航油新加坡公司聘请国际著名的安永会计师事务所制定了国际石油公司通行的风险管理制度，建立了股东会、董事会、管理层、风险管理委员会、内部审计委员会等制衡制度和风险防范制度，还受到新加坡证监会的严格监管。但是深入挖掘发现，企业的内部环境在中航油事件中起了很大的作用。作为以创业性的管理层为主导的企业，管理层经常会凭借过去优秀的业绩来主导企业，这样的企业文化、对待风险控制的态度，往往以管理层好恶为宗旨。中航油新加坡公司管理层在期货交易中根本没有意识到风险，而是相信自己的判断——油价冲高后必然会回落。而在投资失败以后，陈久霖还认为，只要再有一笔钱就能挺过去，就能翻身。从首席执行官的独断专行可见企业内部环境之恶劣。而集团公司也过于看重陈久霖过去为集团公司所做的贡献，因此，在知道陈久霖因场外期货交易发生了严重损失后，不仅没有果断采取措施，减少亏损，反而通过出售部分股权进一步融资，并再次进行投机，致使中航油新加坡公司的损失达到了天文数字。所以，极端的风险偏好、畸形的风险文化和畸形的管理结构体现了中航油新加坡公司极为恶劣的内部环境。

（二）目标制定

企业风险管理能确保管理当局采取适当的程序去设定目标，确保所选定的目标支持契合该主体的使命，并且与它的风险容量相符。

自 1997 年起，中航油新加坡公司先后进行了两次战略转型，最终定位为集石油实业投资、国际石油贸易和进口航油采购于一体的工贸结合型实体企业。在陈久霖的推动下，中航油新加坡公司从 2001 年上市就开始涉足石油期货。在取得初步成功之后，中航油新加坡公司管理层在没有向董事会报告并取得批准的情况下，无视国家法律法规，擅自将企业战略目标移位于投机性期货交易。这种目标设立的随意性，以及对目标风险的藐视，最终使企业蒙受巨大损失。

（三）事项识别

一个组织必须识别影响其目标实现的内外部事项，区分表示风险的事项和表示机遇的事项，引导管理层的战略或者目标始终不偏离。

国务院于 1998 年 8 月发布的《国务院关于进一步整顿和规范期货市场的通知》中明确规定："取得境外期货业务许可证的企业，在境外期货市场只允许进行套期保值，不得进行投机交易。"1999 年 6 月，以国务院令发布的《期货交易管理暂行条例》第四条规定："期货交易必须在期货交易所内进行。禁止不通过期货交易所的场外期货交易。"第四十八条规定："国有企业、国有资产占控股地位或者主导地位的企业进行期货交易，限于从事套期保值业务，并应当遵守下列规定：（一）进行期货交易的品种限于其生产经营的产品或者生产所需的原材料；（二）期货交易总量应当与其同期现货交易总量相适应；（三）中国证监会的其他规定。"中航油新加坡公司违规之处有三点：一是做了国家明令禁止的事；二是场外交易；三是超过了现货交易总量。

（四）风险评估

风险评估在于分析和确认内部控制目标实现过程中"不利的不确定因素"，帮助企业确定何处存在风险、怎样进行风险管理，以及需要采取何种措施。

中航油新加坡公司从事的场外石油衍生品交易具有高杠杆效应、风险大、复杂性强等特点，但由于内部没有合理定价衍生产品，大大低估了所面临的风险，再加上中航油新加坡公司选择的是一对一私下场外交易，整个交易过程密不透风，因此中航油新加坡公司承担的风险要比场内交易大得多。

（五）风险反应

管理当局选择风险应对（回避、承受、降低或者分担风险），采取一系列行动，以便把风险控制在主体的风险容限和风险容量以内。

在油价不断攀升导致潜亏额疯涨的情况下，中航油新加坡公司的管理层连续几次选择延期交割合同，期望油价回跌，交易量也随之增加。一次次挪盘把到期日一次次往后推，导致风险和矛盾滚雪球似的加倍扩大，最终达到无法控制的地步。

（六）控制活动

制定和执行政策与程序，以确保风险应对得以有效实施。

中航油新加坡公司曾聘请国际"四大"之一的安永会计师事务所为其编制《风险管理手册》，设有专门的七人风险管理委员会及软件监控系统。实施交易员、风险控制委员会、审计部、总裁、董事会层层上报、交叉控制的制度，规定每名交易员损失 20 万美元时要向风险控制委员会报告和征求意见；当损失达到 35 万美元时要向总裁报告和征求意见，在得到总裁同意后才能继续交易；任何导致损失 50 万美元以上的交易将自动平仓。中航油新加坡公司总共有 10 位交易员，如果严格按照《风险管理手册》执行，损失的最大限额应是 500 万美元。但在实际风险控制机制中，陈久霖一手遮天，在获悉 2004 年第一季度出现 580 万美元的账面亏损后，并没有按照风险控制程序进行斩仓止损，而是孤注一掷，继续扩大仓位，最终使亏损额高达 5.5 亿美元，以致公司申请破产保护。

（七）信息和沟通

相关的信息可以确保员工履行其职责。有效沟通包括信息在主体中的向下、平行和向上流动。

中航油新加坡公司从事石油期权投机交易历时一年多，从最初的 200 万桶发展到出事时的 5200 万桶，一直未向中航油报告，中航油也没有发现。母公司知悉其违规活动是在一年以后。由此可见，中航油新加坡公司和集团公司之间的信息沟通不顺畅，会计信息失真。

（八）监控

对企业风险管理进行全面监控，必要时加以修正，有利于企业降低风险。监控可以通过持续地监督活动、个别评价或者两者结合来完成。

中航油新加坡公司拥有一个由部门领导、风险管理委员会和内部审计部组成的三层内部控制监督结构。但其交易员没有遵守《风险管理手册》规定的交易限额，没有向公司其他人员提醒各种挪盘活动的后果和多种可能性，挪盘未经董事会批准或者向董事会汇报，财务报表中亦未报告亏损；风险控制员没有正确计算公司期权交易的收益，没有准确汇报公司的期权仓位情况和敞口风险；财务部门的首要职责是对交易进行结算，而在2004年5月到2004年11月长达7个月的时间内，中航油新加坡公司共支付了近3.81亿美元由不断新增的损失引发的保证金，甚至动用了董事会和审计委员会明确规定有其他用途的贷款。风险管理委员会在所有重大问题上未履行其职责。在公司开始期权这项新产品交易时，风险管理委员会没有进行任何必要的分析和评估工作；交易开始后，未能对期权交易设置准确的限额，也未能准确报告期权交易；在期权交易挪盘时，未能监督执行相关的交易限额，未能控制公司的超额交易，未指出挪盘增加了公司的风险，也未建议斩仓止损；向审计委员会提供的衍生品交易报告中，实际隐瞒了公司在期权交易中面临的各种问题；未向董事会报告公司的期权交易和损失情况。内部审计部没有定期向审计委员会报告，即使报告也是内容重复，敷衍了事，甚至营造公司内部控制运行良好的假象。

四、中航油事件的启示

（1）制定严格的操作规程，禁止过度投机，完善内部治理制度，杜绝越陷越深、无法自拔。

（2）建立严格的衍生金融工具使用、授权和核准制度。企业使用衍生金融工具应由高级管理部门、董事会或相关的专门委员会如审计委员会、财务委员会授权核准，并进行合法性、合规性检查；衍生金融工具的授权、执行和记录必须严格分工，如由独立于初始交易者的负责人授权批准，由独立于初始交易者的其他人员负责接收来自交易对方对交易的确认凭证；对交易伙伴的信誉进行评估，并采取措施控制交易伙伴的信用风险；建立健全的衍生金融工具保管制度和定期盘点核对制度；建立投机项目的投资限额制度，规定衍生金融工具投资的最高限额。将风险控制在可以接受的范围之内；严格限定衍生金融工具的适用范围，除为了规避实际外贸业务中的不确定风险外，禁止从事以投机为手段的投资行为。

（3）加强对操作人员的业务培训和职业道德教育，提高他们的职业水平和道德水准。衍生金融工具不断创新，种类众多，业务操作人员必须认真学习和分析各种衍生金融工具的特点、风险，同时加强职业道德教育，避免因业务人员越权违规操作带来巨额的经济损失。

（4）培养期货交易人才。公司的期货交易必须任用信得过的交易人员，做到核心机密内部人掌握。中航油新加坡公司参与此次交易、掌握交易核心机密的交易员均是外籍人。像这种核心机密被外籍人士掌握和运作，即使在美国这样的国家也是很少出现的，如美国的高盛、摩根士丹利等公司，掌握核心机密的关键交易员大多是美国人。

（5）实施严格的信息披露制度，加强外部监管，将所谓"表外业务"纳入表内披露。中航油新加坡公司从事场外交易历时一年多，从最初的200万桶发展到出事时的5200万桶，一直未向中航油报告，中航油也没有发现。

（6）对经理人的风险偏好进行评估，并采取合理的监管措施。

（7）随着市场经济的深化、金融市场的逐步国际化，衍生金融工具也必将迅速发展。因而，必须完善法规制度，使企业在投资或投机衍生金融产品时有据可依、有章可循，能够对高风险的投机业务实施必要的风险控制，以避免类似中航油事件的再次发生。

五、总结

中航油2004年发生的巨额国有资产亏损事件使我们了解到，我国企业在进行金融投资活动，尤其是在从事风险较高的金融衍生品投资活动中，与之配套的资金进出监督机制、金融风险控制措施以及自我保护意识等方面都还存在不足之处。但是国际金融投资，尤其是国际金融衍生品投资对于国有资产而言，无论是保值、增值，控制价格风险，还是套现获利，都具有积极的作用。通过中航油事件，我们要吸取经验教训：一方面，更加积极、深入地学习并完善金融投资的有关知识与技巧，规范国内金融投资市场，健全相关法律法规制度；另一方面，在实际进行金融投资时应该更加谨慎、更加稳健。对于那些在金融市场中游弋的国际金融大鳄们，更要加倍留意，时刻提防。笔者相信，只要吸取教训，完善相关规章制度，时刻保持警惕，我国企业一定能够在国际金融投资市场中发展得更大、更好。

资料来源：https：//wenku.baidu.com/view/5017ab22e53a580216fcfeab.html。

任务一　内部控制的产生与发展

一、内部控制的产生

内部控制的最初源头是内部牵制。现代内部控制思想产生于18世纪产业革命以后，是企业规模扩大和资本大众化的结果。18世纪末，美国铁路公司率先对遍及各方的客货运输业务采用内部稽核制度，由于效果显著，被各大企业纷纷仿效。20世纪初，随着股份公司规模的扩大、所有权与经营权的进一步分离，为了查错纠弊的需要，在西方一些企业中逐步出现了能组织、调节、制约和监督生产经营活动的一些简单的内部控制制度。20世纪30年代，世界性的经济大危机迫使许多企业普遍加强对生产经营活动的控制，企业内部控制制度得到了进一步的发展，内部控制的范围在会计及财务范围的基础上延伸到了企业所有部门及整个业务活动。此外，在内部控制内容日益丰富的同时，人们对内部控制的认识也得到了极大的提高。内部控制实践的完善促进了内部控制理论的发展。1929年，美国注册会计师协会（AICPA）和美国联邦储备委员会（FRB）修订发布了《财务会计报表的验证》，这是最早涉及内部控制的专业文献。最早定义内部控制概念的则是1936年发布的《独立公共会计师对会计报表的审查》，该文献认为内部控制是"为了保护公司现金和其他资产的安全、检查账簿记录准确性而在公司内部采用的各种手段和方法"。1963年，美国审计程序委员会在其发布的《审计程序第23号文件》中进一步将内部控制划分为会计控制与内部管理控制两大类。

近代内部控制不仅在美国得到了迅速发展，也被其他一些发达国家重视并迅速推广应用。英国

注册会计师协会在 1961 年提出了完整的内部控制概念。加拿大、澳大利亚的一些学者对内部控制理论问题也进行了深入探讨。日本企业界则认为，随着企业破产逐渐成为社会问题，对企业内部管理方面的审查也应当严格起来，即使企业在经营效果上达到了考核标准，从内部管理角度来看，需要彻底加以评价的方面也还有很多，应当把加强内部控制作为改善企业素质的重要措施来看待。

我国在周朝曾出现"一毫财赋之出入，数人耳目之通焉"的记载。1990 年后，我国开始在理论上广泛研究内部控制。同时，我国政府加大内部控制建设的推动力度：1996 年中国注册会计师协会发布《独立审计具体准则第 9 号——内部控制与审计风险》；1997 年中国人民银行颁布《加强金融机构内部控制的指导原则》；1999 年证监会发布上市公司完善内部控制的规定；1999 年第九届全国人民代表大会常务委员会第十二次会议修订并通过了《中华人民共和国会计法》（以下简称《会计法》），提出建立内部会计监督制度的要求；2001 年财政部颁布了一系列会计控制规范；2002 年中国人民银行发布《商业银行内部控制指引》；2002 年证监会发布《证券投资基金管理公司内部控制指导意见》；2006 年国务院国有资产监督管理委员会（以下简称国资委）发布了《中央企业全面风险管理指引》；2008 年财政部等五部委联合颁发《企业内部控制基本规范》；2010 年财政部等五部委又联合发布《企业内部控制配套指引》（包括应用指引、评价指引和审计指引）；2010 年财政部发布《企业内部控制规范讲解》；2012 年财政部发布《行政事业单位内部控制规范（试行）》，国资委发布《关于加快构建中央企业内部控制体系有关事项的通知》；2015 年财政部颁发《关于全面推进行政事业单位内部控制建设的指导意见》；2017 年财政部颁发《小企业内部控制规范（试行）》。

由上可知，内部控制制度是人类社会生产力发展到一定阶段的产物。随着社会生产力的不断发展、企业规模的扩大，企业一方面必须对生产经营活动进行科学的计划和组织，使人力、财力及物力得到合理配置和有效利用；另一方面必须加强对生产经营活动的控制和调节，明确企业内部各个部门的职责和权限，使企业生产经营活动有序地进行。为此，企业需要制定能够保证实现上述管理目标的业务控制方法、措施和程序。

二、内部控制的发展

内部控制是一个动态的发展过程，这一发展过程有多种归纳方法。本书对五个阶段分类法进行介绍，具体包括内部牵制、内部会计控制与内部管理控制、内部控制结构、内部控制整体框架及风险管理整合框架五个阶段。

（一）内部牵制阶段

内部牵制早在古罗马时代就已经出现，当时对会计账簿实施"双人记账制"，即某笔经济业务发生后，由两名记账人员同时在各自的账簿上加以登记，然后定期核对双方的账簿记录，以检查有无记账差错或舞弊行为，进而达到控制财物收支的目的。内部牵制的内容主要包括以下几个方面。

1. 体制牵制

体制牵制是指通过组织规划与结构设计，把各项业务活动按照其作业环节划分后，交由不同的部门或人员，实行分工负责，相互制约，如将会计与出纳人员相互分离进行制约等。

2. 簿记牵制

簿记牵制是指在账簿组织方面，利用复式记账原理和账簿之间的勾稽关系，做到互相制约，如原始凭证与记账凭证之间的核对等。

3. 实物牵制

实物牵制是指由两个或两个以上人员共同掌管必要的实物工具，共同操作完成一定程序，如同时由两名人员共同掌管保险柜钥匙等。

4. 机械牵制

机械牵制是指利用既定的标准或业务处理程序对各个部门、岗位或人员进行控制。例如，对会计凭证处理程序和处理路线做出规定，将单、证、账、表记录系统连接起来，使其对单位各项经济业务活动的全部过程做出及时、完整、准确的反映。同时，把各个职能部门连成一个相互制约、相互监督的有机整体，相互牵制。

内部牵制以查错防弊为目的，以职务分离和账目核对为手法，以钱、账、物等会计事项为主要控制对象。《柯氏会计词典》将其特点归纳为"以任何个人或部门不能单独控制任何一项或一部分业务权力的方式进行组织上的责任分工，每项业务通过正常发挥其他个人或部门的功能进行交叉检查或交叉控制"，即任何个人或部门不能单独拥有一项业务的所有权力。一项或一部分业务必须经过至少两个人或两个部门来完成，在其间进行责任分工，就可以在很大程度上减少无意识的出现差错和有意识的营私舞弊行为发生的可能性。

内部牵制的这些设想是合理的。内部牵制机制确实有效地减少了错误和舞弊行为，因此在现代内部会计控制理论中，内部牵制仍然占有相当重要的地位，并成为有关组织机构控制及职务分离控制的基础。

（二）内部会计控制与内部管理控制阶段

1949 年，美国审计程序委员会下属的内部控制专门委员会发表了题为《内部控制——协调系统诸要素及其对管理部门和注册会计师的重要性》的专题报告。该报告认为："内部控制是企业所制定的旨在保护资产、保证会计资料可靠性和准确性、提高经营效率、推动管理部门所制定的各项政策得以贯彻执行的组织计划和相互配套的各种方法及措施。"

这一定义在当时被普遍认为是对内部控制这一重要概念的重大贡献。但该报告定义的内部控制概念内容十分宽泛，尤其是加重了审计人员的职责。对此，美国审计程序委员会又将内部控制划分为会计控制和管理控制两大类。前者由组织计划及与保护资产和保证财务资料可靠性有关的程序以及记录构成；后者包括但不限于组织计划及与管理部门授权办理经济业务的决策过程有关的程序及其记录。这一划分方法称为内部控制的"制度二分法"。

（三）内部控制结构阶段

AICPA 的文献界定了会计控制概念，而公司经理们在实践中运用着管理控制概念。为了协调这一矛盾，1988 年 4 月，AICPA 发布了《审计准则公告第 55 号》，首次以"内部控制结构"一词取代"内部控制"一词，该公告的颁布可以视为内部控制理论研究的一个新的突破性成果。以"财务报表审计对内部控制结构的考虑"为主题的《审计准则公告第 55 号》指出，"企业的内部控制结构包括为合理保证企业特定目标的实现而建立的各种政策和程序"，并且明确了内部控制结构由以下内容构成。

1. 控制环境

控制环境是指对建立、加强或削弱特定政策和程序效率发生影响的各种因素。具体内容包括：管理者的思想和经营作风；企业组织结构；董事会及其所属委员会，特别是审计委员会发挥的职能；确定职权和责任的方法；管理者监控和检查工作时所用的控制方法，包括经营计划、预算、预测、利润计划、责任会计和内部审计；人事工作方针及其执行、影响本企业业务的各种外部关系。

2. 会计制度

会计制度规定各项经济业务的鉴定、分析、归类、登记和编报的方法，明确各项资产和负债的经营管理责任。健全的会计系统应当有助于以下目标的实现：鉴定和登记一切合法的经济业务；对各项经济业务进行分类，作为编制财务报表的依据；将各项经济业务按照适当的货币价值计价，以便列入财务报表；确定经济业务发生的日期，以便按照会计期间进行记录；在财务报表中恰当地表述经济业务并对有关内容进行揭示。

3. 控制流程

控制流程是指管理层制定的用以保证达到一定目的的方针和程序。具体内容包括：经济业务和经济活动的批准权限；明确各人员的职责分工，防止对正常业务错弊隐藏行为的发生。

上述内部控制结构概念正式将内部控制环境纳入内部控制的范畴，同时不再区分会计控制和管理控制。这些改变反映了20世纪70年代后期以来内部控制实务操作和理论研究的新动向。

根据我国《独立审计具体准则第9号——内部控制与审计风险》的规定，内部控制包括控制环境、会计系统和控制流程三个方面。准则中将会计制度改为会计系统。

（四）内部控制整体框架阶段

2013年，美国COSO发布了《内部控制——整合框架》（2013版）。自COSO发布1992版的整体框架以来，其商业环境已变得大为不同，新生产技术和复杂组织结构的不断涌现，以及愈加严格的监管要求，促使企业在满足旧框架运营、合规、财务报告内部控制目标的基础上，越来越关注公司治理和风险管理，越来越重视非财务报告的内部控制。

此外，近年来由于内部控制失效而发生的一系列舞弊事件以及金融危机的破坏性影响，也进一步要求加强和完善内部控制标准。以上这些因素都推动了COSO对已颁布20年之久的原框架做出相应更新，以帮助企业高效率地制定内部控制系统，实现重要的业务目标并持续优化企业绩效；适应日益复杂和不断变化的商业环境，将风险降至可接受的水平并提高决策信息的可靠性。

《内部控制——整合框架》（2013版）在内部控制的定义、内部控制五要素等方面与1992版在核心上基本保持一致。为了顺应全球化背景下企业运营及业务环境的变化，满足利益相关者对企业治理不断增长的需求，《内部控制——整合框架》（2013版）在定义、要素和目标等方面进行了更新和拓展。这些优化旨在为管理层提供具体的指引，协助其设计、实施和执行内部控制，以及评估和优化内部控制发挥有效的作用。《内部控制——整合框架》（2013版）还有一个显著的变化，就是在五要素的基础上提炼出了十七项总体原则，将内部控制的五要素和十七项总体原则组合起来就构成了内部控制的标准，此标准适用于所有的企业和组织。在十七项总体原则中，每一项总体原则又由代表其重要特征的多个关注点支持，每个关注点都与十七项原则中的某个原则相对应，而每一项原则也都与五要素中的某个要素相对应，使得内部控制体系的评价更加有据可循。

《内部控制——整合框架》(2013版)对内部控制的定义、目标、要素以及十七项总体原则等更新、拓展、优化如下。

1. 优化了内部控制的定义

内部控制是由企业董事会管理层和全体员工实施的旨在为实现控制目标提供合理保证的过程。内部控制是一个动态和整合的过程,是一个持续不断的过程,受组织的董事会、管理层和其他员工的影响,旨在为运营、报告和遵循目标相关的实现提供合理的保证。

新版内部控制的定义进一步强调了以下几个方面的内容。

(1) 内部控制旨在实现企业管理的各项目标。这些相互独立又互有重叠的目标主要包括运营目标、报告目标、合规目标。

(2) 内部控制是一个持续不断的优化、整合过程。此过程包括持续的任务和活动,是达到目的的手段,而非目的本身。

(3) 内部控制由各层级的人员来实施。企业(或组织)中各层级人员的执行力将对内部控制的实施产生重要的影响,如政策制度、流程手册、系统和表单等。

(4) 内部控制为各项管理提供合理的保证。内部控制向企业(或组织)的高级管理层和董事会(或决策者)提供合理的保证,但不是绝对的保证。

(5) 内部控制应与企业(或组织)的结构相适应。在管理中内部控制可以根据具体情况和特点灵活运用于整个企业和组织或下属单位、分部、业务单元及业务流程中。

2. 提供了目标

(1) 运营目标:组织运营的效果和效率包括运营和财务绩效目标、资产安全不受损失。

(2) 报告目标:内外部的财务和非财务报告的可靠性、及时性、透明度以及监管者,公认的标准制定机构和相关政策所要求的其他方面。

(3) 合规目标:遵守对企业或组织适用的法律法规及规章。

3. 进一步优化了五个关联要素

(1) 控制环境

控制环境是一套标准、流程和结构,能够为内部控制的实施提供基础。高级管理层和董事会为内部控制的重要性(包括期待的行为准则)提供高层基调。组织各个层级的管理活动强化了这种期望。控制环境包括组织正直和道德的价值观,促进董事会行使公司治理的监控职责的机制,吸引、开发和保留人才的机制;严格的绩效衡量、激励和汇报机制以保证绩效实现。控制环境会对整个内部控制体系产生全面影响。

(2) 风险评估

每个组织都面临着来自内外部的各类风险。风险是指潜在事件发生并对组织实现其目标产生负面影响的可能性。风险评估包括根据组织要实现的目标,动态地、反复地识别和评估风险的过程。将全组织范围内影响目标实现的风险与已经建立的风险容忍度一同考量后,通过风险评估为如何进行风险管理打下基础。风险评估的先决条件是组织各个层级的目标的确立。管理层要结合运营、报告和合规的三大类目标,明确相应的具体目标,以便识别和分析相关的风险。管理层也要考虑这些目标对于组织的可持续性。风险评估还要求管理层考虑导致内部控制失效的外部环境和内部商业模式的可能变化。

（3）控制活动

控制活动是指通过制度和流程所确立的行动，旨在降低风险、确保管理层目标和方针得以实现。在组织的各个层级、业务的各个环节、信息技术等环境中都应实施控制活动。从控制活动的性质上看，控制活动既可以是预防性的也可以是检查性的；应覆盖一系列的手工和自动控制；包括授权和批准、核查、对账和业务绩效评估等。不相容职责分离也是典型的应选择和执行的控制活动。如果不相容职责对主体来说难以实施，管理层应选择和执行替代性的控制活动。

（4）信息与沟通

信息对于主体履行内部控制责任以促进目标实现而言是非常必要的。管理层从内外部获得或生成和使用高质量的信息、相关的信息，以支持内部控制的持续运转。沟通是一个持续和不断重复地提供、分享和获得必要信息的过程。内部沟通是一种手段，使得信息能够在整个组织上纵向和横向传递，帮助员工接收来自高管层清晰的信息，以保证控制的职责必须认真实施。外部沟通是双重的：一是将外部的相关信息传入组织内部；二是向外部提供信息以回应相关方的要求和期望。

（5）监督活动

监督活动是指以持续评估、独立评估或者是两者的组合来确认内部控制的五个要素，以及每个要素下的原则是否有效实施并发挥作用。持续评估应被嵌入主体不同层级的业务流程中，以提供及时的信息。独立评估应定期开展，其范围和频率因风险评估结果、持续评估的有效性及管理层的其他考虑而有所不同。主体应依据监管机构和标准制定机构或管理层和董事会所设定的标准，对各种风险进行评估，必要时应向管理层和董事会报告各项缺陷和问题。

4. 确立了与五个要素对应的相关原则

（1）控制环境

企业（或组织）对正直和道德等价值观做出承诺。一是高管要树立诚信的道德价值观并传递给整个公司；二是制定明确的员工守则；三是评价员工是否遵守守则，对违规情况及时进行处理。

董事会独立于管理层，并对内部控制的推进与成效加以监督。一是明确了董事会与管理层各自的权责；二是董事会独立于管理层，并具有胜任能力和独立性；三是董事会对内部控制的有效性进行监督。

管理层围绕其目标，在治理层的监督下，建立和健全组织架构、汇报路径、合理的授权与对应的责任等机制。一是健全了组织架构，明确汇报路径；二是合理的授权，并承担对应的责任；三是不过度授权，不相容职责有效分离。

制定完善的政策。一是制定了相关的政策与制度；二是关注员工的胜任能力，并持续改进；三是不断吸引、发展、保留人才；四是制订了岗位继任计划。

根据企业的管理目标，使员工各自担负起内部控制的相关责任。一是通过组织、权限及责任分工明确每名员工的责任；二是制定绩效衡量以及激励惩处机制；三是在企业内部形成遵规守纪的规则。

（2）风险评估

企业（或组织）做出清晰的目标设定（包括运营目标、报告目标及合规目标等），以便识别和评估与其目标相关的风险。

对影响其目标实现的风险进行全范围的识别和分析,并以此为基础来决定风险应如何进行管理。一是有适当的管理层参与整个过程;二是风险评估过程包括如总部、各部门、业务单位、事业部、下属子公司等全部实体;三是考虑内部及外部的风险因素;四是评估风险的重要性;五是制定风险应对策略。

在风险评估过程中,考虑潜在的舞弊行为。一是考虑舞弊发生的各种可能性;二是评估舞弊的动机和压力;三是评估舞弊的机会大小;四是评估对舞弊的态度及自我合理化倾向。

识别和评估对内部控制体系可能造成较大影响的改变。一是评估外部环境变化带来的影响;二是评估经营模式变化带来的影响;三是评估管理层变化带来的影响。

(3) 控制活动

企业(或组织)选择并开展控制活动,将风险对其目标实现的影响降到可接受水平。一是控制活动要与风险评估结果相适应;二是确定与控制活动相关的管理流程;三是在选择和实施控制活动时考虑企业特有因素;四是采取不同类型的控制活动降低风险;五是确保不相容职责分离。

对信息系统或(信息)技术,企业(或组织)要选择或制定政策并开展一般控制以支持其目标的实现。一是加强信息系统与流程的相互嵌入并对其实施有效控制;二是建立相关基础架构的控制活动;三是建立相关的信息安全管理控制活动;四是建立相关的信息系统购买、开发、运行维护控制活动。

通过合理的政策制度和保证这些政策制度切实执行的程序来实施控制活动。一是建立相关的政策和程序来落实控制活动;二是建立政策和程序执行的责任和义务机制;三是使用有胜任能力的员工来执行控制活动;四是注意控制活动执行的及时性;五是定期维护并更新政策及程序。

(4) 信息与沟通

企业(或组织)获取或生成并使用相关有质量(有效)的信息来支持内部控制发挥作用。一是识别各环节的信息需求;二是建立内外部数据获取渠道;三是将相关数据处理成有用的信息;四是确保信息处理过程有效;五是衡量信息获取的成本与收益。

在企业内部要沟通传递的内容包括内部控制的目标和责任等,信息要支持内部控制发挥作用。一是将内部控制的相关信息与每个员工进行沟通;二是将内部控制的相关信息与董事会进行沟通;三是建立独立的应急性的沟通渠道;四是选择合适的沟通方式。

企业与外部相关方就影响内部控制发挥作用的事宜进行沟通。一是与外部利益相关者进行沟通;二是在内部信息传递渠道上增加外部的接入端口;三是提供独立的应急性的沟通渠道;四是选择合适的沟通方式。

(5) 监督活动

企业(或组织)选择、推动并实施持续(或)独立的评估,以确认内部控制的要素是存在且正常运转的。一是考虑持续和专项评价的方案;二是在选择持续和专项评价时考虑企业管理活动的变化程度;三是选用具有相关知识的人进行评价;四是持续性评价与管理流程相融合;五是定期开展独立的评价以保证客观性以及根据风险大小调整评价的频率。

在相应的时间范围内,评价内部控制的缺陷,并视情况与应采取正确行动的相关方(如高级管理层、董事会等)沟通。一是管理层或董事会成员等高层应评估内部控制的评价结果;二是就内部控制缺陷与负责整改的相关管理层沟通;三是就内部控制缺陷与高管及董事会沟通;四是对整改活动进行监督。

总而言之，五个控制要素共同运行，发挥整合的作用。共同运行是指五个控制要素共同将影响目标实现的风险降低到可接受水平。控制要素不应被割裂地看待，而应被视为一个整体。这十七项原则直接从控制要素中提炼，每个企业（或组织）可以直接应用这些原则来实施内部控制，增强了控制要素的可操作性。这些原则都可以应用于运营、报告、合规三类目标。

2008年我国颁布的《企业内部控制基本规范》以COSO《内部控制——整合框架》为蓝本，同时吸收了COSO-ERM风险管理的理念，结合我国国情进行了前瞻性的要求和指导。因此，《内部控制——整合框架》（2013版）与我国2008年颁布的《企业内部控制基本规范》是相吻合的。

2019年10月，国资委印发《关于加强中央企业内部控制体系建设与监督工作的实施意见》（以下简称《实施意见》），要求企业防范化解重大风险和推动高质量发展的决策部署，充分发挥内部控制体系对企业强基固本的作用。

内部控制体系是指为合理保证企业（单位）经营活动的效益性、财务报告的可靠性和法律法规的遵循性，而自行检查、制约和调整内部业务活动的自律系统。为了进一步提升企业防范化解重大风险的能力，加快培育具有全球竞争力的世界一流企业，《实施意见》要求企业从五个方面十六项具体要求入手建立健全企业内部控制体系。

一是建立健全内部控制体系，进一步提升管控效能。具体包括：优化内部控制体系；强化上级组织对内部控制的管控；完善各层级管理制度；健全监督评价体系。

二是强化内部控制体系执行力，提高重大风险防控能力。具体包括：加强重点领域日常监控；加强重要岗位授权管理和权力制衡；健全重大风险防控机制。

三是加强信息化管控，强化内部控制体系的刚性约束。具体包括提升内部控制体系的信息化水平。

四是加大企业监督评价力度，促进内部控制体系持续优化。具体包括：实施企业的自我评价；加强上级对企业的监督评价；强化社会或外部审计监督；充分运用监督评价结果。

五是加强出资人监督，全面提升内部控制体系的有效性。具体包括：建立出资人监督检查工作机制；充分发挥企业内部监督力量；强化内部控制整改落实工作；加大责任追究力度。

（五）风险管理整合框架阶段

2017年9月，COSO更新版《企业风险管理框架》（也译为《企业风险管理——与战略和业绩的整合》）正式发布，其对风险的认识为，风险是指事先发生并影响战略和商业目标实现的可能性。风险源于公司外部和内部，对目标的实现可能会产生积极的变化或者负面的影响，而负面的影响被称为风险。

2017版《企业风险管理框架》直接从企业治理和管理的角度将风险管理内容嵌入其中，为风险管理工作真正融入治理与管理打下了基础。其更新和优化的主要内容如下。

1. 全面风险管理的论述更新

（1）全面风险管理是企业全方位的风险管理。全面风险管理是在首席风险官或者董事会下设的风险管理委员会集中与系统地管理风险，从企业整体出发进行全面综合的考虑，这样做的好处是可以确定企业可以承受的风险能力，从而降低风险。

（2）全面风险管理是企业能力和实践的体现。全面风险管理是企业覆盖风险识别、风险评估、风险控制等各个环节的一种管理能力，是一个动态性、持续化的阶段。全面风险管理并非单一的事项，而是从战略制定和执行层面关注风险。参与公司日常经营管理活动，应从企业面临的外部宏观环境和内部环境进行综合分析，从企业的薄弱环节考虑问题，提高公司管理风险的能力。

（3）全面风险管理是企业全员参与的风险管理。企业由管理风险的风险管理委员会制定全面风险管理策略，企业的各位员工参与其中，对由其个人负责的具体风险负有责任，把各自领域所负责的风险降低到企业可承受的风险程度。全员风险管理对员工提出较高的要求，要求每个员工对风险政策、风险管理体系都有统一的认识，从而确保企业能以统一的、整体的形象面对风险。

（4）全面风险管理是实时的风险管理。全面风险管理实时监控事前、事中、事后，强调的是预防风险，而非只能被动地承受风险的发生。每家企业都有自身的目标、使命，在制定企业战略阶段，要充分考虑企业不同的风险，因而要求企业在事前制定战略目标时就把风险作为重点，予以充分考虑；事中通过风险识别、评估来保证行之有效的风险应对措施；事后则通过追踪风险应对措施，持续不断地反馈风险应对措施。

（5）全面风险管理是考虑成本的风险管理。全面风险管理是在考虑风险防控成本的基础上进行的风险管理，根据风险发生的可能性及风险影响范围，结合企业对风险的偏好及企业自身的风险容忍度，选择不同的风险应对措施。全面风险管理并非将所有风险都等同对待，而是根据不同风险，考虑风险防控成本，并结合企业自身风险能力进行风险管理。

（6）全面风险管理是企业实现价值的过程。企业风险管理应从公司使命、愿景、核心价值出发，积极提升主体的价值和业绩，强调将风险管理嵌入企业管理业务活动和核心价值链中。基于风险导向的管理理念逐渐兴起，企业管理领域中常见的企业治理、企业文化、战略管理、卓越绩效、危机管理、高效沟通等都可以应用此套框架实现更好的标准化和科学化，因为基于风险的管理理念将成为主流并渗透到企业管理的各个方面。

2. 全面风险管理要素的优化

2017 版《企业风险管理框架》中的五要素和对应的二十项原则如下。

（1）治理与文化

企业治理决定企业的基调，强化并确立风险管理的监督职责；企业文化则事关道德价值，是具有责任感的公司行为准则，是公司整体对风险的理解。该要素主要由五项原则支撑，包括董事会执行风险监督、建立运营机构、定义所崇尚的文化、展示对核心价值观的承诺、吸引发展和保留有胜任能力的个体。风险治理和文化组成了企业风险管理（Enterprise Risk Management，ERM）所有其他部分的基础。风险治理定下主体的基调，加强 ERM 的重要性并确立 ERM 的监管责任的分配；文化则是主体的价值观、行为准则和对风险的理解。

一是董事会执行风险监督——董事会对战略进行监督，执行治理责任，支持管理实现战略和业务目标。

二是建立运营机构——组织应在追求战略和业务目标方面建立运营机构。

三是定义所崇尚的文化——组织应定义期望的行为来描述所崇尚的文化。

四是展示对核心价值观的承诺——组织表现出对核心价值观的承诺。

五是吸引发展和保留有胜任能力的个体——组织应致力于建立符合战略和业务目标的人力

资本。

（2）战略与目标设定

企业风险管理、战略以及业务目标设定共同作用于战略制定过程。风险偏好的建立应该与战略保持一致；业务目标将战略付诸实践，同时作为识别、评估和应对风险的基础。该要素由四项具体原则支撑，包括分析业务环境、定义风险偏好、评估替代策略、制定业务目标。

一是分析业务环境——组织考虑业务环境对风险状况的潜在影响。

二是定义风险偏好——组织在创造、维护和实现价值的背景下定义风险偏好。

三是评估替代策略——组织评估替代策略，并对其潜在影响进行风险预测。

四是制定业务目标——组织在确定协调和支持战略的各个层次的业务目标时应考虑风险。

（3）绩效（或风险管理执行）

企业需要识别并评估可能影响其实现战略和业务目标的风险，结合企业的风险偏好，对风险按照其严重程度安排优先次序，选择风险应对的方法并对绩效进行监控以做出调整。企业还应该对追求战略和业务目标时所面临的风险量建立起一个风险组合的观念。这一过程的结果需要向主要风险利益攸关方报告。该要素由五项具体原则支撑，包括识别风险、评估风险的严重程度、风险排序、实施风险响应、建立风险组合观。

一是识别风险——组织应确定影响战略和业务目标绩效的风险。

二是评估风险的严重程度——组织评估风险的严重程度。

三是风险排序——组织将风险优先排序作为选择风险应对方法的基础。

四是实施风险响应——组织识别并选择风险响应措施。

五是建立风险组合观——组织开发和评估风险组合观。

（4）审阅和修订

通过审阅整体风险管理执行情况，企业可以评估风险管理要素在随着时间推移及环境变化的过程中发挥作用的情况，以及需要做出什么完善。该要素由三项具体原则支撑，包括评估实质性变化、评估风险和绩效、企业风险管理持续改进。

一是评估实质性变化——组织识别和评估可能严重影响战略和业务目标的变更。

二是评估风险和绩效——组织评估绩效并考虑风险。

三是企业风险管理持续改进——组织应追求企业风险管理的不断完善。

（5）信息、沟通和报告

企业风险管理需要持续从组织内外部来获取和分享必要的信息。该要素由三项具体原则支撑，包括利用信息系统、沟通风险信息、进行风险与文化和绩效报告。

一是利用信息系统——组织利用信息技术系统来支持企业风险管理。

二是沟通风险信息——组织使用沟通渠道来支持企业风险管理。

三是进行风险与文化和绩效报告——组织在内部各个层次进行风险、文化和绩效的报告。

3. 进一步明确了风险治理和文化的重要性

新框架的第一大要素——治理与文化，为企业风险管理的其他四大要素提供了基础，并且体现于决策过程中。从风险的视角治理企业和建设文化是确保企业风险管理行之有效的强大基石。

(1) 履行董事会风险监督职能

风险治理与文化源自企业董事会的影响和监督。董事会必须担负起风险监督的职责,并具备提供有关监督所必需的技能、经验和业务知识。当董事会大多由独立人员组成时,便可对执行管理层和整个企业起到有效的监督和制衡作用。

(2) 建立治理和运营模式

一个企业的战略执行,体现于管理层为实现企业目标而对日常经营活动的组织和执行中。由于运营模式一般包含法务和管理架构以及相应的报告路径,因此,如何管理和治理该模式可能会触及一些新的和不同的风险或复杂情况,进而影响企业执行战略、管理风险及实现目标。

(3) 定义理想的企业行为

COSO对理想企业行为的界定基于企业的核心风险价值观及态度。不论企业认为自己是风险厌恶型、风险中立型还是风险激进型,COSO都建议它们培养一种风险意识文化。这种文化的特点包括英明果断的领导力、当仁不让的管理风格、对行动和行动结果认真负责的态度、决策过程中对风险的明确考量,以及积极开放的风险对话。这些特征确保风险可以被纳入日常业务中。

(4) 恪守诚信和职业道德

值得注意的是,COSO关注的是贯穿于整个企业的基调。虽然高层基调由管理层和董事会的运营风格及个人行为决定,但他们的基调必须渗透至企业各个层面。这意味着中层基调必须与高层保持一致,唯有如此,基层基调才能够反映理想的核心价值及风险态度。横跨整个企业的基调应是无界的,也就是说,企业人员及其业务合作伙伴都必须积极响应管理层和董事会设定的预期。因此,必须建立和评价有关行为准则,任何偏离这些准则的行为都必须及时处理。至于如何建立恰当的基调,坦诚地沟通有关风险及风险承担情况是至关重要的。

(5) 实施问责

企业各级人员都必须对企业风险管理负责。企业自身首先必须担负起提供适当的企业风险管理准则和指引的重任。这种问责制应始于董事会和CEO,并通过适当的绩效预期、激励和奖励机制从上到下渗透至整个企业。董事会和CEO必须时刻保持警惕,确保企业内部的压力不会造成不负责任或违法行为。针对这一点,COSO表示,可能导致上述行为的过大压力往往来自以下几个方面:不切实际的绩效目标、不同利益相关方相互冲突的业务目标,以及短期财务绩效奖励与长期利益相关方预期(如企业的可持续性目标)脱节。这种压力既可能来自企业内部(如企业不合时宜的绩效奖励或战略变更),也可能来自企业外部(如影响销售业绩的客户需求发生了变化或一项颠覆性的改变影响了企业的运营模式)。

(6) 吸引、发展和留住优秀人才

最后,还要认识到根据企业目标积累人力资本和人才的重要性。管理层必须界定执行战略所必需的知识、技能和经验;制定适当的绩效预期;吸引、发展和留住合适的人员及战略合作伙伴;安排好继任计划。

对于内部控制和风险管理的关系,COSO前任主席指出:COSO未来可能发布的其他文件都不会超越《内部控制——整合框架》的重要性;其与《企业风险管理——整合框架》ERM框架之间旨在相互补充,而非相互取代。

从我国内部控制理论和实践经验来看,内部控制的构建应从内部控制体系的建设入手,主要是控制（降低、规避）风险的发生，而风险管理的抓手从企业内部控制开始。大部分专家还是比较认可这种关系界定的。

即时思考

内部控制经历了几个发展阶段？

任务二 内部控制的概念与要素

一、内部控制的概念

内部控制是一个逐步形成的概念。1949年，美国审计程序委员会下属的内部控制专门委员会发表了专题报告《内部控制——协调系统诸要素及其对管理部门和注册会计师的重要性》，首次对内部控制下了定义。其定义为："内部控制是企业所制定的旨在保护资产、保证会计资料可靠性和准确性、提高经营效率、推动管理部门所制定的各项政策得以贯彻执行的组织计划和相互配套的各种方法及措施。"1988年，AICPA《审计准则公告第55号》以"内部控制结构"代替"内部控制"，并提出内部控制三要素，即控制环境、会计制度和控制流程。1992年，COSO在其发布的报告中又提出"内部控制成分"的概念，并将该概念分为控制环境、风险评估、控制活动、信息与沟通、监督活动五种要素。2013年，COSO在其发布的新版报告中，对内部控制的概念再次进行了精确和优化。

事实上，内部控制制度的不同使用者，如经营管理部门、内外部审计人员和立法人员等，对内部控制具有不同的观点、期望和目标。上述内部控制的一些定义基本上是基于审计立场。从企业管理角度看，内部控制应着眼于如何完善公司治理结构、改善企业管理混乱局面等方面。所谓内部控制，是由企业董事会管理层和全体员工实施的，旨在为实现控制目标提供合理保证的过程。即企业各层级为了实现运营、报告、合规目标，合理保证企业生产经营管理合法合规且高效率地进行，保护各项资产的安全、完整，确保财务报告及相关信息真实、准确、可靠，提高经营效率和效果，促进企业实现发展战略，而对企业内部各项经济业务活动采取的一系列持续不断、相互制约和协调的方法、程序与措施的过程。

理解内部控制概念应注意以下几点。

（一）内部控制主体

内部控制主体是指内部控制制度的设计与执行单位。从宏观上讲，国家统一的内部控制制度应由国家有关主管部门会同相关部门联合设计。在此前提下，各单位应根据统一的内部控制制度，设置具体的内部控制制度并加以执行。尽管内部控制的概念最早是由审计部门提出的，但企业内部控制的真正主体是企业高层及相关管理部门而不是审计部门。这是因为内部控制制度实质上是一种内部管理制度，是由管理部门主导实施的。审计人员设计内部控制制度仅仅是为了避免职业风险。

当然，由于内部控制涉及企业方方面面的内容，因此，内部控制制度的设立与实施还需要会计、内部审计机制、人力资源等相关部门与人员的广泛参与。

（二）内部控制客体

内部控制客体也就是内部控制措施所作用的对象，企业只有较好地对受控的客体进行全过程的控制，才能实现内部控制目标。一般认为内部控制的客体主要是人、资产、信息及其在经营过程中所形成的一系列组合关系与形式。内部控制的对象非常广泛，涵盖企业经营涉及的所有人员、资产及经营过程中的相关环节。因而，一切可能与内部控制的目标发生背离的风险点都可以作为内部控制的对象。在企业管理中，内部控制客体主要包括企业员工及组织行为、企业资产、企业内外部信息三个方面。

（三）内部控制目标

内部控制目标是企业管理部门通过控制所要达到的目的，是内部控制潜在作用的表现。我国财政部等部门联合颁布的《企业内部控制基本规范》明确指出，内部控制目标是合理保证企业经营管理合法合规，保证资产安全、财务报告及相关信息真实、完整，提高经营效率和效果，促进企业实现发展战略。

一是合理保证企业经营管理合法合规。这是企业内部为适应外部法规的强制性而提出的目标，也是企业有效经营的基础，只有遵规守纪，企业创造的财富才是合法的。二是保证企业资产的安全、完整。这是内部控制的主要目标之一。三是保证财务报告及相关信息的真实、完整。这是内部控制的最初目标也是最重要的目标。当然，为了实现企业的经营目标，其他经营管理活动方面信息的准确性与可靠性也是内部控制所要考虑的因素。四是提高经营效率和效果。这是企业的高级经营目标，在企业目标体系中占有支配地位，只有实现资本保值增值、维护股东利益，企业才能更好地实现终极目标。五是促进企业实现发展战略。这是内部控制的最高目标，也是终极目标。企业战略是与企业目标相关联且支持其实现的基础，是管理者为实现企业价值最大化而针对环境做出的一种反应和选择。

COSO报告提到的内部控制目标是财会报告的可靠性、经营的效率/效果以及法律法规的遵循性。我国的《企业内部控制基本规范》增加了资产安全和促进企业实现发展战略。资产安全对于董事会而言，是法人财产权得以实现的基本保障。在我国特有的股权结构下，资产安全目标突出了对国有资产保值增值的考虑。同时将战略目标作为企业终极目标，一方面，鼓励企业将内部控制建设推向更高的水平；另一方面，由于战略的制定源于股东会，对战略目标的把握体现了对投资者利益的重视。

另外，《企业内部控制基本规范》中的战略目标不同于风险管理整合框架中的战略目标。在风险管理整合框架中，风险管理不仅应用于战略的制定，还服务于战略。而《企业内部控制基本规范》中的战略目标具体指内部控制应用在经营层面促进战略的实现。

（四）内部控制手段

内部控制手段是指为实现内部控制目标而采取的各种具有控制功能的方法、程序和措施。在企业内部，只要是以职责分工为基础所设计的控制手段，即对经济业务活动进行制约和协调的各种方法与措施，都属于内部控制。例如，企业内部普遍实行的部门与岗位责任制、钱账物分管制以及各种计划、业务处理规程和各种核对与审批制度等，都是具体的内部控制手段。以职责分工为基础设计的控制手段是内部控制的一大特点，也是内部控制区别于其他控制的一个重要标志。

（五）内部控制重点

内部控制重点是指内部控制制度需要重点加以控制的方面。从内容方面看，内部控制可以分为人力资源、财务、会计、生产、营销及审计等控制，其中应重点加强对财务等相关方面的控制，因为企业各方面的经济业务最终都将通过财务会计来反映。内部控制应从会计环节入手，逐渐向其他管理环节延伸。从手段方面看，内部控制要重点设计合理有效的组织机构和职务分工控制。实施岗位责任分明的标准化业务处理程序，加强稽核控制等。从性质方面看，内部控制可以分为合法性控制与合理性控制。针对资产流失、信息失真等现象，内部控制应以合法性控制为主，并且以会计的合法性控制为主。当然，随着法治建设的不断完善，合法性控制将逐步降到次要地位，逐渐向合理性控制倾斜。从人员方面看，内部控制应将重点放在单位高层人员行为的控制上。从实际情况看，员工或基层甚至中层管理者造成的损失远比高层管理者造成的损失小。从具体业务看，内部控制应重点突出各项业务的基本控制环节、程序和相关岗位的基本职责权限，建立起最基本的内部控制标准。

（六）内部控制特性

内部控制是为了达到某个或某些目标而实施相关措施的过程，是一种动态的过程，是使企业经营管理活动按既定目标前进的过程。它本身是一种手段而不是一种目的。内部控制不是一项制度或一个机械的规定，它需随着时间的推移和其他内外部环境等因素的变化不断修订、完善，以确保控制活动的有效性。内部控制是一个发现问题、解决问题、再发现问题、再解决问题的循环往复过程。因此，内部控制是全过程的控制，是全员的控制。

即时思考

内部控制的目标是什么？

二、内部控制的要素

纵观内部控制的发展史可以看到，内部控制的发展过程实际上也是内部控制不断丰富和完善的过程。我国财政部等部门联合发布的《企业内部控制基本规范》提出，企业建立与实施有效的内部控制应当包括内部环境、风险评估、控制活动、信息与沟通、内部监督五大要素。

（一）内部环境

内部环境是企业实施内部控制的基础，一般包括企业治理结构、机构设置及权责分配、内部审计机制、人力资源政策、企业文化、反舞弊防线等方面。具体包括以下内容：一是企业治理结构，如董事会、监事会、管理层的分工制衡及其在内部控制中的职责权限，审计委员会职能的发挥等。二是企业内部机构设置及权责分配，尽管没有统一模式，但所采用的组织结构应当有利于提升管理效率，并保证信息通畅、流通。三是企业内部审计机制，包括内部审计机构设置、人员配备、工作开展及其独立性的保证等。四是企业人力资源政策，如关键岗位员工的强制休假制度和定期岗位轮换制度，对掌握国家秘密或重要商业秘密的员工离岗限制性规定等。五是企业文化，包括单位整体的风险意识和风险管理理念，董事会、经理层的诚信和道德价值观，单位全体员工的法治观念等。一般而言，董事会及单位负责人在塑造良好的内部环境中发挥着关键作用。六是反舞弊防线，对企业开展经营活动、应对多变的经营环境和各种不确定因素具有重要意义。企业因其行业、规模、地域、市场、经营模式、发展阶段不同，面对的风险也不尽相同，因此，舞弊有可能在任何企业发生，给企业带来损失。除了"高层管理理念、内部过程控制、内部审计、外部审计"等监督机制，反舞弊防线的设立为企业健康安全地运行筑起了一道强震慑力的防线，更是我国社会经济发展新常态下的必要手段。

（二）风险评估

风险评估是企业及时识别、系统分析经营活动中与实现内部控制目标相关的风险，合理确定风险应对策略的重要方法。风险评估主要包括目标设定、风险识别、风险分析、风险应对四个环节。企业应当首先确定生产、销售、财务等业务的相关目标，然后建立风险管理机制，了解在经营管理中来自内部与外部的各种风险。在充分识别各种潜在风险因素后，企业首先对固有风险（固有风险是指不采取任何防范措施而可能造成损失的风险）进行分析评估，然后重点分析、评估剩余风险（剩余风险是指采取应对措施之后仍可能造成损失的风险）。企业管理层在分析、评估相关风险的成本效益之后，要制定相应的策略、采取恰当的措施降低风险的发生概率，或者使风险处于企业可承受的范围内。

（三）控制活动

控制活动是指企业根据风险评估结果，采取相应的控制措施，将风险控制在可承受范围内。在企业经营管理中，控制活动主要通过具体业务流程来控制经济业务事项的风险，将不相容职务分离控制、授权审批控制等通过业务流程嵌入生产经营活动中，使内部控制与企业经营管理相融合。企业常用的关键业务控制流程主要有全面预算管理控制、货币资金业务控制、采购业务控制、存货业务控制、销售业务控制、工程项目控制、固定资产控制、合同管理控制、信息系统管理控制等。

（四）信息与沟通

信息与沟通是指企业及时、准确地收集、传递与内部控制相关的信息，以确保信息在企业内部和外部之间进行有效的沟通，是实施内部控制的重要条件。信息与沟通的主要环节有：确认、计量、记录有效的经济业务；在财务报告中恰当揭示财务状况、经营成果和现金流量；保证管理层与企业内部及外部的顺畅沟通，包括与股东、债权人、监管部门、注册会计师、供应商等的沟通。信息与沟通的方式是灵活多样的，但无论采取哪种方式，都应当保证信息的真实性、及时性和有效性。

（五）内部监督

内部监督是指企业对内部控制的建设与实施情况进行监督检查，评价内部控制的有效性，对于发现的问题及缺陷及时加以改进，是实施内部控制的重要保证。内部监督包括日常监督和专项监督。企业在内部控制实施中开展的内部监督，也是管理层和员工在经营管理中共同为实现目标、控制风险而进行的对内部控制系统的有效性和恰当性的自我评估。监督情况应当形成书面报告，并在报告中揭示内部控制的问题及缺陷。同时建立内部控制缺陷纠正机制，充分发挥内部监督功能。

上述内部控制的五要素内容广泛，相互关联。内部环境是其他控制成分的基础，决定着其他内部控制要素能否有效运行。企业在实现目标的过程中会受到内外部环境的影响，因此企业需要对影响目标的相关因素进行风险评估，制定出风险应对策略，并予以实施，这就是企业在经营活动中的控制活动，即将控制活动以业务流程的具体形式嵌入生产运营，有效控制风险，规避风险，降低企业的损失。在实施内部控制活动中，离不开承上启下的信息与沟通，其他要素的实施必须以信息与沟通结果为依据，其结果需要通过信息与沟通来反映，缺少了信息传递与内外部的沟通，内部控制的其他要素就难以保持紧密的联系，不会形成一个整体的系统体系。内部监督是针对内部控制其他要素自上而下的单项检查，是对内部控制的质量进行评价的过程，通过检查评价，发现内部控制中存在的问题及缺陷，并及时有效地进行整改，促进企业内部控制的不断提升。

即时思考

COSO 报告和《企业内部控制基本规范》中的内部控制五大要素分别有哪些？

任务三 内部控制的原则与方法

一、内部控制的原则

原则通常指观察问题、解决问题的准绳。内部控制的原则是指对建立和设计内部控制制度具有指导性的法则和标准。内部控制的原则回答了为实现控制目标应当如何科学地建立和设计内部控制制度的问题。没有正确的原则指导，就不可能设计出科学的内部控制制度。

（一）全面性原则

内部控制应当贯穿决策、执行和监督全过程，覆盖企业及其所属单位的各种业务事项。全面性原则的含义有两个方面：一是全过程控制，即对企业整个经营管理活动过程进行全面控制，其受控的业务事项在企业中应当"横到边、纵到底"，既包括企业管理部门用来授权与指导、购货、生产等经营管理活动的各种方式、方法，也包括核算、审核、分析各种信息及进行报告的程序与步骤等。因此，企业应针对人、财、物、信息等要素及各个业务活动领域，制定全面的控制制度。二是全员控制，即对企业全体员工进行控制，应当覆盖企业董事会、管理层和全体员工。企业每一位成员既是施控主体，又是受控客体，应保证每一位员工（从基层执行操作的人员到高层管理人员）都受到相应的控制。

贯彻全面性原则可以保证企业生产经营活动有序进行。全面性原则是建立内部控制制度的重要基本原则之一。在实际工作中，常常出现由于一个细节的疏忽而导致企业整个经营活动失败的例子。

（二）重要性原则

内部控制应当在全面控制的基础上，关注重要事项和高风险领域。企业内部控制应当在兼顾全面的基础上突出重点，针对重要业务和事项以及高风险领域、环节等采取更为严格的控制措施，确保不存在重大缺陷。由于企业资源是有限的，在设计内部控制制度时不应平均分配资源，而应该寻找关键控制点，并对关键控制点投入更多的人、财、物等资源。

（三）制衡性原则

内部控制应当在治理结构、机构设置及权责分配、业务流程等方面相互制约、相互监督，同时兼顾企业运营效率。企业在办理经济业务事项时涉及的不相容职务应该严格加以分离，不得由一个人或一个部门包办到底，减少舞弊的可能性。所以，制衡性原则是建立内部控制制度应当遵循的又一项重要原则。

（四）适应性原则

内部控制应当与企业经营规模、业务范围、竞争状况和风险水平等相适应，并随着情况的变化及时加以调整。由于在性质、行业、规模、组织形式和内部管理体制及管理要求等方面往往存在差异，各个企业具有不同的特点。因此，企业应当根据各自的实际情况，根据企业中人与人、人与物、部门与部门、领导与职工之间交往的特点，恰当地设置适用的控制措施、手段、程序等，并且随着内外环境的变化及时调整，发挥应有的控制作用，满足管理的需要。

（五）成本效益原则

内部控制应当权衡实施成本与预期效益，以适当的成本实现有效控制。企业的内部控制成本应当低于制度带来的预期收益。在建立和实施内部控制中应树立成本收益观念，避免控制制度的烦琐与复杂。那种不顾企业实际，过分强调用所谓的"严密"要求，设计十分庞杂的控制制度的做法，不但浪费企业的人力、物力与财力，也会导致职工产生厌烦情绪，不利于调动职工的积极性。贯彻这一原则应注意，当一些业务通过不断增加控制点来达到较高的控制程度时，需要考虑采用多少控制点才能够使控制收益减去控制成本的值最大化；而当控制收益难以确定时，则应当考虑在满足既定控制目标的前提下，如何使制度控制的成本最小化。

二、内部控制的方法

方法是完成任务、达到目标的手段。内部控制方法是实现内部控制目标、发挥控制效能的技术手段、措施及程序。内部控制方法多种多样，针对不同的经济业务和不同的控制内容，可以采用不同的控制方法。即使是同样的经济业务，不同的单位、不同的时期，采用的控制方法也不完全相同。在企业管理中，内部控制方法主要有不相容职务分离控制、授权批准控制、会计系统控制、预算控制、资产保护控制、风险控制、内部报告控制、电子信息技术控制等。

（一）不相容职务分离控制

不相容职务是指那些如果由一个人担任，既可能发生错误和舞弊行为，又可能掩盖其错误和弊端行为的职务。在企业的实际运营中，某项业务（主要业务）不能全部集中于一个人或一个部门办理，否则其发生差错或舞弊的可能性将会增加。不相容职务分离控制是指全面系统分析、梳理业务流程中所涉及的不相容职务（岗位、部门），实施相应的分离措施，形成各司其职、各负其责、相互制约的工作机制，即不相容职务分别由不同的部门或人员来办理，以加强岗位或部门之间的相互制约。不相容职务必须分离是内部控制的基本原则。经济业务活动中应加以分离的不相容职务主要有经济业务处理的分工、资产记录与保管的分工等。保证不相容职务分离作用的发挥，需要各个职务分离的人员各司其职。如果担任不相容职务的人员之间相互串通勾结，则不相容职务分离的作用就会消失殆尽。因此，对不相容职务分离的再控制也是企业需要加以考虑的。

（二）授权批准控制

授权批准控制是指对相关部门或人员处理经济业务权限的控制，其是内部控制的一项重要控制措施。授权批准控制，其可分为常规授权和特殊授权。常规授权是对办理一般经济业务的权力等级和批准条件的规定，通常在单位的规章制度中予以明确，企业应在日常经营管理活动中对既定的职责和程序进行授权。特殊授权是对特定经济业务处理的权力等级和批准条件的规定。这种授权通常由管理部门对特定业务活动采取逐个审批的办法来进行，特殊授权的时效一般较短，企业应当少进行或不进行特殊授权事项。企业应当根据经济业务的性质和重要性来确定这两种授权。

授权批准控制的内容包括四个方面：一是授权批准的范围，通常包括企业所有的经营活动；二是授权批准的层次，应当根据经济活动的重要性和金额大小确定，从而保证各管理层有权有责；三是授权批准的责任，应当明确被授权者在履行权力时对哪些方面负责，避免授权责任不清；四是授权批准的程序，即规定每一类经济业务的审批程序，以便按照程序办理审批，避免越级审批及违规审批现象的发生。

（三）会计系统控制

会计系统控制要求企业依据《会计法》和《企业会计准则》等会计制度，制定适合本单位的会计制度，明确会计凭证、会计账簿和财务会计报告的处理程序，建立和完善会计档案保管与会计工作交接办法，实行会计人员岗位责任制，充分发挥会计的控制职能。会计系统控制的方法主要有会计凭证控制、财会报告控制、会计分析控制、会计复核控制。

第一，会计凭证控制。指在填制或取得会计凭证时实施的相应控制措施，包括原始凭证与记账凭证控制。会计凭证控制的内容主要包括严格审查，设计科学的凭证格式、连续编号，规定合理的凭证传递程序，明确凭证装订与保管手续。

第二，财会报告控制。指在编报财会报告时实施的相应控制措施，具体内容包括：一是按照规定的方法与时间编制及报送财会报告；二是编报的会计报表（报告）必须由单位负责人、总会计师以及会计主管人员审阅、签名并盖章；三是报送给各有关部门的会计报表（报告）要装订成册、加盖公章等。

第三，会计分析控制。指会计部门利用财务会计信息及其他信息对计划与规则的执行情况采取的分析、对比和总结等措施，其目的是保证经济业务活动符合计划与规则的要求。会计分析控制的内容主要包括会计分析的主要内容、会计分析的基本要求和组织程序、会计分析的方法和时间、召集形式、参加部门与人员、会计分析报告编写要求等。会计分析控制制度可以使企业掌握计划与指标的完成情况以及对国家财经法律、法规的执行情况，便于改善财务会计工作。

第四，会计复核控制。指对各项经济业务记录采用复查、核对方法进行的控制，其目的是避免发生差错和舞弊，保证财务会计信息的准确与可靠，及时发现并改正会计记录中的错误，做到证、账、表记录相符。会计复核控制的方法可以分为两种：一是将记录与所记的事物相核实；二是各项记录之间相互复核。会计复核控制的内容包括以下几个方面：一是凭证之间的复核，如原始凭证之间的复核、原始凭证与记账凭证之间的复核；二是凭证和账簿之间、账簿和报表之间以及账簿之间的复核。此外，还有总账与明细账之间的复核，会计报表与总账、明细账之间的复核，会计账与实物账之间的复核等。

（四）预算控制

预算控制是指企业对各项经济业务编制详细的预算或计划，并通过授权由有关部门对预算或计划执行情况进行的控制。在预算控制中，所编制的预算必须体现单位的经营管理目标。在执行中企业应当允许经过授权批准对预算加以调整，并应当及时或定期反馈预算执行情况。

预算控制应当抓住的环节：一是预算体系的建立，包括预算项目、标准和程序；二是预算的编制和审定；三是预算指标的下达及相关责任人员或部门的落实；四是预算执行的授权；五是预算执行过程的监控；六是预算差异的分析和调整；七是预算业绩的考核。

（五）资产保护控制

资产保护控制是指企业建立财产日常管理制度和定期清查制度，采取财产记录、实物保护、定期盘点、账实核对等措施，确保企业的财产安全。资产保护控制的目标是保证资产安全、完整，并做到保值增值，以实现企业长远发展的战略目标。资产保护控制可以分为资产价值控制与资产实物控制。对资产的价值控制主要包括：按照资产保值增值要求实施资产保全控制；根据需要，采用相应的折旧方法足额提取固定资产折旧，及时进行固定资产大修理等，保证企业再生产顺利进行。对资产的实物控制是指对实物形态包括债权类资产的安全与完整所采取的控制措施。资产实物控制的内容主要有接触控制、定期盘点、记录保护、财产保险、财产记录监控、信誉考评制度及定期对账制度、应收账款催收制度等。

（六）风险控制

按照企业经营管理分类，企业经营管理中的风险可分为战略风险、财务风险、市场风险、运营风险、法律风险等。在运营管理中具体又可以分为以下几个方面：一是筹资风险控制，即对企业财务结构、筹资结构等做出妥当的安排；二是投资风险控制，即对各种债权及股权投资进行可行性研究并确定有关的审批权限而加以控制，同时对投资过程中可能出现的负面因素制定应对预案；三是信用风险控制，即对企业应收账款制定客户信用评估指标体系，确定信用评估标准，规定客户信用审批程序，进行信用实施中的实时跟踪；四是合同风险控制，即对企业建立合同起草、审批、签订、履行监督和违约时采取应对措施的控制流程。

（七）内部报告控制

内部报告控制是指对企业编制的各种内部报告进行的控制。企业应当建立内部管理报告体系，以满足内部管理的时效性和针对性。内部报告体系的建立应当做到：反映部门（人员）的经营管理责任，符合"例外"管理要求；报告形式与内容简明易懂，并要统筹规划，避免重复；内部报告应当根据管理层次设计报告频率。

企业常用的内部报告主要有：资金分析报告，包括资金日报、借款还款进度表、贷款担保抵押表、银行账户及印鉴管理表、资金调度表等；经营分析报告；内部控制（季度、年度）报告；全面风险管理报告；资产分析报告；投资分析报告；财务分析报告；HSE（健康、安全、环境）、人力资源等与企业运营相关的各类报告。

（八）电子信息技术控制

电子信息技术控制要求运用电子信息技术手段建立健全企业内部控制系统，减少和消除人为操纵因素，确保内部控制的有效实施，同时加强对企业电子信息系统的开发与维护、数据输入与输出、文件储存与保管、网络安全等方面的控制。电子信息技术控制包括以下具体内容：一是实现内部控制手段的电子信息化。通过采取电子信息技术来控制单位的经济活动，尽可能地减少和消除人为操纵因素，变人工管理、人工控制为电子计算机和网络管理与控制。二是对电子信息系统的控制。对电子信息系统的控制主要包括规划控制、组织控制、系统开发与维护控制、系统安全控制及应用控制。

即时思考

内部控制的五大原则有哪些？

任务四 内部控制的内容与局限

一、内部控制的内容

企业内部控制的内容既丰富又广泛，大到其内部的组织结构，小到某一具体的业务事项。此外，各企业由于业务性质、经营规模等的不同，内部控制的具体内容也不尽相同。这里仅就内部控制的一般内容进行探讨。为保证组织目标的有效实现，企业在构建与实施内部控制时应注重以下内容。

（一）企业应建立有效的组织规划

组织规划控制是指对企业内部的组织机构设置、职务分工的合理性和有效性进行控制。企业组织机构有两个层面：一是法人治理结构，涉及董事会、监事会、经理的设置及相关关系；二是管理部门的设置及其关系。对内部控制而言，组织规划就是如何确定企业管理中集权和分权的组织模式。至于职务分工，主要解决不相容职务的分离问题，以使职务设置合理、有效。

（二）企业内应实施有效的授权批准

授权批准控制是指企业对企业内部部门或人员处理经济业务的权限进行控制。有效的内部控制要求经济业务事项的开展必须经过适当的授权。交易授权的目的就是确保业务处理的所有重大交易都真实有效，并与企业目标相符合。授权批准按照重要性，分为一般授权和特殊授权。

（三）企业内相关岗位应明确不相容职务分离

不相容职务是指集中于一人办理时发生差错或舞弊的可能性会增加的两项或几项职务。不相容职务分离是指对不相容的职务分别由不同部门或人员来办理。不相容职务分离基于这样的设想，即两个或两个以上的部门或人员无意识地犯同样错误的可能性很小，而有意识地合伙舞弊的可能性低于一个部门或人员舞弊的可能性。不相容职务必须分离是内部控制的基本原则。

（四）企业应制定有效的业务处理程序

业务处理程序是指在业务处理过程中必须遵循的流转环节和处理手续。业务处理程序控制是指单位内部在明确岗位责任的基础上，为保证各项经济业务活动能够按照一定的流转过程有效运行而制定的相应控制措施。内部控制标准是进行比较分析和评价内部控制实施情况必不可少的依据，也是衡量企业经营活动的指示器。它既是控制程序实施的基础，又是重要的控制技术。现代企业一般将每一项业务活动划分为授权、主办、核准、执行、记录和复核环节。这种标准化业务处理程序控制方式可以使各级管理人员按照科学的程序办事，避免工作杂乱无序，从而提高工作效率。业务处理程序控制的内容主要有企业决策程序、材料采购业务处理程序、成本核算程序、商品销售业务处理程序等。

（五）企业应实施全面预算控制

全面预算是企业为达到既定目标而编制的经营、资本、财务等年度收支总体计划，是保证内部控制结构运行质量的监督手段。全面预算控制是指对企业的各项经济业务编制详细的预算或计划，并通过授权由有关部门对预算或计划执行情况进行的控制。

（六）企业应建立健全风险管理机制

风险是指在特定的环境条件下和一定时期内，某一事件产生的实际结果与预期结果之间的差异程度。风险控制是指对某一事件产生的实际结果与预期结果差异程度的控制。风险控制的目标是在实现经营获利目标的前提下，使企业风险达到最小。企业在风险机制的建立健全中，要强化自上而下、自下而上，横到边、纵到底，全方位、全覆盖的全员风险管理意识，使风险管理常态化。

（七）企业应实施有效的资产保护

资产保护控制的目标是保证资产的安全、完整，并做到保值、增值以实现企业长远发展的战略目标。资产保护控制可以分为资产价值控制与资产实物控制。只有实施有效的资产保护，才能确保企业内部控制的有效性。

（八）企业应规范文件记录

有效的文件记录是进行组织规划控制及授权批准控制的手段，也是企业保持工作效率，贯彻企业经营管理方针的基础。企业应按照国家及行业的法律法规、企业内部管理的有效制度，结合岗位职责、授权审批权限、业务处理手册等，确保内部控制工作留有痕迹，可查询、可追溯、可复盘。

（九）企业应确保会计事项的受控

会计控制是指对企业财务会计信息的生成过程进行的控制。其目的在于协调有关工作及做到相互控制，保证企业财务会计记录、会计信息真实、完整。在会计事项的控制中，应确保财会人员具有良好的职业操守和专业能力，按照合规的会计核算流程、会计政策，保证财务会计信息反映及时、完整、准确。

（十）企业应建立实施有效的内部报告管理

内部报告控制是指对企业编制的各种内部报告进行的控制。企业应建立内部报告体系，以满足内部管理的时效性和针对性。内部报告体系的建立应体现人员职责明晰、报告形式清晰易懂，考虑内部报告的使用层级，同时要做好相关内部资料的保密工作。

（十一）企业应强化人员素质的控制

人员素质控制是指采用一定的方法和手段，保证企业各级人员具有与其所承担的工作相适应的素质，从而保证业务活动处理的质量。内部控制中采用的一切措施、方法和程序，最终都由人来执行，人是执行控制制度的真正主体。

人员素质的控制，主要是培养员工的忠诚、正直、勤奋等品格。企业应定期对员工进行全面的培训，以提高员工的素养；同时，结合企业核心价值观、企业文化，让员工由衷地为企业着想、以企业为荣，使企业的美誉度根植于每个员工的心里。

（十二）企业应发挥内部审计在管理中的作用

内部审计控制是指对企业经营管理活动中的相关业务事项实施再控制，其目的是保证被审计单位财政收支、财务收支及其他经营管理活动合规、合法。内部审计控制的内容主要包括财政财务审计、财经法纪审计、经济效益审计、内部控制审计等。内部审计既是内部控制体系的一个组成部分，又是内部控制的一种特殊形式，是对其他内部控制措施的再控制。

即时思考

内部控制的主要内容有哪些？请说出六种类型。

二、内部控制的局限

内部控制为企业经营管理活动遵从计划与规则的要求提供了重要保证。内部控制具有三大功能：一是防护功能；二是调节功能；三是反馈、检查与考评功能。它们分别在事前、事中和事后对企业内部活动进行控制，形成了一个完整的控制体系。然而，内部控制并非绝对有效，其无论设计与运行得多么完善，都无法消除其本身所固有的局限性。内部控制的局限性主要体现在以下几个方面。

（一）成本效益制约

设置内部控制制度要受成本效益原则的限制。一个内部控制系统所寻求的目标有必要根据制度耗费的成本来决定。一般来说，控制程序的成本不能超过风险或错误可能造成的损失和浪费，否则内部控制措施就不符合经济性，因而没有一种内部控制是完美无缺的。就一个大中型企业而言，由于企业的整个生产和管理环节分工较细，因而设置健全的内部控制制度是值得的；而在一个中小型企业，则很难保证建立与大中型企业同样健全的内部控制制度在经济上是合适的。

（二）串通舞弊

不相容职务的恰当分离可以为避免单独一人从事和隐瞒不合规行为提供一定的保证，但是两名或更多的人员合伙即可逃避这种控制，如出纳人员和会计人员合伙舞弊、财产保管人员和财产核对人员合伙造假等。对此，再好的控制措施也无能为力，即内部控制可能因为有关人员相互勾结、内外串通而失效。

（三）人为错误

内部控制发挥作用的关键在于执行人员准确的操作，然而人们在执行控制职责时不可能始终正确无误。执行控制人员的生理和心理因素都会影响内部控制系统正常功能的发挥。如果内部控制执行者的情绪和健康状况不佳，执行人员粗心大意、精力分散、身体不适、理解错误、判断失误、曲解指令等，就会造成控制的失效，如对发票金额计算错误未被发现、发货时未索要提货单、签发支票时未审查支付用途等。

(四) 管理越权

管理越权一般表现为挪用或者错误陈述。挪用主要是指对资产的违规转移和隐瞒。对于低层职员，可以通过文件凭证、限制接近和职责分离等措施来防止；然而高层管理人员一旦越权挪用，则任何内部控制程序都难以防止。错误陈述主要是指管理部门或主要管理者弄虚作假、故意错报财务状况和经营成果等。当企业出现政企不分、行政干预，导致公司董事会、监事会等法人治理结构形同虚设，丧失控制职能时，这类错误陈述也就无法防止。长期以来，我国主管部门的行政干预常常导致错误陈述行为的发生，不少企业发生的重大舞弊和财务会计报告失真等情况就是由管理越权造成的。

(五) 特殊事件

内部控制主要围绕企业正常的生产经营活动，针对经常性的业务和事项进行控制。但是在企业实际经营中，由于内外部环境多变，有时会面临一些意外和偶发事件，而这些业务或事项由于其特殊性和非常规性，没有现成的制度可循，有可能造成企业制度上的盲点。也就是说，内部控制的一个重要局限就是不控制特殊事件。因此，企业在处理特殊事项时，更多的是凭借积累的知识和经验。

目前企业对特殊事件的处理，往往会采用应急预案、预警舆情、特事特办等方法来应对。

即时思考

内部控制存在哪些局限性？

总结案例

美国安然公司的破产与内部控制的失效

一、安然公司简介

美国安然（Enron）公司（以下简称安然）成立于1985年，其前身是休斯敦天然气公司，在20世纪80年代末之前的主业是维护和操作横跨北美的天然气与石油输送管网络。随着美国政府在20世纪80年代后期解除对能源市场的管制，能源期货与期权交易蓬勃兴起。安然于1992年创立了安然资本公司，拓展其能源零售交易业务，并涉足高科技产业。整个20世纪90年代的10年间，安然从一家主营天然气、石油的传输公司变成一个类似美林、高盛的华尔街公司，旗下事业包括电力、天然气销售、能源和其他商品配销运送，以及提供全球财务和风险管理服务，在全球拥有3000多家子公司，控制着全美20%的电能和天然气交易。

在2001年宣告破产之前，安然拥有约21000名雇员，是世界上最大的电力、天然气以及电信公司之一，2000年披露的营业额达1010亿美元。公司连续6年被《财富》杂志评选为"美国最具创新精神的公司"，然而真正使安然在全世界声名大噪的，却是使这个拥有上千亿美元资产的公司在几周内破产的财务造假丑闻。安然欧洲分公司于2001年11月30日申请破产,美国本部于两日后同样申请破产保护。公司的留守人员主要进行资产清理、执行破产程序以及应对法律诉讼。

二、破产起因及过程

2001年初,一家有着良好声誉的投资机构老板吉姆·切欧斯公开对安然的盈利模式表示了怀疑。他指出,虽然安然的业务看起来很辉煌,但实际上赚不到什么钱,也没有人能够说清安然是怎么赚钱的。据他分析,安然的盈利率在2000年时为5%,到了2001年初就降到2%以下,对于投资者来说,投资回报率仅有7%左右。

切欧斯还注意到,有些文件涉及安然背后的合伙公司,这些公司和安然有着说不清的基后交易。作为安然的首席执行官,斯基林一直在抛出手中的安然股票——而他不断宣称安然的股票会从当时的70美元左右升至126美元。而且按照美国法律规定,公司董事会成员如果没有离开董事会,就不能抛出手中持有的公司股票。

也许正是这一点引发了人们对安然的怀疑,并开始真正追究安然的盈利情况和现金流向。

到了2001年8月中旬,人们对安然的疑问越来越多,并最终导致了股价下跌。

2001年8月9日,安然股价已经从年初的80美元左右跌到了42美元。

2001年10月16日,安然公布2001年第二季度财报,宣布公司亏损总计达到6.18亿美元,即每股亏损1.11美元。同时首次透露因首席财务官安德鲁·法斯托与合伙公司经营不当,公司股东资产缩水12亿美元。

2001年10月22日,美国证券交易委员会瞄上安然,要求公司自动提交某些交易的细节内容,并最终于10月31日开始对安然及其合伙公司进行正式调查。

2001年11月1日,安然抵押了公司部分资产,获得J.P.摩根和所罗门史密斯巴尼的10亿美元信贷额度担保,但美林和标准普尔公司仍然再次调低了对安然的评级。

2001年11月8日,安然被迫承认做了假账,虚报数字让人瞠目结舌:自1997年以来,安然虚报盈利共计近6亿美元。

2001年11月9日,迪诺基公司宣布准备用80亿美元收购安然,并承担130亿美元的债务。当天午盘安然股价下挫0.16美元。

2001年11月28日,标准普尔公司将安然债务评级调低至"垃圾债券"级。

2001年11月30日,安然股价跌至0.26美元,市值由峰值时的800亿美元跌至2亿美元。

2001年12月2日,安然正式向破产法院申请破产保护,破产清单中所列资产高达498亿美元,成为美国历史上最大的破产企业。当天,安然还向法院提出诉讼,声称迪诺基公司中止对其合并不合规定,要求赔偿。

三、事件发展

首先遭到质疑的是安然的管理层,包括董事会、监事会和公司高管。他们面临的指控包括疏于职守、虚报账目、误导投资人以及谋取私利等。

在2001年10月16日安然公布第二季度财报以前,安然的财务报告是所有投资者都乐于见到的。看看安然过去的财务报告:2000年第四季度,"公司天然气业务成长翻升3倍,公司能源服务零售业务翻升5倍"；2001年第一季度，"季营收成长4倍，是连续21个盈余成长的财季"……在安然，衡量业务成长的单位不是百分比，而是倍数，这让所有投资者都笑逐颜开。到了2001年第二季度，公司突然亏损了，而且亏损额高达6.18亿美元！

然后，一直隐藏在安然背后的合伙公司开始露出水面。经过调查，这些合伙公司大多被安然高层人员控制，安然对外的巨额贷款经常被列入这些公司，而不是出现在安然的资产负债表上。这样，安然高达130亿美元的巨额债务就不会为投资人所知。

更让投资者气愤的是，显然安然的高层对于公司运营中出现的问题非常了解，但他们熟视无睹甚至有意隐瞒。包括首席执行官斯基林在内的许多董事会成员一方面鼓吹股价还将继续上升，另一方面却在秘密抛售公司股票。而公司的14名监事会成员中有7名与安然关系特殊，要么正在与安然进行交易，要么供职于安然支持的非营利性机构，对安然的种种劣迹均是睁一只眼闭一只眼。

四、假账问题

安然假账问题也让其审计公司安达信面临被诉讼的危险。位列世界第一的会计师事务所安达信作为安然财务报告的审计者，既没审计出安然虚报利润，也没发现其巨额债务。2001年6月，安达信因审计工作中出现欺诈行为被美国证券交易委员会罚了700万美元。

安然的核心业务就是能源及其相关产品，但在安然，这种买卖被称作"能源交易"。据介绍，这种交易是构建在信用的基础上，也就是能源供应者及消费者以安然为媒介建立合约，承诺在几个月或几年之后履行合约义务。在这种交易中，安然作为"中间人"可以在短时间内提升业绩。由于这种交易以中间人的信用为基础，一旦安然出现任何丑闻，其信用必将大打折扣，交易马上就有中止的危险。

此外，这种业务模式对于安然的现金流向也有着重大影响。安然的大多数业务是基于"未来市场"的合同，虽然签订的合同收入将计入公司财务报表，但在合同履行之前并不能给安然带来任何现金。合同签订得越多，账面数字和实际现金收入之间的差距就越大。

安然不愿意承认自己是贸易公司，一个重要的理由就是为了抬升股价。贸易公司天然面临着交易收入不稳定的风险，所以很难在股市得到过高评价。安然鼎盛时期的市值曾达到其盈利的70倍甚至更多。

为了保住其自封的"世界领先公司"地位，安然的业务不断扩张，不仅包括传统的天然气和电力业务，还包括风力、水力、投资、木材、广告等。2000年，宽带业务盛极一时，安然又投资了宽带业务。

如此折腾，安然终于在2001年10月在资产负债平衡表上拉出了高达6.18亿美元的大口子。

五、破产原因

安然的崩溃并不仅仅是因为假账，也不全是高层的腐败，更深层次的原因是急功近利，这使安然在走向成功的同时预掘了失败之基。

安然的核心文化就是盈利。在安然，经营者追求的目标就是"高获利、高股价、高成长"。《财富》杂志撰文指出，正是由于安然的主管们建立了以盈利增长为核心的文化，经理们才有了很大的动力去涉险。

安然的公司精神就是冒险。安然鼓励的是不惜一切代价追求利润的冒险精神，用高盈利换取高报酬、高奖金、高回扣、高期权。安然甚至把坚持传统做法的人视为保守，很快将其"清理"出公司。同时，安然内部不断进行着"大换血"，新人一进门就会获得500万美元炒作能源期货的资本。

六、事件影响

在安然破产事件中，损失最惨重的无疑是那些投资者，尤其是仍然掌握大量安然股票的普通投资者。按照美国法律，在申请破产保护之后，安然的资产将优先缴纳税款、赔还银行借款、发放员工薪资等，本来就已经不值钱的公司再经这么一折腾，投资人肯定是血本无归。

投资人为挽回损失只有提起诉讼。按照美国法律，股市投资人可以对安达信在财务审计时未尽职责提起诉讼，如果法庭判定指控成立，安达信就不得不为他们的损失做出赔偿。

在此事件中受到影响的还有安然的交易对象和那些大的金融财团。据统计，在安然破产案中，杜克集团损失了1亿美元，米伦特公司损失8000万美元，迪诺基公司损失7500万美元。在财团中，损失比较惨重的是J.P.摩根和花旗集团。仅J.P.摩根对安然的无担保贷款就高达5亿美元，据称花旗集团的损失也差不多与此相当。此外，安然的债主还包括德意志银行、中国银行、招商银行、日本的三家银行等。

另外，安然内部的审计人员曾对公司的财务状况提出自己的看法，表示怀疑报表的真实性。这对安然舞弊案件的进程起到了推进的作用。

七、从COSO报告的视角分析安然的坍塌

（一）控制环境

1. 企业的社会责任观念

在安然事件中，安然的诚信和道德价值观有很大的问题，安然做假账，并且虚报的数字让人瞠目结舌。安然管理层为了自身的利益和荣耀编制了虚假的报表，欺骗了投资者、债权人和社会公众，社会责任观念严重缺失。

2. 管理层的理念和经营风险

安然与很多企业有着说不清楚的幕后交易，除此管理层还虚报账目，制作假账，误导投资者购买其股票，安然的首席执行官却一边抛售手中股票一边不断地鼓吹安然的股票会飙升。安然只是一家能源企业，但为了扩大企业的规模，盲目地向更多自己不擅长的领域扩展，导致了公司的巨额亏损。

3. 审计的独立性

独立性是社会审计的灵魂，离开了独立性，审计质量只能是一种奢谈，审计的鉴证职能也失去了意义。安达信在审计安然时是否保持独立性，受到美国各界的广泛质疑。从美国国会等部门初步调查所披露的资料和新闻媒体的报道看，安达信对安然的审计至少缺乏形式上的独立性。

4. 企业文化

企业文化是内部控制的重要组成部分，是其他控制政策与程序实施的基石。塑造怎样的企业文

化和价值观直接影响着决策者的战略管理。如果说企业文化管理是企业战略管理的最终决定形式，安然的决策层显然鄙视了企业文化管理的合理性，而且决策层弄虚作假，败坏企业文化，让整个公司充斥着弄虚作假的氛围。

5. 权限及职权分配

安然高管的权限和职权分配界限模糊，上至高层下至普通员工都不断出现越权、滥用权力牟取个人利益的行为，他们对公司运营中出现的问题非常了解，但是为了自己的利益选择熟视无睹，使公司蒙受巨大损失。

（二）风险评估

1. 分散投资、分散经营的风险

安然在经营范围、投资领域、战略发展上定位于"分散化"，成为世界商品市场上推广"分散化"的先锋。安然注重利用多元化的优势，却忽视了多元化分散经营的劣势，进行的不相关多元化不仅没有成为风险的防护伞，反而带来管理成本提高、资金分散、经营风险增大的后果，削弱了企业核心竞争力。

2. 金融创新、债务融资带来的财务风险以及高风险的会计政策

安然从事的能源期货和期权经营风险很大，而其债务比例又很高，使公司总风险膨胀失控。安然共有310亿美元的表内债务和数十亿美元的表外债务，破产的导火线就是30亿美元的到期债务无现金支付和担保。

（三）控制活动

1. 行政人员的高报酬计划

安然只重业绩，只看结果。安然的员工为了自己的短期利益不惜铤而走险，牺牲公司的长期整体利益。

2. 没有进行严格的实物控制

一直隐藏在安然背后的合伙公司被安然高层人员控制，安然对外的巨额贷款经常被列入这些公司，而不出现在安然的资产负债表上。这样，安然高达130亿美元的巨额债务就不会为投资人所知，而安然的一些高管也从这些合伙公司中谋取私利。

3. 运营分析控制混乱

安然的内部财务治理失效导致了公司内部财务治理的名存实亡。对于公司虚报利润和掩盖问题，许多员工已经觉察并向总裁提出了质疑。安然的管理层却一直在向员工鼓吹业绩优良，总裁在公司破产前四个月声称公司的增长"前所未有的稳定"，还提出让员工以优惠价购买每股36.88美元的股票。

（四）信息与沟通

1. 未建立信息收集、加工机制

安然的"只能成功"理念，导致企业人员必须保持安然股价持续上涨，诱使高级管理者在投资和会计程序方面冒更大的风险。这样做的结果就是虚报收入和隐瞒越来越多的债务。

另外，安然的决策者也未能正确认识市场及其发展，进行错误的决策，向下级员工传达了错误的指示，导致对外投资中的巨大损失。

2. 组织信息传递制度不完善

一项学术调查指出，在安然内部，高级主管未能履行一些"领导的沟通职责"，譬如"沟通恰当的价值观念"和"保持问题征兆的公开性"等。在外部信息传递方面，与客户、供应商、股东之间的沟通采取了隐瞒或谎报的方式，安然在对外公布的财务报表上弄虚作假，以此来吸引股东投资，提高股价。

3. 防舞弊机制形同虚设

安然的 14 名监事会成员中有 7 名成员与安然关系特殊，要么正在与安然进行交易，要么供职于安然支持的非营利性机构，对安然的种种劣迹采取了默认的态度。监事会名存实亡，不仅没有起到监事的作用，反而起到帮衬的作用，同会计师事务所和监管机构沟通过于密切，共同进行造假。

（五）监督活动

1. 独立董事形同虚设

安然董事会中有 15 名独立董事、7 名审计委员，但都未能对公司的一系列幕后交易、虚报利润等行为做出有效的监督，使得公司高级管理层滥用职权，随意侵犯公司及股东利益。

2. 公司内部多个监督环节存在漏洞

（1）对企业高层违法抛售公司股票，管理层提出的一些具有高风险的交易活动以及公司的经营数据、财务数据都没有进行合理有效的监督。安然在迅速扩张的同时，其内部监督体系运行上的问题为日后埋下了祸根。

（2）没有进行有效的日常监督，疏于对企业内部控制建立和实施情况进行监督检查，没有定期评价内部控制的有效性，不能发现其缺陷并对内部控制进行改进。

（3）对公司利用大量金融衍生工具、期股，首席财务官与合伙公司的重大经营问题，重要决策的制定和大额资金的支付都没有进行合理有效的专项监督，导致公司资产严重缩水。

（4）内部审计人员营私舞弊，对安然组织内部没有做出独立客观的评价活动，无法协助管理层评估公司风险以及完善公司内部控制。

资料来源：

（1）安然事件分析，https：//www.wenkuxiazai.com/doc/7d1f04c3bb4cf7ec4afed031-8.html。

（2）安然事件 COSO 分析，https：//wenku.baidu.com/view/6c05ee213169a4517723a360.html。

（3）从 CFO 角度分析安然事件，https：//wenku.baidu.com/view/4e4171bc250c844769eac009581b6bd97f19bcc5.html。

（4）安然事件的破产原因，https：//zhidao.baidu.com/question/1991707322113773267.html。

（5）安然事件的事件发展，https：//zhidao.baidu.com/question/1991707322114428787.html。

案例拓展研习：

1. 请结合 COSO 内部控制五要素方面存在的问题，分析导致安然问题产生的原因是什么。

（1）缺失企业社会责任观念。在安然事件中安然的诚信和道德价值观有很大的问题，安然做假账，并且虚报的数字让人瞠目结舌。安然管理层为了自身的利益和荣耀编制了虚假的报表，欺骗了投资者、债权人和社会公众，社会责任观念严重缺失。

（2）企业文化管理不到位。企业文化是内部控制的重要组成部分，是其他控制政策与程序实施的基石。塑造怎样的企业文化和价值观，直接影响着决策者的战略管理。如果说企业文化管理是企业战略管理的最终决定形式，安然的决策层显然鄙视了企业文化管理的合理性，而且决策层弄虚作假，败坏企业文化，整个公司充斥着弄虚作假的氛围。

（3）行政人员的高报酬计划导致安然员工只重业绩，只看结果。安然的员工为了自己的短期利益不惜铤而走险，从而牺牲公司的长期整体利益。

（4）安然的"只能成功"理念，导致企业人员必须保持安然股价持续上升，诱使高级管理者在投资和会计程序方面冒更大的风险。其结果就是虚报收入和隐瞒越来越多的债务。

（5）监督角色的缺失。安然的14名监事会成员中有7名成员与安然关系特殊，要么正在与安然进行交易，要么供职于安然支持的非营利机构，对安然的种种劣迹采取了默认的态度。监事会名存实亡，不仅没有起到监事的作用，反而起到帮衬的作用，同会计师事务所和监管机构沟通过于密切，共同进行造假。内部审计人员营私舞弊，对安然组织内部没有做出独立客观的评价活动，没有协助管理层评估公司风险以及完善公司内部控制。

2. 对于安然存在的问题及原因，请提出相关措施和建议以完善企业的内部控制建设。

（1）企业的治理层和管理层应加强企业文化建设，通过塑造道德诚信等积极的文化氛围加强对企业员工的价值导向和约束。增强企业和员工的社会责任感，为其他内部控制建设营造一个良好的内部控制环境。转变经营理念，从重视效率与利益转变为关注企业的长期整体利益，重视道德文化建设。

（2）提升企业风险识别、风险分析以及风险应对的能力。对于企业在经营范围、投资领域、战略发展方面的定位要加强对相关风险的识别、分析与应对。安然在注重利用多元化优势的同时加强多元化分散经营，由此带来的管理成本提高、资金分散等经营风险应及时分析与应对。

（3）增强内部控制活动的效率、效果。通过合理制订行政人员的薪酬计划，将员工利益与企业长期整体利益相结合，避免员工为了自己的短期利益不惜铤而走险，从而牺牲公司的长期整体利益。加强对关联方交易的识别与披露，加强对高级管理层的控制和约束，通过建立良好的内部财务治理，提升公司内部财务治理水平，最大限度地减少虚报利润和掩盖问题等现象的出现。

（4）加强企业的信息与沟通水平，治理层和管理层应加强对下级员工的价值引导，传递正确的指示，通过"沟通恰当的价值观念"和"保持问题征兆的公开性"等在企业经营管理中发挥以身作则的榜样示范作用。在外部信息传递方面，积极保持与客户、供应商、股东之间的沟通，杜绝以隐瞒或谎报的方式来吸引股东投资的行为。

（5）加大监督力度。充分发挥监事会在治理结构中的监督作用，切实保证监事会成员的独立性。对公司事务进行独立客观的评价，加强对董事会、高级管理层的制约和监督作用，最大限度地维护全体股东的利益。保证内部审计的独立性，充分发挥内部审计部门在监督内部控制有效落实中的作用。建立审计委员会，负责内外审计的沟通。最大限度地保护审计独立性，从内部和外部对企业的生产经营形成监督合力。

项目小结

本项目讨论了内部控制的一些基本理论，涉及内部控制的产生与发展、内部控制的概念与要素、内部控制的原则与方法、内部控制的内容与局限性等，简要叙述了内部控制发展的五个阶段和内部控制新的发展。内部控制始终是伴随着企业管理运营的发展而发展的，并在实践中不断地丰富与完善，促进企业控制体系的不断优化。内部控制制度作为组织内部的一种制度安排，有利于企业合理支配和利用资源、有效应对风险，从而对实现价值创造的终极目标具有不可替代的作用。内部控制制度是企业实现管理现代化、科学化的方法，是防止信息失真的有效途径，是反舞弊的利器。

延伸阅读

国家层面

1. 《企业内部控制基本规范》及配套指引。
2. 《关于进一步推进国有企业贯彻落实"三重一大"决策制度的意见》。
3. 国家及各部委关于内部控制的法律法规。
4. 《中央企业全面风险管理指引》。

企业层面

1. 公司章程。
2. 企业权限指引、授权委托等管理办法。
3. 企业内部控制实施手册。

复习思考

1. 内部控制的发展经历了哪几个阶段？其标志性成果是什么？
2. 如何理解内部控制的概念？
3. 简述内部控制的五大要素。
4. 企业构建内部控制应遵循的原则有哪些？
5. 经济业务中应加以分离的不相容职务有哪些？

实践提升

1. 请从内部控制的发展角度，设想未来的内部控制发展趋势。
2. 企业在构建内部控制中，最应关注的原则是什么？
3. 内部控制这门学科对未来的工作会有影响吗？为什么？

本章考核

一、单项选择题

1. 内部控制为各项管理提供（　　）保证。

   A. 合理　　　　　　　B. 绝对　　　　　　　C. 低水平　　　　　　　D. 高水平

2. 下列不属于内部控制客体的是（　　）。

A. 企业员工及组织行为　　　　　　　　B. 企业资产

C. 企业内外部信息　　　　　　　　　　D. 内部控制制度的设计与执行单位

3. COSO 对内部控制的目标规范中不包括（　　）。

A. 运营目标　　　　B. 报告目标　　　　C. 合规目标　　　　D. 发展目标

二、多项选择题

1. 下列（　　）属于内部牵制的内容。

A. 体制牵制　　　　B. 簿记牵制　　　　C. 实物牵制　　　　D. 机械牵制

E. 监督牵制

2. 我国财政部等部门联合发布的《企业内部控制基本规范》提出，企业建立与实施有效的内部控制的要素包括（　　）。

A. 内部环境　　　　B. 风险评估　　　　C. 控制活动　　　　D. 信息与沟通

E. 内部监督

3. 内部控制的原则包括（　　）。

A. 全面性原则　　　B. 重要性原则　　　C. 制衡性原则　　　D. 适应性原则

E. 成本效益原则

4. 内部控制的局限性包括（　　）。

A. 成本效益制约　　B. 串通舞弊　　　　C. 人为错误　　　　D. 管理越权

E. 特殊事件

三、判断题

1. 内部控制只需由高层级的人员来实施。（　　）

2. 风险评估主要指目标设定、风险识别、风险分析，不包括风险应对环节。（　　）

3. 内部控制五要素是相对独立的。（　　）

4. 内部控制制度的不同使用者对内部控制具有相同的观点、期望和目标。（　　）

5. 内部控制是为了达到某个或某些目标而实施相关措施的过程，是一种动态的过程，它本身是一种手段而不是一种目的。（　　）

参考答案：

一、单项选择题

1. A　　2. D　　3. D

二、多项选择题

1. ABCD　　2. ABCDE　　3. ABCDE　　4. ABCDE

三、判断题

1. ×　　2. ×　　3. ×　　4. ×　　5. √

项目二 企业内部控制环境

学习目标

知识目标	技能目标	素养目标
1. 了解企业内部控制环境的相关概念。 2. 理解企业内部控制环境各要素的控制目标。 3. 掌握企业内部控制环境各要素的主要风险点和主要控制点要求	1. 能够结合实际案例对风险点进行分析。 2. 能够结合具体案例设计相关要素的控制要求	1. 激发学生的民族认同感和自豪感,增强民族自信。 2. 引导学生遵守会计审计职业道德,遵守国家法律法规

思政融入点

1. 在讲解社会责任时,激发学生的民族认同感和自豪感,增强民族自信,教育学生在任何时候都要迎难而上,要有不服输的韧劲和冲劲。

2. 在讲解企业文化时,通过反面例子告诫学生要遵守会计职业道德,不弄虚作假,遵守国家法律法规。

知识框架图

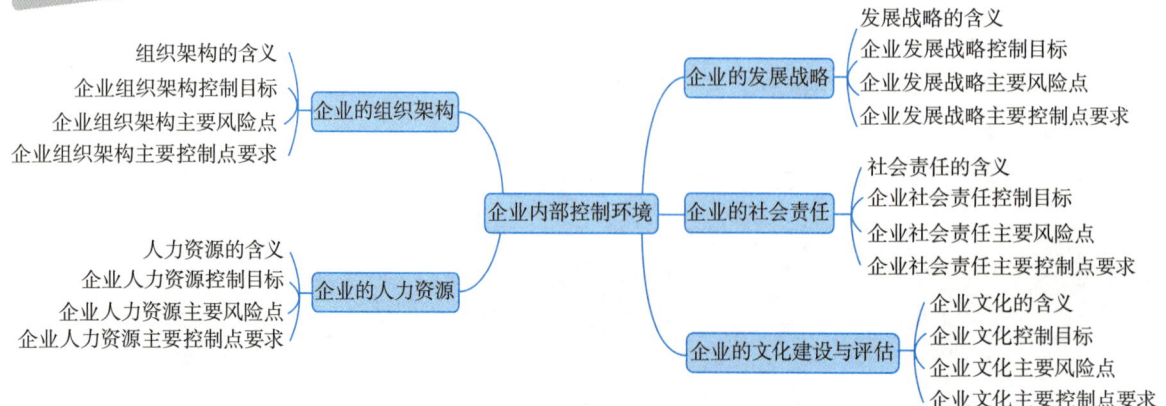

开篇案例

海底捞企业内部环境要素控制分析

四川海底捞餐饮股份有限公司（以下简称海底捞）是一家以经营川味火锅为主，融合各地火锅风味，并在全国范围内形成较大规模的连锁餐饮集团。海底捞 1994 年由马勇创立于四川简阳，历经 20 多年的持续发展，于 2018 年 9 月 26 日在香港正式挂牌上市，股票代码为 06862。截至 2022 年 6 月 30 日，海底捞在世界范围内开设 1435 家直营餐厅，其中，中国内地有 1310 家门店，中国香港、中国澳门、中国台湾有 22 家门店，还有 103 家门店位于其他 11 个国家。经过多年的市场与消费者考验，海底捞已成功成为一个具有良好声誉、融合了不同地区火锅特色的高品质火锅品牌。

一、组织架构

海底捞以股东大会为主要权力机关，对公司的重要事务做出决定；董事会对公司的整体策略进行策划；总经理对公司的经营管理等方面的工作承担责任。此外，公司还设立了三个委员会，分别是提名委员会、薪酬委员会和审计委员会。其中，提名委员会的主要任务是向董事会提供帮助，以保证在任命及再任命董事的过程中，有一个公正且透明的程序，以及确保董事会在专业、知识、经验等多个方面取得平衡，以符合公司业务所需；薪酬委员会就公司所有董事和高管的薪酬政策和结构，以及为制定正式和透明的薪酬政策提供建议；审计委员会的职责是检查和监管公司的财务报告、风险管理和内部控制体系，并协助董事会完成其审计职责。三个部门各司其职，共同组成了海底捞的内部环境控制体系。

二、发展战略

海底捞在其 2022 年度报告中，对其今后的发展进行了清晰的战略规划，主要有以下三点：①持续改进海底捞的美食体验，包括不断改善服务，提高产品创新能力，提高餐厅业绩，为顾客提供更大的附加值和社区功能服务。通过人性化的服务、在等候区设置虚拟的娱乐设施，以及运用投影仪与数码感应器等新科技，提升顾客的就餐体验。②持续不断地进行技术革新，例如不断地优化运营管理系统以及研发智慧餐饮科技。为确保食品的安全和库存的及时供应，海底捞正在积极地构建现代化的智能厨房，并与第三方一起对中央库存管理系统的使用方法进行了研究。③对有价值的资产进行收购以使餐厅的商业模式和客户群更加多样化。为提高海底捞在市场上的竞争能力，提升其在市场上的地位，公司在同行业范围内收购具有良好形象、高度标准化，以及符合海底捞营运及发展计划需要的品质公司。整体来看，海底捞发展战略通常侧重于其核心业务，按照其战略稳步发展。

三、人力资源

关于人力资源的引进，海底捞在 2020 年已委托给更专业的公司微海负责，由微海对海底捞的人力资源招聘、培训等方面进行总体规划。公司在人力资源开发中的培训主要有两类：一是企业内部的直接培训，包括内部的学徒培训和内部的自发性学习；二是外派培训，海底捞会邀请大学教授、著名企业家等为员工提供专业训练，以增强员工的专业能力，并拓展员工的经营思维。人力资源使用方面通过四大手段进行控制：一是绩效考核，海底捞对店长采用"员工努力度"进行考核，对员工则采用"顾客满意度"进行考核；二是工资体系，支付高于市价10%的工资，并推出了与之相对应的股权激励方案；三是在激励机制方面，海底捞积极赋予员工权利，激发员工工作积极性和创造性；四是轮岗制，海底捞的员工想要升职，首先要经过轮岗，在财务、采购、物流、信息技术等方面，都要得到公司各部门经理的签名和认可。在人力资源退出上，海底捞会对每一位员工的业绩评估结果进行回馈。根据员工个人能力进行必要的岗位调换，对于表现较差的员工，公司会要求其离开岗位或者重新进行岗位培训，直到其符合本公司的岗位要求为止；对于那些在公司绩效评估中显示出低效率和没有潜能的人，将予以解雇。总的来说，海底捞采用了一种独特的人力资源管理方式，从心底里把员工当成了家族的一分子，使得员工对企业的忠诚度得到了很大程度的提升，为企业的可持续发展起到了积极作用。

四、社会责任

在点餐方式方面，引进了半份菜和拼盘模式，不仅满足了顾客多种菜品的需求，也避免了对粮食的浪费。此外，还使用了电子设备和自行扫码进行点餐与选择服务，极大地节约了对传统菜单等纸张的浪费。海底捞亦对餐饮部的有害气体及烹饪油烟进行了严格的控制，对节约用水更是从未放松。海底捞坚持绿色运营，以环保为宗旨，不断地探索新能源和智能化等节能新技术，并不断地推广和应用各种节能设备，以减少店面的能耗，创建一个节能的餐厅。海底捞利用现代科技手段，加强对产品质量的监管，保证公司在产品生产过程中的每个环节都能达到健康、安全的要求。海底捞还设有专门的监督人员，以确保原料的安全，肉类的加工及蔬菜的洗涤均采用安全、自动的机器。海底捞一直积极参与公益事业，持续开展慈善事业。海底捞参与"99公益日"的募捐活动，帮助困难的孩子们；2016年创办炳文图书馆，为社会服务；对有困难的职工建立了救助基金。海底捞入选2022年度《财富》中国ESG影响排行榜，榜单中指出，海底捞积极承担社会责任。总体上看，海底捞实现了企业和社会的协调发展，较好地承担了其应有的社会责任，这对于提升海底捞的品牌知名度与形象具有积极的作用。

五、企业文化

海底捞是一家大型连锁餐饮公司，业务遍及全球，一直遵循诚信运作的原则，并以向消费者提供更健康、更安全、更有营养的食物为卖点。与此同时，海底捞一直以顾客的体验为出发点，提供创新性的餐饮服务，让客户满意。也正是这种经营理念造就了现如今海底捞的企业文化：遵循"服务至上、客户至上"的原则，重视创新，支持个性化、特色化服务，在用心服务的基础上，努力为顾客提供"全面、温暖、安逸"的服务；在经营方面，倡导双手可以改变命运的价值观，为员工营造一个公平、公正的工作氛围，奉行"人"与"情"相结合的管理方式，提高员工的价值。海底捞在发展壮大的过程中，一直没有忘记维持自己的企业文化，让自己的服务水准、食物品质与过去一样。海底捞针对门店不同岗位人员开设不同的专项培训班，包括文化类、制度类、业务技能类、知识素养类等，并通过线上线下培训平台的延伸，实现员工随时随地灵活地学习，赋能企业全员，在推动企业可持续发展的同时使得员工对公司的企业文化充分理解并认同。海底捞这种始终从顾客体验出发并重视内部员工交流的管理思想汇聚成其独具特色的企业文化，这也是保证海底捞在众多餐饮业中脱颖而出的一大优势。

任务一 企业的组织架构

一、组织架构的含义

组织架构是指企业按照国家有关法律法规，依据股东（大）会或国有资产监督管理机构决议和企业章程，结合企业实际，明确股东（大）会或国有资产监督管理机构、董事会、监事会、经理层和企业内部各层级机构设置、职责权限、人员编制、工作程序和相关要求的制度安排。其中，核心是完善公司治理结构、管理体制和运行机制。设置合理的组织结构可以为计划、指导以及控制打下基础，有助于形成良好的内部控制环境。任何企业都应该把建立和健全组织架构放在首位，否则其他方面无从谈起。

组织架构涵盖了治理结构和内部机构两个层次。其中，治理结构即企业治理层面的组织结构，是与外部主体发生各项经济关系的法人所必备的组织基础，可以使企业成为法律上具有独立责任的主体，从而在法律许可的框架下拥有特定权利、履行相应义务，以保障各利益相关方的基本权益。内部机构则是企业内部机构层面的组织架构，是指企业根据业务发展的需要，分别设置不同层次的管理人员及相应的专业人员管理团队，针对各项业务功能行使决策、计划、执行、监督、评价的权利并承担相应的义务，从而为业务顺利开展并实现企业发展战略提供支撑平台。企业应当根据发展战略、业务需要和控制要求，选择适合本企业的内部组织机构类型。建立和完善组织架构可以促进企业建立现代企业制度，有助于防范和化解各种风险，并在内部控制制度的建设中起到结构性支撑作用。

二、企业组织架构控制目标

（一）形成科学有效的职责分工和制衡机制

企业作为一个系统，其组织架构对企业获得利润、满足社会需求具有重要的作用。因此，组织架构是企业的基本框架，科学、合理、正确的架构从管理的上游形成防范风险的屏障，为企业健康稳定地运行打下了基础，为效益最大化和效率最大化增添了保障。建立和完善组织架构，明确决策、执行、监督等方面的职责权限，可以有效防范和化解各种舞弊风险。

（二）持续优化治理结构、管理体制和运行机制

企业为了保持组织架构的先进性，就要持续地优化治理结构、管理体制和运行机制，使企业保持良好的竞争态势，促进企业实现发展战略，及时适应社会发展和市场竞争的需求，促进企业各项目标的实现。

三、企业组织架构主要风险点

企业在组织架构的设计与运行中至少要关注下列主要风险。第一，治理结构形同虚设，缺乏科

学决策、良性运行机制和执行力,可能导致企业经营失败,难以实现发展战略,如内部监督没有实施到位,导致企业违反监管要求,被监管机构处罚等。第二,内部机构设置不科学,权责分配不合理,可能导致机构重叠、职能交叉或缺失,一旦出现问题就推诿扯皮,运行效率低下,如部门设置不当、不相容岗位设置不当、人员选任不当、没有科学的决策体系等。

四、企业组织架构主要控制点要求

(一)治理结构要求

1. 对企业的要求

企业应根据国家有关法律法规的规定,按照相互独立、权责明确、相互制衡的原则,对决策机构、执行机构和监督机构进行设置,明确公司董事会、总经理办公会和经理层以及公司股东大会、董事会、监事会职责权限、任职条件、议事规则和工作程序等。

2. 对董事、监事、高管的要求

董事、监事、高管应当遵守法律、行政法规和公司章程,对企业负有忠实和勤勉义务。董事会对股东大会负责,依法行使企业的专门经营决策权,并代表股东履行出资人职责。

(1)依法制定公司章程,在章程中明确出资人、董事会、总经理、监事会的职权、性质、议事规则及授权。

(2)建立独立董事会制度。上市公司董事会应当建立独立董事会制度。独立董事应独立于所受聘的公司及其主要股东,且不得在上市公司担任除独立董事外的其他任何职务。为了确保独立董事能够独立、恰当且充分地履行其职责,企业应根据国家有关法律法规、上市地监管机构的法规指引以及公司章程等制定独立董事工作制度。

(3)设立董事会专门委员会。董事会应下设战略、提名、薪酬与考核、审计与风险管理、社会责任等专门委员会,作为董事会的专门工作机构,为董事会决策提供咨询意见和建议。

(4)设立董事会秘书。董事会秘书作为公司高管,对企业董事会负责。同时,应设立董事会办公室,作为董事会秘书履行职责的日常办事机构。

(5)实行总经理负责制。总经理对董事会负责,主持企业的生产经营管理工作,副总经理、总会计师等高管根据总经理授权,协助总经理工作,对总经理负责。企业可以通过总经理办公会议等多种形式,研究总经理职责范围内的生产经营管理重要事项。

(6)依法依规对其全资企业、控股企业、参股企业的有关资产行使资产受益、重大决策和选择管理者等出资人的权利,对所属资产依法经营、管理和监督,并承担相应保值增值责任。

(7)在中国境内的企业按照《中华人民共和国工会法》组织职工,采取与企业、事业单位等相适应的形式,参与企业单位民主管理和监督。

3. 加大治理结构的运行力度

企业应当根据组织架构的设计规范,对现有治理结构和内部机构进行全面梳理,确保本企业的治理结构、内部机构和运行机制等符合现代企业制度要求。企业应对治理结构进行梳理:一是重点关注董事、监事、经理及其他高层的任职资格和履职情况,如职业操守、经营业绩、合规经营等。二是关注董事会、监事会、经理层的运行效果,如董事会向股东大会定期或不定期地汇报相关决议

和"三重一大"（重大决策、重大事项、重要人事任免及大额资金支付业务）等执行力，监事会对人、财、物等方面的监督执行力度，经理层严格履行董事会指令等的运行情况。

（二）内部机构设计要求

1. 内部组织机构的设置

企业应根据发展战略、业务需要，结合内部控制要求设置内部组织机构，明确职责权限，将权利与责任落实到各责任单位，并致力于内部结构紧密化、完善产业链、优化产业结构。

企业应有归口部门负责内部组织机构的设置。只要有利于企业的战略发展与合规经营的需求，内部组织机构既可划分层次管理，也可实行扁平化管理。在具体机构设置中，应明确在发展战略、综合计划、重大投资、重大资源配置、资金管理、重大科研开发和对外合作等方面承担决策、运行协调、监督检查的职能部门，明确各项经营管理指标的落实，以及有效运营以实现公司整体战略和经营目标的责任单位。在科学、合理、有效的运营模式和机构设置框架下实施具体的业务活动。

2. 组织架构

企业应明示自身的组织架构，并制定组织结构图、业务流程图、岗（职）位说明书和权限指引等管理制度或相关控制要件，使员工了解和掌握组织架构设计及权责分配情况，正确履行职责。

3. 内部机构的全面梳理

明确相关部门作为牵头部门，在各自的职责范围内，会同相关业务部门，对企业内部机构设置情况进行梳理，梳理工作侧重于机构设置的合理性和运行的有效性。

4. 内部控制职责

企业内部控制的建立健全，重要的一步就是将内部控制的职责层层落实，实施到位。

（1）董事会负责内部控制的建立健全和有效实施。

（2）监事会对董事会建立与实施内部控制情况进行监督。

（3）总经理层对内部控制工作的重要计划和方案进行审定。

（4）明确企业内部控制工作的日常管理机构，对企业的内部控制工作进行指导、协调、定期监督检查评价等。

（5）企业应成立内部控制或全面风险管理领导小组，组长由企业主要负责人担任，全面风险管理领导小组下设办公室，作为企业内部控制或风险日常管理机构。内部控制、风险日常管理机构的主要职责应包括组织制定或修订本单位内部控制手册或内部控制实施细则、制定或修订风险识别清单，组织对所属企业的检查，并协调本单位内部控制和风险管理工作等。

企业应当按照科学、精简、高效、透明、制衡的原则，综合考虑企业性质、发展战略、文化理念和管理要求等因素，合理设置内部职能机构，明确各机构的职责权限，避免职能交叉、缺失或权责过于集中，形成各司其职、各负其责、相互制约、相互协调的工作机制。

（三）岗位职责的划分

企业应当对各机构的职能进行科学合理的分解，确定具体岗位的名称、职责和工作要求等，明确各个岗位的权限和相互关系。

企业应当对内部机构或岗位实行不相容职务、岗位分离制度。遵循互相制约、权力分割、稽核对证等原则，关键岗位的设置体现不相容职务分离原则，使不同岗位真正起到相互制约、相互监督的作用。

（四）组织架构的评估调整

企业在对治理结构和内部机构进行全面梳理的基础上，对组织架构设计与运行的效率和效果进行综合评价，发现可能存在的缺陷时，应及时进行必要的优化调整。企业管理人员在对组织架构进行调整时，应充分听取董事、监事、高管和其他员工的意见，按照规定的权限和程序进行决策审批。

（五）岗位设置

企业在确定职权和岗位分工过程中，应当体现不相容职务分离的要求。一是企业人力资源部门应当遵照定编、定员、定岗"三定"方针，合理进行企业的岗位设置。同时，企业将岗位分析纳入生产经营管理的日常内容，通过岗位分析，明确各个岗位的权限和相互关系。二是企业通过编写岗位职责说明书等形式，对各岗位的具体职责、工作权限、任职资格等加以明确界定，确保岗位配备胜任的人员，避免因人设岗。企业的岗位职责说明书由相应的人力资源部门组织编写、汇总和审核发布。

（六）对子公司的管控

企业在业务规模不断发展壮大的过程中，应充分认识到建立科学的投资管控制度的重要性，在保持母子公司独立性的前提下，对全资及控股子公司特别是异地、境外子公司的发展规划、年度财务预决算、利润分配、增减注册资本、合并、分立、解散、清算或变更公司形式，重大投融资、担保、大额资金使用、理财业务以及金融衍生业务，重要产权转让、重大资产处置和重大债务重组，重要人事任免，内部控制体系建设等重要事项给予特别关注。

企业可以通过委派股东代表，推荐董事、监事等方式履行出资人职责，维护出资人利益。由公司提名并出任子公司董事、监事的人员，企业应对其职责及工作程序进行明确的规定，以确保其充分、正确地履职。

即时思考

企业组织架构主要控制点的要求有哪些？

任务二　企业的发展战略

一、发展战略的含义

发展战略是指企业在对现实状况和未来趋势进行综合分析和科学预测的基础上，制定并实施的中长期发展目标与战略规划。

企业发展战略是决定企业未来发展的关键性因素。也就是说，决定企业发展成败的一个极其重要的问题，就是企业发展战略是否科学、合理。如果发展战略选择失误，那么企业的整个经营活动必然会受到重创。

二、企业发展战略控制目标

一是确保企业战略目标和战略规划具备可行性和适当性，能够为企业找准市场定位，赢得竞争优势。二是确保企业战略规划得到有效执行和落实，促进企业增强核心竞争力和可持续发展能力。

三、企业发展战略主要风险点

（一）宏观层面的风险

国家战略及宏观经济政策、产业政策变化，国内外市场需求变化，政府出台或修订法律法规，以及政府准入控制变动等对企业的经营产生影响。

（二）战略规划风险

战略决策不当，战略调整不及时或过于频繁，战略决策未被认同等影响企业的经营和持续发展。

（三）战略执行风险

组织架构与战略不匹配，资源分配与战略脱节，商业模式不适应战略需要，战略目标分解不充分，所属企业未落实战略，战略未能有效传达，战略合作伙伴缺失或选择、维护不当，考核评价与战略不匹配等，都影响企业战略目标的实现。

（四）产业链衔接和竞争风险

未发挥产业链协同效应，导致资源浪费；未能恰当应对竞争对手，导致企业市场份额下降或流失重要客户；行业进入门槛降低或提高，导致竞争加剧、成本上升或被迫退出相关市场。

四、企业发展战略主要控制点要求

（一）发展战略的制定

企业应当在充分调查研究、科学分析预测和广泛征求意见的基础上制定发展目标。按照国家及企业发展要求，企业应当提出与之相匹配的发展目标，同时将此目标告知全体员工，并围绕这一目标制定战略发展规划。

企业董事会下设战略委员会，通过制定相关工作规则，明确战略委员会在发展战略管理方面的职责和议事程序（议事规则）。对战略委员会会议的召开程序、表决方式、提案审议、保密要求和会议记录等进行规定，确保议事过程规范透明、决策程序科学民主。明确归口部门作为战略委员会办事机构及发展战略的牵头部门，负责组织各部门以及相关专家参与中长期发展规划的编制和修订工作，并根据需要编制企业阶段性发展计划。

战略规划应当明确发展的阶段性和发展程度，确定每个发展阶段的具体目标、工作任务和实施路径。企业中长期发展规划的主要内容包括发展基础、发展环境、重要举措，各项业务实现有效发展的战略举措，深入实施科技和人才战略方面的举措，强化企业管理、提高经济效益方面的举措，注重资源节约、环境建设等方面的重点举措。

（二）发展战略的实施

企业的战略管理体系应当通过总战略、中长期发展规划、阶段性发展计划、年度工作计划、全面预算、业绩管理等机制和流程来支撑。通过将目标分解、将指标落实等措施来保障发展战略的有效实施。

企业建立健全保障发展战略有效实施的措施，包括培育与发展战略相匹配的企业文化、优化调整组织结构、整合内外部资源、优化调整管理模式等。

企业应当通过内部各层级会议和教育培训等有效方式，将发展战略及其分解落实情况传递到内部各管理层级和全体员工，使员工明确目标、找准方向，更好地为企业的发展贡献力量。

（三）发展战略的监控

由于经济形势、产业政策、技术进步、行业状况以及不可抗力等因素发生重大变化，企业应重视对发展战略实施中及实施后的效果进行监控和评估。战略委员会应当加强对发展战略实施情况的监控，定期收集和分析相关信息，对明显偏离发展战略的情况，应当及时报告，确需对发展战略进行调整时，应当按照规定权限和程序来调整。因此，企业应定期进行年度工作计划和预算指标完成情况的统计分析工作，明确实际完成情况与预算目标之间的差距，分析造成差距的主要原因，并制定整改措施。

> **即时思考**
>
> 如何实施发展战略？

任务三　企业的人力资源

一、人力资源的含义

人力资源是指企业组织生产经营活动而录（任）用的各种人员，包括董事、监事、高管和全体员工。人力资源实质上是企业中各类脑力劳动者和体力劳动者的总和。企业应当重视人力资源建设，根据发展战略，结合人力资源的现状和未来需求预测人力资源发展方向，建立人力资源发展目标，制定人力资源总体规划和能力框架体系，优化人力资源整体布局，明确人力资源的引进、开发、使用、培养、考核、激励、退出等管理要求，实现人力资源的合理配置，全面提升企业的核心竞争力。

二、企业人力资源控制目标

一是加强人力资源规划，合理配置人力资源，优化人力资源布局，充分发挥人力资源对实现企业发展战略的支撑作用。二是加强人力资源培养开发和队伍建设，充分调动企业员工的积极性，有效发挥员工潜能和创造性，实现企业与员工的共同发展。三是形成科学的人力资源管理制度和机制，防范人力资源风险，全面提升企业的核心竞争力。

三、企业人力资源主要风险点

一是人力资源规划评估不当、相关管理人才短缺。二是人力资源引进或开发不力、招聘规划设置不当、未履行岗位人员回避制度；人员任用不当、未签订保密协议、激励约束机制不合理，影响企业实现经营目标。三是人力资源管理违规、就业歧视引发纠纷、适合市场发展需求的人才短缺、人力资源退出机制不当，引发纠纷或诉讼，导致企业声誉受损。

四、企业人力资源主要控制点要求

（一）人力资源总体规划

企业人力资源是内部环境的核心要素，若人才缺乏，企业在市场的竞争力就无从谈起。因此，企业要充分做好人力资源的规划工作，为企业的发展做好人才储备。具体做法如下：一是紧紧围绕企业的战略目标，实施人才强企战略，明确人力资源总体规划。二是根据国家规定及企业发展的要求，制定人才队伍建设中长期规划，提出人才队伍建设的总体要求，包括预测的岗位优化员工需求、企业平衡供需的指导原则和总体政策，具体表现为员工补充计划、员工配置计划、人才成长通道计划、员工培训与开发计划、员工激励计划、员工退休解聘等。三是根据国家有关精神和企业发展战略，并结合人才成长通道资源，制定企业未来中坚骨干队伍建设规划。

（二）人力资源的引进与开发

企业应当根据人力资源总体规划，结合生产经营需要，制订年度人力资源需求计划，完善人力资源引进制度，规范工作流程，按照计划、制度和程序组织人力资源引进工作。

第一，围绕企业发展战略和人才队伍建设需要，企业按照"注重专业，择优录用，公开操作，加强监督"的总体原则，选拔社会人才和应届高校毕业生，并根据业务发展需要，适当招聘高级别的专业技术员工以带动企业的创新发展。

第二，根据人力资源能力框架要求，明确各岗位的职责权限、任职条件和工作要求，遵循德才兼备、以德为先和公开、公平、公正的原则，通过公开招聘、竞争上岗等多种方式选聘优秀人才，重点关注选聘对象的价值取向和责任意识。在选拔高管和聘用中层及以下员工时，应当切实做到因事设岗、以岗选人，避免因人设岗，确保选聘人员能够胜任岗位职责要求。在选聘人员中应当实行岗位回避制度。

第三，企业确定选聘人员后，应当依法签订劳动合同，建立劳动用工关系。对于在产品技术、市场、管理等方面掌握或涉及关键技术、知识产权、商业秘密或国家机密的工作岗位，应当与该岗位员工签订岗位保密协议，明确保密义务。

第四，企业应当建立选聘人员试用期和岗前培训制度，对试用人员进行严格考察，促进选聘员工全面了解岗位职责，掌握岗位基本技能，适应工作要求。试用期满考核合格后，方可正式上岗；试用期考核不合格者，应当及时解除劳动关系。

第五，企业应当重视人力资源开发工作，建立员工培训长效机制，营造尊重知识、尊重人才和关心员工职业发展的文化氛围，加强后备人才队伍建设，促进员工的知识、技能持续更新，不断提升员工的服务效能。

开发人力资源是充分发挥人力资源作用的重要手段，是实现人力资源保值增值的基础工作。坚持员工是企业可持续发展的宝贵资源理念，为每位员工开辟适合其自身发展的职业成长通道。针对人力资源的不同类型和层次，按照高管、中层管理人员（专业技术人员）、一般员工等分类进行有效开发，最大化地提升员工成长空间。

（三）人力资源的使用与退出

建立健全人力资源管理的退出机制。恰当的退出机制对员工与企业的发展有着重要影响。因此，人力资源退出机制既可以保证企业的高效精干，也给予了员工适合自己成长的空间。

第一，企业应当执行激励与约束相结合的人力资源策略，根据阶段性的业绩评价结果，对员工予以指导和奖罚。

第二，设置适合企业特点的业绩考核指标体系。通常考核指标可以分为效益类指标、管理类指标和约束性指标三类。效益类指标主要是指企业利润指标、成本费用指标等。管理类指标主要是指企业通过管理推动目标完成的指标，如能耗率、风险管理及内部控制执行情况、党风廉政建设情况等。约束性指标主要是指一票否决性指标，如安全指标等。

第三，根据国家和政府相关规定，结合市场调查，制定高管、技术人员和普通员工的薪酬标准。企业人力资源部门应该对薪酬政策和方案的实施进行监控。

第四，根据国家法律法规，并结合企业实际情况，制定员工退出制度和程序，明确员工辞职、解除劳动合同、退休等退出程序，真正做到员工"能上能下，能进能出"。

第五，做好人力资源的年初计划与年末总结工作，定期（一般为每年度末）对人力资源的计划执行情况进行评价，通过评价对企业的人力资源实行最优配置，发挥出员工的最佳能力。

即时思考

人力资源的主要风险有哪些？

任务四　企业的社会责任

一、社会责任的含义

社会责任是指企业在生产经营发展过程中应当履行的社会职责和义务，主要包括安全生产、产品质量、环境保护、节约能源、促进就业、员工合法权益保护及社会公益等。

企业在创造利润、对股东负责的同时，应承担起对劳动者、消费者、环境、社区等利益相关方的责任，企业责任的核心是保护劳动者合法权益，包括不歧视、不使用童工，不使用强迫性劳动，维护安全卫生工作环境和制度等。

企业作为社会的重要细胞，不仅是经济活动中的经营主体，在社会活动中也担任着重要角色，在企业发展的同时其会直接或间接地对社会产生重要影响，社会进步与企业发展之间相互作用，公民的权利意识和公民自我保护的意识不断增强，因此，企业对社会的责任是社会文明发展的必然趋势。企业承担社会责任，有助于提升企业形象、增强企业竞争力，更好地提高经济效益，同时对员工的综合素质提升有积极的作用。企业在履行社会责任的同时，既可以实现可持续发展，也可以赢得社会美誉，使未来的发展更具后劲。

二、企业社会责任控制目标

企业对社会责任的控制目标通常有以下几种。

第一，全面贯彻落实"安全第一、预防为主、全员动手、综合治理、改善环境、保护健康、科学管理、持续发展"方针，最大限度地保障不发生事故，不损害人身健康，不破坏环境，促进企业全面、协调、可持续发展。

第二，遵守国家环保标准，有效利用资源，促进清洁生产，减少或杜绝污染物排放。

第三，优化能源结构和配置，减少能源的损失和浪费，更加科学、合理、高效地利用能源。

第四，建立健全并严格执行产品质量标准体系，在生产中实现全过程质量控制，提升职工质量意识，走质量效益型发展道路。

第五，保障职工合法权益，构建企业和谐劳动关系；强化"以人为本"理念，关心爱护员工，预防职业病危害。

第六，公开招聘、公平竞争、公正录用，为社会提供尽可能多的就业岗位。

第七，积极履行社会公益方面的责任和义务，关心帮助社会弱势群体，支持慈善事业，提升企业社会形象。

三、企业社会责任主要风险点

（一）HSE 风险

HSE 包括健康（Health）、安全（Safety）和环境（Environment）三个方面。HSE 风险包括以下三个方面。

第一，HSE 管理体制不当或规章制度执行不力，HSE 投入不足，HSE 专业管理人员素质不达标，安全和环保隐患发现、报告或治理不及时，员工生产工作环境恶劣、个体防护用品配备不规范，引发安全环保事故，损害公司利益。

第二，违反安全环保规定，迟报、谎报和瞒报安全环保事故，清洁生产工作开展不力，"三废"（废水、废弃、固体废物）综合利用不当，被安监部门处罚。

第三，应急预警和报告体系不当，未制定应急预案；未落实安全环保责任追究制度，未定期开展安全环保考核；对下属企业设备管理缺乏监督，无法有效进行安全环保管控。

（二）质量管理风险

质量标准体系不健全，质量控制执行不当，违反国家质量标准；发生质量事故时，未及时上报有关部门，调查不充分，处理不妥当；质量纠纷处理不当，导致企业被监管机构处罚，利益受损。

（三）其他社会责任风险

公益慈善管理不当，促进就业不当，员工权益保护不当，社会责任危机公关不当；发生劳动争议、法律诉讼或群体上访事件；股东大会等（职工代表大会）职权落实不到位，损害企业声誉或导

致被监管机构处罚。

（四）外部事件风险

外部事件应急管理不当，导致生产经营中断、信息数据丢失，影响企业的运营。

四、企业社会责任主要控制点要求

（一）社会责任管理体系

1. 社会责任理念

注重企业与社会、环境的协调可持续。确立企业对社会的承诺、企业经营宗旨等社会责任口号，如"敬业报国，追求卓越""发展企业、贡献国家、回报股东、服务社会、造福员工""爱国、敬业、诚信、守法、贡献"，把履行社会责任作为提升核心竞争力的重要措施，促进企业全面协调可持续发展。

2. 社会责任管理体系

（1）企业应设立社会责任管理委员会或归口管理部门，研究企业社会责任管理的政策、治理、战略、规划，审阅企业社会责任年度计划和执行情况等。

（2）企业应成立企业社会责任工作领导小组或明确归口管理部门，负责监督、管理企业社会责任工作开展情况。

（3）企业治理层对社会责任战略等工作进行决策；管理层及相关部门负责落实企业治理层决策，领导企业社会责任的日常工作，制定安全、环境、健康、预防及科学管理和持续发展等方针。

（4）企业应设置安全、能源与环境保护等部门，并在相关部门设置职业健康、节能环保、安全生产等管理岗位，配备人员，落实开展安全生产与环境保护工作。

（5）有条件的企业可设置部门或岗位，处理企业外部公共安全，负责组织、协调、指导和监督外部公共安全等工作。

（二）安全生产与环境保护

在任何企业中，"安全无小事"的理念越发根植于企业的上上下下，国家及各级政府对于安全问题均采取"一票否决"制，对于安全的管理及问责越来越规范，越来越严厉。因此，保障劳动者在生产过程中的生命安全健康，是企业必须遵循的原则，更是企业义不容辞的责任。

1. 建立健全安全生产及环境保护管理机构和安全环保责任制

安全与环境是企业的硬性指标，随着社会发展及文明程度的提高，安全与环境也成为社会关注的焦点。为了保证安全环保在控制范围内，企业每年应通过签订"HSE责任书"等形式，向管理部门及具体实施部门下达年度安全环保职业健康考核指标，并根据总体控制目标进行分解和细化，建立各级次的安全环保职业健康管理责任制。

2. 建立健全安全生产与环境保护管理制度

（1）制定安全管理制度体系，如企业一体化管理手册等，努力实现安全环保各项工作有章可循、有据可依，为企业的安全环保工作保驾护航。

（2）在环境保护方面，企业在遵守国家有关环境保护法律法规的同时，应制定具有自身特点的环境保护管理制度，规范企业环保工作管理。

3. 设备设施的使用维护管理

企业的生产运行离不开各种设备设施，设备设施在企业的资产中占有重要的位置。企业应根据自身特点，建立健全安全设备设施及环保设备设施使用维护管理办法，量化设备设施维护保养指标，切实做到维护保养工作经常化，及时消除隐患问题，确保设备设施的平稳运行。

4. 清洁生产

企业应设立清洁生产归口管理部门，负责组织企业清洁生产的培训、审核工作，并在必要时聘请外部专家对各企业的清洁生产情况进行评估，以促进企业全员增强环保意识，提高清洁生产管理水平。

5. 环境监测分析

建立环境监测网络，为企业有效实施全过程污染控制管理、污染物达标排放及总量控制计划服务。

6. 应急管理

（1）企业应根据总体应急预案及专项应急预案要求，认真开展危害识别和风险评估，制定本单位的应急预案，建立健全应急网络，整合应急资源，并在实践中持续完善应急救援体系，不断提高企业综合处置突发性事件的能力和水平。

（2）企业安全环保管理部门应定期组织其他相关部门及员工，进行应急救援预案的培训和综合性演练，并及时总结和评价演练情况，增强全员安全环保意识和应急救援能力。

7. 职业健康管理

健康是每一个员工的基本需求，企业应本着"科学管理，以人为本"的理念，重视为员工提供符合劳动安全健康的工作场所和工作环境，为员工提供符合要求的防护用品和健康福利设施，及时发现和处置可能对员工健康造成影响的设施，促进企业、员工和谐健康可持续发展。

8. 安全环保检查监督

（1）日常检查。企业坚持综合检查、日常检查和专项检查相结合的原则，做到安全环保检查制度化、标准化、经常化，并对检查过程及情况进行详细记录。企业应针对查出的安全环保违章违纪情况进行限期整改。企业安全环保管理部门负责追踪整改情况。

（2）关键部位。企业应重点加强对关键生产装置、要害生产部位等重大危险源的安全监督管理，进行重点检查和巡查，发现问题及时报告有关部门。

9. 安全环保教育

企业应建立健全本单位的安全环保教育培训制度。人力资源或教育培训等部门负责安全环保教育培训工作的组织实施；企业安全环保管理部门负责对安全环保教育培训工作实施监督管理和检查考核。

（三）节能管理

1. 节能规划

企业应制定科学合理的节能目标，要遵照国家有关方针、政策、法律、法规，对能源生产和消费进行科学管理，采取技术上可行、经济上合理以及环境和社会可以承受的措施，优化能源结构和配置，减少从能源生产到消费全过程各个环节中的损失和浪费，更加科学、合理、高效地利用能源。

2. 节能管理体系

（1）编制节能工作统计台账，对能源消耗情况进行统计、分析和核查，并将统计数据和分析报告定期上报企业管理层或上级部门。

（2）建立节能目标责任制和评价考核体系，根据国家和政府的相关要求，制定节能与达标工作考核奖励办法。

3. 节能技术和节能专项投入

企业应每年编制节能专项投入资金计划，有计划、分重点地开展节能技术更新改造项目，加快淘汰高耗能的落后工艺、技术和设备，定期检查计划的执行情况。

（四）产品质量管理

质量是企业产品的生命，没有良好的质量，数量再多也是空谈。企业产品粗制滥造将对社会产生负面影响，严重影响企业的声誉，降低企业的生命周期。

1. 产品质量管理机构和管理责任制

（1）企业应制定自身的经营理念，并将经营理念告知社会及员工，以便更好地接受社会的监督。企业应当视质量为产品的生命、信誉为企业的根本，即以市场为导向、以产品为载体、以质量为生命、以诚信为根本、以客户为中心，秉承企业的质量方针和质量目标，从高质量服务、规范化服务、增值性服务、多功能服务、保障性服务等角度出发，致力于为客户提供优质的产品和服务，努力追求客户的满意度和忠诚度，通过服务为客户创造价值，谋求与客户共同成长和发展。

（2）企业的产品质量管理应实行总经理（或厂长）责任制，各管理部门及具体执行部门的负责人是企业质量管理工作的第一责任人，形成层层问责的态势。企业应设置质量管理机构或专职岗位，负责执行本单位的质量管理工作。

2. 产品质量监督抽查

企业可以实行以抽查为主要方式的质量监督检查机制，主要包括年度质量监督抽查和临时质量监督抽查两个层级的控制面或其他相关形式。

3. 产品质量事故管理

（1）发生质量事故后，根据质量事故的程度在规定时间内向上级部门或政府部门汇报事故情况。按照国家要求，任何单位和个人对质量事故不得隐瞒不报、虚报或故意拖延报告。

（2）质量事故的调查工作必须坚持实事求是、尊重科学的原则。事故调查单位应按照规定程序对产品进料（采购）、生产、储运、交付、销售过程中出现的质量问题进行责任的划分界定，追究责任单位及责任人的质量事故责任。

（3）质量事故责任单位及责任人应及时分析原因，采取合理措施，及时整改，减少损失。

4. 质量教育培训

企业应开展全员质量教育培训活动，组织开展取样员、化验工及质检员的技能培训和持证上岗的考核，增强员工的质量意识，提高员工的操作技能，确保生产优质产品。

（五）促进就业与保护员工合法权益

企业应当依法保护员工的合法权益，贯彻人力资源政策，保护员工依法享有劳动权利和履行劳动义务，保持工作岗位相对稳定，积极促进充分就业，切实履行社会责任。

1. 促进就业

（1）企业秉承公开招聘、公平竞争、公正录用的原则进行招聘，在满足自身发展的基础上，为社会提供尽可能多的就业岗位。

（2）企业依法订立、履行、变更、解除或者终止劳动合同，努力构建和谐劳动关系。

2. 保护员工合法权益

企业遵循按劳分配、同工同酬的原则，及时足额缴纳员工社会保险，认真落实带薪休假制度，尊重员工人格，维护员工尊严。关注员工生活，按照"真困难、真帮助"的原则，努力为员工创造良好的工作生活条件。

企业应当加强职工代表大会和工会组织建设，维护员工合法权益，积极开展员工职业教育培训，创造平等发展机会。按照有关规定做好健康管理工作，预防、控制和消除职业危害，重视员工健康保障。

（六）社会公益

社会公益从字面来看是对社会公众的利益，实质是社会财富的再次分配。公益活动是指一定的组织或个人向社会捐赠财物，付出时间、精力和知识等的活动。公益活动的内容包括社区服务、环境保护、知识传播、公共福利、帮助他人、社会援助、社会治安、紧急援助、青年服务、慈善、社团活动、专业服务、文化艺术活动、国际合作等。

（1）企业应支持和参与社会公益事业，履行好扶贫、助学、赈灾、文体公益等方面的责任与义务。

（2）按照产学研用相结合的社会需求，积极创建实习基地，大力支持有关方面培养、锻炼社会需要的应用型人才。

（3）企业应建立对社会公益活动的相关管理制度。在社会公益活动中应遵循预算管理、量力而行、注重效果的原则。

即时思考

企业社会责任的内容主要有哪些？

任务五　企业的文化建设与评估

一、企业文化的含义

关于企业文化，国内外企业界与理论界大致有两种看法：从狭义上看，企业文化仅包括企业思想、意识、精神、习惯与情感领域；从广义上看，企业文化是企业在建设和发展中所形成的物质财富和精神财富的总和。专家预言，未来企业的竞争将是文化的竞争。一个企业要做到最优秀、最具竞争力，必须在企业核心价值上下功夫。科技可以学，制度可以定，但是企业全体员工内在的思想、理念等追求是很难移植、模仿的。从这个意义上说，企业理念才是最终意义上的第一核心。

企业文化是企业的灵魂，是推动企业发展的不竭动力。企业文化包含着非常丰富的内容，其核心是企业精神和价值观。这里的价值观不是泛指企业管理中的各种文化现象，而是企业或企业中的员工在从事生产经营活动中所秉持的价值观念。

二、企业文化控制目标

一是打造优秀的企业文化，为内部控制有效性提供有力保证。二是企业通过扩大产能、重组并购等，加强企业文化建设，提高经营效率、核心竞争力，形成竞争优势，创造发展机遇和动力，防止过度扩张，增加企业市场占有率，实现企业的战略目标，保证企业的持续发展。

三、企业文化主要风险点

一是缺乏积极向上的企业文化或未建立起符合核心价值理念的企业文化，员工缺乏诚实守信的经营理念，导致公司缺乏凝聚力和竞争力，阻碍公司的发展。二是缺乏开拓创新、团队协作和风险意识，导致企业发展目标难以实现。三是企业文化宣传教育不当，影响企业文化在内部各层级的有效沟通；企业文化评估不当，导致企业文化建设流于形式。四是企业品牌管理混乱，品牌结构失衡，品牌宣传不力，品牌保护不力，影响公司的品牌声誉。

四、企业文化主要控制点要求

（一）企业文化的表现形式

企业文化常常通过企业制度和物质范畴的形态表现出来，其较为流行的表现形式主要分为以下四个层次。

1. 精神文化

精神文化是指在内外环境的影响下，企业在长期生产经营过程中形成的精神和文化理念，主要包括经营哲学、道德理念等，属于企业的核心文化。

2. 制度文化

制度文化是指由企业的法律形态、组织形态和管理形态构成的外显文化，主要包括企业的规章制度和管理办法等。

3. 行为文化

行为文化是指企业员工在生产经营、学习娱乐中产生的活动文化，主要包括生产经营、教育娱乐、人际关系等。

4. 物质文化

物质文化是指以客观事物及其相应组合为表现形式的文化，主要包括物质环境、设备设施、品牌包装等。

(二) 企业文化的建设

企业应当采取切实有效的措施,积极培育具有自身特色的企业文化,引导规范员工行为,打造以主业为核心的企业品牌,形成整体团队的向心力,促进企业长远发展。

第一,在企业文化的建设中,应制定和颁布"企业文化建设纲要",明确企业文化建设的原则、愿景、核心价值观。根据企业发展战略和实际情况,总结优良传统,挖掘文化底蕴,提炼核心价值,确定文化建设的目标内容,形成企业文化规范。企业文化规范构成了员工行为守则的重要组成部分。

第二,在企业文化建设中,董事、监事、经理和其他高管应当发挥主导和垂范的作用,以自身的优秀品格和脚踏实地的工作作风带动并影响整个团队,形成全员参与文化建设的氛围,共同经营积极向上的企业文化。

第三,企业文化建设应当融入生产经营的全过程,切实做好文化建设与发展战略的有机结合,增强员工的责任感和使命感,规范员工行为方式,使员工的自身价值在企业发展中得到充分体现。加强对员工的教育,全面提升员工的文化修养和内在素质。

第四,企业应持续加强文化建设,遵循企业核心价值理念,并促进价值理念与管理制度的融合,以塑造符合自身特点的管理模式。坚持依靠规章制度,如企业形象识别手册、员工守则、重组并购等相关文化建设制度管理企业,营造遵守规章制度的良好氛围,切实做到有章必循、违章必纠。①企业应制定和推广企业形象识别手册,规范使用统一的形象标识;通过加强品牌战略研究,规范品牌、商标的使用与管理,充分发挥企业品牌及组合品牌的市场影响力和辐射力。②企业通过制定规范的员工守则,为员工持续提供职业道德操守方面的指导和培训,对员工进行企业文化的宣传教育,力争使企业文化转化为员工的自觉意识。③企业重视并购重组中的文化整合,在组织架构设计环节充分考虑文化整合因素,开展相关跨文化管理与文化融合工作的研究,平等对待被并购方的员工,对被并购方进行企业文化的宣贯和解释,以保持企业文化的统一性。

(三) 企业文化的评估和创新

第一,企业应当建立企业文化评估制度,明确评估的内容、程序和方法,落实评估责任制,避免企业文化建设流于形式,建立企业文化建设考核评价办法等相关制度。企业文化评估制度主要考核内容应包括组织管理、工作落实、工作效果三个方面。

第二,企业应定期对企业文化工作的进展和实际效果进行检查及评估,重点关注企业高层在文化建设中的履职情况,重视评估结果。巩固和发扬文化建设成果,针对评估过程中发现的问题,分析原因,及时采取措施,同时要不断对评估体系进行完善。

第三,企业文化建设是一个长期过程,要注重企业文化的不断创新,坚持实事求是的精神并立足国情,同时综合考虑经济全球化的特点和影响。针对企业文化评估过程中发现的企业文化缺失问题,应及时完善丰富调整,以推进企业文化不断实现创新和跨越。

即时思考

企业文化有哪几个层次?

总结案例

从企业内部环境要素浅析巨人集团兴衰

在史玉柱的带领下，巨人集团（以下简称巨人）从兴起到衰败，从没落到重新站立，他的事迹成为中国市场经济中富有传奇色彩的财富故事。巨人的掌门人史玉柱，从白手起家到名列《福布斯》排行榜第八位，从大家赞扬到遭受毁灭性的失败，从背负 2.5 亿元的巨债前行到再次崛起，成为内地新首富。巨人演绎了商业经济中的春夏秋冬。是什么让巨人柳暗花明？有学者分析认为，曾经内部控制的缺陷与现今内部控制的优质护航成为根本性的因素；而内部控制中，内部环境的奠基性作用，也成为内部控制中连接各个要素的有力绳索。

内部控制中的内部环境，是影响、制约企业内部控制建立与执行的各个因素的总称，也是实施内部控制的基础。内部环境通常包括企业治理结构、企业的内部机构设置及权责分配、企业内部审计机制以及企业文化等方面。

一、老"巨人"的衰落内部环境分析

1989 年，史玉柱推出桌面中文电脑软件 M-6401，4 个月后营业收入即超过 100 万元，随后推出 M-6402 汉卡。1991 年，巨人成立。1993 年，巨人推出 M-6405、中文笔记本电脑、中文手写电脑等多种产品。巨人成为位居四通之后的中国第二大民营高科技企业。1994 年初，巨人大厦一期工程动土。史玉柱在一次全体员工大会上直截了当地剖析了巨人的五大隐患，并明确提出巨人"二次创业"的构想。1994 年，巨人推出"脑黄金"，一炮打响。史玉柱当选"中国十大改革风云人物"。1995 年 7 月，巨人宣布"创业整顿"。1996 年，巨人大厦资金告急。1997 年初，巨人大厦未按期完工，国内购楼者纷纷上门要求退款，巨人与媒体的关系迅速恶化，媒体地毯式报道巨人财务危机。不久巨人大厦停工，巨人名存实亡。

（一）企业治理结构

巨人是第一个明确提出把管理作为生产力的现代化企业，但是在企业的发展过程中，更多地将治理结构从单一化到复杂化，从简单化到多元化，最终在意识到企业治理结构存在隐患的情况下，还是矫枉过正，采取多条线路冒进。1994 年，史玉柱将企业治理与发展的总目标变为走产业多元化的扩张道路，从而寻求解决矛盾的出路。巨人在多元化发展思路的引领下，跳出了电脑产业，在全国房地产与生物保健品热量的刺激下，将生物工程与房地产纳入新的产业支柱。巨人的治理结构发生了改变，当初希望通过扩张激发新的创业激情，利用自己的品牌优势来减少产业发展的阻力及其治理机制上的矛盾，但是没有任何效果。巨人没有进行外资合作，没有进行资产的股权化，也没有寻求跨国公司新技术的支撑，治理结构发生了变形。从稳步发展专项到急于求成，巨人在新的生物工程局面没有巩固的情况下投身房地产的开发，并且抱着"不借一分钱"的结构策略，用尽力气支撑自己的所有开支，最终"拆东墙补西墙"，使得流动资金断流，多元化的治理结构变成了多元化失败的印记。

（二）企业的内部机构设置及权责分配

随着巨人多元化经营道路的发展，企业规模急速扩大，集团内部机构的设置与有效的管理、集团成员权责的合理分配成为必然。此时，集团公司管理的主要任务是内部机构的整合。内部机构设置不合理、权责分配不对等导致集团难以发挥整体优势，充其量只是一个大拼盘，企业内部机构之间各自为政，集团内部整体难以协调运作。巨人一直采用控股型结构组织形式，在使各下属单位保持较大独立性的同时，缺乏合理的内部结构控制制度；管理人员的权责不对等，如副总经理和分部经理人往往权力小但责任大，而史玉柱一个人的话语权分量过重，导致中层领导干部没有工作的积极性。也正因如此，集团内部机构各种违规违纪、挪用贪污事件层出不穷。

（三）企业内部审计机制

巨人缺乏必要的内部审计机制，缺乏必要的财务危机意识和预警机制，使得其债务结构始终处在不合理的状态。在其营销最为辉煌的时期，巨人每个月的市场回款最高曾突破7000万元，但是即使有如此高的营业额和流动资金，巨人也没有申请流动资金贷款，而是用这笔钱去从事房地产投资，修建巨人大厦，这也成为导致巨人出现财务危机的致命伤。巨人内部审计机制的不合理，使得总公司对子公司出现不同程度的失控，子公司坐交货款，财务流失非常严重。同时公司的财务账目并不能及时反映公司的财务状况和经营成果，有的应收账款已经结账，但是还挂在账上。下属的公司财务管理混乱，巨人也没有派出财务总监进行监督，有些人趁机严重侵占公司财产。审计失控，导致巨人一片混乱，欺上瞒下成风，虚报事实。资金在各个环节被吞没，成为资金链断裂的直接导火线。

（四）企业文化

企业文化应当是企业管理内部控制的组成部分，企业中存在的不良风气、氛围等，要靠企业文化进行补充、约束和引导，如此才能推动企业稳定、持续、健康地发展。巨人建立之初，史玉柱宣称，巨人要成为"中国的IBM""东方的巨人"。巨人将振兴民族工业作为一个集团发展的根本纲领和文化理念，过于空泛。同时在具体管理的一些决策上暴露出许多问题，如员工贪污、投资决策一改再改、史玉柱"一言堂"等。这样的集团文化使得领导层在面对许多问题时比较困惑，想言而又不敢言。空泛的"大跃进"口号与行动，对集团的发展产生了非常不利的影响。

二、新"巨人"的崛起——内部环境分析

史玉柱在经历了如此的失败之后，很好地诠释了"失败是成功之母"的格言。在哪儿摔倒就在哪儿爬起来的史玉柱，又带领巨人达到了一个前所未有的高度。1997年，史玉柱带领旧部研制"脑白金"；1999年，成立了上海健特生物科技有限公司；2000年，悄悄还清了老巨人所欠的全部负债；2001年，巨人投资公司在上海注册成立；2003年，购入民生银行6.98亿股流通股和华夏银行1.012亿股流通股；2004年，成立上海征途网络科技有限公司，次年推出《征途》；2007年，新"巨人"更名为巨人网络集团后在纽约交易所挂牌上市，成为中国登陆美国最大的首次公开募股民营企业，也是美国本土外最大首次公开募股的IT企业。手握68.43%巨人股权的史玉柱，跃升成为拥有500亿元身价的内地新"首富"。

（一）企业治理结构

老"巨人"的失败，使得史玉柱改变了多元化战略方向的治理结构，他认为发展速度太快、负债率过高的公司容易出事，所以在重新整改公司治理结构的同时，新"巨人"的发展强调安全，环环相扣，步步前进。史玉柱从"脑白金"项目的运作，到后期投资3亿元买入银行的法人股股票，完成了重返IT行业的资本积累。而后，史玉柱又通过自己超强的商业能力和对网络游戏产品的把握，把新"巨人"推到全球规模最大、规则最严、历史最悠久的纽约交易所上市，同时再次明确，对公司的治理结构不再实行财务多元化战略。史玉柱说："下半辈子就靠做网络游戏，不会再盖巨人大厦了，上市募集的资金也不可能用来支持保健品业务的发展，宁可错过100次机会也不会瞎投一个项目。"

（二）企业的内部机构设置及权责分配

新"巨人"的发展，在企业内部机构的设计上下了很大的功夫，其中"款到提货"是脑白金销售的市场规矩。总部把货卖给各地的经销商，对各地经销商一视同仁，货款是经销商与总部之间的事情，绝对不允许分公司染指，除此，每个销售经理的背后都附带多人的信用担保。企业内部权责分配合理，没有过大过小的权力压制，这与新"巨人"稳步发展的治理结构有着很大的关系，也有利于集团内部审计机制的实行。

（三）企业内部审计机制

新"巨人"制定了更为严密合理的内部审计机制，例如，为"脑白金"建立了一支50人的纠察队伍，一旦发现分公司存在弄虚作假或隐瞒问题，就会对分公司进行处罚；除了这支总部的纠察队伍，省级分公司也有纠察队查市级市场，市级纠察队再查县级市场。环环相扣，连环审查，成为企业内部审计制度的亮点。同时，新的审计制度减少了企业之前管理松弛、内部控制弱化、风险频发、资产流失、营私舞弊和损失浪费的问题，创下了保健品行业零坏账的纪录。在充沛的现金流保证下，企业不断做大做强，同时内部审计机制随时提醒企业需要注意的危机，保有危机意识，随时预防可能的财务风险和经营风险。

（四）企业文化

新"巨人"倡导一种"有奖必有罚，奖罚比配套""只认功劳，不认苦劳""说到做到，做不到就不要说"的企业文化，和一般公司只奖励先进不惩处落后相比，史玉柱每次召开总结大会，都一定让最佳员工与最差员工同时登台，最佳员工上台领奖金，而给最差员工发黄旗。对于每一位经理，史玉柱不仅为他们提供了获得巨额奖金的可能，还赋予他们做不好就接受大笔罚款的责任。这样赏罚分明的企业文化，对新"巨人"的发展产生了巨大的支撑与推动作用。

当然，新"巨人"目前运营的历史有限，在未来的发展中，在实现和保持内部控制，特别是具有奠基作用的内部环境控制方面，还应该继续保持和予以重视，同时不应该忽略风险评估、控制活动、信息与沟通以及内部监督等要素，从而全面综合地为"新"巨人未来更为辉煌的发展添砖加瓦。

资料来源：https：//wenku.baidu.com/view/93e5299d551810a6f4248666.html。

项目小结

通过本项目的学习，对于内部控制环境，读者应该有了一个较为全面的了解和认知。内部环境是企业实施内部控制的基础，是建立、加强或削弱特定政策和程序效率影响的各种因素。内部环境主要涉及组织架构、发展战略、人力资源、社会责任、企业文化等方面，体现了管理者的思想理念和经营作风，以及治理层和管理层对内部控制及其重要性的态度、认识和措施。内部控制环境设定了企业的内部控制基调，影响员工对内部控制的认识和态度，因此是内部控制其他四要素的基础。没有良好的内部控制环境，内部控制的构建与实施等于空谈。

延伸阅读

国家层面

1. 《企业内部控制基本规范》及配套指引。
2. 《中华人民共和国公司法》。
3. 《中华人民共和国企业国有资产法》。
4. 《关于进一步推进国有企业贯彻落实"三重一大"决策制度的意见》。

企业层面

1. 公司章程。
2. 议事规则。
3. 企业战略委员会工作制度及企业五年规划。
4. 人力资源、绩效考核、岗位责任制等管理办法。
5. 企业权限指引、授权委托等管理办法。
6. 企业HSE体系及相关规定。
7. 企业社会责任委员会工作规划。
8. 企业员工手册及企业文化等相关制度。
9. 企业其他与内部控制环境相关的制度。

复习思考

1. 企业内部控制环境包含哪些要素？
2. 企业治理结构应注意哪些问题？
3. 如何构建企业授权机制和权限指引？
4. 简述人力资源与内部环境的关系。
5. 简述企业文化在内部控制中的作用。

实践提升

1. 假设你是一个企业的管理者，应如何搭建企业的内部控制环境？
2. 假如你是企业的人力资源经理，在招聘员工时，你最注重哪些方面？
3. 内部环境对你自身有影响吗？如有，你的启发是什么？

本章考核

一、单项选择题

1. 下列各项中,不属于企业内部控制环境的是( )。
   A. 组织架构　　　　B. 权责分配　　　　C. 人力资源　　　　D. 信息与沟通

2. 下列各项中,不属于企业社会责任主要风险点的是( )。
   A. HSE 风险　　　　　　　　　　　　　B. 质量管理风险
   C. 外部事件风险　　　　　　　　　　　D. 人力资源规划评估不当

3. 下列各项中,不属于企业文化表现形式的是( )。
   A. 精神文化　　　　B. 流行文化　　　　C. 行为文化　　　　D. 物质文化

二、多项选择题

1. 企业组织架构的主要风险点包括( )。
   A. 治理结构形同虚设　　　　　　　　　B. 内部机构设置不科学
   C. 岗位权责分配不合理　　　　　　　　D. 运行效率低下

2. 企业文化的主要风险点包括( )。
   A. 缺乏积极向上的企业文化　　　　　　B. 缺乏诚实守信的经营理念
   C. 企业文化宣传教育方式不当　　　　　D. 企业品牌管理混乱,影响企业品牌声誉

3. 企业发展战略的主要风险点包括( )。
   A. 产业政策变化的风险　　　　　　　　B. 战略规划风险
   C. 战略执行风险　　　　　　　　　　　D. 产业链衔接和竞争风险

三、判断题

1. 企业文化建设是一个短期过程,要注重企业文化的创新。( )
2. 人力资源是指企业组织生产经营活动而录用的各种人员,但不包括董事。( )
3. 发展战略是指企业在对现实状况和未来趋势进行综合分析和科学预测的基础上,制定并实施的短期发展目标与战略规划。( )

参考答案:

一、单项选择题
1. D　2. D　3. B

二、多项选择题
1. ABCD　2. ABCD　3. ABCD

三、判断题
1. ×　2. ×　3. ×

项目三 企业风险评估

学习目标

知识目标	技能目标	素养目标
1. 了解企业风险控制的目标。 2. 理解企业风险识别的途径与方法。 3. 掌握企业风险应对的主要措施。	1. 能够结合实际案例对企业风险进行识别和评估。 2. 能够结合具体案例,基于风险应对策略的原则实施风险应对	1. 引导学生提高职业怀疑水平,激发学生的风险防范意识。 2. 激发学生的爱国主义精神,培养学生的创新意识与创新思维

思政融入点

1. 在讲解企业风险管理时,激发学生增强风险意识,重视风险,做到未雨绸缪。
2. 在讲解风险应对时,激发学生的爱国主义精神,懂得创新、科技报国的重要性。

知识框架图

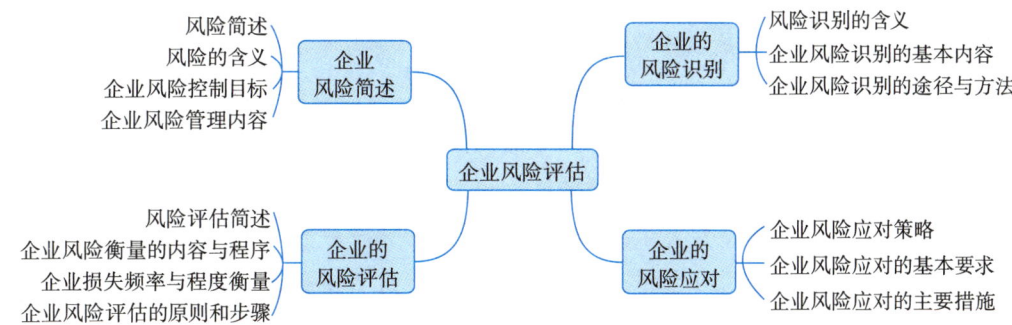

 | 企业内部控制 |

开篇案例

雷曼兄弟公司内部控制失败案

——从雷曼兄弟公司破产案例来看企业内部控制

作为华尔街第四大投资银行，2007年雷曼兄弟公司（以下简称雷曼公司）在世界500强中排名第132位，自1850年创立以来，雷曼公司多次获得全球最佳投资银行的良好声誉。然而，在雷曼兄弟的管理中，逐渐暴露了公司内部控制的薄弱环节，如不真实的交易、超出自身承受度的债券风险等，最终导致雷曼公司彻底坍塌。

一、几个失败的事项

（1）从2001年开始，雷曼公司通常在一个季度即将结束时，把旗下资产转移给其他机构，从对方处获取资金，用所获资金偿还部分债务，在资产负债表中体现为资产减少、负债减少；编制财务报表后再购回资产，以隐藏债务、降低账面所显现的财务杠杆比率，进而维持信用评级。这种被业内人士称为"回购105"的交易在2007年下半年使用频率急剧增加。雷曼公司全球财务控制人员马丁·凯利称，这么做的唯一目标或动机是减记资产负债表的负债项目，交易本身毫无实际内容。他曾提醒前财务主管埃林·卡伦和伊恩·罗维特，如果公众知道真相，雷曼公司将名声扫地。

（2）雷曼公司买入了大量的住房抵押债券和高风险资产，加上净资本不足，其杠杆率达到了近30倍。高杠杆的同时，雷曼公司持有大量不良资产。2007年，雷曼公司资产中45%是金融头寸，这些头寸中垃圾债券和贷款达327亿美元。作为华尔街房产抵押债券的主要承销商和账簿管理人，雷曼公司将很大一部分难以出售的债券留在了自己的资产表上。当市场情况好的时候，这些"有毒"资产的潜在问题被隐藏起来；但当次贷危机爆发时，雷曼公司的灾难也就到来了。

（3）2006年底，雷曼公司高管层打算在一年内将全公司的风险承受上限提高两倍，即雷曼公司准备承受更高的交易和投资亏损额度。调查发现，雷曼公司当时的首席风险官马德林·安东西奇曾反对提高风险承受上限，但她的意见遭到否决。更糟的是，雷曼公司似乎对蕴藏的风险毫无察觉。2007年，华尔街的很多机构因为投资产品不当而蒙受损失，雷曼公司仍然盈利41亿美元，富尔德因而得到了超过4000万美元的奖励。到2007年底，雷曼公司的风险承受上限从年初的22亿美元上升到40亿美元。按规定，雷曼公司必须对所持的交易头寸和投资进行压力测试，但雷曼公司把房地产自营投资、私人股本投资以及支持收购交易的杠杆贷款等风险最高的资产都排除在计算范围之外。沃卢克斯指出，雷曼公司在2007年5月用于收购Archstone-Smith房地产投资信托基金的23亿美元的过渡贷款就从未纳入风险计算，单是这笔交易就会使雷曼公司超出上调后的风险承受上限。

（4）当富尔德率领雷曼公司大举进军按揭市场，买下多间按揭公司及银行，并将按揭包装成债券出售时，雷曼公司的董事会并没有识别和发现巨大的债券投资将给雷曼公司带来极高的风险。2008年下半年美国楼市由盛转衰，次贷危机爆发，雷曼公司手中大量的债券抵押证券无法脱手。2008年6月，公司第二季度亏损达28亿美元，引发投资者对公司高管层不满。为恢复市场信心，公司董事会才下决心对其高管层进行整顿，数位国际业务主管离任。但是，对于公司首席执行官富尔德，董事会显得无能为力。当富尔德由于盲目的自信，丧失了将雷曼公司25%的股份以40亿～

60亿美元的价格卖给韩国产业银行并起死回生的机会时，他们只得听任他做出糟糕的决定，并最终将公司带向了死亡。

2008年9月15日，在次级抵押贷款市场危机加剧的形势下，雷曼公司最终丢盔弃甲，宣布申请破产保护。雷曼公司由盛转衰的历程源于外部和内部的多方面原因，而内部控制薄弱是雷曼公司落败的根本原因之一，尤其是雷曼公司董事会没有发挥真正的作用，重大决策都由一个人决定，从而失去了第一时间控制风险的主动权，直到危机暴发，一切为时已晚。

二、在内部控制管理中存在的主要问题

1. 风险评估机制不健全

风险评估是实施内部控制的重要环节，单位管理层在评估相关风险的可能性、后果以及成本效益之后，要选择一系列策略，使剩余风险处于风险承受度之内。雷曼公司转变传统投资银行经营范围，进入多角色的跨界经营模式，经理人激励过高，促使各分公司、子公司大量操作风险业务，导致公司在市场风险加大时资产结构的调节难度极大增加，并且一直增加的杠杆率使其在双高风险下运作，风险难以度量。2007年春，次贷危机开始第一次大规模显示其破坏力。在竞争对手纷纷减少风险投资的情况下，雷曼公司却凭借对"反周期增长战略"的信念，继续推行风险投资计划。同年5月，雷曼公司贷款23亿美元收购Archstone-Smith房地产投资信托基金事件，使雷曼公司的风险投资战略一举跃上巅峰。

2. 控制活动不到位

在风险评估之后，企业应采取相应的控制措施，将风险控制在可承受度之内。雷曼公司在使用创新金融工具的过程中，出现大量授权审批不规范的现象，多数内部控制制度流于形式，并未得到有效实施。雷曼公司的资产结构其实早已隐藏着巨大风险，它是全球最大的MBS（美国抵押支持债券）承销商，其资产也主要是按揭贷款及与按揭贷款相关的债券，早就偏离了传统业务，并将杠杆机制用到极致。公司应该提早进行防范，拒绝在原有基础上把风险再扩大，但事实上雷曼公司并没有采取任何措施，而是继续肆意地使用杠杆机制，享受高收益带来的快感。

3. 信息与沟通机制失灵

企业及时、准确地收集、传递与内部控制相关的信息，确保信息在企业内部、企业与外部之间进行有效沟通，是实施内部控制的重要条件。雷曼公司自身拥有很大一部分难以出售的债券，与普通债券相比，没有一个流通的市场去确定它们的合理价值。雷曼公司与市场信息不对称，高估自身的价值，结果直到破产前，即使公司对其持有的MBS以每美元85%进行账面减值，市场也早就不认为其资产值这个价钱。

4. 内部监督机构形同虚设

内部监督是企业对内部控制的建立与实施情况进行监督检查，评价内部控制的有效性，对于发现的内部控制缺陷及时加以改进的重要措施，是实施内部控制的重要保证。公司的董事会下设审计委员会、薪酬委员会、提名委员会，这些委员会一方面协助董事会行使决策权与监督权，另一方面对公司内部管理的改善起着很重要的作用。然而在此次危机中，这些监督机构似乎都失效了，公司内部的监督机构也没有事先进行正确风险评价和实施必要的风险防范措施。

三、雷曼公司破产事件引发的思考与启示

1. 完善的内部环境是企业内部控制有效性的保障

雷曼公司首席执行官权力过大,缺少制衡。内部监督机构形同虚设,风险评估机构难以准确评估风险,更不能及时提出有效的风险应对措施。现代企业制度的实质是企业所有权和经营管理权相分离,以经营管理权和监督权为主的各种权力相互制约、相互依存。在这个多元利益主体结构中,不同利害关系者对企业的权利和经济利益要求及其所承担的责任不同。因此,作为一家公司的首席执行官,应该严格遵守公司的治理结构,建立一套行之有效的监督制衡机制,否则内部控制将会失效。

2. 制定明确的内部控制战略目标,及时识别、应对风险

雷曼公司破产的另一个重要原因就是,公司管理层对于其内部控制的具体目标不清晰,错失了挽救的机会。次贷危机爆发以后,各大投资银行纷纷采取措施规避风险,雷曼公司却只看到高额利润,未能主动开展风险评估,以致风险超过了公司能够承担的最大限度,造成了严重后果。内部控制的目标是保证企业经营管理合法合规,资产安全,财务报告及相关信息真实完整,提高经营效率和效果,促进企业实现发展战略。企业应当根据设定的控制目标,全面系统持续地收集相关信息,结合实际情况进行风险评估。风险来临时,应该及时根据现实情况综合运用风险规避、风险降低、风险分担和风险承受等风险应对策略,实现对风险的有效控制。

3. 建立具有独立审查与实时反馈的内部审计机制

雷曼公司破产,公司的内部审计部门难辞其咎。作为不直接参与企业经济活动的部门,内部审计部门原本应当处于相对独立的位置,更应由此对企业的经营状况、所面临的风险有更为客观的评价。然而,雷曼公司的内部审计部门受高管层与审计委员会的双重影响,在首席执行官物质激励的诱使下,对企业高管层人为粉饰财报的行为竟毫不作为,致使董事会对于企业高杠杆的债务结构缺少清晰的认识,间接造成了无法挽回的结果。由此可以看出,建立真正更为独立,能够及时、客观地对企业危险违规行为做出风险警示与汇报的内部审计部门迫在眉睫。只有真正建立起不受任何外界人为因素影响的内部审计部门,才能起到实时监督内部控制运行,协助内部控制有效开展的作用。

资料来源:

(1)从内部控制看雷曼的破产之路,https://wenku.baidu.com/view/8fd708c8balaa8114431d9c2.html。

(2)内部控制雷曼兄弟案例,https://wenku.baidu.com/view/ed49601f26fff705cd170a3c.html。

(3)从雷曼兄弟破产案例来看企业内部控制,https://wenku.baidu.com/view/aef2be815ebfc77da26925c52cc58bd631869332.html。

任务一　企业风险简述

一、风险简述

风险是一个古老的话题,古往今来,人们对风险有着多种多样的理解。然而截至目前,理论界

对风险的概念尚无一种公认的权威性定义。我国有些学者把风险看作在特定情况下、在特定期间内某一事件的预期结果与实际结果之间的变动程度，变动程度越大风险越大，变动程度越小风险则越小。在一些经济学教科书中，一些学者又把风险与不确定性直接联系起来，认为不确定的程度越大风险越大，不确定的程度越小风险就越小。由此，风险可以通过概率的方法进行测量，可以采用期望值、标准差或标准离差率来表示。

尽管人们对风险进行了多种角度的界定，但风险的两个基本特征表现得非常明显，即不确定性与造成损失的可能性。风险与不确定性两者联系十分紧密，但又属于不同的范畴。不确定性是指人们对未来事项结果所持的怀疑态度。一般而言，不确定性由人类认识能力的局限性所导致。风险是一种客观存在，但客观世界的复杂性使人们难以准确预测风险的发生，从这一方面看，风险具有不确定性，即风险的存在是客观的，风险的发生是不确定的。然而，并不是所有不确定事项都存在风险。因为风险必须和损失相联系，只有那些可能导致损失的不确定事项才存在风险。如果我们面临的事项既可能导致损失，又可能带来收益，而采取措施的结果只会带来收益，在这种情况下，即便选择结果具有很强的不确定性，仍然不能说存在风险，从这一方面讲，应将风险界定为可能带来损失的不确定性。

风险的不确定性又分为主观的不确定性与客观的不确定性。主观的不确定性是指对客观事物运行规律认识的不完全确定，一时还无法操纵和控制其运作过程。主观的不确定性同个人的知识、经验、精神和心理状态有关，不同的人面对相同的客观风险时会有不同的主观不确定性。客观的不确定性是指事物结果的不确定性。人们不能完全得到所设计和希望的结局，而且常常会出现不必要或意想不到的损失。客观的不确定性可以用统计工具加以度量。

二、风险的含义

风险是指未来的不确定性对企业实现其经营目标的影响。企业围绕总体经营目标，通过在企业管理的各个环节和经营过程中执行风险管理的基本流程，培育良好的风险管理文化，建立健全全面风险管理体系，包括风险管理策略、风险理财措施、风险管理的组织职能体系、风险管理信息系统和内部控制系统，从而为实现风险管理的总体目标提供合理的过程和方法。这个管理的过程和采取的方法就是全面风险管理。

风险评估是在风险识别和预测分析的基础上，采用定性或定量方法，对风险发生的可能性和影响程度进行预计和估算，最终确定风险等级的过程。

风险发生的可能性和影响程度一般可分为五个档次，即极低、低、中等、高和极高。风险等级一般分为三个档次，即重大风险、重要风险和一般风险。本章所称风险特指纯粹风险。具体理解风险含义时应注意以下几个特征。

（一）不确定性

风险的本质及核心是具有不确定性。风险是否发生、发生的程度如何，发生风险的具体时间、地点、对象，以及造成的后果等，是人们难以事先准确预测的。

（二）潜在性

风险是以潜在危机形式存在的可能性，而不是已经存在的客观结果或既定事实。客观事实潜在损失越大,其隐含的风险就越大。

(三) 可测量性

风险是可以测定的不确定性。不论是当前还是未来的风险,都存在一定的统计规律,风险会在一定范围、一定时期以一定的形式出现,且风险出现的概率总是在 0~1 波动。损失的概率越接近于 1,风险发生的可能性就越大;损失的概率越接近于 0,风险发生的可能性就越小。

(四) 客观性

风险是客观存在的。风险是不以人们的意志为转移的,人们只能改变风险存在和发生的条件,降低其发生的概率,减少损失,但不能完全消除风险。

(五) 普遍性

风险普遍存在。社会生活方方面面、时时刻刻都存在风险。

三、企业风险控制目标

企业应当根据设定的控制目标,全面、系统、持续地收集相关信息,结合实际情况,及时进行风险评估。因此,风险控制目标的设定是风险识别、分析及应对的前提,便于企业有的放矢地进行全过程的风险管控。

企业开展全面风险管理,应结合实际情况,设定自身的风险控制管理目标。一是建立健全企业全面风险管理体系,不断提升企业风险识别、评估、应对和监控能力。二是确保将风险控制在与总体目标相适应并可承受的范围内。三是确保内外部,尤其是企业与股东之间实现真实、可靠的信息沟通,包括编制和提供真实、可靠的财务报告。四是确保遵守有关法律法规。五是确保企业有关规章制度和为实现经营目标而采取的重大措施的贯彻执行,保障经营管理的有效性,提高经营活动的效率和效果,降低实现经营目标的不确定性。六是确保企业建立针对各项重大风险的危机处理计划,保护企业不因灾害性风险或人为失误而遭受重大损失。七是建立健全应急预警和报告体系,完善突发事件和危机处理机制,避免发生重大损失。八是培育风险管理文化,提升员工的风险意识和风险应对能力。

四、企业风险管理内容

(一) 风险分类

企业风险可以按照多种标准进行分类。

1. 按照发生的原因分类

按照发生的原因,风险可分为内在风险和外在风险。内在风险发生的原因涉及企业生产经营、财务活动等诸多环节,如生产管理不佳、产品质量低下、营销管理乏力、财务结构不良、资金供应不足等内部原因。外在风险又分为人为原因和自然原因,前者包括政府政策变化、战争爆发、股市突变、企业产品被人假冒、竞争对手采取不正当竞争手段等人为因素造成的损失,后者包括台风、地震等自然灾害给企业带来的损失。

2. 按照企业经营管理分类

按照企业经营管理,风险可分为战略风险、财务风险、市场风险、运营风险、法律风险等。这种划分在企业风险管理中具有重要意义。

3. 按照性质分类

按照性质，风险可分为纯粹风险和投机风险。

纯粹风险是指那些只有损失机会而无获利可能的风险。纯粹风险一旦发生，对当事人而言必有损失形成。例如，火灾、沉船等事故发生，只有受害者的财产损失和人身伤亡，无任何利益可言。

投机风险是指那些既有损失可能也有获利机会的风险。例如，市场行情变化，对此企业造成损失，对彼企业则可能是有利的；对某企业而言，市场的此种变化将招致损失，而彼种变化则可能带来好处。

4. 按风险承受度分类

风险承受度是指企业承担风险的能力和限度，也就是经过综合衡量确定的对风险的承载力，包括整体风险承受能力和业务层面的可接受风险水平。按照风险承受度，风险可分为可承受风险与不可承受风险。

可承受风险是指在衡量企业综合实力的基础上，企业自身能够承担且处于最大损失限度之内的风险。

不可承受风险是指在衡量企业综合实力的基础上，超过了企业最大损失限度的风险。

企业风险一般会表现在财务报表和财务运行上。企业在其经营过程中要随时考虑财务风险。因此，对风险的评估与防范成为现代企业内部控制的重要内容。

（二）风险的内容

一般而言，企业经营管理中的风险主要包含战略风险、财务风险、市场风险、运营风险、法律风险等内容。

1. 战略风险

战略风险是指由于战略制定和实施的流程无效、低效或不充分，而影响企业战略目标实现的风险。简单来说，战略风险是整体的、致命的、巨大的、方向性的、根本性的风险。在战略上出现风险可能导致企业整体的失败或生命周期的结束。战略风险包括宏观经济风险、战略规划风险、战略执行风险、投资决策风险、科技创新风险、市场控制风险、产业链风险、公司治理风险、社会责任风险等内容。

2. 财务风险

财务风险是指企业财务政策、财务运作及财务管理等方面的不恰当行为而导致的风险，即财务结构不合理、融资不当使公司可能丧失偿债能力而导致投资者预期收益下降的风险。在狭义上，财务风险也称为筹资风险，是指由于举债而给企业财务成果带来的不确定性。

财务风险是企业在财务管理过程中必须面对的一个现实问题，财务风险是客观存在的，企业管理者对财务风险只能通过有效措施来降低风险，而不可能完全消除风险。保证有一个合理的资金结构、维持适当的负债水平，对财务风险的控制很重要。企业既要充分利用举债经营这一手段获取财务杠杆收益，提高自有资金的盈利能力，又要注意防止举债过度加大财务风险，避免陷入财务困境。对财务风险进行控制的关键是控制以下主要风险。

（1）流动性风险。流动性风险是指在企业债务到期时，没有资金来源或必须以较高的成本筹资而导致的风险。

流动性风险包括资产流动性风险和负债流动性风险。资产流动性风险是指资产到期不能如期足额收回，进而无法满足到期负债的偿还和新的合理贷款及其他融资需要，从而给企业带来损失的风险。负债流动性风险是指企业过去筹集的资金特别是存款资金，由于内外部因素的变化而发生不规则波动，对其产生冲击并引发相关损失的风险。企业筹资能力的变化可能影响原有的筹融资安排，迫使企业被动地进行资产负债调整，造成流动性风险损失。这种情况可能迫使企业提前进入清算，使得账面上的潜在损失转化为实际损失，甚至导致企业破产。流动性风险与信用风险、市场风险和操作风险相比，形成的原因更加复杂和广泛。其通常被视为一种综合性风险，一旦存在管控缺陷，将导致风险扩散的严重后果。流动性风险的主要表现形式包括资本结构不合理、现金流规划不当、贷款结构不合理、股利发放决策不当。

（2）筹资管控风险。筹资管控风险是指筹资业务管控不当导致的风险。筹资管控风险受到借入资金与自有资金在企业资金中所占比例的影响，借入资金比例越大，风险程度随之增大。企业筹集资金的主要目的是扩大生产经营规模，提高经济效益。投资项目若不能达到预期效益，则会影响企业获利水平和偿债能力。

筹资管控风险的主要表现形式包括筹资策略不当、缺乏完整的筹资策略规划、对资金现状缺乏认识。缺乏对公司资金现状的全面认识、筹资授权审批不当、筹资差错或舞弊、筹资调整不当或使用不合理等都属于筹资管控风险。

（3）资金管理风险。资金管理风险是指资金业务管控不当导致资金损失或降低资金使用效果的风险。"现金为王"一直以来都是企业资金管理的中心理念，企业现金流量管理水平往往是决定企业存亡的关键。资金管理风险主要表现形式有以下几种：一是筹资决策不当，可能引发资本结构不合理或无效融资，导致企业筹资成本过高或债危机；二是投资决策失误，可能引发盲目扩张或丧失发展机遇，导致资金链断裂或资金使用效益低下；三是资金调度不合理、营运不畅，可能导致企业陷入财务困境或资金冗余；四是资金活动管控不严，可能导致资金被挪用、侵占、抽逃。

资金管理业务差错或舞弊情形有以下两种：一是相关人员在资金管理业务（现金、银行存款、票据、网上银行业务等）中出现重大差错、贪污、舞弊等行为，影响企业资金安全完整；二是发生未经适当授权的资金业务，影响企业资金安全完整。

（4）利率、汇率风险。利率和汇率波动影响企业经营目标的实现。利率受宏观政策的影响，如美元升值、汇兑差异等，都会导致汇兑损失。

（5）财务相关的外部风险。财务相关的外部风险是指财务在纳税等监管部门及外部财务活动中处理不当的风险，如税务风险、担保风险、金融衍生品风险等。

（6）财务报告风险。财务报告风险是指在财务报告编制过程中人员资质、能力、技术、流程或操作不当，以及采用不恰当的会计政策、会计估计等，而导致财务报告及附注等财务披露信息不适当或不满足监管要求的风险。财务报告风险的主要表现形式为会计政策运用不当、职责分工不明确、财务报告方案编制不当、重大会计事项处理不当、资产负债信息不准确。

3. 市场风险

市场风险即市场环境的不利变化导致损失的风险。价格、信用、供应等市场因素可能直接对企业产生影响，也可能通过其竞争者、供应商或者消费者间接对企业产生影响。市场风险包括以下主要风险。

（1）竞争风险。竞争风险即无法对主要竞争对手的行动进行快速、有效的应对而导致的风险。竞争风险包括未能恰当应对竞争对手、未能对竞争对手的销售行为进行监控，没有及时采取应对策略，如产品定价及价格调整不当、产品开发升级滞后，市场开发和营销策略不当，渠道控制力减弱、售后服务不当、合作伙伴选择不当等。竞争风险会使企业在市场竞争中落败于对手，从而导致企业市场份额减少或流失重要客户。

（2）价格风险。价格风险即价格波动导致的风险。商品价格波动如汇率走势、地缘政治、金融衍生品、金融市场趋势估计错误等都属于价格风险，其会影响企业实现经营目标。

（3）信用风险。信用风险即主要客户、主要供应商不恪守商业信用，给企业造成损失的风险。其包括以下两种类型：一是企业主要客户不恪守商业信用，如未按约定时间、方式支付款项，接收产品、服务等，导致企业资产损失；二是对业务伙伴的授信不合理，如对业务伙伴授信限额、期限与业务性质及盈利水平不匹配，或对业务伙伴授信额度过度集中和分散，或对业务伙伴授信额度没有及时根据其状况的变化进行调整等，导致对外授信业务不稳定、主要业务伙伴流失或企业资产损失。

（4）市场需求风险。市场需求风险即销售市场价格或供需关系的不利波动而导致的风险。宏观经济环境波动引起购买力下降或产品或服务的使用成本提高，导致产品或服务的市场需求下降，影响企业实现销售目标。产业格局调整、产品变化等，导致相关产品或服务市场需求波动，影响企业实现经营目标。

（5）市场供应风险。市场供应风险即生产材料或设备的供应价格、质量以及供需关系的不利变动甚至供应的中断而导致的风险。一是原材料、能源配件物资等材料或服务的供应短缺或市场价格波动，或未能发挥企业的采购优势，如取得比一般客户更优惠的供应价格，导致价格波动或供应短缺，未能及时满足采购需求或导致采购成本波动；产业格局调整及产能变化影响市场供应，导致相关产品市场供应波动。二是市场竞争及税费调整等影响市场供应。由于市场竞争加剧、相关税费调整等，影响某些产品的市场供应，进而影响企业实现经营目标。

4. 运营风险

运营风险即公司日常生产运营过程的不确定性而导致损失的风险。运营风险主要包括以下主要风险。

（1）内部机构风险。内部机构风险即企业内部机构存在缺陷而导致运营效率低下的风险。其表现形式主要包括以下几种。一是内部机构、岗位设计不科学、不健全。部门和岗位设置的职责不清晰，未实现不相容岗位分离，未明确界定涉密岗位范围，未实行关键岗位限制性要求。二是权力制衡乏力、权力控制不当等。未能完全实施不相容职务分离，导致机构岗位设置不合理，机构重叠或缺失，岗位职责和任职条件不明，人浮于事，运营效率低下。三是权责分配不当，职责与权力不对等。未能建立适当的权责分配考核体系和问责清单，以及明晰的授权指令，实际运行的职责权限与规定的权限不符，影响企业运营或导致运营失控。

（2）治理结构风险。治理结构风险即企业治理组织结构方面存在缺陷导致企业治理水平低下的风险。其表现形式主要包括以下几种。一是治理结构未能发挥效力，未能建立科学决策、良性运行的机制或缺乏执行力，影响企业发展战略的实现，导致治理结构缺乏执行力，甚至企业经营失败。二是决策和业务未经适当的授权，或出现权力交叉、冲突、越权或权力真空的现象，导致经营决策授权不当，决策失误、串通舞弊、运营效率低下等。三是风险管理职能不健全，未能实现风险管控目标。

（3）人力资源风险。人力资源风险即人力资源与企业要求不匹配导致的风险。其表现形式主要包括以下几种。一是人力资源规划不当。人力资源缺乏或过剩，人力资源的数量或技能结构不合理，影响企业发展战略的实现。二是人员任用不当。人员任用与岗位任职需要不匹配，如缺乏相应职业资质，不具备任职资格和业务要求的能力，影响企业实现经营目标。三是激励约束机制不合理。人力资源激励约束机制不合理、绩效考核制度不当、干部选拔机制不健全，导致员工工作积极性受挫，甚至造成人才流失、经营效率低下或关键技术、商业秘密和国家机密泄露。四是人力资源退出机制不当。人力资源退出管理不当、离职处理不当，导致法律诉讼或企业声誉受损。

（4）HSE风险。HSE是健康（Health）、安全（Safety）和环境（Environment）管理体系的简称。HSE管理体系是指企业组织实施健康、安全与环境管理的机构将职责、做法、程序、过程和资源等要素有机地形成一个体系。在这一体系中，将这些要素通过先进、科学、系统的运行模式有机地融合在一起，相互关联、相互作用，形成动态管理体系。

HSE风险是指在企业运营中，HSE管控不当导致企业经济、声誉和人身事故方面可能受到损害的风险。HSE风险包括以下五种。一是HSE管理体系不当。HSE管理体系不当或执行不当，如安全环保机构不健全，未能建立健全安全环保规章制度并及时更新，安全环保责任不落实，安全环保管理人员配备不充足等，引发安全环保事故，损害企业利益。二是HSE意识和能力与工作任务的要求不匹配。员工HSE意识和能力与工作任务的要求不匹配，员工缺乏安全环保意识，不清楚自身岗位的安全环保职责，不具备与安全环保相关的知识和技能，相关人员未取得相应资格或取得资格后未参加相应资格的定期复审，引发安全环保事故，甚至造成财产损失、人员伤亡。三是隐患发现治理不及时。安全和环保隐患发现、报告或治理不及时，如未定期进行设备维护、安全检查，未设立安全环保事故防范设施，未监测并及时上报环境指标，未及时落实安全环保隐患治理工作等，引发安全环保事故。四是员工职业病或人身事故。员工生产工作环境恶劣，工作场所职业病危害因素浓度或强度超标，个体防护用品配备不规范，对于危险品未向员工履行告知义务，不符合国家和地方政府有关规定，导致员工患职业病或发生人身事故。五是清洁生产和循环经济工作开展不力。未能有效减少生产的能耗、物耗以及污染物的排放，未能有效对废气、废水、废渣采取回收、利用和处置等综合治理措施，造成资源消耗、废物排放超出企业或监管机构标准，影响企业资源利用效果，导致企业利益和声誉受损或被监管机构处罚。

（5）质量管理风险。质量管理风险即产品质量不合格而导致的风险。质量管理风险包括以下五种。一是产品数质量管理风险。产品生产或储运管理流程设计不当或操作不当，导致发生产品数质量事故。二是质量标准体系不健全。未建立健全包括生产设备条件、生产技术水平、原料组成、产品规格、售后服务在内的产品或服务质量标准体系，无法有效进行产品数量、质量管控，导致产品或服务出现数量、质量问题。三是人为因素引发质量事故。未制定操作标准、员工技术培训不当、员工操作不当等人为因素，造成产品或服务质量事故发生。四是违反国家质量标准。产品质量未达到国家有关产品质量标准，导致客户或消费者投诉、企业被监管机构处罚，企业利益受损。五是质量纠纷处理不当。未建立健全售后服务体系，未妥善解决产品或服务质量纠纷，导致企业被监管机构处罚、诉讼失败，企业利益和声誉受损。

（6）投资项目执行风险。投资项目执行风险即投资项目执行不当导致的风险。投资项目执行风险包括以下五种。一是未在投资协议中明确投资方权利。在对外投资协议中，企业作为投资方权利不具体或不明确，导致投资方投资权利或投资目的无法有效实现。二是投资项目执行不当。未有效落实已审批的投资决策，导致项目无法实现预期收益。三是股权投资账实不符。股权关系不清，股权权属不明，股权投资核算不正确，股权投资减值未进行及时调整，导致股权投资账实不符。四是投资问责不当。投资问责不当，影响投资决策的执行效率和效果。五是投资项目退出决策或程序不当。未能根据投资目的实现情况、当前效益情况和市场前景及时做出转让、退出、清理投资项目决策，或有关退出程序不当，如转让作价未以适当机构出具的评估报告为基础，导致企业利益受损。

（7）其他社会责任风险。其他社会责任风险即未能恰当履行社会责任而导致企业声誉下降或品牌丢失的风险。其他社会责任风险包括以下两种。一是社会责任履行不力。未建立健全履行社会责任的体制和运行机制，如未确立具有可持续性的企业发展战略，未将履行社会责任落实到生产经营的各个环节，未明确社会责任归口管理部门，未建立相关预算安排，未建立社会责任指标统计和考核体系，未依法保障员工民主权利和人身权益等，以及公益慈善管理不当等，造成社会责任履行不利，损害企业声誉。二是社会责任危机应对不力。在出现社会责任危机时，未及时向利益相关者和媒体澄清事实真相，取得社会公众的理解和支持，损害企业声誉。

5. 法律风险

法律风险即违反国家法律法规、监管要求以及相关规定而导致的风险。企业法律风险是指在法律实施过程中，由于企业外部的法律环境发生变化，或由于企业内部的各种主体未按照法律规定或合同约定行使权利、履行义务，而对企业造成负面法律后果的可能性。

从狭义上讲，法律风险主要关注企业所签署的各类合同、承诺等法律文件的有效性和可执行能力。从广义上讲，与法律风险相类似或密切相关的风险有外部合规风险和监管风险。

法律风险主要包括以下风险。

（1）经营合规风险。经营合规风险即违反国家相关法律法规、监管要求而导致企业被处罚、影响企业声誉的风险。

经营合规风险主要涵盖企业日常生产和经营管理的所有行为规范，如税务、财务管理、信息披露、招投标、生产运营、定价原则、安全环保、法律法规的及时更新等方面，如果相关行为不当，则会导致企业违法。

（2）侵权风险。侵权风险即企业侵犯知识产权或侵犯其他权利而导致法律纠纷的风险。侵权风险包括以下三种。一是知识产权申请、登记、保管不当。未能及时办理知识产权申请、注册及登记手续，或知识产权保管和使用不当，导致企业知识产权被侵犯，企业利益受损。二是技术引进不当。引进技术时未进行尽职调查或调查不当，购入技术侵权，或购入不相关专利或已失效专利，导致企业资产受损。三是侵犯其他企业知识产权。在经营活动中侵犯其他企业知识产权，导致法律纠纷，企业利益和声誉受损。

（3）涉税风险。涉税风险即企业未按照国家税费的相关规定履行税费义务而导致法律法规制裁、财务损失及声誉损害的风险。涉税风险包括以下三种。一是税务登记违规。未按照国家税收法律法规的规定，进行税务事项登记、审批和备案，被监管机构处罚。二是税款缴纳违规。未按照国家税收法律法规的规定缴纳税款或逃税，被监管机构处罚。三是发票及税务资料管理违规。发票及税务资料管理违反国家税收法律法规，被监管机构处罚，或受到资产损失。

（4）不正当竞争风险。不正当竞争风险即采取垄断、不公平定价及不恰当的宣传行为等非法、有悖于公认商业道德的手段和方式，而导致企业违反法律的风险。不正当竞争风险包括以下三种。一是商业贿赂风险。企业进行商业贿赂，导致企业承担法律责任，企业利益和声誉受损。二是虚假宣传或不当宣传。企业进行虚假宣传或不当宣传，导致企业承担法律责任，企业利益和声誉受损。三是恶意中伤竞争对手。捏造、散布虚假事实，损害竞争对手的商业信誉、商品声誉，导致企业承担法律责任，企业利益和声誉受损。

（5）诉讼风险。诉讼风险即企业在涉及的诉讼中准备不足，未能充分维护企业的合法权益。企业行使诉讼权利或履行诉讼义务不当，忽略及延误诉讼时效，不能充分提供证据等，导致企业在诉讼中处于不利地位，不能充分维护企业的合法权益。

（三）企业风险管理的监督

企业内部审计部门应至少每年对包括风险管理职能部门在内的各有关部门和业务单位能否按照有关规定开展风险管理工作及其工作效果进行一次监督评价，监督评价报告应直接报送企业高层或董事会及董事会下设的风险管理委员会和审计委员会。此项工作也可结合年度审计、任期审计或专项审计工作一并开展。

企业应建立贯穿整个风险管理基本流程，连接各上下级、各部门和业务单位的风险管理信息沟通渠道，确保信息沟通的及时、准确、完整，为风险管理监督与改进奠定基础。

企业内部控制及全面风险管理部门或归口部门针对企业各类风险的管理情况进行跟踪和监控，定期向管理层报告风险信息。风险监控的主要内容包括各种可量化的关键风险指标、不可量化的风险因素的变化情况和发展趋势，风险应对措施的执行情况，风险管理的效果等。

（四）企业风险管理内部审计

根据《内部审计具体准则第16号——风险管理审计》，为了规范内部审计人员对组织内部控制中的风险管理状况进行审查与评价，审计人员应当实施必要的审计程序，对风险识别过程进行审查与评价，重点关注组织面临的内外部风险是否已得到充分、适当的确认。

企业内部审计人员应当实施必要的审计程序，对风险评估过程进行审查与评价，重点关注以下两个要素：一是风险发生的可能性；二是风险对组织目标实现产生影响的严重程度。

内部审计人员在评价风险应对措施的适当性和有效性时应当考虑以下三个因素：一是采取风险应对措施之后的剩余风险水平是否在组织可以接受的范围之内；二是采取的风险应对措施是否适合组织的经营、管理特点；三是成本效益的考核与衡量。

（五）企业风险管理的改进

企业风险管理部门应定期汇总、分析企业全面风险管理情况，编制全面风险管理报告，按规定程序审定后方可予以上报、对外进行报告和披露。

企业风险管理部门应定期对各部门和业务单位风险管理工作实施情况与有效性进行检查和检验，要根据在制定风险策略时提出的有效性标准的要求对风险管理策略进行评估，对跨部门和业务单位的风险管理解决方案进行评价，及时发现缺陷并改进，提出调整或改进建议，出具评价和建议报告，及时报送企业总经理或其委托分管风险管理工作的高管。

企业可聘请有资质、信誉好、风险管理专业能力强的中介机构对企业全面风险管理工作进行评价，出具风险管理评估和建议专项报告。报告一般应包括风险管理的实施情况、风险管理存在的缺陷、风险管理的改进建议，可重点关注以下几个方面：一是全面风险管理总体目标；二是风险管理组织体系与信息系统；三是风险管理基本流程与风险管理策略；四是企业重大风险、重大事件、重要管理及业务流程的风险管理及内部控制系统的建设。

即时思考

企业审计人员在风险管理内部审计中应重点关注哪些要素？

任务二　企业的风险识别

风险识别是风险管理的第一步，也是风险管理的基础。只有正确识别自身所面临的风险，人们才能够主动选择适当有效的方法进行处理。

一、风险识别的含义

风险识别是指对尚未发生的、潜在的以及客观存在的各种风险进行系统、连续的预测、识别、推断和归纳，并分析产生风险的原因和发展过程。风险识别是风险评估的第一步，也是最为重要的过程。

（一）企业识别内部风险应关注的因素

企业识别内部风险，应当关注的因素有以下六点：一是董事、监事、经理及其他高管的职业操守、员工专业胜任能力等人力资源因素；二是组织机构、经营方式、资产管理、业务流程等管理因素；三是研究开发、技术投入、信息技术运用等自主创新因素；四是财务状况、经营成果、现金流量等财务因素；五是营运安全、员工健康、环境保护等安全环保因素；六是其他有关内部风险因素。

（二）企业识别外部风险应关注的因素

企业识别外部风险，应当关注的因素有以下六点：一是经济形势、产业政策、融资环境、市场竞争、资源供给等经济因素；二是法律法规、监管要求等法律因素；三是安全稳定、文化传统、社会信用、教育水平、消费者行为等社会因素；四是技术进步、工艺改进等科学技术因素；五是自然灾害、环境状况等自然环境因素；六是其他有关外部风险因素。

企业应制定发展目标和发展战略。各层级企业应根据发展目标和发展战略分解制定年度生产经营管理目标，从战略风险、财务风险、市场风险、运营风险、法律风险等层面以及上述内外部风险的具体方面来识别影响目标实现的相关风险。

二、企业风险识别的基本内容

风险评估的目的在于正确发现及识别风险，并进行分析与评估，进而有效地控制风险。企业通过识别出来的具体风险，加以基础性的分析工作，对企业在目标的完成中如何规避或降低当前和未来所面临的潜在风险加以判断、归类，并对风险性质进行鉴定。

（一）风险识别的基本内容是感知和识别风险

感知风险是通过调查了解，识别风险的存在；识别风险是通过分析风险产生的原因、条件，并鉴别风险的性质，为采取风险处理措施提供依据。另外，风险识别不仅要识别所面临的较明显风险，更重要也最困难的是识别各种潜在的风险。

风险识别的动态性。风险具有可变性，因此风险识别工作应该连续、系统地进行，成为一项持续性、制度化的工作。风险识别是风险管理过程中最基本和最重要的程序，风险识别工作是否扎实，直接影响到整个风险管理工作的最终效果。

（二）企业风险识别的基础

企业通常要从以下几个方面识别自身存在的风险。

1. 环境风险

环境风险是指外部环境意外变化影响企业预定的生产经营计划，从而导致的经济风险。引起环境风险的因素包括以下五种。

（1）国家宏观经济政策及政治与法制等变化，使企业受到意外的风险损失。

（2）企业的生产经营活动与外部环境的要求相违背而受到的制裁风险。这里所指的生产经营活动包括企业活动性质、生产经营方式、生产经营过程等，其中生产经营方式决定了风险识别的渠道和方法。

（3）社会文化、道德风俗习惯的改变，使企业的生产经营活动受阻，从而导致企业经营困难。

（4）暴雨、火灾等自然变化不可避免地会给企业带来不同程度的损失，自然灾害是最基本的风险来源。

（5）其他导致环境风险的因素。

2. 市场风险

市场风险是指市场结构发生意外变化，使企业无法按照既定策略完成经营目标而导致的经济风险。导致市场风险的因素有以下四种。

（1）企业对市场需求预测失误，不能准确地把握消费者偏好的变化。

（2）竞争格局出现新的变化，如新竞争者进入引发的企业风险等。

（3）市场供求关系发生变化。

（4）其他导致市场风险的因素。

3. 技术风险

技术风险是指企业在技术创新的过程中，遇到技术、商业或者市场等因素的意外变化而导致的创新失败风险。导致技术风险的因素有以下四种。

(1)技术工艺发生根本性的改进。

(2)出现了新的替代技术或产品。

(3)技术无法有效地商业化。

(4)其他导致技术风险的因素。

4. 生产风险

生产风险是指企业生产无法按照预定成本完成生产计划而产生的风险。导致生产风险的因素有以下三种。

(1)生产过程发生意外中断。

(2)生产计划失误,造成生产过程紊乱。

(3)其他导致生产风险的因素。

5. 财务风险

财务风险是指企业收支状况发生意外变动,给企业财务造成困难而引发的风险。导致财务风险的因素有以下五种。

(1)筹融资风险。

(2)资金链断裂。

(3)财务报告虚假。

(4)企业的资金、财务管理混乱。

(5)其他导致财务风险的因素。

6. 人事风险

人事风险是指涉及企业人事管理方面的风险。导致人事风险的因素有以下四种。

(1)企业高、中层及员工不遵守职业操守。

(2)部分员工不认同企业文化。

(3)没有良好的企业激励机制。

(4)其他导致人事风险的因素。

三、企业风险识别的途径与方法

(一)风险识别途径

风险识别途径通常有两种:一是借助企业外部力量,利用外界信息、资料来识别风险;二是依靠企业自身力量,利用内部信息及数据识别风险。

一般来讲,企业为了有效地识别所面临的潜在风险,需要充分利用外界的风险信息资料。风险信息资料可以从各种信息网络、情报资料中获得,但企业获得的风险信息资料通常由保险公司及相关的咨询机构和学术团体提供。

(二)风险识别方法

风险识别的目的并不是罗列每个可能存在的风险,而是识别那些可能对运营产生影响的风险。因此,在具体识别风险时,需要综合利用一些专门技术和工具,以保证高效率地识别风险且不发生遗漏。风险识别方法包括现场调查分析法、风险清单分析法、德尔菲技术法、财务报表分析法、流程图分析法、事故树分析法等。

由于自身情况的特殊性，企业可以针对内部特有状况，自行设计风险识别方法。目前，较多企业采用风险清单分析法以及若干种方法相结合的方式进行风险识别。企业可通过建立风险清单，收集企业及国内外同行业的风险信息；通过分类整理和分析汇总，定期对风险清单进行完善和更新。

1. 现场调查分析法

现场调查分析法，是指风险管理部门、保险部门、有关咨询机构、研究机构等机构的工作人员，就风险管理单位可能面临的损失，深入相关现场进行详尽的调查，并出具调查报告。

2. 风险清单分析法

风险清单分析法也称检查表法，是指企业根据专业人员设计的较为全面的风险损失清单来排查企业可能面临的风险。风险清单列示的一般是此前已经存在的、较为普遍的基本风险。由于所列示的是企业基本的风险项目，风险清单通常内容繁多，企业可根据风险的成因采取分部门、分单位、分关键岗位等方法来制定恰当的风险识别清单，以供风险管理人员使用。

企业风险管理人员应参照风险清单逐一检查，预见企业可能面临的各种风险，使用者只需对照清单上列示的项目关注风险、分析风险，并视风险事故可能造成危害的程度确定风险管理的先后顺序，采取不同措施。

3. 德尔菲技术法

德尔菲技术法也称专家意见法，是基于专家的知识、经验和直觉，发现潜在风险的分析方法。企业组织多位专家在风险识别时，就相关风险进行反复咨询及意见反馈，最终达成比较一致的主要风险识别意见，并以此来确定企业的相关风险。采用该方法时，风险管理专家通常以匿名方式参与此项活动，往往通过问卷等方式征询专家对相关风险的见解，并在专家中反复咨询反馈，请他们进一步发表意见。这一过程进行若干轮之后，就不难得出对主要风险的一致看法。德尔菲技术法有助于减少数据中的偏差，并防止任何个人对分析结果产生过大的影响。

4. 财务报表分析法

财务报表分析法也称杜邦分析法，是由 A. H. 克里德尔于 1962 年提出的识别风险方法。克里德尔认为，通过分析资产负债表等财务报表和相关的支持性文件，风险管理人员可以识别出风险管理单位的财产风险、责任风险和人力资本风险等。需要分析的财务报表主要包括资产负债表、利润及利润分配表和现金流量表三大财务报表。通过水平分析、趋势分析、比率分析等方法，从财务角度发现企业面临的风险。

5. 流程图分析法

流程图分析法，是指将风险主体按照生产经营的过程、活动内在的逻辑联系绘成流程图，针对流程中的关键环节和薄弱环节调查风险、识别风险的办法。一般来说，风险主体的经营规模越大，生产工艺越复杂，流程图分析法就越具有优势。

6. 事故树分析法

事故树分析法，是指从某一事故出发，运用逻辑推理的方法寻找引发事故的原因，即从结果推导出引发风险事故原因的方法。这是我国国家标准局规定的事故分析方法之一。任何一个事故的发生，必定是一系列事件按时间顺序相继出现的结果，前一事件的出现是随后事件发生的条件，在事件发展过程中，每一事件都有两种可能的状态，即成功和失败。

即时思考

风险识别有哪些方法？

任务三 企业的风险评估

根据《企业内部控制基本规范》《中央企业全面风险管理指引》等规定，企业的风险管理意识不断强化，并将风险管理嵌入日常的运营中，使管理者能够有效地应对不确定性带来的风险，增强企业稳健运行、创造价值的能力。

一、风险评估简述

风险评估是通过风险识别，对可能存在的潜在风险进行估计、分析和评价，进一步及时发现各类风险，深入分析风险成因和管理现状，明确风险管理重点的过程。风险评估是风险管理的重要环节，是风险应对的前提和基础。风险评估的目的是在识别风险的基础上进行分析与评估，从而有效地控制风险。

企业在进行风险评估的过程中，应考虑潜在事项影响目标实现的程度。可以从两个角度——可能性和影响——对事项进行评估，并且通常采用定性和定量相结合的方法，从个别或分类整体考虑主体中潜在事项的正面和负面影响。

通过考虑风险的可能性和影响对其加以分析评估，并以此作为决定风险管理方式的依据。风险评估应立足于固有风险和剩余风险。固有风险是指企业在没有采取任何措施来改变风险可能性或影响的情况下所面临的风险。剩余风险是指在企业实施了风险应对措施之后所剩余的风险。一旦风险应对措施已经就绪，企业就应更加关注剩余风险。

二、企业风险衡量的内容与程序

风险衡量是指对企业某一特定风险的性质、发生的可能性及可能造成的损失进行的估算与测量。风险衡量是风险管理中最重要的部分，也是难度最大的部分。

（一）风险衡量的内容

风险衡量中的重要内容是风险估计，即运用概率统计方法，对风险事件的发生及其后果加以估计，从而给出一个较为准确的概率水平，即在进行风险分析时，风险衡量包括对风险事件发生频率的衡量和对损失严重程度的衡量。

（二）风险衡量的程序

风险衡量首先要确定风险事件在确定的时间内，比如一年、一个月或者一周内发生的可能性，即频率大小。估计这些风险事件会造成何种程度的损失后果，即损失的严重性。其次，根据风险事件发生的数量和损失严重程度，估计总损失额。最后，风险管理者应预测这些风险事件的发生次数、损失严重程度及总损失额度等，以便为决策者提供资料。

三、企业损失频率与程度衡量

（一）损失频率衡量

损失频率是指一定时期内损失可能发生的次数。对损失频率的测定可以估算某一风险单位因为某种损失原因而受损的概率，比如一幢建筑物因为火灾受损的概率可以从几幢建筑物因为火灾受损的概率中估算出来。

损失频率衡量的具体方法有定性分级和概率测算两种。定性分级是指风险管理者根据自己对风险的观念，将风险事件按照发生的可能性分级；概率测算是指根据统计资料，应用概率统计方法进行计算。定性分级不够精确，但具有不必依赖有关风险高标准信息的优点。企业在分析损失发生的频率时，如果能够掌握较为充分的信息，那么各种潜在损失发生的概率就较容易准确计算。损失概率越大，出现损失的可能性就越大。确定潜在损失发生的概率对风险管理决策的制定意义重大。通常，损失的频率比损失的严重程度更具有可预测性。尤其是对于一些大公司来说，由于风险标的集中，对风险事件的预测较为准确。但是，对于一般企业来说，要准确预测损失频率是比较困难的，因为大多数严重的损失并非天天发生，并且单个企业的风险标的也很难多到足以准确地预测损失发生的频率。

（二）损失程度衡量

损失程度衡量是企业风险衡量中最重要的部分。损失程度是指每次损失可能的规模，即损失金额大小。损失程度衡量实际上就是对损失的严重性进行估算。企业在确定损失程度时，必须考虑每一特定风险可能造成的各类损失及其对企业财务及总体经营的最终影响，既要评估潜在的直接损失，也要估计潜在的间接损失。

企业应当注意，损失程度不仅与损失类型有关，而且与遭受损失的风险单位个数有关。涉及同一风险的单位越多，则该风险的潜在损失越大，尤其是在各单位发生损失的事件不独立时，更是如此。此外，也应当考虑损失金额的时间效应。比如，持续10年的每年10000元的损失不比立即发生一次10万元的损失严重，因为货币具有时间价值。估计潜在损失程度的最重要途径或方法是，估计一个单位在每次风险事件中的最大可信损失及最大可能损失。前者是指一个风险单位在通常情况下可能遭受的最大损失额；后者是指一个风险单位发生一次风险事件时在最不利的情况下可能遭受的最大损失。比如，某企业有一套价值100万元的设备，那么发生一次风险事件时，就该设备而言的最大可能损失是100万元。因为在企业存续期内，该设备的最坏情况是全部损毁。另外，如果某风险管理者估计该设备在5年内会有一次金额接近50万元的损失，则该风险管理者预计的最大可信损失是50万元。最大可能损失金额比最大可信损失金额大，但前者发生的机会比后者要小。在两种衡量途径或方法中，最大可信损失较难估计，不同的风险管理者对可能损失价值的看法常常会有所不同，但它用处最大。

衡量损失程度的另一种方法是，估计一年内由单一风险事件造成的损失额和多种风险事件造成的损失额总和，即最大可能年总损失金额。这种损失或成因于单一风险，或成因于多种风险，是面临风险的一个或多个单位在一年内可能遭受的最大总损失量。这种方法与上述方法的相同点是损失数量在很大程度上取决于风险管理者选择的概率水平，不同点在于损失的严重程度也许是由多种结果造成的。

以上对损失发生频率和损失程度的衡量只是从风险估计的角度进行分析。风险估计应该采用概率分布方法加以定量化分析。企业衡量潜在风险是为了今后能够选择适当的控制风险的方法。

四、企业风险评估的原则和步骤

（一）风险评估目的

通过风险评估，全面、系统地梳理、识别企业面临的各类内外部风险，明确风险管理重点，培育全员风险管理意识；通过风险表现及成因分析，为制定风险应对措施提供依据。

（二）风险评估原则

1. 全面性原则

风险评估是一项系统性工作，应贯穿决策、管理及执行全过程，覆盖企业各种业务和事项，涉及全体员工。

2. 重要性原则

风险评估工作应关注重点领域及关键业务事项，合理配置资源。

3. 时效性原则

风险评估工作应根据管理需要及时开展，第一时间为管理者提供风险信息。

4. 适用性原则

风险评估工作应充分考虑组织形式和业务特点，在企业统一框架下，结合实际制定针对性的风险评估标准，选择适当的评估方法。

（三）风险评估基本步骤

风险评估的过程既是对风险的衡量，也是进行全面风险管理的重要过程。企业在风险管理的日常操作中，应在风险识别、风险分析和风险评价三大步骤的基础上，具体细分为信息收集（建立环境）、风险识别、风险分析、风险评价、风险应对（"任务四"阐述）五部分。

1. 信息收集（建立环境）

开展风险评估之前，企业应收集内外部环境信息，制定风险管理目标和策略，明确风险分析评价标准，可以设计"企业风险信息收集表"等相关表格来归纳各种信息，为有效开展风险评估提供依据并留有痕迹。

（1）收集内外部环境信息。企业应围绕战略目标及经营管理目标，持续收集与风险相关的内外部环境信息，包括历史数据和未来预测，如国内外经济形势、相关行业领域运行态势、相关政策、法律变化等，以及各类风险案例、内部控制缺陷等运营层面信息。

（2）制定风险管理目标和策略。结合企业战略目标及经营管理目标，分析影响目标实现的各类风险。根据风险偏好及风险承受度，制定风险管理总体目标和策略。

（3）制定风险分析和评价标准。①风险分析标准。风险分析有两个维度：风险发生的可能性和影响程度。风险发生的可能性以风险发生概率为分析标准；影响程度从财务、营运、合规、HSE、声誉五个方面进行分析。以上两个维度按照从低到高分为极低、低、中、高、极高五个级次，分别用1分、2分、3分、4分、5分表示。②风险评价标准。综合考虑风险偏好和风险承受度，以风险发生的可能性和影响程度为依据，确定风险评价等级。风险评价等级按照重要性程度分为重大风险、重要风险和一般风险三个等级。在实际执行过程中，企业应针对风险评估对象，结合风险偏好及风险承受度，制定具体的风险评价标准。

（4）信息收集的主要内容。

第一，战略风险方面，企业应广泛收集国内外企业战略风险失控导致企业蒙受损失的案例，并至少收集以下重要信息：①国内外宏观经济政策以及经济运行情况、本行业状况、国家产业政策；②科技进步、技术创新的有关内容；③市场对该企业产品或服务的需求；④与企业战略合作伙伴的关系，未来寻求战略合作的可能性；⑤主要客户、供应商及竞争对手的有关情况；⑥与主要竞争对手相比，该企业的实力与差距；⑦发展战略和规划、投融资计划、年度经营目标、经营战略，以及编制这些战略、规划、计划、目标的有关依据；⑧对外投融资流程中曾发生或易发生错误的业务流程或环节。

第二，财务风险方面，企业应广泛收集国内外企业财务风险失控导致危机的案例，有行业平均指标或先进指标的，也应尽可能收集并至少收集以下重要信息：①负债、或有负债、负债率、偿债能力；②现金流、应收账款及其占销售收入的比重、资金周转率；③产品存货及其占销售成本的比重、应付账款及其占购货额的比重；④制造成本和管理费用、财务费用、营业费用；⑤盈利能力；⑥成本核算、资金结算和现金管理业务中曾发生或易发生错误的业务流程或环节；⑦与该企业相关的行业会计政策、会计估算、与国际会计制度的差异与调节，如退休金、递延税项等信息。

第三，市场风险方面，企业应广泛收集国内外企业忽视市场风险、缺乏应对措施导致企业蒙受损失的案例，并至少收集以下重要信息：①产品或服务的价格及供需变化；②能源、原材料、配件等物资供应的充足性、稳定性和价格变化；③主要客户、主要供应商的信用情况；④税收政策和利率、汇率、股票价格指数的变化；⑤潜在竞争者、竞争者及其主要产品、替代品情况。

第四，运营风险方面，企业应至少收集与该企业、本行业相关的以下信息：①产品结构、新产品研发；②市场营销策略，包括产品或服务定价与销售渠道、市场营销环境状况等；③企业组织效能、管理现状、企业文化，高、中层管理人员和重要业务流程中专业人员的知识结构、专业经验；④期货等衍生产品业务中曾发生或易发生失误的流程和环节；⑤质量、安全、环保、信息安全等管理中曾发生或易发生失误的业务流程或环节；⑥因企业内外部人员的道德风险致使企业遭受损失或业务控制系统失灵的情况；⑦给企业造成损失的自然灾害以及除上述有关情形之外的其他纯粹风险；⑧对现有业务流程和信息系统操作运行情况的监管、运行评价及持续改进能力；⑨企业风险管理的现状和能力。

第五，法律风险方面，企业应广泛收集国内外企业忽视法律法规风险、缺乏应对措施导致企业蒙受损失的案例，并至少收集以下信息：①国内外与企业相关的政治、法律环境；②影响企业的新法律法规和政策；③员工道德操守的遵从性；④企业签订的重大协议和有关贸易合同；⑤企业发生重大法律纠纷案件的情况；⑥企业和竞争对手的知识产权情况。

2. 风险识别

风险识别是对收集的各类信息进行必要的筛选和分析，查找影响战略目标及经营管理目标实现的各类风险的过程。风险识别的基本步骤包括：

（1）确定风险识别方式。根据风险评估工作需要，确定风险识别的范围、方法、参与人员及组织形式等。应重点关注以下内容：第一，风险识别人员范围。开展风险识别工作，应充分涵盖评估范围内各层级管理人员。参与风险识别的人员应具备必要的风险管理知识，熟悉相关业务。第二，风险识别方法。常用的风险识别方法包括现场调查分析法、德尔菲技术法、风险清单分析法等。风险识别参与人员可结合具体评估对象，灵活应用风险识别的方法。

（2）组织开展风险识别。参与风险识别的人员应按照有关要求，在筛选和分析各类信息的基础上，识别影响战略目标及经营管理目标实现的各类风险。

（3）风险识别结果。企业应对识别出来的各类风险进行整理汇总，同时建立健全风险案例表、风险数据库等相关案例信息，为风险的应对提供素材和实证。企业建立风险数据库主要信息应包含以下三种。第一，风险名称。采用"目标或业务＋风险"的描述方式，如跨国经营风险、价格风险、税务风险等。第二，风险概述。采取"成因＋影响的业务/目标"描述方式，如跨国经营风险可描述为：企业"走出去"力度加大，国际局势不稳定，跨国经营经验不足等原因，导致跨国经营风险。第三，风险描述。对风险发生的各种成因及其表现分类描述。

3. 风险分析

风险分析是指从风险发生的可能性和影响程度两个方面，采用定性、定量分析方法，参照风险分析标准，分析未来一定时期内风险发生的可能性和对目标的影响程度。风险分析要充分借鉴历史事件，综合考虑风险成因，管理现状，风险涉及的业务领域、业务量、责任单位以及风险之间的相互关系等因素。

风险分析应把握以下要点：第一，风险成因分析应结合内外部风险因素，针对风险影响的具体业务和目标具体分析；第二，应对各类风险进行关联分析，深入剖析风险之间的自然对冲、风险发生的正负相关性等组合效应，为各类风险的组合管理提供依据；第三，应充分考虑风险管理现状，包括现行内部控制制度、专业管理制度等，分析制度设计及执行的有效性、风险管理责任落实情况等；第四，应充分借鉴风险案例等，为风险分析的有效性提供保障；第五，风险分析可采用定性与定量相结合的方法进行综合分析，如风险坐标法、敏感性分析法、压力测试法、盈亏平衡分析法等。

4. 风险评价

风险评价是根据风险评价标准，对风险分析结果进行综合评价，确定风险等级，明确风险管理重点的过程。风险评价的目的在于协助决策，这个决策是考虑风险是否需要应对以及安排应对优先顺序。

（1）企业风险评价的主要做法。风险评价要完成以下工作：一是检查风险分析的输出结果，并把得到的风险等级与风险准则进行对比；二是决定是否需要风险应对；三是对需要实施应对措施的风险按优先次序进行排序。风险评价的结果应满足风险应对的需要，风险评价的结果要有足够的可信性、准确性、完整性，否则应做进一步的分析。当然，风险评价也可能导致除维持现有的控制措施外，不进行任何风险应对的决定。

在企业经营活动中，风险评价的基本步骤包括以下两个步骤。①初步风险评价。根据风险评价标准，评价各类风险等级，按照评价结果进行排序。②风险评价结果确认。根据风险偏好和承受度，结合法律法规要求，对风险评价初步结果进行适当调整、确认。根据以上分析过程及结果完善风险库。

通常企业的主要做法是将风险划分为三个等级，即不可容忍的风险、可接受的风险、介于两者之间的风险。对于不可容忍的风险，企业应重点进行风险应对；对于可接受的风险，则无须采取应对措施，保持监测即可；对于介于两者之间的风险，则是风险管理的核心任务之一，应着重考虑实施风险应对的成本与效益，并权衡机遇对目标的影响。

（2）企业风险评价的机制。在风险评价中，企业应建立健全风险评估机制，只有完善的机制才能使风险管理工作落到实处。企业风险评估应分为年度风险评估、专项风险评估和日常风险评估三类。

第一，做好企业年度风险评估。企业年度风险评估是指围绕企业发展战略及年度经营管理目标，评估未来一年内影响目标实现的各类风险，确定年度风险管理重点，编制年度风险管理报告。企业年度风险评估主要包括以下五个步骤。①制定风险评估工作方案。企业全面风险管理部门或内部控制部门统一制定年度风险评估工作方案，其内容主要包括年度风险评估的目标和依据、风险评估方式、参与单位及人员、风险评估标准和方法、时间安排等。②开展风险评估。各部门或单位按照企业统一要求，结合具体评估对象，灵活采用问卷调查、现场调查、风险矩阵等方法开展风险评估。③确定风险评估结果。企业全面风险管理部门负责汇总分析风险评估结果，通过集体讨论等形式，初步确定重大风险、重要风险及一般风险。④制定风险管理策略和应对措施。企业全面风险管理部门组织相关单位，针对重大风险、重要风险研究制定风险管理策略和应对措施，落实风险管理责任。⑤编制全面风险管理报告。企业全面风险管理部门负责组织编制年度全面风险管理报告，按规定程序审批后报企业高层或上级。

第二，做好专项风险评估。企业应建立重大决策和高风险业务专项风险评估机制。专项评估范围包括投资并购、金融衍生业务、重大投资项目等。企业专项风险评估主要包括以下五个步骤。①确定专项风险评估范围。企业全面风险管理部门或内部控制部门根据管理需要，确定企业专项风险评估范围及方案。各部门及单位根据管理需要，确定本部门或单位专项风险评估范围。②确定专项风险评估方法和分析评价标准。结合专项风险的业务特点，选择适当的风险评估方法，研究设计专项风险分析、评价标准。③开展专项风险评估。根据专项风险涉及的业务管理目标，采用定性与定量相结合的方法，依据专项风险分析、评价标准，研究确定风险评估结果。④编制专项风险评估报告。根据专项风险评估结果，编制专项风险评估报告。⑤程序性审核。纳入专项风险评估范围的事项，在提请决策层审议之前，需编制专项风险评估报告，报企业全面风险管理部门审核。

第三，做好日常风险评估。日常风险评估是指根据年度风险评估结果，结合日常经营管理活动，持续收集相关风险信息，对相关风险进行动态评估，及时改进完善风险管理策略和措施。企业应针对各类风险分析现有管理措施是否有效，并根据需要制定或完善风险管理策略和应对措施，持续开展风险监控预警，结合内外部环境变化及时调整和改进管理策略和应对措施。

即时思考

风险管理的基本流程有哪几个主要环节？

任务四 企业的风险应对

在对风险进行估计、分析和评价之后，企业就要确定如何应对风险。风险应对是指企业根据自身条件和外部环境，依据发展战略、风险偏好、风险承受度、风险管理有效性标准和风险评估结果，选择风险承担、风险规避、风险转移、风险转换、风险对冲、风险补偿、风险控制等适合风险管理工具的总体策略，并确定风险管理所需人力和财力资源的配置原则，综合平衡成本与收益，针对企业存在的不同风险，采取适当的方法，确定相应应对措施并有效实施，以降低风险的过程。

一、企业风险应对策略

企业应当结合不同发展阶段和业务拓展情况，持续收集与风险变化相关的信息，进行风险识别和风险分析，及时调整风险应对策略。同时综合运用风险规避、风险降低、风险分担和风险承受等策略，实现对风险的有效控制。

（一）风险规避

风险规避是指企业对超出风险承受度的风险，通过放弃或者停止与该风险相关的业务活动以避免和减轻损失的策略。在企业生产运营中，风险规避可能包括退出一条生产线、拒绝向一个新的地区拓展市场，或者对存在或有风险的资产进行处置等，总之退出会产生风险的运营活动。

（二）风险降低

风险降低是指企业在权衡成本效益之后，准备采取适当的控制措施降低风险或者减轻损失，将风险控制在风险承受度之内的策略。风险降低包括采取措施降低风险的可能性或影响，或者同时降低两者，它涉及各种日常的经营决策。

（三）风险分担

风险分担是指企业准备借助他人力量，采取业务分包、购买保险等方式和适当的控制措施，将风险控制在风险承受度之内的策略。风险分担包括通过转移来降低风险的可能性或影响，或者分担一部分风险。常见的风险分担技术包括购买保险产品、从事避险交易或外包一项业务等。

（四）风险承受

风险承受是指企业对在风险承受度之内的风险，在权衡成本效益之后，不准备采取控制措施降低风险或者减轻损失的策略。风险承受意味着企业不采取任何措施去干预风险的可能性或影响。

二、企业风险应对的基本要求

在一般情况下，对战略风险、财务风险、运营风险和法律风险，可采取风险承担、风险规避、风险转换、风险控制等方法。对能够通过保险、期货、对冲等金融手段进行理财的风险，可以采用风险转移、风险对冲、风险补偿等方法。

企业应根据不同业务特点，统一确定风险偏好和风险承受度，即明确企业愿意承担哪些风险，企业能够承担风险的最低限度和不能超过的最高限度是多少，并据此确定风险的预警线及采取的对策。确定风险偏好和风险承受度，要正确认识和把握风险与收益的平衡，防止和纠正忽视风险，片面追求收益而不讲条件、范围，认为风险越大、收益越高的观念和做法；同时，要防止单纯为规避风险而放弃发展机遇。

企业应根据风险与收益相平衡的原则以及各风险在风险坐标图上的位置，进一步确定风险管理的优先顺序，明确风险管理成本的资金预算和控制风险的组织体系、人力资源、应对措施等总体安排。

企业应定期总结和分析已制定的风险管理策略，确定其有效性和合理性，结合实际不断修订和完善风险管理策略。其中，应重点检查依据风险偏好、风险承受度和风险控制预警线实施的结果，并提出定性或定量的有效性标准。

三、企业风险应对的主要措施

企业应根据风险管理策略，针对各类风险或每一项重大风险制定风险管理解决方案。方案一般应包括风险解决的具体目标，所需的组织领导，所涉及的管理及业务流程，所需的条件、手段等资源，风险事件发生前、中、后所采取的具体应对措施以及风险管理工具。

企业制定风险管理解决的外包方案，应注重成本与收益的平衡、外包工作的质量、商业秘密的保护以及防止自身对风险解决外包产生依赖性等，并制定相应的预防和控制措施。

企业制定风险管理解决的内部控制方案，应满足合规的要求，坚持经营战略与风险策略一致、风险控制与运营效率及效果相平衡的原则，针对重大风险所涉及的各管理及业务流程，制定涵盖各个环节的全流程控制措施；对其他风险所涉及的业务流程，要把关键环节作为控制点，采取相应的控制措施。

企业应通过制定内部控制措施降低风险发生的概率，一般至少包括以下内容。①建立内部控制岗位授权制度。对内部控制所涉及的各岗位明确规定授权对象、条件、范围和额度等，任何组织和个人不得超越授权做出风险性决定。②建立内部控制报告制度。明确规定报告人与接受报告人，报告的时间、内容、频率、传递路线，负责处理报告的部门和人员等。③建立内部控制批准制度。对内部控制所涉及的重要事项，明确规定批准的程序、条件、范围和额度、必备文件以及有权批准的部门和人员及其相应责任。④建立内部控制责任制度。按照权利、义务和责任相统一的原则，明确规定各有关部门和业务单位、岗位、人员应负的责任和奖惩制度。⑤建立内部控制审计检查制度。结合内部控制的有关要求、方法、标准与流程，明确规定审计检查的对象、内容、方式和负责审计检查的部门等。⑥建立内部控制考核评价制度。具备条件的企业应把各业务单位风险管理执行情况与绩效薪酬挂钩。⑦建立重大风险预警制度。对重大风险进行持续不断的监测，及时发布预警信息，制定应急预案，并根据情况变化调整控制措施。⑧建立健全以总法律顾问制度为核心的企业法律顾问制度。大力加强企业法律风险防范机制建设，形成由企业决策层主导、企业总法律顾问牵头、企业法律顾问提供业务保障、全体员工共同参与的法律风险责任体系。完善企业重大法律纠纷案件的备案管理制度。⑨建立重要岗位权力制衡制度，明确规定不相容职责的分离。主要包括授权批准、业务经办、会计记录、财产保管和稽核检查等职责；对内部控制所涉及的重要岗位，可设置一岗双人、双职、双责，相互制约；明确该岗位的上级部门或人员对其应采取的监督措施和应负的监督责任；将该岗位作为内部审计的重点等。

即时思考

风险应对的主要措施有哪些？

总结案例

乐视公司危机案例——"乐视危机"内部控制案例分析

2017年，"乐视危机"全面爆发，乐视公司深陷财务危机，高管纷纷离职，面临退市风险。"乐视危机"的背后是企业内部控制的失效。

一、乐视公司简介

乐视信息技术（北京）股份有限公司（以下简称乐视）成立于2004年，通过"平台+内容+终端+应用"经营模式，建设了7个互不关联的垂直业务，再通过业务整合，形成独特的乐视"生态圈"。在发展壮大之后，2010年8月，乐视在我国创业板上市，其业务版图不断扩张，2014年业务总收入达100亿元，2016年业绩报告显示实现营业收入219.87亿元。看似一片欣欣向荣的背后，却隐藏着乐视巨大的财务危机。乐视大量融资的同时拖欠手机供应商款项高达150亿元，超过60%的版权费未能支付。2017年7月7日董事长贾跃亭辞职，公司的五大重量级高管也陆续辞职，乐视股价一路下跌，面临退市风险。

二、内部控制问题分析

（一）内部环境

1. 组织架构

2016年11月6日，贾跃亭首次公开承认，乐视存在发展节奏过快、组织能力和人员匹配失衡等问题。公司董事会下设众多支持机构，包括战略委员会、审计委员会、提名委员会等，却没有预算机构和绩效考评机构，不利于权责明晰。虽然乐视设置机构众多，但内部控制并不完善，主要表现为财务部与审计部划分在一起，均没有独立，内部审计的独立性无法保障。

2. 人力资源政策

乐视迅速扩张，对人才的需求也不断加大。但贾跃亭并没有起到表率作用，在公司发展的业务上，选拔的人员过于沉冗，在各个业务执行的时候也未提供相应的智力和能力支撑，在人浮于事的团队中，贾跃亭所要付出的管理成本大大增加。2016年12月以来，乐视高管包括乐视体育总编辑敖铭和总裁张志勇、乐视汽车约尔格·萨默尔和全球首席品牌官马可·马蒂亚奇陆续离职。贾跃亭曾高薪聘请各个领域的专家，但这些专家在"乐视模式"中没有发挥应有的作用。

（二）风险评估

乐视在目标设立方面确定了其战略目标。但是，乐视生态模式的提出并没有使乐视提升到新的高度，这遭到外界多方的质疑。有经济分析师说，这根本就是顶层设计的错误导致的。乐视在经营目标设立过程中也存在差异。乐视在经营的有效性、创新业绩和盈利等方面都没有得到体现，反而不断负向发展，这表明经营目标在制定的过程中就已出现不足，未能合理预估企业可承受的风险。乐视在公司资金紧缺的情况下仍然引入合并其他企业，企业发展战略明显不契合公司发展水平。

乐视的外部融资能力不断下降，其偿债能力指标已接近上限，企业的资产负债比率高，而流动性比率只有1.39，相对较低，比同行业低了2/3。公司偿债风险上升且资金使用效率低，难以确保资金安全性和完整性。文化市场竞争日益激烈，需求趋于多元化，而贾跃亭的经营风格比较冒险，没有巩固和深化本有的市场，反而利用可周转的资金激进扩张。

乐视所面临的固有风险是国家出台的一系列严格的互联网视频内容监管政策，这是同行业都必须面对的风险。剩余风险是管理者采取了相应措施应对风险后仍然存在的风险。关联方资金的紧张影响了乐视正常的融资渠道，乐视为解决这一问题，通过与金融机构谈判合作以及债转股等方式，缓解了暂时的资金压力，但并没有从根本上解决融资问题。

乐视自上市后，机遇与风险并存，企业负债不断增加，但是乐视没有建立风险识别系统。168亿元巨额资金的流入仅一个涨停板后就持续下跌。在停牌诊股，亏损16.516亿元前，乐视并没有建立有效的风险识别机制，面对巨额亏损没有任何预见识别的控制。此外，乐视也没有在风险应对方面建立完善的风险识别系统，没有及时收集风险及与风险变化相关的各种信息，在面对一系列的危机时难以抵抗。

（三）控制活动

乐视合理设置了分工，科学划分了职责权限，贯彻了不相容职务分离及每一个人工作能自动检查另一个人或更多人工作的原则，形成了相互制衡的机制。

自成立以来，乐视的最高决策人只有创始人贾跃亭，虽然也设有董事会，但是基本上形同虚设，无法对贾跃亭的最高决策权力形成有效的牵制。

当时，乐视所有重要事务的审批手续均需通过贾跃亭过目签订，集体决策审批无从体现。贾跃亭的集权，追求的不是效率，而是控制。在企业的预算中，贾跃亭占决策的最主要作用，他注重自己的判断而忽略其他决策人的意见，在职能分工上，贾跃亭以一人之力承担公司的几个岗位职责，包括执行、考核、决策等，其中心作用突出，大大降低了授权的重要性，将公司职权掌握在一人手中。贾跃亭一味地追求产业现代化潮流，不仅没有提高公司的实力，反而因资金链断裂导致公司陷入债务风波，其创造的神话早已不复存在。

（四）信息与沟通

乐视在发展中长期拖欠供应商的货款，在2016年被诉讼的案件中，共有超过16亿元的拖欠款，涉及金额最大的一笔是3.02亿元。从中可以发现，乐视没有通过有效的形式与供应商就信用政策、结算方式等问题进行良好沟通，也没有及时发现和解决可能存在的控制不当问题。乐视因拖欠版权费被供应商追债，使得公司陷入经济危机，造成无可挽回的结果。

(五) 内部监督

乐视的审计部门与财务部门的职权并未完全划分开来,且乐视的审计部门人员偏少,不能全面地开展审计工作,内部审计职能无法完整履行。内部审计部门的独立性和工作效率值得怀疑。此外,审计过程中要编制工作底稿且按统一的规则编号,建立索引,以备查询和引用,但乐视的工作底稿存在严重的缺失现象,这就在很大程度上存在舞弊的嫌疑,同时在很大程度上影响了整个审计的质量。

三、几点建议

(一) 内部环境方面

1. 创新并改善组织结构

乐视应针对人员管理方面的组织架构问题,创新并改善组织结构,遵守精简高效原则,在满足公司目标所决定的业务活动需要及统一指挥的前提下,力求减少公司的管理层次,精简公司的管理机构和人员,用最少的人完成公司管理的工作任务,提高管理效率。

2. 加强人力资源管理

企业在招聘过程中,要根据实际需求,运用企业资源计划(ERP)管理信息系统,充分利用大数据资源,根据人力资源需求,建立相应的模型,选择符合企业需求的实用型人才,以更好地完成企业经营战略。在内部控制中,乐视需要强化公司治理水平,提供科学、有效的决策,将公司所有的人员凝聚起来,共同参与治理,发挥他们最大的功效。

(二) 风险评估方面

乐视应该将自身的发展与市场硬性条件相结合,通过态势分析法,分析公司的优势、劣势、机会、威胁,在明确发展目标的同时制定战略规划。随着互联网技术的迅速发展,企业在治理结构发生变化的同时,更要重视企业的风险。各个治理结构应该充分履行自己的职责,确保内部控制的实效性。

(三) 控制活动方面

企业建立完善的内部控制制度,需要将各个岗位进行控制,各个岗位要建立明确的分工。实现全面的预算管理制度,明确各主体的职责,使得企业的管理层决策更加科学合理,重视预算在企业经营管理中的作用。对于乐视而言,在董事会下设的机构中要设置预算管理委员会,成立专门的管理机构,加强预算的准确性、加大监督力度,保证企业制度有效运行。

(四) 信息与沟通方面

乐视要及时与企业的利益相关者进行沟通,提升服务质量。应使各职能部门从供应商、仓库、配送到消费者的整个完整供应链中协同合作,避免各职能部门的工作重复,提高经营效率,及时解决问题。

(五) 监控方面

对公司各项制度进行日常的监督检查,建立详细的内部审计标准和内部审计指引,规范内部审计人员的工作行为,保证审计过程中的独立性和客观性。乐视针对报告可能存在的关联交易舞弊,应当完善投诉、举报管理制度，必要时可考虑设置舞弊举报热线，建立有效的反舞弊机制。

资料来源：《经济合作与科技》2018年第9期，作者肖莉、姜大柱、雷轶超。

项目小结

本项目分析了企业风险的内容和类型，对风险的评估做了较为详细的解读。通过风险评估的学习和认知，我们应当知道以下内容。

企业应当根据设定的控制目标，全面、系统、持续地收集相关信息，结合实际情况，及时进行风险评估。企业内部目标的设定是风险识别、风险分析、风险应对的前提。

在我们所学的企业风险内容基础上，结合企业实际，对尚未发生的、潜在的以及客观存在的各种风险进行系统、连续的预测、识别、推断和归纳等，保证企业的有效运行。风险识别是风险评估的第一步，也是最为重要的过程。通过对风险的认知、识别，将对企业的风险进行系列的评估。风险评估是通过风险识别，对可能存在的潜在风险进行估计、分析和评价，进一步及时发现各类风险，深入分析风险成因和管理现状，明确风险管理重点的过程。风险评估是风险管理基本流程的重要环节，是风险应对的前提和基础。风险评估的目的是在识别风险的基础上进行分析与评估，切实地制定出风险的应对措施，有效地控制风险。

延伸阅读

国家层面

1. 《企业内部控制基本规范》及配套指引。
2. 《中央企业全面风险管理指引》。
3. 《银行业金融机构全面风险管理指引》。
4. 《关于加强工业控制系统信息安全管理的通知》。
5. 《内部审计具体准则第16号——风险管理审计》。
6. 《风险管理原则与实施指南》。
7. 《风险管理风险评估技术》。
8. 《公共安全风险评估技术规范》。

企业层面

1. 信息资源、信息化、信息系统安全管理办法。
2. 重特大事件应急预案。
3. 企业授权指引。
4. 企业风险识别清单。
5. 企业风险评估报告。
6. 企业关键岗位管理办法。
7. 企业商业秘密保护规定。
8. 企业HSE及相关运营管理规定。

复习思考

1. 什么是风险？什么是纯粹风险？什么是固有风险？什么是剩余风险？
2. 风险有哪几个特征？
3. 风险按经营管理分为哪几类？其内容是什么？
4. 简述 HSE 的内涵及存在的主要风险。
5. 法律风险主要有哪些？
6. 风险识别应关注的因素有哪些？
7. 风险评估的原则有哪些？
8. 风险应对的原则有哪些？

实践提升

1. 假设你是一名企业风险管理控制部门的负责人，企业要进行全面风险管理设计与实施，在风险识别前你需要带领部门员工做哪些工作？如何实施？
2. 如果识别到或发现了潜在风险，你应通过什么书面文本向上级反映？
3. 假设发生了风险，你作为一名员工且是风险第一发现人，应如何应对？

本章考核

一、单项选择题

1. 下列不属于风险特征的是（   ）。
   A. 不确定性　　　　　B. 潜在性　　　　　C. 不可测量性　　　　D. 普遍性
2. 下列不属于专项评估范围的是（   ）。
   A. 投资并购　　　　　B. 金融衍生业务　　C. 重大投资项目　　　D. 年度风险评估
3. 下列不属于市场风险的是（   ）。
   A. 竞争风险　　　　　B. 价格风险　　　　C. 信用风险　　　　　D. 财务风险

二、多项选择题

1. 导致财务风险的因素包括（   ）。
   A. 筹融资风险　　　　　　　　　　　　　B. 资金链断裂
   C. 财务报告虚假　　　　　　　　　　　　D. 企业的资金管理混乱
2. 企业风险应对策略包括（   ）。
   A. 风险规避　　　　　B. 风险降低　　　　C. 风险分担　　　　　D. 风险承受
3. 法律风险主要包括（   ）。
   A. 经营合规风险　　　B. 侵权风险　　　　C. 涉税风险　　　　　D. 不正当竞争风险

三、判断题

1. 风险不可以通过概率的方法进行测量。（   ）
2. 环境风险是指外部环境意外变化影响企业预定的生产经营计划，从而导致的经济风险。（   ）
3. 德尔菲技术法也称专家意见法，是基于专家的知识、经验和直觉，发现潜在风险的分析

方法。（　　）

4. 风险评估基本步骤包括信息收集（建立环境）、风险识别、风险分析、风险评价、风险应对五部分。（　　）

参考答案：

一、单项选择题

1. C　2. D　3. D

二、多项选择题

1. ABCD　2. ABCD　3. ABCD

三、判断题

1. ×　2. √　3. √　4. √

项目四 企业控制活动

学习目标

知识目标	技能目标	素养目标
1. 了解内部控制主要控制活动的种类及其内在关系。 2. 掌握授权审批与不相容职务分离控制。 3. 熟悉会计系统控制；掌握财产保护控制。 4. 熟悉全面预算控制；了解运营分析控制。 5. 熟悉绩效考评控制。	1. 能够结合控制活动的内容帮助企业进行相关内部控制制度的设计。 2. 能够运用控制活动的相关原则指出身边企业内部控制设计中存在的不合理之处，并提出完善建议	1. 能够积极践行企业控制活动的相关要求，在知行合一中见行见效。 2. 培养学生的诚信意识，贯彻会计职业道德，加强诚实守信道德建设

思政融入点

1. 依托控制活动要素的教学内容，以上市公司信息披露为融入点，结合国家对上市公司的监督要求，通过对学生进行诚信价值观教育，帮助学生树立诚信品质，促进道德建设。

2. 通过实际的财务舞弊案例引发学生对事件的思考，帮助学生树立法治观念，遵纪守法，坚持准则，培养良好的职业道德，切实提升综合技能与素质。

知识框架图

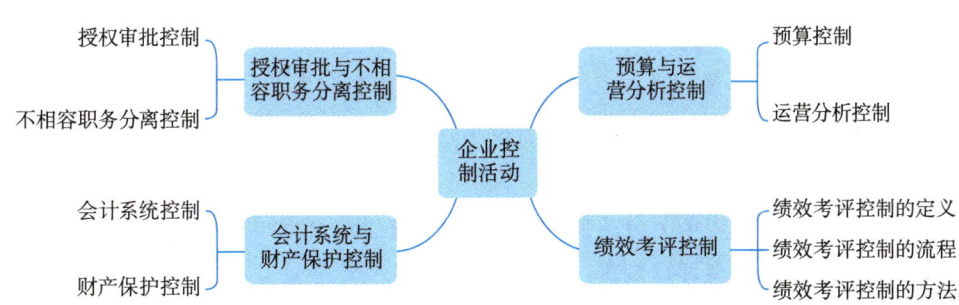

开篇案例

中国上市公司2022年度内部控制评价缺陷内容分析

截至2023年4月30日,共有5132家A股上市公司披露了2022年度报告,其中4846家上市公司披露了年度内部控制评价报告,占披露年度报告的A股上市公司数量的94.43%。

2022年度,共有452家上市公司披露存在内部控制缺陷,占披露内部控制评价报告公司数量的9.33%。对缺陷涉及的具体内容进行分析发现,2022年度上市公司内部控制缺陷主要集中在资金活动、资产管理、采购业务、销售业务、财务报告、公司治理、合同管理、信息披露、人力资源、信息系统等领域,具体见图4-1。

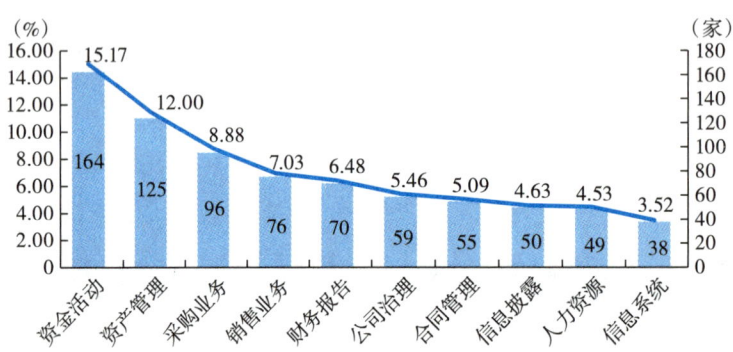

图4-1 2022年度上市公司内部控制缺陷所处的前十大业务领域

其中,资金活动、资产管理、采购业务、销售业务等仍是公司内部控制缺陷高发领域,各领域缺陷的具体表现如下。

(1) 资金活动相关缺陷主要表现为控股股东、实际控制人及其关联方存在非经营性资金占用,对外投资管理制度不完善,大额应收款项未能有效回收等。

(2) 资产管理相关缺陷主要表现为未定期进行资产盘点或资产盘点不到位、存货库存金额过大等。

(3) 采购业务相关缺陷主要表现为供应商准入评审不规范、采购合同履行管理不到位等。

(4) 销售业务相关缺陷主要表现为销售收入确认与销售收款管理不规范、定价管理不清晰等。

(5) 财务报告相关缺陷主要表现为会计准则理解不到位或资料及单据获取不及时导致财务报表编制及会计核算存在不准确、不恰当情形。

(6) 公司治理缺陷是上市公司存在的最主要的非财报内部控制缺陷,主要表现在子公司管控、三会运作及岗位职责划分等方面,以子公司管控问题最为突出。

资料来源:https://www.sgpjbg.com/baogao/133271.html。

根据《企业内部控制基本规范》第二十八条的规定,企业应当结合风险评估结果,通过手工控制与自动控制、预防性控制与发现性控制相结合的方法,运用相应的控制措施,将风险控制在可承受度之内。

控制措施一般包括:不相容职务分离控制、授权审批控制、会计系统控制、财产保护控制、预算控制、运营分析控制和绩效考评控制等。

任务一 授权审批与不相容职务分离控制

一、授权审批控制

（一）授权审批控制的定义

授权审批控制是防范企业风险的一种重要手段。完善的授权审批控制有助于明确权利和义务，层层落实责任，层层把关，最大限度地避免经营风险的发生。

根据《企业内部控制基本规范》第三十条的规定，授权审批控制要求企业根据常规授权和特别授权的规定，明确各岗位办理业务和事项的权限范围、审批程序和相应责任。企业各级管理人员应当在授权范围内行使职权和承担责任。

（二）授权控制

授权的目的在于保证交易在管理层授权范围内进行。清晰的权限指引可使不同层级的员工明确该如何行使并承担相应责任，也有利于事后考核评价，这一权限一般通过公司章程约定或其他适当方式授予。

1. 授权的种类

（1）常规授权

常规授权是指企业在日常经营管理活动中按照既定的职责和程序进行的授权，用以规范经济业务的权力、条件和有关责任者，其时效性一般较长，如销售部门确定销售价格的权力、财务部门批准费用报销的权力等。

这种授权可以通过规章制度的形式或企业正式颁布的岗（职）位说明书予以明确。常规授权的范围不宜太大，也不可太小，如果常规授权的范围太大，会使企业领导失去对重要业务的控制，从而面临较大的经营风险；如果常规授权的范围过小，凡事需要请示、批准，使常规授权名存实亡，也会削弱管理人员的工作积极性和责任心，从而对企业经营管理产生不利影响。

（2）特别授权

特别授权是指管理层针对特定类别的交易或活动逐一设置的授权，如重大资本支出和股票发行等。特别授权也可能用于超过一般授权限制的常规交易。

（3）临时授权

临时授权本是特别授权的一种，但是在管理实践中通常单列，主要针对的是企业管理者个体的授权，一般通过授权委托书进行明确。如总经理出差期间将某些事项的决策权交给下属的某个副总，财务总监将一部分权限临时交给财务经理等。临时授权与常规授权一样，需要考虑不相容职务的分离，否则在授权阶段就存在较大的风险。

2. 授权控制的基本原则

（1）授权的依据——依事不依人

企业应该本着有利于实现战略目标、有利于资源配置的目的来设置职务并进行授权，而不是仅凭被授权者的能力。如果因人授权，虽然充分考虑了被授权人的知识与才能，却不能确保职权被授予最合适的人员，不利于企业目标的实现。

（2）授权的界限——不可越权授权

授权者对下级的授权，必须在自己的权限范围内，不能超越自己的权限进行授权。

（3）授权的"度"——适度授权

授权过程中对于"度"的把握是授权控制成败的关键，既不能贪恋权力，不愿下放，也不能过度授权。权力下放不到位会直接影响下级部门的工作效率和积极性，而过度授权则等于放弃权力，甚至出现滥用职权的现象。正确的做法是将下级在行使职责时必需的权力下放，并且做到权力和责任相匹配，对于重大事项的权限，不可轻易下放。

（4）授权的保障——监督

相关人员在授权后应该给予适当的监督。如果放任不管，可能发生越权或滥用职权的行为；如果常加干涉，则授权形同虚设，不利于调动下属的主动性和创造性。对授权进行监督的重点主要是防止下级越权操作和"先斩后奏"的行为。

3. 授权的形式

授权一般包括口头授权和书面授权两种形式。

（1）口头授权

口头授权是指上级领导利用口头语言对下属进行工作交代，或者是上下级之间根据会议所产生的工作分配。这种授权形式一般适合临时性与责任较轻的任务。

（2）书面授权

书面授权是指上级领导利用文字形式对下属工作的职责范围、目标任务、组织情况、等级规范、负责办法与处理规程等进行明确规定。这种授权形式适合比较正式与长期的任务。

企业应当尽量采用书面授权的形式明确相关人员的权限和责任界限，以避免出现口头授权形式下误解权责范围、滥用职权，以及出事之后相互推诿、无法问责等情况。

（三）审批控制

1. 审批控制的原则

（1）审批要有界限——不得越权审批

越权审批就是超越被授权权限进行审批。如资金的调度权按规定属于总会计师，但总经理直接通知出纳将资金借给其他企业就属于越权审批的行为。

（2）审批要有依据——不得随意审批

审批控制的目的是保证企业的所有行为有利于经营效果和效率的提高，最终实现控制目标。因此，即便审批人有一定的审批权限，也不能随意批准，而应该依据企业的有关预算、计划或者决议进行。

2. 审批的形式

同授权的形式一样，审批也应该尽量采用书面形式。采用书面形式既可以方便上级进行批示，又可以避免口说无凭、责任不清，还有利于监督检查人员对该活动实施监控。

(四)"三重一大"制度

对于重大决策、重大事项、重要人事任免及大额资金支付业务等,企业应当按照规定的权限和程序实行集体决策审批或联签制度。任何个人不得单独进行决策或者擅自改变集体决策意见。

具体而言,"三重一大"事项决策审批程序如下:

(1)"三重一大"事项提交会议集体决策前应当认真调查研究,提前告知所有参与决策人员,并为所有参与决策人员提供相关材料,经过必要的研究论证程序,充分吸收各方面意见,例如,重大的投融资项目应事前充分听取相关专家的意见;重要的人事任免应该事先征求相关企业主要投资者等主要利益相关者的意见;关于企业改制等关系企业员工切身利益的重大事件,应当听取企业工会的意见,并通过职工代表大会或者其他形式听取职工群众的意见和建议。

(2)企业应当以会议的形式对职责权限内的"三重一大"事项做出集体决策。不得以个别征求意见等方式做出决策。紧急情况下由个人或少数人临时做出决定的,事后应及时向相关领导部门报告;临时决定人应当对决策情况负责,相关负责部门应当在事后按程序予以追认。

(3)决策会议的召开需要符合相关规定的人数。与会人员应充分讨论并发表意见,主要负责人应当最后发表总结性意见。若会议涉及多个事项,则应逐项研究决定。若存在严重分歧,一般应当推迟做出决定。会议决定的事项、过程、参与人及其意见、结论等内容,应当完整、详细记录并存档备查。

(4)决策做出后,企业应当及时向股东或履行出资人职责的机构报告有关决策情况;企业负责人应当按照分工来组织实施,并明确责任部门和责任人。参与决策的个人对集体决策有不同意见的,可以保留或者向上级反映,但在没有做出新的决策前,不得擅自变更或者拒绝执行。如遇特殊情况需对决策内容作重大调整,则应当重新按规定履行决策程序。

(5)建立"三重一大"事项决策审批的回避制度和决策考评制度,逐步健全决策失误纠正机制和责任追究制度。

二、不相容职务分离控制

(一)不相容职务分离控制的定义

不相容职务是指某些如果由一个部门或者一名员工担任,那么该部门或者员工既可以弄虚作假,又能自己掩饰舞弊行为的职务。这些职务通常包括授权、批准、业务经办、会计记录、财产保管、稽核检查等。不相容职务分离控制是指将这些不相容职务分配给不同员工,以防同一员工在履行多项职责时可能发生的舞弊或错误,是企业防范风险的重要手段之一,贯穿企业经营管理活动始终。

《企业内部控制基本规范》第二十九条规定:"不相容职务分离控制要求企业全面系统地分析、梳理业务流程中所涉及的不相容职务,实施相应的分离措施,形成各司其职、各负其责、相互制约的工作机制。"不相容职务分离控制的核心是内部牵制。

(二)不相容职务分离的内容

企业在设置内部机构时应体现不相容岗位相分离的原则,特别是涉及重大或高风险的业务处理程序时,必须考虑建立各层级、各部门、各岗位之间的分离和牵制机制。对于因机构人员较少且业务简单而无法分离处理的某些不相容职务,企业应当制定切实可行的替代控制措施。

根据大部分企业的经营管理特点和一般业务性质,需要分离的不相容职务主要有以下六种:

(1) 可行性研究与决策审批相分离;
(2) 业务执行与决策审批相分离;
(3) 业务执行与审核监督相分离;
(4) 会计记录与业务执行相分离;
(5) 业务执行与财产保管相分离;
(6) 财产保管与会计记录相分离。

事实上,企业实际存在的不相容职务远不止这些,表4-1中列示了实际业务活动中常见的不相容岗位。需要注意的是,由于每一家企业所处行业、规模、经营性质与特点各不相同,企业应当根据具体业务流程和特点,完整、系统地分析和梳理执行该项业务活动所涉及的不相容职务,并结合岗位职责分工采取分离措施。

表4-1 实际业务中常见的不相容岗位

1. 货币资金业务 (1) 货币资金支付的审批与执行; (2) 货币资金的保管与盘点清查; (3) 货币资金的会计记录与审计监督; (4) 出纳人员不得兼任稽核、会计档案保管和收入、支出、费用、债权债务账目的登记工作; (5) 支票保管职务与印章保管职务分离; (6) 银行印鉴保管职务、企业财务专用章保管职务、法人名章保管职务	6. 固定资产业务 (1) 固定资产投资预算的编制与审批、审批与执行; (2) 固定资产采购、验收与款项支付; (3) 固定资产投保的申请与审批; (4) 固定资产处置的申请与审批、审批与执行; (5) 固定资产取得与处置业务的执行和相关会计记录
2. 采购与付款业务 (1) 请购与审批; (2) 采购合同的洽谈、订立不能由同一部门或同一人(生产、销售、财务)完成; (3) 合同的谈判与审批; (4) 询价与确定供应商; (5) 采购合同的订立与审核; (6) 货物的采购与货物的验收; (7) 采购、保管、验收与相关会计记录; (8) 付款的申请、审批与执行	7. 销售与收款业务 (1) 客户信用调查评估与销售合同的审批签订; (2) 销售合同的审批、签订与办理发货; (3) 销售货款的确认、回收与相关会计记录; (4) 销售退回货品的验收、处置与相关会计记录; (5) 销售业务经办与发票开具、管理; (6) 坏账准备的计提与审批、坏账的核销与审批
3. 存货业务 (1) 存货的请购与审批、审批与执行; (2) 存货的采购与验收、付款; (3) 存货的保管与相关会计记录; (4) 存货发出的申请与审批、申请与会计记录; (5) 存货处置的申请与审批、申请与会计记录	8. 筹资业务 (1) 筹资方案的拟订与决策; (2) 筹资合同或协议的审批与订立; (3) 与筹资有关的各种款项偿付的审批与执行; (4) 筹资业务的执行与相关会计记录
4. 对外投资业务 (1) 对外投资项目的可行性研究与评估; (2) 对外投资的决策与执行; (3) 对外投资处置的审批与执行; (4) 对外投资绩效评估与执行	9. 成本费用业务 (1) 成本费用定额、预算的编制与审批; (2) 成本费用支出与审批; (3) 成本费用支出与相关会计记录

续表

5. 工程项目业务 （1）项目建议、可行性研究与项目决策； （2）预算编制与审核； （3）项目决策与项目实施； （4）项目实施与价款支付； （5）项目实施与项目验收； （6）竣工决算与竣工决算审计	10. 担保业务 （1）担保业务的评估与审批； （2）担保业务的审批与执行； （3）担保业务的执行和核对

另外，在实践中区分与实施不相容职务分离时，需要注意以下两点。

（1）不相容职务分离针对的对象是岗位，而不是部门。一般情况下，企业管理的组织架构先明确部门的定位和功能，然后设定部门内岗位的职责和操作要求。不相容职务分离针对的是岗位职责，为具体事项操作动作的相互制约，而不是部门权责。即使一个操作流程的所有属性动作都在一个部门内完成，但只要这个部门内不相容职责交由不同的岗位人员操作，那么也就实现了内部控制中的制约原则。如在有些企业的采购流程中，采购申请、询比价、供应商选择和确定、采购合同拟定和签署、采购价格的商谈和确定等都是在采购部门完成的，那么只要采购中的执行、审批、记录、监督由部门内不同的人来执行，就可以认为不相容职务是分离的。

（2）建立岗位轮换和强制休假制度。员工长期在某个岗位工作，制度对其的威慑力就会逐渐削弱，容易引发员工的舞弊行为，并且长时间在一个岗位工作的员工容易积累很多资源并形成个人垄断，对企业利益构成潜在威胁，因此，为了更好地发挥不相容职务分离控制的作用，企业应当结合岗位特点和重要程度，明确关键岗位员工轮岗的期限和有关要求，建立规范的岗位轮换制度。通过岗位轮换，可以防范并及时发现岗位职责履行过程中可能存在的重要风险，强化职责分工的有效性。对于关键岗位的员工，企业可以实行强制休假制度，在休假期间，员工的工作由其他人员暂时接替，其工作会受到他人的监督，舞弊被发现的概率会大大增加，员工实施并掩盖舞弊的机会将大大减少，舞弊的动机也会大大减弱。

上海某外资银行员工非法侵占 1.1 亿元

2019 年 7 月 9 日，上海银保监局官网发布了关于严肃查处银行员工职务侵占案件有关情况的通报（以下简称通报）。通报显示，意大利裕信银行股份有限公司上海分行（以下简称裕信银行上海分行）员工韩某利用工作之便侵占该分行巨额资金。

调查发现，韩某在担任该银行汇款及资金后台专员期间既负责资金进账系统的录入和审批，又负责资金出账系统的录入和审批，虽然两个系统都设置了录入人和审批人角色，但实际执行都是她一人，而与客户的对账也由她负责，这样她一个人就集资金进出的几个角色于一身。在此情况下，韩某利用银行在内部控制、风险管理、系统建设等方面存在的严重漏洞和自己的职务之便，3 年间通过不断做假账侵占客户资金 1.1 亿元，并在美国和日本等国家购置房产。

上海银保监局在通报中直指该事件暴露出的问题。同时，针对该外资行开出了三张罚单，包括对裕信银行上海分行处以罚款共计 1030 万元，涉事员工韩某终身禁入银行业，对相关负责人取消任职资格两年。

在行政处罚信息公开表中，上海银保监局指出裕信银行上海分行存在六大主要违法违规事实，具体包括：

- 2016 年 1 月至 2018 年 5 月，该分行某员工无指令办理部分账户资金的对外支付业务；
- 2016 年 1 月至 2018 年 5 月，该分行未完整准确记录部分资金划付交易信息；
- 2016 年 1 月至 2018 年 5 月，该分行对部分账户资金划付交易未进行有效对账；
- 2016 年 1 月至 2018 年 5 月，该分行对个别不相容岗位未实施分离措施；
- 该分行信息科技外包管理严重违反审慎经营规则；
- 该分行案件防控和员工行为管理严重违反审慎经营规则。

裕信银行上海分行这样的岗位设置虽然能够节省公司的人力成本，但是也让韩某自身形成了一个封闭的循环系统，让她能够在 3 年多的时间里，挪用资金高达 1.1 亿元而不被发现。由此可见，裕信银行上海分行内部控制、风险管理缺位，合规、内审等部门未能有效发挥监督制约和预防保护作用，案件防控工作有效性严重不足。

资料来源：https：//www.sohu.com/a/325830438_632979? scm = 1002.0.0.0 - 0；https：//www.sohu.com/a/660473055_121124217。

任务二　预算与运营分析控制

一、预算控制

（一）全面预算和预算控制

1. 全面预算

全面预算是指企业对一定期间的经营活动、投资活动、财务活动等做出的预算安排，是一种全方位、全过程、全员参与编制与实施的预算管理模式。全面预算综合了计划、协调、控制、激励、评价等多项管理功能，是整合和优化配置企业资源，提升企业运行效率，促进实现企业发展战略的重要途径。

全面预算是由经营预算（也称业务预算）、资本预算与财务预算等一系列预算组成的相互衔接和勾稽的综合预算体系，如图 4-2 所示。

其中，经营预算是明确企业日常生产经营业务的预算，属于短期预算，包括采购预算、销售预算、生产预算等。资本预算是对企业投资和筹资业务的预算，属于长期预算，是公司对将要进行的长期工程和将要引进的固定资产等的投资和筹资计划，如研究与开发预算、固定资产投资预算、银行借款预算等。财务预算反映企业计划期内预算现金收支、经营成果和总体的财务状况，是企业的综合性预算，包括资产负债表预算、利润表预算和现金流量预算。

2. 预算控制

《企业内部控制基本规范》第三十三条规定："预算控制要求企业实施全面预算管理制度，明确

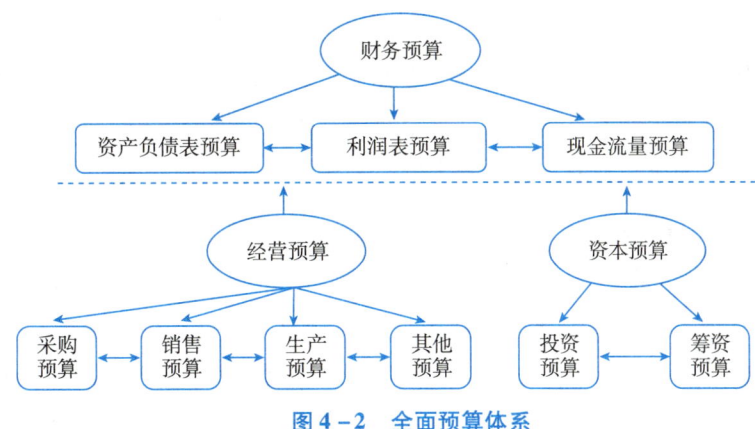

图 4-2 全面预算体系

各责任单位在预算管理中的职责权限，规范预算的编制、审定、下达和执行程序，强化预算约束。"

预算控制作为管理控制系统的一种模式，是确保战略目标最终实现的一种有效机制。通过预算控制，企业可以规范组织的目标和经济行为，调整与修正管理行为与目标的偏差，保证各级目标、策略、政策和规划的实现。

（二）全面预算的作用

有效的全面预算具有以下四个主要作用。

1. 是企业实施内部控制、防范风险的重要手段与措施

全面预算的本质是企业内部管理控制的一项工具，全面预算的制定和实施过程，就是企业不断用量化的工具，使自身所处的经营环境与拥有的资源和企业的发展目标保持动态平衡的过程，也是企业在此过程中对所面临的各种风险的识别、预测、评估与控制的过程。因此，《企业内部控制基本规范》将预算控制列为重要的控制活动和风险控制措施，并专门制定了《企业内部控制应用指引第 15 号——全面预算》，旨在引导和规范企业加强全面预算管理各环节的风险管控。

2. 是企业实现发展战略和年度经营目标的有效方法和工具

"三分战略、七分执行"，企业战略制定得再好，如果得不到有效实施，终不能实现企业的最终目标，甚至可能因实际运营背离战略目标而导致经营失败。通过实施全面预算，将根据发展战略制定的年度经营目标进行细化、分解、落实，可以使企业的长期战略规划和年度具体行动方案紧密结合，从而实现"化战略为行动"，确保企业发展目标的实现。《企业内部控制应用指引第 2 号——发展战略》中明确规定，企业应当编制全面预算。

3. 有利于企业优化资源配置、提高经济效益

全面预算是为数不多的能够将企业的资金流、实物流、业务流、信息流、人力流等相整合的管理控制方法之一。全面预算以经营目标为起点，以提高投入产出比为目的，其编制和执行的过程就是将企业有限的资源加以整合，协调分配到能够提高企业经营效率效果的业务、活动、环节中去，从而实现企业资源的优化配置，增强资源的价值创造能力，提高企业经济效益的过程。

4. 有利于实现制约和激励

全面预算可以将企业各层级之间、各部门之间、各责任单位之间等内部权、责、利关系予以规范化、明细化、具体化、可度量化，从而实现出资者对经营者的有效制约，以及经营者对企业经营

活动和员工的有效计划、控制和管理。通过全面预算的编制，企业可以规范内部各利益主体对企业具体的约定投入、约定效果及相应的约定利益；通过全面预算的执行及监控，可以真实反馈内部各利益主体的实际投入及其对企业的影响；通过对全面预算执行结果的考核，可以检查契约的履行情况并实施相应的奖惩，从而调动和激励员工的积极性，最终实现企业目标。

（三）全面预算的实施主体

《企业内部控制应用指引第 15 号——全面预算》第四条指出，"企业应当加强全面预算工作的组织领导，明确预算管理体制以及各预算执行单位的职责权限、授权批准程序和工作协调机制"。企业设置全面预算管理体制，应遵循合法科学、高效有力、经济适度、全面系统、权责明确等基本原则。其实施主体一般分为预算管理决策机构、预算管理日常工作机构和预算执行单位三个层次，如图 4-3 所示。

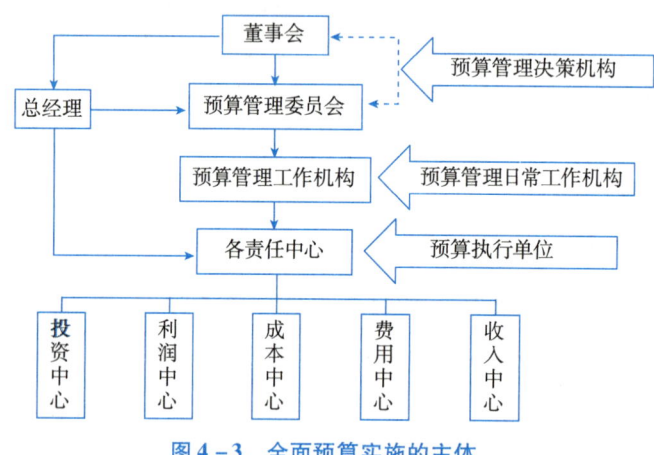

图 4-3 全面预算实施的主体

1. 决策机构——预算管理委员会

预算管理委员会主要负责拟定预算目标和预算政策，制定预算管理的具体措施和办法，组织编制、平衡预算草案，下达经批准的预算，协调解决预算编制和执行中的问题，考核预算执行情况，督促完成预算目标。预算管理委员会成员由企业负责人及内部相关部门负责人组成，总会计师或分管会计工作的负责人应当协助企业负责人负责企业全面预算管理工作的组织领导。

2. 工作机构——预算管理工作机构

预算管理工作机构履行预算管理委员会的日常管理职责，加强与各预算执行单位的沟通，运用财务信息和其他相关资料监控预算执行情况，采用恰当方式及时向决策机构和各预算执行单位报告、反馈预算执行进度、执行差异及其对预算目标的影响，促进企业全面预算目标的实现。预算管理工作机构一般设在财会部门，其主任一般由总会计师（或财务总监、分管财会工作的副总经理）兼任，工作人员除财务部门人员外，还应有计划、人力资源、生产、销售、研发等业务部门人员参加。

3. 执行单位——各责任中心

各责任中心既是预算的执行者，又是预算执行的监控者，各责任中心在各自职权范围内以预算指标作为生产经营行为的标准，同预算指标比较，进行自我分析，并上报上级管理人员以便采取相应措施。企业内部预算责任单位的划分应当遵循分级分层、权责利相结合、责任可控、目标一致的原则，并与企业的组织机构设置相适应。

（四）全面预算的流程

全面预算流程主要包括预算编制、预算执行和预算考核三个阶段，如图4-4所示。

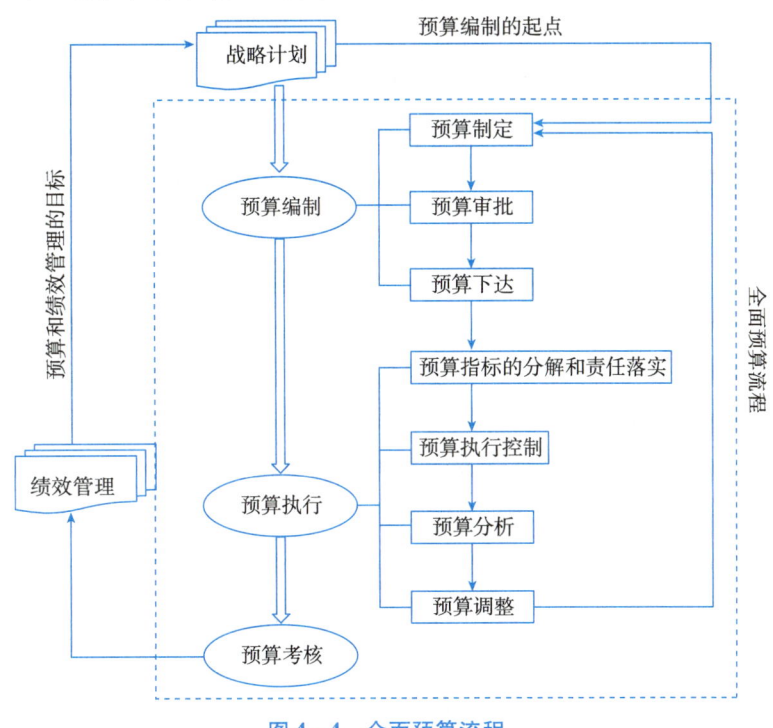

图4-4 全面预算流程

1. 预算编制

预算编制主要由预算制定、预算审批和预算下达三个方面构成。

预算编制是企业预算总目标的具体落实以及将其分解为责任目标并下达给预算执行者的过程。预算编制是预算控制循环的一个重要环节，预算编制质量的高低直接影响预算执行的结果，也影响对预算执行者的绩效考评。因此，预算制定应根据企业实际需要选用合理的方法进行。

预算审批，是指企业全面预算应该按照《中华人民共和国公司法》等相关法律、法规及企业章程的规定提交董事会或股东大会审议批准。

预算下达，是指企业全面预算经过审议批准后应及时以文件形式下达执行。

企业在预算编制环节应当关注以下风险：不编制预算或预算不健全，可能导致企业经营缺乏约束或盲目经营；预算目标不合理、编制不科学，可能导致企业资源浪费或发展战略难以实现。

预算编制阶段的关键控制点及控制措施有以下四点。

（1）企业应当建立和完善预算编制工作制度，明确编制依据、编制程序、编制方法等内容，确保预算编制依据合理、程序适当、方法科学，避免预算指标过高或过低。全面预算草案的编制工作应当在预算年度开始前完成。

（2）企业应当根据发展战略和年度生产经营计划，综合考虑预算期内经济政策、市场环境等因素，按照上下结合、分级编制、逐级汇总的程序，编制年度全面预算。

（3）企业预算管理委员会应当对预算管理工作机构在综合平衡基础上提交的预算草案进行研究论证，从企业发展全局角度提出建议，形成全面预算草案，并提交董事会。

（4）企业董事会审核全面预算草案，应当重点关注预算的科学性和可行性，确保全面预算与企业发展战略、年度生产经营计划相协调。

2. 预算执行

预算执行是全面预算的核心环节，是预算的具体实施，也是决定预算目标能否实现的关键。预算执行主要包括预算指标的分解和责任落实、预算执行控制、预算分析、预算调整四部分。

全面预算审批下达后，企业管理层要通过签订预算责任书的方式将预算指标层层分解、细化，从横向和纵向两个方面将预算指标落实到企业内部各预算执行部门，形成全方位的预算执行责任体系。而在整个预算期内，企业的各项经济活动都要以全面预算为基本依据，确保全面预算的贯彻执行，形成以全面预算为轴心的企业经济活动运行机制，预算执行控制就是按照一定的程序和方法，确保企业及各预算执行部门落实全面预算，实现预算目标的过程。若在预算执行过程中，发现预算指标或预算内容与实际情况大相径庭，则需按照规定的程序对现行预算进行修改和完善。

企业在预算执行环节应当关注以下风险：预算缺乏刚性、执行不力，可能导致预算管理流于形式。

预算执行阶段的关键控制点及控制措施有以下几个方面。

（1）企业应当加强对预算执行的管理，明确预算指标分解方式、预算执行审批权限和要求、预算执行情况报告等，落实预算执行责任制，确保预算刚性，严格预算执行。

（2）企业全面预算一经批准下达，各执行单位应当认真组织实施，将预算指标层层分解，从横向和纵向落实到内部各部门、各环节和各岗位，形成全方位的预算执行责任体系。

（3）企业应当根据全面预算管理要求，组织各项生产经营活动和投融资活动，严格预算执行和控制。

（4）企业预算管理工作机构应当加强与各预算执行单位的沟通，运用财务信息和其他相关资料监控预算执行情况。

（5）企业预算管理工作机构和各预算执行单位应当建立预算执行情况分析制度。

（6）企业批准下达的预算应当保持稳定，不得随意调整。由于市场环境、国家政策或不可抗力等客观因素，导致预算执行发生重大差异确需调整预算的，应当履行严格的审批程序。

3. 预算考核

预算考核是对企业全面预算管理实施过程和实施效果进行的考核和评价，既包括对企业全面预算管理活动实施效果的全面考评，也包括对预算执行部门和预算责任人的考核与绩效评价。预算考核要求对比预算实际执行情况与预算目标，得出两者的差异并对原因进行分析，具体包括伴随日常生产经营过程的动态考评和期末综合考评两个层次。

企业在预算考核环节应当关注以下风险：预算考核不严，可能导致预算管理流于形式。

预算考核阶段的关键控制点及控制措施有以下三点。

（1）企业应当建立严格的预算执行考核制度，对各预算执行单位和个人进行考核，切实做到有奖有惩、奖惩分明。

（2）企业预算管理委员会应当定期组织预算执行情况考核，将各预算执行单位负责人签字上报的预算执行报告和已掌握的动态监控信息进行核对，确认各执行单位预算完成情况。必要时，实行预算执行情况内部审计制度。

（3）企业预算执行情况考核工作，应当坚持公开、公平、公正的原则，考核过程及结果应有完整的记录。

二、运营分析控制

（一）运营分析控制的定义

运营分析是指以统计报表、会计核算、管理信息、计划指标和相关资料为依据，运用科学的分析方法对一段时期内的经营管理活动情况进行系统的分析研究，旨在真实地了解经营情况，发现和解决经营过程中的问题，并按照客观规律指导和控制企业经营活动。

《企业内部控制基本规范》第三十四条规定："运营分析控制要求企业建立运营情况分析制度，经理层应当综合运用生产、购销、投资、筹资、财务等方面的信息，通过因素分析、对比分析、趋势分析等方法，定期开展运营情况分析，发现存在的问题，及时查明原因并加以改进。"

（二）运营分析控制的流程

运营分析控制的流程一般包括以下四个阶段。

（1）数据收集。企业各职能部门应根据本部门运营分析的目的，确定分析对象，收集相关数据。一方面在履行本部门职责过程中应注意相关数据的收集与积累，另一方面可以通过外部各种渠道（如网络媒体、行业协会、中介机构、监管部门等）广泛收集各种数据。

（2）数据处理。数据是血液、是资产，但也可能是垃圾。也就是说，不是所有的数据都能够产生有用的信息。企业各职能部门只有对数据进行有效的清理与筛选，即消除噪声和删除不合格的数据，数据才能变成有用的信息。

（3）数据分析。企业各职能部门围绕本部门运营分析的目的采用各种分析方法（包括比较分析法、比率分析法、趋势分析法、因素分析法、综合分析法等）对处理后的数据进行分析，充分挖掘数据背后所隐藏的原因或规律，并对未来经营做出预测。

（4）结果运用。在数据分析结果的基础上形成总结性结论，并提出相应的建议，从而对发展趋势、策略规划、前景预测等提供重要的分析指导，为企业的效益分析、业务拓展提供有力的保障。

（三）运营分析控制的方法

1. 比较分析法

比较分析法是运营分析最基本的方法，有纵向比较法和横向比较法。纵向比较公司历史数据，可以知道公司某一方面的变动情况；横向与同行业其他上市公司比较，可以衡量公司在同行业中的竞争力和地位。

2. 比率分析法

比率分析法是利用两个或若干相关数据之间的某种关联关系，运用相对数形式来考察、计量和评价，借以评价企业运营状况的一种分析方法。

3. 趋势分析法

趋势分析法是根据企业连续若干会计期间（至少 3 期）的分析资料，运用指数或动态比率的计算，比较与研究不同会计期间相关项目的变动情况和发展趋势的一种财务分析方法，也叫动态分析法。

4. 因素分析法

因素分析法是通过分析影响重要指标的各项因素，计算其对指标的影响程度，来说明指标前后期发生变动或产生差异的主要原因的一种分析方法。因素分析法按分析特点可以分为连环替代法和差额计算法两种。

5. 综合分析法

综合分析法，是指将反映企业运营各个方面的指标纳入一个有机的整体之中，以系统、全面、综合地对企业运营状况进行分析与评价。目前在实践工作当中应用比较广泛的综合分析体系包括杜邦财务分析体系、可持续增长率分析体系、EVA 价值树分析体系等。

案 例

藏格矿业全面预算管理制度（节选）

第一章 总则

第一条 为推动藏格矿业股份有限公司（以下简称公司）建立全面预算管理体系，提升预算管理水平，强化内部控制，防范经营风险，实现经营目标，根据公司的实际情况，制定本管理制度。

第二条 本制度适用于公司及下属子公司的一切生产经营活动，全部纳入全面预算管理，做到全员参与，全面覆盖，并进行事前预算、事中控制和事后分析相结合的全程监控。

第三条 本制度中所称全面预算是指在科学预测和决策的基础上制定的，以货币及其他数量形式反映的公司在未来一定期间内全部经营活动各项目标的行动计划和相应措施的数量说明。全面预算包括经营预算、资本预算、资金预算和财务预算。

第四条 全面预算管理贯穿于公司及下属子公司经营管理活动的各个环节，是提升公司整体绩效和管理水平的重要途径，包括下列主要任务：

（一）推进战略目标管理，让战略落地，实现长期规划和短期计划相结合；

（二）为绩效考核提供制度依据；

（三）强化事中控制与成本监控；

（四）加强公司内部信息沟通，使下属公司和各部门的目标与活动一致；

（五）促进资源优化配置。

第五条 根据公司的实际经营条件和管理特点，全面预算采取以成本控制为核心的全面预算管理模式，以销定产，以产促销，提升内部管理水平和核心竞争力，以保证最大限度地实现公司经营目标。

…………

第五章　全面预算的编制

第十八条　预算编制程序

（一）预算编制遵循上下结合的编制原则。

（二）各预算责任单位根据全面预算管理委员会下达的年度预算目标和编制方针，编制本单位预算方案初稿。

（三）责任单位编制完成预算表后，将有归口管理的预算表递交相应归口管理部门进行汇总、审核，除此之外上交全面预算管理办公室进行审核。归口管理部门汇总并审核后，应提出调整意见，并测算金额，及时上报至全面预算管理办公室。

（四）全面预算管理办公室对各归口管理部门提交的预算进行汇总，审核预算初稿，平衡后发还相关部门进行预算方案修正。

（五）全面预算管理办公室汇总后提交全面预算管理委员会审核平衡，审核不通过发还相关部门进行预算方案修正；审核通过后向董事会提交年度预算草案。

（六）董事会审议全面预算管理委员会提交的预算草案，审议通过后最终确定年度预算，正式下达。

全面预算编制时间：

10月上中旬：全面预算管理委员会向董事会提交下年度预算草案。

10月下旬：董事会依据全面预算管理委员会提交的预算草案，确定并下达下一年度经营目标。全面预算管理委员会根据董事会审批下达的年度经营目标，确定公司的预算目标，以及当年预算编制政策、方法和程序，并下发到公司及下属子公司。

11月上旬：公司及下属子公司结合往年数据及下年目标，将全面预算管理委员会下发的预算指标分解至各部门。各责任单位按照本公司年度预算目标及下达的预算编制政策、方法和程序，编制年度工作计划、各项预算等报送全面预算管理办公室。

11月上旬—11月中旬：各责任单位将编制完成的预算中有归口管理的预算及时上报相应归口管理部门进行汇总审核，除此之外其他预算表直接上报全面预算管理办公室。归口管理部门审核后，应将预算表及时上交全面预算管理办公室。全面预算管理办公室对责任单位和归口管理部门报送的预算进行汇总，并据以编制财务预算，编制完成后及时进行平衡、审核，形成本公司全面预算草案。全面预算管理办公室需要列明预算草案与规划目标的差异，随同预算编制说明报全面预算管理委员会。全面预算管理委员会召开会议，针对各责任单位提交的预算草案和规划目标的差异进行磋商、协调修正预算草案，提出修订意见，下达至各责任单位。

11月下旬：各责任单位按照全面预算管理委员会的修订意见调整预算，再次报送全面预算管理办公室。

12月上旬：全面预算管理办公室再次汇总各责任单位调整后的预算，试算平衡并相应调整全面预算后，随同修订说明上报全面预算管理委员会。

12月中旬：全面预算管理委员会根据公司年度经营目标对预算方案进行审查，通过后报董事会。

次年年初：董事会对预算方案进行审议，批准后以董事会决议形式下达给各责任单位。

第十九条　预算编制依据

（一）预算编制以销售预测为起点。

（二）经营预算应以销售预算为基础。相关责任单位在编制销售预算时应考虑以下因素：前三年度的销售规模和销售渠道、在常规经济条件下的销售规模、市场推广策略、竞争情况、季节性因素、稳定合同及潜在合同的进展情况等因素。相关责任单位按照业务特点，区分地区、客户、产品类型等进行销售预测。

（三）资本预算应在公司经营目标和预算目标基础上进行编制。资本预算是在项目资本预算基础上，单独反映资本项目对年度经营的影响而形成的预算。相关责任单位根据项目资本预算编制年度资本预算。

（四）资金预算应在经营预算和资本预算的基础上进行编制。根据各责任单位编制的经营预算和资本预算，全面预算管理办公室负责编制汇总经营预算和汇总资本预算，在此基础上，由财务管理部编制资金预算。

（五）财务预算应在经营预算、资本预算和资金预算基础上进行编制。根据各责任单位编制的经营预算、资本预算和资金预算，全面预算管理办公室负责编制汇总经营预算、汇总资本预算和资金预算，在此基础上，由财务管理部编制财务预算。

第二十条　预算编制方法按照预算项目与作业活动关系的紧密程度，对于不同预算项目，采用不同的编制方法。

（一）零基预算就是一切以"零"为起点，对每项费用开支的大小及必要性进行认真反复分析、权衡，并进行评定分级，据以判定其开支的合理性和优先顺序，并根据生产经营的客观需要与一定期间内资金供应的实际可能，在预算中对各个项目进行择优安排，从而提高资金的使用效益，节约费用开支。

（二）固定预算一般是指成本费用基本不随业务量变化而变化的预算，采用固定预算编制方法的主要是工作量或作业单价都不能准确判断，只能根据以前年度发生数进行预估的成本费用。

（三）弹性预算是指在按照成本、费用习性分类的基础上，根据量、本、利之间的依存关系编制的预算，一般适用于与预算执行单位业务量有关的成本、费用、利润等预算项目。根据可预见的不同业务活动水平，分别规定相应目标和任务的预算。

（四）滚动预算又称"连续预算"，是一种经常稳定保持一定期限（如一年）的预算。滚动预算可以按月，也可以按季度滚动编制。凡预算执行过一个月后，即根据前一月的经营成果结合执行中发生的变化等新信息，对剩余十一个月加以修订，并自动后续一个月，重新编制新一年的预算，从而使总预算经常保持十二个月的预算期。

第六章　全面预算的执行与控制

第二十一条　全面预算的执行

（一）各责任单位是全面预算的执行机构；

（二）责任单位各部门的部长或主任是责任单位预算执行的直接负责人；

（三）分管领导对其负责的责任单位的预算执行负有主要责任；

（四）下属子公司的总经理对整个公司的预算执行负最终责任；

（五）财务管理部负责对各责任单位的预算执行情况进行监督。

第二十二条　全面预算的控制

（一）财务管理部对各单位发生的经济业务及时进行记账，及时汇总各责任单位的预算执行情况。

（二）费用预算剩余可以跨月转入使用，但不能跨年度使用。

（三）成本、费用如遇预算控制不善确需突破时，必须由责任单位提出书面申请，说明原因，并制定预算控制方案。预算控制方案经财务管理部审核、总经理审批后，按超预算程序办理，相应支出纳入预算外支出。

（四）预算内资金控制

预算内资金是指经董事会审批通过后下达的正式预算，包括预算调整后的资金。预算内支出，按照相关财务管理制度规定的审批流程办理。

（五）预算外资金控制

预算外资金是指由于责任单位预算控制不善或计划性不强等自身管理原因造成的，导致需要突破预算的资金，不包括预算调整的资金。预算外资金申请，须由责任单位根据业务的实际需要填写申请，该申请应该包括使用目的、使用的责任单位和责任人、使用目标、使用方式等内容，公司内预算外资金需按超预算程序办理。该申请经全面预算管理办公室会议审批通过后报总经理审批，经总经理审批通过后执行。同时，该责任单位的预算外资金需备案。全面预算管理办公室在各责任单位预算外资金的当期及后期的预算表中做出清晰的标志，预算外资金使用的考核按照申请中明确的使用目标单独进行。

第七章　全面预算的反馈与分析

第二十三条　全面预算执行信息反馈

（一）预算执行过程中，各责任单位要及时检查、追踪预算的执行情况，以全面预算业绩报告和差异分析报告等书面报告的形式，全面系统地报告每个责任单位及整个公司预算执行的进度和结果。全面预算管理办公室根据自己的记录与各责任单位的反馈报告形成总预算执行分析报告，在季度预算例会上对本季预算执行情况进行沟通，并及时解决执行过程中出现的问题。

（二）预算信息反馈的方式

1. 定期书面报告包括全面预算业绩报告和差异分析报告。业绩报告同预算编制表格一一对应，即对于各责任单位编制的每项预算，都向全面预算管理办公室提供相应实际经营情况与预算对比情况的书面报告。差异分析报告是对业绩报告的补充，只对发生重大差异的项目进行分析和报告。由全面预算管理办公室要求产生重大差异的责任单位完成差异分析报告。

2. 为保证预算目标的顺利实现，全面预算管理委员会在季度召开预算例会，对照业绩报告和差异分析报告及时总结预算执行情况，提出改进措施，并对今后预算工作做好部署。

第二十四条　全面预算的分析

（一）全面预算差异分析的周期

各责任单位每月制定差异分析报告，并召开月度预算例会，审议和讨论预算的执行情况；同时，各责任单位应将月度差异分析报告提交全面预算管理办公室备案。

（二）负责差异分析的责任单位

1. 责任单位每月记录本部门全面预算执行情况，找出问题，分析本部门差异产生原因，提出改进建议；落实由本部门负责的改进措施。

2. 全面预算管理办公室汇总各责任单位的差异分析报告，并加以综合分析，每季出具公司总的全面预算差异分析报告，确认导致差异的原因；确认应对差异负责的责任单位，提出处理意见，并上报全面预算管理委员会。

3. 全面预算管理委员会每季召开公司季度预算例会，通报预算执行情况，研究解决预算执行中存在的问题，讨论各责任单位提交的重大差异分析报告；对全面预算管理办公室确定的预算执行差异原因进行审议，提出处理意见和改进措施。

（三）全面预算差异分析程序

1. 每季末次月 5 日前，由全面预算管理办公室向责任单位提交业绩报告；

2. 各责任单位根据业绩报告中标注的重大差异进行解释和分析，形成部门差异分析报告，并于每季末次月 10 日前提交全面预算管理办公室；

3. 全面预算管理办公室汇总各责任单位差异分析报告，并制定公司整体差异分析报告，于每季末次月 13 日前提交全面预算管理委员会审批；

4. 每季末次月 15 日前，全面预算管理委员会召开季度预算例会，对上一季度各责任单位的全面预算目标完成情况进行分析、评价，为全面预算管理委员会对全面预算的执行进行动态控制提供依据；

5. 每年 10 月初，全面预算管理办公室组织各预算责任单位根据年内预算分析的结果，提出下年预算编制、执行的改进措施，以提高预算编制、执行的质量；

6. 各预算责任单位根据改进措施执行预算相关工作。

第八章 全面预算的调整

第二十五条 全面预算调整的原则

（一）全面预算一经批准，不得随意更改与调整。

（二）当内外部环境向着劣势方向变化、影响预算的执行时，应首先挖掘与预算目标相关的其他因素的潜力，或采取其他措施来弥补。只有在无法弥补的情况下，才能提出预算调整申请。

（三）当内外部环境向着有利方向变化，而且具备中长期的稳定趋势，有明确证据表明经营预算目标可加以提高，公司内部应积极主动提出调整申请，或董事会在与经营管理层进行协商一致后，提出调整申请。

第二十六条 全面预算调整的分类

（一）预算一般性调整是指各责任单位为完成年度预算目标，在预算执行过程中，以原来的预算为基础，结合预算执行进度和外部环境的变化，在不影响年度预算目标的前提下，对预算执行进度或个别预算项目进行调整。

（二）预算的重大性调整也可称为预算修正，是指在预算执行过程中，因预算制定时无法预见的重大外部环境改变或发生重大业务调整，按照实际情况的变化对年度预算目标进行修正。

全面预算是公司年度经营的重要依据，应保持一定的稳定性，原则上，年度预算目标不允许修改，只有当外部环境发生重大变化，或公司战略决策发生重大调整时，才能考虑进行预算修正（预算重大性调整）。具体条件如下：

1. 董事会调整公司发展战略，重新制订公司经营计划；

2. 市场形势发生重大变化，需要调整相应预算；

3. 国家政策发生重大变化；

4. 生产条件发生重大变化；

5. 外部市场环境发生重大变化；

6. 发生不可抗力的事件；

7. 其他造成预算调整的客观原因。

第二十七条 全面预算调整权限

（一）全面预算的调整权限属于全面预算管理委员会；

（二）董事会对涉及年度经营目标的调整具有决定权；

（三）全面预算管理委员会在保证公司年度经营总目标不变的情况下，对月度预算、季度预算及年度预算项目的内部结构调整具有决定权。

第二十八条 全面预算调整方式

（一）由上而下的全面预算调整

当内外部环境发生变化，而且具备中长期的稳定趋势，有明确证据表明预算目标和现时情形差异重大时，董事会在与各责任单位负责人协商一致后，可以在预算年度内进行公司经营目标的调整，同时下达全面预算调整要求，并最终确认全面预算调整方案。

（二）由下而上的全面预算调整

在预算执行过程中，当内外部环境发生明显变化，且符合上述预算调整条件时，全面预算管理办公室可以向全面预算管理委员会提出预算调整申请。

（三）全面预算调整申请包括的内容

1. 导致无法实现全面预算的原因，并附相关文件（如市场价格变动情况说明、相关政策变化情况说明、变更后的经营计划、公司下达追加或缩减任务、项目可行性建议书等）；

2. 已经采取的其他弥补措施和效果；

3. 调整内容；

4. 调整后的预算方案。

（四）全面预算调整的审批程序

1. 预算责任单位编制调整申请；

2. 财务管理部审核提交上来的调整申请，调整编制公司财务预算；

3. 全面预算管理委员会对调整申请和调整后的预算进行审核；

4. 董事会审议调整后的预算，通过后批准执行；

5. 财务管理部根据批准后的调整申请，对公司财务预算进行调整；

6. 各责任单位按调整后的预算方案继续执行。

……

资料来源：http://www.szse.cn/disclosure/listed/bulletinDetail/index.html？4d33fcde－b319－495c－bb69－7a88cfa6e1dd。

任务三　会计系统与财产保护控制

一、会计系统控制

（一）会计系统控制的定义

会计系统是指企业为了汇总、分析、分类、记录、报告公司交易等而建立的方法和记录的工作系统，对内向管理层提供经营管理的信息，对外向投资者、债权人等提供相关的决策信息。

会计系统控制是指利用记账、核对、岗位职责落实和职责分离、档案管理、工作交接程序等会计控制方法，确保企业会计信息真实、准确、完整。我国《企业内部控制基本规范》第三十一条规定，"会计系统控制要求企业严格执行国家统一的会计准则制度，加强会计基础工作，明确会计凭证、会计账簿和财务会计报告的处理程序，保证会计资料真实完整"。

（二）会计系统控制的方法

1. 会计凭证控制

会计凭证控制是指在填制或取得会计凭证时实施的相应控制措施，包括原始凭证与记账凭证的控制。会计凭证控制的内容主要包括：①严格审查。对取得的原始凭证要严格审查其真实性、准确性和完整性，对不符合要求的原始凭证予以退回。②设计科学的凭证格式和会计科目。凭证格式应当符合规定要求，便于核算与控制，做到内容及项目齐全，能够完整地反映业务活动的全貌；会计科目的设置应符合会计准则的规定，保证会计信息的可理解性和可比性。③连续编号。对记载经济业务的凭证按照顺序统一编号，并确保每项经济业务入账及时、准确、合理、合法、合规。④规定合理的凭证传递程序。各个部门应当按照规定的程序在规定期限内传递流转凭证，确保经济业务得到及时的反映和正确的核算。⑤明确凭证装订与保管手续。凭证传递完毕，各个部门有关人员应当按照顺序，妥善保管，定期整理归档，按照规定存放保管，以备日后查验。

2. 会计账簿控制

会计账簿控制是指在设置、启用及登记会计账簿时实施的相应控制措施。其具体内容包括：①按照规定设置会计账簿。②启用会计账簿时要填写"启用表"。③会计凭证必须经过审核无误后才能够登记入账。④对会计账簿中的账页连续编号。⑤会计账簿应当按照规定的方法和程序登记并进行错误更正。⑥按照规定的方法与时间结账。

3. 财务报告控制

财务报告控制是指在编报财会报告时实施的相应控制措施。其具体内容包括：①按照规定的方法与时间编制及报送财务报告。②编制的会计报表必须由单位负责人、总会计师以及会计主管人员审阅、签名并盖章。③对报送给各有关部门的会计报表要装订成册、加盖公章等。

4. 会计复核控制

会计复核控制是指对各项经济业务记录采用复查核对的方法进行的控制，其目的是避免发生差错和舞弊，保证财务会计信息的准确与可靠，及时发现并改正会计记录中的错误，做到证、账、表记录相符。会计复核控制的内容主要包括：①凭证之间的复核。②凭证与账簿之间、账簿与报表之间以及账簿之间的复核。

会计复核工作应由具有一定会计专业知识、熟悉业务、责任心强、坚持原则的人员担任。复核人员必须对会计凭证、会计账簿、财务会计报表和所附单据进行认真审查、逐笔复核，复核过的凭证及账表应加盖人名章。未经复核人员复核的，出纳人员不得对外付款，会计人员不得对外签发单据或上报报表。

（三）会计系统控制的内容

1. 会计准则和会计制度的选择

企业管理层应当依据企业具体情况选择适用的会计准则和相关会计制度。例如根据规模和行业性质，分别采用《企业会计准则》《企业会计制度》《小企业会计准则》等。

2. 会计政策选择

企业的会计政策是指企业在会计确认、计量和报告中采用的原则、基础和会计处理方法。企业管理层应当以真实、公允地反映企业状况为标准来选择适当的会计政策，变更会计政策时要有合理的变更原因。

3. 会计估计确定

会计估计是指企业对其结果不确定的交易和事项以最近可利用的信息为基础所做出的判断。企业管理层需要依据企业的真实情况，做出合理的会计估计。若资产和负债的当前状况及预期未来经济利益和义务发生了变化，则会计估计也需要做出相应改变。

4. 文件和凭证控制

企业应当对经济业务文件进行记录并且相关的凭证需要连续编号，避免业务记录的重复或遗漏，同时便于业务查询，并在一定程度上防范舞弊行为的发生。例如，企业对产品出入库单预先编号，这样可以有效控制产品的流动，不会出现产品的无故短缺。

5. 会计档案保管控制

会计档案是指会计凭证、会计账簿和财务报表等会计核算专业资料，是记录和反映企业经济业务的重要历史资料和证据。企业应当严格按照《会计法》《会计档案管理办法》等规定对企业的电子会计档案和纸质会计档案进行妥善保管，采取可靠的安全防护技术和措施，保证会计档案的真实、完整、可用、安全。

6. 组织和人员控制

企业应当依法设置会计机构，配备会计从业人员。从事会计工作的人员必须取得会计从业资格证书。会计机构负责人应当具备会计师以上专业技术职务资格。国有大中型企业应当设置总会计师。设置总会计师的企业不得设置与其职权重叠的副职。

7. 建立会计岗位制度

企业应根据自身规模大小、业务量多少等具体情况设置会计岗位。一般大中型企业可设置会计主管、出纳、流动资产核算、固定资产核算、投资核算、存货核算、工资核算、成本核算、利润核算、往来核算、总账报表、稽核、综合分析等岗位。小型企业因业务量较少，应适当合并或减少部

分岗位,这些岗位可以一人一岗、一人多岗,也可以一岗多人,但应注意不相容职务相分离。

8. 业务流程控制

企业应当采用业务流程图的形式清晰反映其业务流程,使员工能够充分理解企业的业务流程,从而清楚自己在整个业务流程中的地位,并采取适当的工作方式履行自己的岗位责任。

二、财产保护控制

(一) 财产保护控制的定义

财产保护控制是指为确保企业财产物资的安全、完整所采取的方法和措施,以及保护实物资产不被偷盗或未经许可而获得或被使用的措施和程序。

《企业内部控制基本规范》第三十二条规定,"财产保护控制要求企业建立财产日常管理制度和定期清查制度,采取财产记录、实物保管、定期盘点、账实核对等措施,确保财产安全"。这里所述的财产主要包括企业的现金、存货以及固定资产等。

(二) 财产保护控制的措施

1. 财产档案的建立和保管

企业应当建立财产档案,全面、及时地反映企业财产的增减变动,以实现对企业资产的动态记录和管理。企业应妥善保管涉及财产物资的各种文件资料,避免记录受损、被盗、被毁。由计算机处理、记录的文件材料需要有所备份,以防数据丢失。

2. 限制接触和处置

限制接触和处置是指严格限制未经授权的人员对资产的直接接触,只有经过授权批准的人员才能接触或处置资产。

一般情况下,对货币资金、有价证券、存货等变现能力强的资产必须限制无关人员的直接接触。例如,现金和银行存款只有出纳人员可以接触;对外投资、债权债务通常由财务部门配合相关业务部门实施管理;存货通常由仓储部门负责管理;固定资产和无形资产通常由使用单位或专设资产管理部门负责管理。

企业资产的调拨、出售、投资转出、对外捐赠、非货币性资产交换、报废,以及将非经营性资产转为经营性资产等资产处理应当按规定权限审批。对于重大的资产处置,应委托具有资质的中介机构进行资产评估,并经领导班子集体审议或联签后执行。对于非正常的资产毁损、报废或流失,要分析原因、落实责任、及时处理,必要时组织有关部门进行技术鉴定。对于投资转出及进行非货币性资产交换的资产,应由有关部门或人员提出处置申请,对资产价值进行评估并出具资产评估报告,报经审批后执行。涉及产权变更的,应及时办理产权变更手续。

3. 财产清查

财产清查是指定期或不定期地对各项财产物资进行实物盘点和对库存现金、银行存款、债权债务进行清查核对,并将盘点清查的结果与会计记录进行比较。在财产清查过程中,既要核对实物数量,关注相关记录是否相符、账实是否相符,又要关注实物质量,查明是否有毁损、过时、积压等情况。根据财产清查结果及时编制盘点表,形成书面报告;对于盘点清查中发现的问题,应及时查明原因，落实责任，按规定权限报经批准后处理。

4. 财产保险

财产保险是指运用财产投保（如火灾险、盗窃险、责任险等），增加实物资产受损后的补偿程度或机会，从而将意外情况发生、资产受损时给企业带来的影响降到最低，降低企业经营风险，确保资产的安全和保值。企业应通盘考虑资产状况，根据其性质和特征，确定投保范围、投保金额等。对于重大资产项目的投保，应考虑采取招投标方式确定保险人，防范资产投保舞弊；已投保资产发生损失的，应及时调查原因及受损金额，向保险公司办理相关索赔手续。

黑客为何能轻易闯入金融网络

一、基本情况

2003年11月14日，甘肃省破获首例利用邮政储蓄专用网络进行远程金融盗窃的案件。这起发生在定西市一个乡镇的黑客案件，值得多方面关注。

黑客将犯罪的目光瞄准了邮政储蓄，利用网络窃取了83万余元，最终难逃法网……

2003年10月5日13时12分，定西市临洮县太石镇邮政储蓄所的营业电脑一阵黑屏，随即死机。营业员不知何故，急忙将刚刚下班尚未走远的所长叫了回来。所长以为电脑出现了故障，向上级报告之后，没太放在心上。10月17日，电脑在修复重新安装之后，工作人员发现打印出的报表储蓄余额与实际不符。经过对账发现，10月5日13时发生了11笔、总计金额达83.5万元的异地账户虚存（有交易记录但无实际现金）交易。当储蓄所几天之后进一步与开户行联系时，发现存款已经分别于10月6日、10月11日被人从兰州、西安两地取走37.8万元。他们意识到了问题的严重性，于10月28日向临洮县公安局报了案。

临洮县公安局经过初步调查，基本认定这是一起数额巨大的金融盗窃案，随即向定西市公安处汇报。公安处十分重视，立即制订了详细的侦查计划，组成专案组，全力侦查此案并上报甘肃省公安厅。

面对特殊的侦破任务，专案组兵分两路。一方面在甘肃省及定西市邮政局业务领导和计算机专家的协助下，从技术的角度分析黑客作案的手段以及入侵的路径；另一方面，使用传统的刑侦方法，大范围调查取证。

专案组首先对有异常情况的8个活期账户进行了调查，发现都属于假身份证储户。此时技术分析的结果也出来了，经过大量网络数据资料的分析，专案组发现作案人首先以会宁县邮政局的身份登录永登县邮政局系统，然后以永登县邮政局的名义登录临洮县太石镇邮政储蓄所系统。专案组对会宁县邮政局进行了调查，发现该局系统维护人员张少强最近活动异常。暗查发现，其办公桌上有一条电缆线连接在了不远处的邮政储蓄专用网络上。专案组基本确认，张少强是这起金融盗窃案的主谋。11月14日22时，张少强在其住所被专案组抓获。至此，这起远程金融盗窃案告破，83.5万元完璧归赵。

经过审问，张少强交代了全部犯罪事实：10月5日，张少强在会宁利用笔记本电脑侵入邮政储蓄网络后，非法远程登录访问临洮县太石镇邮政储蓄所的计算机，破译对方密码之后进入操作系统，以营业员身份向自己 8 月末预先在兰州利用假身份证开设的 8 个活期账户存入了 11 笔共计 83.5 万元的现金，并在退出系统前删除了营业计算机的打印操作系统，造成机器故障。第二天，他在兰州 10 个储蓄网点提取现金 5.5 万元，并将 30.5 万元再次转存到他所开设的虚假账户上。10 月 11 日，张少强乘车到西安，利用 6 张储蓄卡又提取现金 1.8 万元。

二、案例分析

邮政储蓄所管理存在漏洞，没有加强信息系统控制，工作人员安全意识薄弱，才造成了如此严重的局面。一是一直使用原始密码，不仅没有定期更改，工作人员也没有相互保密，说明工作人员没有安全及保密意识；二是张少强已经突破了数道密码关，直接进入操作系统，盗走 83.5 万元，工作人员已经发现了问题，却以为是内部系统出了故障，根本没有想到是犯罪分子所为，说明其风险意识薄弱。

资料来源：https：//news.sina.com.cn/c/2003-12-08/05551282334s.shtml。

任务四　绩效考评控制

一、绩效考评控制的定义

绩效考评是指运用科学的方法，对企业或其各分支机构一定经营期间内的生产经营状况、资本运营效益、经营业绩等进行定量和定性的考核、分析，并做出客观、公正的综合评价的过程。

《企业内部控制基本规范》第三十五条规定："绩效考评控制要求企业建立和实施绩效考评制度，科学设置考核指标体系，对企业内部各责任单位和全体员工的业绩进行定期考核和客观评价，将考评结果作为确定员工薪酬以及职务晋升、评优、降级、调岗、辞退等的依据。"

二、绩效考评控制的流程

企业进行绩效考评，一般按照制订绩效计划、执行绩效计划、实施绩效评价、编制绩效评价报告的流程进行（见图 4-5）。

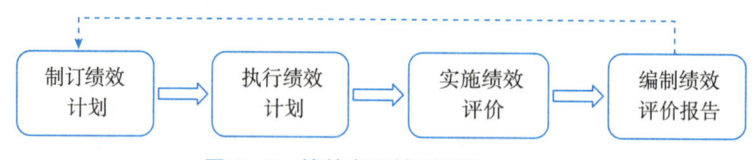

图 4-5　绩效考评控制流程

（一）制订绩效计划

绩效计划是企业开展绩效评价工作的行动方案，包括构建指标体系、分配指标权重、确定绩效目标值、选择计分方法和评价周期、拟定绩效责任书等一系列管理活动。

企业应根据战略目标，综合考虑绩效评价期间宏观经济政策、外部市场环境、内部管理需要等因素，结合业务计划与预算，按照上下结合、分级编制、逐级分解的程序，在沟通反馈的基础上，编制各层级的绩效计划。制订绩效计划通常从企业级开始，层层分解到所属单位（部门），最终落实到具体岗位和员工。

（二）执行绩效计划

审批后的绩效计划应以正式文件的形式下达执行，确保与计划相关的被评价对象能够了解计划的具体内容和要求。绩效计划下达后，各计划执行单位（部门）应认真组织实施，从横向和纵向两个方面落实到各所属单位（部门）、各岗位员工，形成全方位的绩效计划执行责任体系。

在绩效计划执行过程中，企业应建立配套的监督控制机制，及时记录执行情况，进行差异分析与纠偏，持续优化业务流程，确保绩效计划有效执行。

（三）实施绩效评价

绩效管理工作机构应根据计划的执行情况定期实施绩效评价，按照绩效计划的约定，对被评价对象的绩效表现进行系统、全面、公正、客观的评价。

具体的实施流程为：评价主体按照绩效计划收集相关信息，获取被评价对象的绩效指标实际值。对照目标值，应用选定的计分方法计算评价分值，并进一步形成对被评价对象的综合评价结果。绩效评价过程及结果应有完整的记录，结果应得到评价主体和被评价对象的确认，并进行公开发布或非公开告知。

（四）编制绩效评价报告

绩效评价报告是企业管理会计报告的重要组成部分，绩效管理工作机构应定期或根据需要编制绩效评价报告，反映被评价对象的绩效计划完成情况。绩效评价报告通常由报告正文和附件构成，报告正文包括评价情况说明和管理建议，附件包括评价计分表、问卷调查结果分析、专家咨询意见等。

绩效评价报告应确保内容真实、数据可靠、分析客观、结论清楚，为报告使用者提供满足决策需要的信息，并根据需要及时报送薪酬与考核委员会或类似机构审批。企业应定期通过回顾和分析，检查和评估绩效评价的实施效果，不断优化绩效计划，改进未来绩效管理工作。

三、绩效考评控制的方法

目前，人们广泛接受并在实践中普遍应用的绩效考评控制方法主要有三种：关键绩效指标法、经济增加值法和平衡计分卡。

（一）关键绩效指标法

关键绩效指标法是指基于企业战略目标，通过建立关键绩效指标（Key Performance Indicator，KPI）体系，将价值创造活动与战略规划目标有效联系，并据此进行绩效管理的方法。

关键绩效指标主要是指能够对企业绩效产生关键影响力的指标，是通过对企业战略目标、关键成果领域的绩效特征分析，识别和提炼出的最能有效驱动企业价值创造的指标。

关键绩效指标的选取方法主要有关键成果领域分析法、组织功能分解法和工作流程分解法。关键绩效指标的权重分配应以企业战略目标为导向，反映被评价对象对企业价值贡献或支持的程度，以及各指标之间的重要性水平，单项关键绩效指标权重一般设定在5%~30%，对特别重要的指标可适当提高权重。对特别关键、影响企业整体价值的指标可设立"一票否决"制度，即如果某项关键绩效指标未完成,无论其他指标是否完成,均视为未完成绩效目标。

关键绩效指标法的优点:①能够使企业的业绩评价与战略目标密切相关,有利于战略目标的实现;②通过识别的价值创造模式把握关键价值驱动因素,能够更有效地实现企业价值增值目标;③评价指标数量相对较少,易于理解和使用,且实施成本相对较低,有利于推广实施。

关键绩效指标法的缺点:关键绩效指标的选取需要透彻理解企业的价值创造模式和战略目标,有效识别核心业务流程和关键价值驱动因素,若指标体系设计不当将导致错误的价值导向或管理缺失。

(二) 经济增加值法

经济增加值(Economic Value Added,EVA)法是经济基础绩效考评模式的典型代表,其思想起源于经济利润的理念。

EVA法的最大优点就是不仅考虑了债务成本,而且考虑了股东权益资本成本。此外,与净利润不同,EVA指标的设计着眼于企业的长期发展,而不是短期行为,因此,应用该指标能够鼓励经营者做出能给企业带来长远利益的投资决策,如新产品的研究和开发、人力资源的建设等。而且,应用EVA法能够建立有效的报酬激励系统,将管理者的报酬与衡量企业业绩的EVA指标相挂钩,正确引导管理者的努力方向,促使管理者充分关注企业的资本增值和长期经济效益。

EVA法的局限性在于:①由于EVA评价系统所选择的评价指标是唯一的(EVA指标),评价主体往往只关心管理者决策的结果,而无法了解驱动决策结果的过程因素,结果造成EVA评价系统只能为战略制定提供支持性信息,而难以为战略的实施提供控制性信息;②EVA指标的计算十分复杂,为了消除会计失真的影响,从而更加真实地反映一家企业的业绩,在利用会计信息计算EVA指标时,应尽量对其进行调整,EVA的会计调整与资本成本的计算增加了EVA计算的复杂程度,从而对EVA法的应用造成了一定的负面影响;③EVA的概念与方法由美国的思腾思特公司率先提出,某些方面与中国企业的实际状况不符,因此,要想使EVA法真正发挥作用,需根据我国的实际状况对EVA法进行调整。

(三) 平衡计分卡

平衡计分卡(Balanced Score Card,BSC)是指基于企业战略,从财务、客户、内部运营、学习与成长四个维度,将战略目标逐层分解转化为具体的、相互平衡的绩效指标体系,并据此进行绩效管理的方法。其最重要的特点是结合公司的战略和愿景,反映平衡的思想,强调短期目标与长期目标间的平衡、内部因素与外部因素间的平衡,也强调结果的驱动因素。

BSC的优点在于:①将企业抽象的战略和目标具体化,加强了内部沟通;②考虑了企业的长期效益,并通过四个方面的指标将短期效益结合起来,有效地实现了指标间的平衡,强调了指标间的因果关系;③兼顾了不同利益相关者的利益,有利于获取和保持竞争优势;④兼顾非财务业绩计量,增强了过程控制和结果考核的联系。

BSC的局限性在于:①由于考虑的因素较多,角度较为全面,实施难度大,需要较为专业的团队来操作;②BSC是一项系统工程,规模比较大,实施周期较长,很难在短期内看到效果。

案 例

广东中南钢铁股份有限公司经理层成员薪酬和绩效评价管理办法（节选）
2023年8月22日经公司第九届董事会第二次会议审议通过

第一章 总则

第一条 管理目的

为充分发挥董事会决策及经理层经营管理作用，建立有效的经理层成员激励和约束机制，根据《中国宝武子公司领导班子岗位绩效年薪制管理办法（2021版）》、《2021—2023年子公司年度及任期组织绩效评价框架方案》（宝武字〔2021〕110号）、《子公司经理层成员任期制和契约化管理的指导意见》（宝武字〔2021〕256号）和《子公司经理层成员任期制和契约化管理工作细则》（宝武治理〔2022〕48号）等相关制度规定，制定本办法。

第二条 适用对象

本办法所称的经理层成员，是指由广东中南钢铁股份有限公司（以下简称公司）董事会聘任的总裁［高级副总裁（主持工作）］、高级副总裁、副总裁和《公司章程》规定的其他高管。

第三条 管理原则

（一）坚持完善现代企业制度方向，健全高管人员薪酬分配制度，构建以价值创造为核心的绩效文化，强化高管绩效对公司价值提升的支撑，不断提升公司的核心竞争力。

（二）坚持绩效导向，高管人员薪酬与公司整体绩效和个人绩效紧密挂钩，将高管绩效评价结果与激励约束紧密结合，使激励与约束相配套，责权利相统一。

（三）坚持短期激励与长期激励相结合，促进高管人员协调、平衡公司当前业绩和长远发展目标。

··········

第四章 薪酬管理

第九条 薪酬发放

（一）层级薪、岗位薪按月平均发放。

（二）年度绩效奖发放

1. 年度绩效奖预发，年度绩效奖可按岗位薪的一定比例预发，次年结算时多退少补。对于年度绩效奖结算额低于预发额的，自结算次月开始从绩效奖预发额中等额抵扣。

2. 在公司经营业绩发生重大变化或公司认为需要调整年度绩效奖预发比例的情况下，及时调整年度绩效奖预发安排。

3. 年度绩效奖结算以岗位薪作为结算基准，根据外部宏观经济形势、公司经营业绩、组织绩效、个人绩效等因素，在岗位薪的0~1.6倍范围内确定。

（1）总裁［高级副总裁（主持工作）］根据其岗位聘用协议中描述的经营业绩目标，按其个人经营业绩评价结果，确定年度绩效奖。

（2）经理层其他成员根据岗位薪、本人年度绩效结果及公司组织绩效情况确定。

计取办法：经理层成员年度绩效奖 = 岗位薪 × 个人年度绩效系数 × 公司组织绩效系数 × 调节系数。

调节系数根据公司整体经营业绩和经理层成员目标完成难度与实绩确定，个人年度绩效系数确定按照绩效评价结果确定，具体如表 4-2 所示。

表 4-2　个人年度绩效系数

年度评价结果	AAA	AA	A	B	C
对应取值区间	1.3~1.6	1.1~1.3	0.8~1.1	0.2~0.6	0

说明：如发生重大政策调整、市场重大变化等不可抗拒因素，视当期情形予以调整。各档绩效系数具体取值根据行业形势及市场环境、公司整体经营业绩及绩效指标完成难度确定。

4. 任期激励根据任期业绩评价结果等级确定，评价结果为 A/AA/AAA 的，按照其年度岗位薪的 0.5~1.0 倍进行发放。

5. 经理层成员劳动关系、岗位薪发生调整的，年度绩效奖和任期激励结算具体额度按实际在岗发薪月数折算。

6. 经理层成员年度绩效奖和任期激励结算经公司董事会审议后发放。

第十条　管理与监督

（一）经理层成员的薪酬管理，应按照公司章程及法人治理相关规定，履行董事会决策程序后实施。

（二）未经批准，领导班子成员不得领取其他任何工资性收入，不得兼职取酬，不得参与按公司内部分配制度设立的各类专项奖励项目（包括战略重点工作奖励、荣誉性奖励等），不得参加技术创新奖励的分配。不得擅自将各级地方政府和有关部门给予公司的奖励分配给领导班子成员。严禁下级为上级分配奖金。

（三）未经批准，公司不得为领导班子成员购买商业性补充养老、商业性补充医疗等保险。

（四）存在违反规定自定薪酬、兼职取酬、享受福利性待遇等行为的，一经发现，依照有关规定给予纪律处分、组织处理和经济处罚，并追回违规所得收入。

第五章　绩效评价

经理层成员绩效评价从业绩评价和综合评价两个维度开展，以业绩评价为核心，结合各专业条线评价、涉及的公司重大战略任务和改革任务等，确定综合评价结果。评价周期分为年度评价和任期评价。

第十一条　年度评价

年度评价由经营业绩评价、综合评价组成，同时考虑相关"负面清单"对应的约束性评价因素。

（一）经营业绩评价主要是对经理层成员评价期经营管理业绩、重点工作完成程度的直接评估，根据指标完成结果，确定业绩评价等级。经营业绩评价结果分为 AAA、AA、A、B、C 五个等级，详见表 4-3。

表 4-3　经营业绩评价结果

评价分值（R）	评价标准	业绩评价等级
110 分 ≤ R ≤ 120 分	积极主动履行岗位职责，业绩优秀，大幅超越绩效目标或交付的工作任务，主要指标目标完成率大于 70%	AAA

续表

评价分值（R）	评价标准	业绩评价等级
100分≤R<110分	积极主动履行岗位职责，较好地完成绩效目标或交付的工作任务，主要指标目标完成率大于70%	AA
90分≤R<100分	履行岗位职责，完成绩效目标或交付的工作任务，主要指标目标完成率大于70%	A
80分≤R<90分	基本完成绩效目标或交付的工作任务，主要指标目标完成率大于70%	B
70分≤R<80分（不合格区间）	基本能够履行岗位职责，未能完成绩效目标或交付的工作任务，主要指标目标完成率大于70%	C
R<70分（底线为70分）	未能有效履行岗位职责，未能完成绩效目标或交付的工作任务，或主要指标目标完成率小于70%	

说明：根据需要，视公司整体经营业绩及绩效指标完成难度等可对业绩评价等级予以调整。

（二）综合评价：以业绩评价为核心，结合各专业条线评价、涉及的重大战略任务和改革任务等，给出综合评价结果。综合评价结果分为优秀、称职、基本称职、不称职四档。

（三）坚持"负面清单"约束性评价，作为绩效评价的重要补充，具体如表4-4所示。

表4-4 "负面清单"约束性评价

类别	具体约束内容
安全环保维稳	发生重大及以上的安全生产事故、突发环境事件、维稳风险事件，业绩评价不得评为AA及以上。 发生较大安全生产事故、较大突发环境事件或环保管理被上级部门或政府问责，业绩评价不得评为AAA
其他	发生直接导致公司整体被上级部门或政府考核扣分的事项，并被问责的，业绩评价不得评为AA及以上

（四）评价应用

1. 经营业绩考核结果C为不合格，综合评价不得为"称职"及以上。

2. 年度经营业绩评价结果未达到完成底线（评价分<70分），或连续两年年度业绩评价结果为不合格的，予以解聘。

3. 主要指标（经营业绩责任书中权重最大的指标或经营业绩责任书明确指定的指标）未达到完成底线（完成率<70%）予以解聘。

4. 受到党纪政务（政纪）处分及组织处理的，其业绩评价和综合评价按照公司相关制度执行。

第十二条 任期评价

任期评价由经营业绩评价、综合评价组成。

（一）任期业绩评价按照任期目标完成得分确认任期业绩评价等级，分为AAA、AA、A、B、C五个等级，具体如表4-5所示。单项指标的评价采用指标实绩相较于目标的完成度，加权计算出任期目标完成得分。

表 4-5　任期业绩评价

评价分值（R）	业绩评价等级	调档调级规则
110 分 ≤ R ≤ 120 分	AAA	（1）完成公司重大战略任务，给予调级。 （2）改革、党建、维稳、安全、环保评价等作为等级受限指标。 （3）公司认定的其他重要事项
100 分 ≤ R < 110 分	AA	
90 分 ≤ R < 100 分	A	
80 分 ≤ R < 90 分	B	
70 分 ≤ R < 80 分（不合格区间）	C	
R < 70 分（底线为 70 分）		

（二）任期综合评价结果分为优秀、称职、基本称职、不称职四档。经营业绩考核结果 C 为不合格，综合评价不得为"称职"及以上。

（三）评价结果应用于任期激励及职务调整，任期业绩评价结果为不合格的予以解聘。

…………

资料来源：http：//www.szse.cn/disclosure/listed/bulletinDetail/index.html?446177f0-1b2a-4f21-ac80-69136cb587a4。

总结案例

獐子岛"黑天鹅"事件

獐子岛集团股份有限公司（以下简称獐子岛）的前身是大连獐子岛渔业集团有限公司，以海洋水产业为主。1958 年，獐子岛成立，2001 年 4 月 7 日，经过大连市人民政府批准，变更设立为獐子岛集团股份有限公司，并于 2006 年 9 月 28 日在深交所上市。集团先后被誉为"黄海明珠""海上蓝筹""海底银行""海上大寨""黄海深处的一面红旗"。

2014 年 10 月 15 日，獐子岛发布了《重大事项停牌公告（2014-84 号）》。这份公告宣称：集团打算向公众披露有关底播增殖海域的重大事项，事项的具体情况还不确定，正处于核查阶段，集团股票从 10 月 14 日开始停牌。

10 月 30 日，獐子岛在晚间如期发布了第三季度的财报，同时发布公告说海洋牧场遭到了北黄海异常冷水团的侵袭，几年之前在海洋牧场里播下的虾夷扇贝（价值 7 亿元）因此而死亡，导致绝收。公告中宣称 2014 年 9 月 15 日至 10 月 12 日，公司对底播虾夷扇贝进行了存货量抽查检测，检查发现有部分海域中的底播虾夷扇贝存货数量异常，依据公司的检测结果，獐子岛决定放弃采捞高达 105.64 万亩海域中的底播虾夷扇贝（这些扇贝的成本高达 7.3462 亿元），并且将对这些扇贝存货实行核销处理。

该事件在资本市场引起了巨大的反响，同时让獐子岛在内部控制方面存在的问题初现端倪。例如：公司政企不分，股东"一股独大"；高管离职频率高，变动频繁；经营和财务等风险评估与预警体系失效，风险反应迟钝；内部监督形同虚设；等等。

此外，獐子岛的主要产品是海珍品，属于生物资产。那么，对于生物资产的采购和播种应当透明，设置对应的内部控制程序。但是从獐子岛对外披露的信息中，只能得知虾夷扇贝的采购和播种都是员工自主进行的。扇贝等海珍品播种的过程，完全由公司的员工直接进行，没有使用摄像设备进行录像监控，也没有第三方监督机构现场监督，只有简单的记录，具体的播苗数量恐怕难以保证和统计。尤其是 2012 年，獐子岛就被举报在扇贝苗的收购中存在受贿现象。当时负责鲍鱼相关业务的是吴厚敬，也就是獐子岛董事长吴厚刚的哥哥，负责采购扇贝幼苗的则是他的弟弟吴厚记。当年 3 月，大连市长海县公安局接到举报并立案调查了受贿事件，这次案件中多名工作人员被公安机关调查，獐子岛的一位会计人员甚至还被宣判入狱。吴厚记被獐子岛内部处理。巧合的是，2014 年受灾绝收的扇贝正是来自这次受贿案件中采购的幼苗。

在重大存货监管方面，公司日常监控流于形式，保护措施形同虚设。根据吴厚刚的说法，集团在 5 月和 10 月都会通过"拖网 + 水下电子摄像"的方式进行存货抽测。但是依据獐子岛的招股说明书和募集资金的说明书，集团在播苗完成后，每个月都会对幼苗的成长情况进行检测调查。这两种说法自相矛盾。同时，獐子岛在其确权海域已经建立了针对冷水团的监测系统，能对底部水温进行 24 小时的监测。但事实上，在冷水团来袭的 6—8 月，公司所建立的监测系统并没有对水温的异常变化做出预警，直到 10 月进行检查时才发现绝产。这说明獐子岛的监测系统没有得到有效的运用。

而且作为主要产品是消耗性生物资产的企业，獐子岛缺乏对其数量和质量的有效监控，负责采购扇贝和记录的人员也没有职权分离；虽然拥有 24 小时监测和每月检查的双重监控系统，但是在冷水团面前不堪一击，种种这些都揭示了獐子岛控制活动的失效。

资料来源：《内部控制案例》2021 年版，东北财经大学出版社，作者张建平、胡先伟。

项目小结

控制活动（控制措施）是确保管理阶层的指令得以执行的政策及程序，企业必须制定控制的政策及程序，并予以有效执行，以帮助管理阶层实现控制目标，规避企业风险。本章依托于《企业内部控制基本规范》中有关控制活动的政策规定，对企业运营中的关键控制活动进行剖析，使读者能够掌握企业运营的关键控制点，并"举一反三"，将其运用到实践中，通过实施自我测试、符合性测试与实质性检查评价，有利于企业内部控制问题的查找及制度的遵循。

延伸阅读

国家层面

1. 《中华人民共和国公司法》。
2. 《会计法》。
3. 《企业内部控制基本规范》及配套文件。
4. 《企业会计准则》。
5. 国家各部委的相关法规。

企业层面

1. 企业内部控制实施手册。

2. 企业内部控制业务流程。
3. 企业会计核算办法。
4. 企业其他相关经营管理制度体系。

复习思考

1. 内部控制的主要控制活动有哪些？它们之间的关系是什么？
2. 举例说明不相容职务分离控制的具体内容。
3. 什么是授权审批控制？其基本原则有哪些？
4. 什么是会计系统控制？其主要内容包括哪些？
5. 什么是财产保护控制？常见的财产保护控制方法有哪些？
6. 简述全面预算控制的流程及其主要内容。
7. 什么是运营分析控制？其具体分析方法有哪些？
8. 什么是绩效考评控制？主要的绩效考评方法有哪些？

实践提升

1. 如果你是企业的CFO，你将如何实施货币资金的管理？你认为哪些环节必须实行不相容岗位分离？
2. 如果发现企业在资产管理中存在未经授权的人员能够直接接触到企业财产的情况，该如何处理？

本章考核

一、单项选择题

1. 以下不属于授权控制基本原则的是（　　）。
   A. 授权的依据——依事不依人　　　　　B. 授权的界限——不可越权授权
   C. 授权的方式——监督　　　　　　　　D. 授权的"度"——适度授权

2. 下列选项中，不属于财产保护控制的是（　　）。
   A. 妥善保管涉及资产的各种文件资料　　B. 为大楼或其内的区域设立门禁系统
   C. 定期对实物资产进行盘点　　　　　　D. 明确会计凭证的装订和保管手续责任

3. 不相容职务分离控制的核心是（　　）。
   A. 协调合作　　　B. 内部牵制　　　C. 各司其职　　　D. 各负其责

4. 下列关于绩效考评方法的描述中，不正确的是（　　）。
   A. 平衡计分卡充分考虑了企业的长期效益
   B. 经济增加值指标关注的是企业的短期利益
   C. 关键绩效指标法能够使企业的业绩评价与战略目标密切相关，有利于战略目标的实现
   D. 经济增加值法不仅考虑了债务成本，而且考虑了股东权益资本成本

二、多项选择题

1. 根据《企业内部控制应用指引第15号——全面预算》，企业实行全面预算管理时面临的风险有（　　）。

A. 全面预算方法的选择所带来的风险

B. 不编制预算或预算不健全，可能导致企业经营缺乏约束或盲目经营

C. 预算目标不合理、编制不科学导致企业资源浪费或发展战略难以实现

D. 预算缺乏刚性、执行不力、考核不严，导致预算管理流于形式

2. 不相容职务之间应实行分离，其中会计记录应与（　　）相分离。

A. 会计监督　　　　B. 业务经办　　　　C. 财产保管　　　　D. 授权审批

3. 会计系统控制的方法包括（　　）。

A. 会计凭证控制　　B. 会计账簿控制　　C. 财务报告控制　　D. 会计复核控制

4. 财产保护控制的措施包括（　　）。

A. 预算控制　　　　B. 限制接触　　　　C. 财产清查　　　　D. 财产保险

5. 下列选项中，属于全面预算流程所包括的阶段的是（　　）。

A. 预算审批　　　　B. 预算编制　　　　C. 预算执行　　　　D. 预算考核

三、判断题

1. 企业应当对经济业务文件进行记录并且将相关凭证进行连续编号，避免业务多记或者漏记，便于业务查询。（　　）

2. "常在河边走，哪有不湿鞋"体现的是授权审批控制的原理。（　　）

3. 对于超预算和预算外采购项目，应先履行预算调整程序，由具备相应审批权限的部门或人员审批后，再行办理请购手续。（　　）

4. 内部牵制理念是不相容职务分离控制的核心。（　　）

5. 内部控制的控制活动是指企业及时识别、系统分析经营活动中与实现控制目标相关的风险，合理确定风险应对策略。（　　）

参考答案：

一、单项选择题

1. C　2. D　3. B　4. B

二、多项选择题

1. BCD　2. ABCD　3. ABCD　4. BCD　5. BCD

三、判断题

1. √　2. ×　3. √　4. √　5. ×

项目五 企业信息与沟通

学习目标

知识目标	技能目标	素养目标
1. 了解信息与沟通的含义。 2. 掌握信息收集的原则及沟通的主要内容。 3. 掌握企业信息与沟通的主要风险点及其控制措施,理解信息与沟通在内部控制中的作用	1. 能够识别企业信息与沟通控制中的主要风险点,并提出防范建议。 2. 能够运用信息与沟通的相关内容帮助企业应对团队冲突和突发事件	1. 强化学生的信息收集与分享意识,提升沟通能力。 2. 能够有效应对企业信息与沟通不对称的问题,避免团队冲突,提升团队协作能力

思政融入点

1. 通过案例引发学生对事件的思考,帮助学生树立信息传递与沟通的重要性意识,启发学生不断培养和强化自身勇于沟通、勤于沟通、善于沟通的能力和技巧。

2. 沟通是解决矛盾的重要途径,有效的沟通对提升和促进我们的工作水平、生活质量有着不可替代的作用。通过本节内容的学习,有助于培养学生的互帮互助和团队协作精神,增强社交能力。

知识框架图

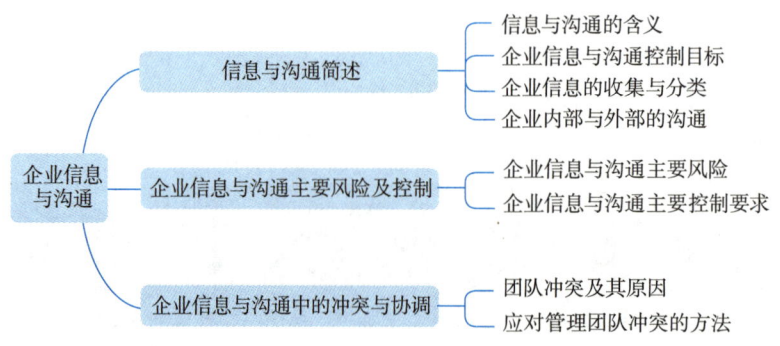

开篇案例

B互联网公司跨部门业务沟通不畅导致离职风波

B公司是一家以信息和知识为核心的互联网综合服务公司，拥有全球领先的人工智能平台，一度成为搜索专业领域的霸主，但随着互联网的高速发展，B公司面临越来越多的竞争压力与挑战，内部的管理沟通问题也层出不穷。

B公司业务众多，因此在组织结构升级的过程中，公司设立了很多协作部门，比如品牌公关部门、投资并购部门、底层研发部门等。对于B公司来说，2020年是拓展业务的重要时期，所以对品牌宣传要求较高，但在2021年初，出现了品牌团队大批量离职的情况。对此HRBP（人力资源业务合作伙伴）非常重视，深度约谈了在职员工和一些离职员工，希望找出问题的根源，寻求解决对策。

HRBP约谈了离职品牌员工，员工反馈公司内部过于业务导向，并没有重视现有的品牌资源，品牌团队具有较弱的话语权。业务更加关注完成的订单总量，而品牌则更加关注提炼价值和意义做出传播和宣传。同时品牌团队具有的优势在彼此配合期间被大规模弱化，不得已跟着业务做一些宣传，导致最终的沟通效率不高。合作的每个业务团队都认为自己是这个业务的主导者，与品牌团队无法协同配合，团队氛围也不融洽。很多品牌员工认为这压缩了自己的成长空间，在工作中毫无成就感，只是机械地完成任务指标，所以相继离职，去尝试更有兴趣、更擅长的事情。

除了访谈离职品牌员工，HRBP也访谈了相关业务部门的员工。业务部门的员工则反馈品牌部门的员工过于重视外部的宣传，对于业绩的达成不负责，没有投入产出比意识，只求做大声量，更多的是炫技，对于业务的发展没有带来更好的影响与推动，并不是一个合格的中台支持部门。

双方都觉得是对方的工作产出不够，对对方的工作非常不满意，互相指责，在面对问题时也不愿沟通解决，纷纷提出离职申请，一时间HRBP也感到非常头疼。

由此能够看出，B公司在跨部门交流沟通中，管理者并没有关注跨部门的业务工作，对跨部门员工的认可度也不够，导致各部门的员工都只完成属于自己部门的本职业务。在后续跨部门业务协作中，一旦出现问题，各部门都互相推诿，这一点再次凸显B公司的沟通文化存在问题。同时，企业跨部门合作需要冗长的审批流程，时常需要各部门管理者逐级审批，工作任务也比较繁重。公司这种非正式的沟通方式，也是沟通效果不佳的一大原因，极大地增加了沟通成本。

内部沟通在企业组织的管理中至关重要，良好的沟通可以连接文化、员工理念，像桥梁一样实现情感和信息的有效传递。对于B公司来说，构建完善的内部沟通机制，拓展行之有效的沟通渠道，建立便于沟通的组织文化刻不容缓。

资料来源：《B互联网公司HRBP助力内部沟通案例研究》，大连理工大学，2021年，作者崔立新。

在当今市场经济飞速发展、企业管理不断提升的大环境下，信息与沟通在企业运行中占有重要的位置。信息与沟通的加强是健全法人治理结构、完善内部控制的前提，正如美国著名的未来学家奈斯比特所说："未来竞争是管理的竞争，竞争的焦点在每个社会组织内部成员之间及其与外部组织的有效沟通上。"因此企业应当建立信息与沟通制度，明确内部控制相关信息的收集、处理和传递程序，确保信息及时沟通，促进内部控制有效运行。

任务一　信息与沟通简述

一、信息与沟通的含义

（一）含义

信息与沟通是企业及时、准确地收集、传递与内部控制相关的信息，并确保信息在企业内部、企业与外部之间进行有效沟通，主要包括辨别获得适当的信息与加以沟通两部分。

企业的经营离不开资金流、物流、信息流。为了使人们能够履行各自的职责，相关信息必须能够被识别、捕捉和及时沟通，必须是管理者认为与业务管理有关的，必须以一定形式及时发送给需要它的人，以便更有效地履行职责。

1. 信息

信息是对客观事物运动状态和变化的描述。信息所涉及的客观事物普遍存在且多种多样。企业的信息来源包括内部和外部，不仅包括会计系统、统计系统、生产系统等，也包括为了辨别、分析、分类、记录和报告交易及其他相关事项、活动和环境而收集的资料，还包括为了保持对相关资产和负债的受托责任而建立的方法和记录。在管理中，信息主要是指来源于企业内部及外部、与企业经营管理相关的信息，包括各类文本信息、数据库信息、网页信息、图形图像信息、多媒体信息、内部管理报告等。

信息披露所称信息是指可能影响投资者决策或对企业证券及其衍生品种交易的价格产生较大影响的信息（股价敏感信息），以及相关法律法规和企业上市地证券监管规则要求披露的其他信息。

内部报告是相对于外部报告而言的，是指企业在管理控制系统运行中为企业内部各管理层级以定期或非定期形式记载企业内部信息的各种图表、音像和文字资料等。

2. 沟通

沟通是指信息在企业内部各层级、各部门之间，以及企业与客户、供应商、监管者和股东等外部之间的传递。沟通也是依照设定的目标，把相关信息、思想和情感，在个人或群体间传递，并且达成共识的过程。一般而言，有效的信息是沟通的基础。

（二）相关规定中的信息与沟通

1.《内部控制——整合框架》中信息与沟通的要求和原则

美国COSO的《内部控制——整合框架》要求企业以一定的形式、在一定的时间范围内识别、获取和沟通相关信息，以使企业内部各层级员工能够顺利履行其职责。内部控制中的信息与沟通包括信息方面与沟通方面两部分内容。信息和沟通相互联系，信息是沟通的对象和内容，而沟通是信息传递的手段。信息与沟通两者结合，才能更好地发挥内部控制的作用。

（1）信息。《内部控制——整合框架》要求通过信息系统识别、获取、处理和报告信息，为管理和控制经营活动提供信息支持。信息系统可以是手工信息系统，也可以是利用现代信息技术的信息系统，还可以是手工和现代信息技术相结合的信息系统；可以是正式的信息系统，也可以是非正式的信息系统。信息系统处理的对象既包括企业经营活动等内部信息，也包括与经营活动相关的外部事项、活动和环境等外部信息。

（2）沟通。沟通是信息系统所固有的功能，信息系统必须将其信息提供给相关人员，以使相关人员能够合理地履行相关的职责。《内部控制——整合框架》要求信息在更为广泛的范围内，自上而下、自下而上地在整个企业内外部进行沟通。沟通包括内部沟通和外部沟通两个方面。

从内部沟通来讲，《内部控制——整合框架》要求建立必需的沟通渠道和机制。一方面，使企业所有人员从企业管理当局获取明确的信息，明确其职责，了解自身在内部控制体系中应发挥的作用，使企业员工理解自身活动与其他员工活动之间的关系，使其在经营活动中及时发现问题、确定原因并采取纠正措施。另一方面，使员工能够及时向上传递其在企业经营活动中所了解的重要信息。其中，必须建立相应的举报人保护机制，以保护员工报告的积极性，还必须确保管理当局与企业董事会及其委员会之间的沟通，以使董事会有效地行使监督职责，充分发挥董事会的作用。

从外部沟通来讲，《内部控制——整合框架》要求企业加强与客户、审计师等中介机构、监管者、股东以及其他外部相关者之间的信息沟通。通过外部沟通，可以了解和掌握有关内部控制体系运行的重要信息，如企业通过与客户、中介、股东及监管者等的信息沟通，能获取重要的控制信息，了解所面临的风险并积极地规避风险。

2.《企业风险管理框架》中信息与沟通的要求和原则

《企业风险管理框架》的信息与沟通侧重于从风险角度来描述。该框架要求企业建立信息系统，对来自企业内部和外部的数据进行处理，以形成可利用的信息并予以报告。《企业风险管理框架》特别强调信息的深度和及时性，要求企业信息系统与信息需求的时机和深度相适应，以信息获取来识别、评估和应对风险；要求信息的及时性与企业内部和外部环境的变化保持一致。

3.《企业内部控制基本规范》中信息与沟通的要求和原则

《企业内部控制基本规范》中信息与沟通的含义为：信息与沟通是及时、准确、完整地采集与企业经营管理密切相关的各种信息，并使这些信息以适当的方式在企业有关层级之间、企业与外部之间进行及时传递、有效沟通和正确使用的过程，是实施内部控制的重要条件。《企业内部控制基本规范》要求，企业应当建立信息与沟通制度，明确内部控制相关信息的收集、处理和传递程序，确保信息及时沟通，促进内部控制有效运行。

（1）建立信息收集、加工机制。企业应当对收集的各种内部信息和外部信息进行合理筛选、核对、整合，提高信息的有效性。企业可以通过财务会计资料、经营管理资料、调研报告、专项信息、内部刊物、办公网络等渠道获取内部信息，也可以通过行业协会组织、社会中介机构、业务往来单位、市场调查、来信来访、网络媒体以及有关监管部门等渠道获取外部信息。

（2）完善信息传递机制。企业应当将内部控制相关信息在企业内部各管理层级、责任单位、业务环节之间，以及企业与外部投资者、债权人、客户、供应商、中介机构和监管部门等有关方面之间进行沟通和反馈。信息沟通过程中发现的问题，应当及时报告并加以解决。重要信息应当及时传递给董事会、监事会和经理层。

（3）加强信息技术的应用。企业应当利用信息技术促进信息的集成与共享，充分发挥信息技术在信息与沟通中的作用；企业应当加强对信息系统的开发与维护、访问与变更、数据输入与输出、文件储存与保管、网络安全等方面的控制，保证信息系统安全稳定运行。

（4）建立反舞弊机制。企业应当建立反舞弊机制，坚持惩防并举、重在预防的原则，明确反舞弊工作的重点领域、关键环节和有关机构在反舞弊工作中的职责权限，规范舞弊案件的举报、调查、处理、报告和补救程序。企业至少应当将下列情形作为反舞弊工作的重点：第一，未经授权或者采取其他不法方式侵占、挪用企业资产，牟取不当利益；第二，在财务会计报告和信息披露等方面存在的虚假记载、误导性陈述或者重大遗漏等；第三，董事、监事、经理及其他高管滥用职权；第四，相关机构或人员串通舞弊。

（5）建立投诉和举报人保护制度。企业应当建立举报投诉制度和举报人保护制度，设置举报专线，明确举报投诉处理程序、办理时限和办结要求，确保举报、投诉成为企业有效掌握信息的重要途径。举报投诉制度和举报人保护制度应当及时传达至全体员工。

二、企业信息与沟通控制目标

（一）有效的信息与沟通

信息与沟通在企业的运行与管理中始终起着重要作用，要做到有效的信息与沟通就要预先设定目标，使信息与沟通在企业的管理过程中通畅、高效地运行，以保证其良好的效果。有效的沟通既包括组织内部人员的沟通，也包括管理者与被管理者、内部与外部之间的沟通。

有效的信息与沟通应具备必要的条件才能达到目标效果。首先，信息发送者要清晰地表达信息的内涵，以便信息接收者能确切地理解。其次，信息发送者应重视信息接收者的反应并根据其反应及时修正信息的传递，免除不必要的误解。这两者缺一不可。

在沟通中，信息的目标效果决定了沟通的效果。信息的目标效果主要取决于以下几个方面。

（1）信息的透明程度。当一则信息应该作为公共信息时，不应该让信息不对称，必须公开。公开的信息并不是简单的信息传递，而是要确保信息接收者能理解信息的内涵。如果以模棱两可、含混不清的文字传递不清晰的、使人难以理解的信息，则对于信息接收者而言没有任何意义。另外，信息接收者也有权获得与自身利益相关的信息内涵，否则有可能对信息发送者的行为动机产生怀疑。

（2）信息的反馈程度。沟通是一种动态的双向行为，而双向的沟通对信息发送者来说应得到充分反馈。只有沟通的主体、客体都充分表达了对某一问题的看法，才真正视为有效沟通，才能实现预期的信息与沟通目标。

（二）信息与沟通的目标

在实际工作中，通过良好的沟通可以协调行动的步调，形成工作合力；可以实现信息共享，有效提高工作效率；可以使员工从容应对工作，恰当释放情绪，促进企业文化的建设。为了实现企业信息的良好沟通，企业在信息与沟通中应设定以下控制目标。

（1）及时、准确、完整、真实地收集、传递信息，确保信息在企业内部、企业与外部之间的有效传递与沟通。

在经营管理中，企业的决策层、管理层、执行层都需要信息，这些信息被应用于生产经营中，为实现各个层面的目标服务，如生产、财务以及合规经营等。及时、准确、完整、有效地归集、筛选、处理信息，并在企业内部有效地传递与沟通，能使企业所有员工特别是经营和财务管理等部门的员工，更加明确职责、了解下一步工作部署，掌握市场的运行态势，从而促进工作的有效开展。

企业外部沟通时应确保企业与投资人、政府、监管机构、多种媒体、债权人、客户等各方关于股东利益、国家政策、合规执行、企业营销、相关业务事项等的具体信息通畅，在信息沟通中如发现问题，应积极协调和反馈，并及时报告和解决。

（2）保证信息系统长期、稳定、安全、高效运行，为管理者提供准确的信息，为经营管理决策提供参考。

社会的发展与进步越来越依赖信息系统，无论是出行订票还是智慧旅游，购物还是订餐等，信息系统无时无刻不在影响着每一个企业、每一个人，信息系统改变了人们的日常生活，也改变了企业的运营方式。可以说，信息系统是企业赖以工作的工具和手段。

在内部控制的实施中，信息系统必不可少，企业应保证信息系统稳定、安全、高效地运行，有效地利用信息系统，形成信息化管理平台，提升企业的管理水平，充分发挥信息系统在企业经营管理中的最大作用，推动企业规范经营、强化管理、自我监督，为管理者的决策提供有用的信息。

三、企业信息的收集与分类

（一）信息的收集

1. 信息收集

信息收集是指通过各种方式获取所需要的信息。信息收集工作的好坏直接关系到整个信息管理工作的质量。信息可以分为原始信息和加工信息。原始信息是指在经济活动中直接产生或获取的数据、概念、知识、经验及其总结，是未经加工的信息。加工信息则是对原始信息经过加工、分析、改编和重组而形成的具有新形式、新内容的信息。两类信息对企业的营销管理活动都发挥着不可替代的作用。

2. 信息收集原则

为了保证信息收集的质量，信息收集应坚持以下原则。

（1）准确性原则。准确性原则要求所收集到的信息要真实可靠。准确性原则是信息收集工作最基本的要求。为达到这样的要求，信息收集者必须对收集到的信息反复核实，不断检验，力求把误差降低到最低限度。

（2）全面性原则。全面性原则要求所收集到的信息要广泛、全面、完整。只有广泛全面地收集信息，才能完整地反映管理活动和决策对象的全貌，为决策的科学性提供保障。当然，实际所收集到的信息不可能做到绝对的全面、完整，因此，如何在不完整、不完备的信息下做出科学的决策，就是一个非常值得探讨的问题。

（3）时效性原则。信息的利用价值取决于该信息是否能及时地提供，即信息的时效性。信息只有及时、迅速地提供给它的使用者，才能有效地发挥作用。特别是决策，它对信息的要求是"事前"的消息和情报,而不是"马后炮",所以,只有"事前"信息才对决策有效。

(二)信息的分类

1. 信息的分类

信息所涉及的客观事物是多种多样的,因此信息的种类也很多。

(1)按信息反映的类别分类

①按社会性分为社会信息(人类信息)和自然信息(非人类信息)。

②按空间状态分为宏观信息(如国家的信息)、中观信息(如行业的信息)、微观信息(如企业的信息)。

③按信源类型分为内源性信息和外源性信息。

④按价值分为有用信息、无害信息和有害信息。

⑤按时间性分为历史信息、现时信息、预测信息。

⑥按载体分为文字信息、声像信息、实物信息。

(2)按信息反映的内容分类

①外部信息包括经济形式、政策法规、行业动态、监管要求、客户信用、科技进步、社会文化等信息。

②内部信息包括客观信息及主观信息。客观信息包括会计、生产经营、资本运作、人员变动、销售信息、技术创新、综合管理等信息。主观信息包括财务分析、生产计划、营销方案、会议总结、人力资源计划等信息。

2. 信息的需求层级

信息的需求与企业的组织结构有关。企业组织结构一般可以分为三个层级:高层(决策层)、中层(管理层)、基层(执行层)。高层是组织的实权机关,一般由组织内部的决策性人物,如董事长、总经理等组成,高层主要负责确定组织的目标、纲领和实施方案,进行宏观控制。中层是企业政策精神上传下达的管理机构,包括采购、生产、销售、财务、人力资源等管理部门,中层的职责就是把决策层制定的方针、政策贯彻到各个职能部门的工作中,对日常工作进行组织、管理和协调。基层是企业生产经营中各种决策、目标的实施单位,也就是通过各种措施方法,把组织目标转化为具体行动的执行者。

企业组织的不同层级所需要的主要信息类型是不同的,执行层的信息需求以客观信息为主,决策层的信息需求则以主观信息为主。由此可见,在企业中所处的层级越高,其所需信息的筛选、加工处理的程度就越高。信息取得后应进行精选、分析等相关处理,并根据不同的层级需求进行传递反馈,从而成为决策、管理、执行的依据。

四、企业内部与外部的沟通

企业应当将内部控制相关信息在企业内部各管理层级、责任单位、业务环节之间,以及企业与外部投资者、债权人、客户、供应商、中介机构和监管部门等有关方面之间进行沟通和反馈。信息沟通过程中发现的问题,应当及时报告并加以解决。

重要信息应当及时传递给企业高层或董事会、监事会、经理层。同时加强企业的信息与沟通,减少各利益相关人之间的利益冲突，积极做好内部与外部的有效沟通，达到沟通的目的。

（一）内部沟通

1. 内部沟通的含义

内部沟通是指企业内部各管理层级之间通过内部报告形式传递生产经营管理信息的过程。

为了促进企业生产经营管理信息在内部各管理层级之间的有效沟通和充分利用，企业应当加强内部报告的管理，建立科学的内部报告信息传递沟通机制，明确内部信息传递的内容、保密要求、密级分类、传递方式、传递范围以及各管理层级的职责权限等，促进内部报告的有效使用，充分发挥内部报告的作用。

2. 内部沟通的主要内容

（1）会议。会议包括董事会、中高层管理者例会、管理质询会、部门或项目例会、全员年会、跨部门或部门内业务专项讨论会、定期的员工沟通会、演讲会或辩论会等。

（2）报告。报告包括年、季、月、周的工作计划与总结，各项工作报表，各项工作记录，业绩考核等。

（3）调查。调查包括客户满意度调查、市场调查、员工满意度调查等，用于了解需求，分析不足。

（4）培训。培训包括新员工培训、领导者及管理者培训、专业培训、通用技能培训等，多为体验式、课堂式、交流研讨会、读书会等形式，注重培训效果的巩固与应用。

（5）面谈。面谈包括管理者与员工进行的一对一、一对多或多对多的面对面沟通，能有效征求员工意见，反馈绩效信息，激励员工行为。

（6）书面交流。企业通过管理流程制度文件发布、公司及部门文档管理、邮件系统、内部网络、刊物、展板、论坛、纸质文件批复、小纸条、内部共享服务器等多种书面形式，促进信息的内部共享、企业文化宣传，提高制度知悉度，促进知识积累，促进企业管理效率提升。

（7）反舞弊。企业应保证效能监察、举报、投诉、处理、补救等通道畅通，建立反舞弊机制。

（8）其他。如节日庆典等活动，促进员工和谐关系，增强团队凝聚力，提高员工对企业的自豪感和归属感。

3. 内部报告

在企业管理中内部报告是相对于外部报告而言的，是指企业在管理控制系统运行中，为内部的各级管理层以定期或非定期形式提供的用于企业沟通、控制、决策以及业绩评价的多种形式的各种图表和文字类资料等，如企业内部管理中的财务类、生产类、销售类、采购类等图表或文字及相关资料等。内部报告在管理与使用中应注意以下几个方面。

（1）企业应当根据发展战略、风险控制和业绩考核要求，科学规范不同层级内部报告的指标体系，采用经营快报等多种形式，全面反映与企业生产经营管理相关的各种内外部信息，将内部报告指标体系的设计与全面预算管理相结合，并随着环境和业务的变化不断修订与完善。设计内部报告体系时应当关注企业成本费用预算的执行情况。

（2）根据企业实际设定内部报告的相关要求、形式及权限管理，制定严格的内部报告流程。充分利用信息技术，强化内部报告信息集成和共享，将内部报告纳入企业统一信息平台，构建科学的内部报告网络体系。内部报告应当简洁明了、通俗易懂、传递及时，便于各管理层级和全体员工掌握并正确履职。各层级应有指定的内部报告责任人，做好审核、报告工作。

（3）充分利用内部报告管理和指导企业的生产经营等各项活动，及时反映全面预算执行情况，协调企业内部相关部门和各单位的运营进度，严格绩效考核和责任追究，确保设定目标的完成。将风险识别、风险评估、风险应对进行内部报告，做好全方位的风险防控。定期对内部报告的形成与使用进行全面评估，确保内部报告的及时性、安全性和有效性。

（二）外部沟通

1. 外部沟通的含义

外部沟通是指企业为了实现战略与经营目标、传递有效的发展信息、构筑发展网络、拓展发展空间、维护组织形象、为顾客提供服务等，与本身以外的其他个体或组织进行沟通交流的行为。

2. 外部沟通的主要内容

（1）企业与顾客的沟通。企业为向顾客提供产品和服务而与顾客进行直接或者间接的沟通，如打电话、信函往来、广告宣传、企业一体化审计甚至顾客调查等。

（2）企业与股东的沟通。企业与股东的沟通方式有很多，包括股东会议、年度报告、宴会、邮寄新产品样品、信函等。

（3）企业与上下游企业的沟通。为了与上下游企业达成良好的合作关系，正确处理发生的问题，企业与上下游企业的沟通是必需的，如建立电子网络、邀请参与决策、提供各种支持、商务谈判等。

（4）企业与社会的沟通。企业与社会的沟通方式有开放式讨论会、第三方机构、赞助慈善活动、组织志愿者活动等。

（5）企业与新闻媒体的沟通。企业与新闻媒体的沟通包括新闻发布、记者招待会、企业宣传等。

（6）企业与政府的沟通。企业与政府的沟通是指以政府为主导、企业为主体，利用各种信息传播途径和手段与政府进行双向的信息交流。企业应遵纪守法、合规经营，以取得政府的信任、支持和合作，从而为企业建立良好的外部政治环境，促进企业的生存和发展。

即时思考

信息收集原则有哪些？

任务二　企业信息与沟通主要风险及控制

一、企业信息与沟通主要风险

企业信息与沟通的主要风险有以下几点。

（1）在共享信息的过程中，由于信息的不对称和严重的信息污染，出现了信息不准确、滞后等现象，这可能导致企业相关层面的管理人员决策失误。

随着我国市场经济的不断推进和深化，信息与沟通中存在的信息不对称、信息失真等问题，引起了社会的广泛关注，给企业和社会带来诸多危害。社会分工与知识专业化、信息沟通中主客体地位差异、官僚型的政治组织结构、沟通技术上的障碍与获取信息的成本等都是信息与沟通中信息不对称的原因。

（2）信息资源管理不当、评估不当；信息处理或流转不当、信息收集成本过高；内部报告指标体系设定不当、内部报告信息未被充分利用，导致决策失误，相关政策措施难以落实。

①在信息的收集中，要恰当地把握好信息收集的成本与效率，如果以过高成本取得信息，就会降低企业的效益。

②内部报告指标体系级别混乱，有可能影响生产经验、管理信息在企业内部各管理层级之间的有效流通和充分利用。

③内部报告未能根据各内部使用单位的需求进行编制，内容不完整，编制不及时，就有可能影响企业生产经营活动的有序进行。

（3）政府关系或公共关系协调不当，与监管机构沟通不畅，与国家或地方政府的关系处理不当或存在分歧，影响企业实现目标。

①与政府及监管机构等协调和沟通不畅，将会导致政策和执行不到位，可能导致企业的合规性不够，对企业的竞争实力产生影响。

②与企业所在地各方面关系处理不当，可能会导致企业经营活动处于被动地位，对效益产生负面影响，从而影响企业战略目标。

（4）信息分级执行不当、信息授权不规范、信息保管不当，导致重要资料泄露或丢失，损害企业利益。

①企业应当设立信息分级管理，严格执行信息知情的授权，并通过相应的办公自动化、业务信息等系统加以限制；反之，信息的管理会陷入无序状态。

②与企业生产经营相关的信息，在一定环境下、一段时期中都是企业的重要资源，如果这些信息资源泄露或丢失，则会给企业带来效益的损失。

（5）危机处理预案建立不当、危机处理不及时或措施不当，应急沟通能力欠缺、公关宣传不力，社会责任履行不力，损害企业声誉。

①企业发生突发事件时，应在第一时间实施应急预案并进入危机处理状态，以专业的方法进行应急沟通、公关应对，将对企业的负面影响降到最低，应对乏力可能使企业的美誉度大打折扣。

②随着民众对企业的关注度日益提升，企业应当积极履行对社会的责任与义务，提高在社会上的认可度。如果企业对社会责任如慈善、环保等不尽责、不尽力，就会损害其声誉，甚至陷入不良循环。

（6）虚假或不当宣传、侵犯其他企业商业机密、恶意中伤竞争对手，导致企业承担法律责任，企业利益和声誉受损。

诚实守信是企业的立足之本，任何虚假的宣传和无良的竞争都会使企业处于失信之列，甚至可能承担法律责任。

二、企业信息与沟通主要控制要求

（一）信息收集机制

1. 信息资源的内容

（1）信息资源的含义。信息资源是指人类社会信息活动中积累起来的以信息为核心的各类信息活动要素的集合，如信息技术、设备、设施、信息生产者等，是企业生产及管理过程中所涉及的一切文件、资料、图表和数据等信息的总称。信息资源涉及企业生产和经营活动过程中所产生、获取、处理、存储、传输与使用的一切信息资源，贯穿于企业管理的全过程。信息资源的开发和利用是整个信息化体系的核心内容。

（2）信息资源的组成。信息是普遍存在的，但并非所有的信息都是信息资源。只有满足一定条件的信息才能构成信息资源。归纳起来，信息资源由信息生产者、信息、信息技术三大要素组成。

①信息生产者是指为了某种目的而生产信息的劳动者，包括原始信息生产者、信息加工者或信息再生产者。

②信息既是信息生产的原料，也是产品。信息是信息生产者的劳动成果，对社会各种活动直接产生效用，是信息资源的目标要素。

③信息技术是能够延长或扩展人的信息能力的各种技术的总称，是对声音、图像、文字等数据和各种传感信号的信息进行收集、加工、存储、传递和利用的技术。信息技术作为生产工具，为信息收集、加工、存储和传递提供支持与保障。

（3）信息资源的特点与特征。

信息资源具有以下几个特点。

①信息资源能够重复使用，其价值在使用中得到体现。

②信息资源的利用具有很强的目标导向，不同的信息在不同的用户中体现不同的价值。

③信息资源具有整合性，人们对其的检索和利用不受时间、空间、语言、地域与行业的制约。

④信息资源是社会财富，任何人无权全部或永久买下信息的使用权；信息资源也是商品，可以被销售、贸易和交换。

⑤信息资源具有流动性。

信息资源具有以下几个特征。

①共享性：信息资源可以多人多群体分享。

②时效性：只有时机适宜，信息资源才能发挥效益。

③动态性：信息资源是一种动态资源，呈现不断丰富、不断增长的趋势。

④不可分性：信息的不可分性表现在它在生产过程中的不可分。

⑤不同性：作为资源的信息必是完全不同的。

⑥支配性：支配性是指信息资源具有开发和支配其他资源的能力。

综上所述，企业应准确识别、全面收集源于企业内部及外部与企业经营相关的信息，为内部控制的有效运行提供信息支持。

2. 信息资源的管理架构

信息资源的管理架构可以按照"一个整体，归口管理，分工负责"的方针建立，形成企业信息资源管理一个整体、信息资源管理部门归口管理、业务部门专业管理的格局，做好部门内的分工负责。有条件的企业应设立信息资源管理部门，对本单位的信息资源进行归口管理，并接受上级的监督和指导。

3. 重大事项和重要信息报告制度

重大事项是指企业机构设立、经营过程中的重大活动、决定、变更事项，业务经营重大事件、突发事件、重大经济案件，以及临时发生的、对企业经营发展具有或可能产生重大影响进而危及区域性或系统性金融稳定和社会稳定的事件。重要信息是指关于企业经营发展状况的重要报告和报表等。

为及时、妥善处理重大金融风险和突发事件，维护企业正常稳健运行，切实防范化解事故风险，企业应根据制定的"重特大事件应急预案"的规定，针对重特大事件明确规定报告程序。如根据对外投资、资金管理重大事项报告备案制度，制定本单位重要信息报告制度。重大事项和重要信息报告应遵循真实性、准确性、及时性、全面性、翔实性原则。

4. 对外宣传工作相关的信息收集

配合企业对外宣传工作需要，按日常信息、突发事件等相关信息及专项信息的管理要求，及时收集与本单位有关的信息。

（二）信息沟通机制

1. 内部沟通机制

（1）企业可采取信息系统平台、互联网络、电子邮件、电话传真、信息快报、例行会议、专题报告、调查研究、员工手册、教育培训等多种方式，实现所需的内部信息、外部信息在公司内部准确、及时地传递和共享，重要信息及时上报至董事会、监事会和经理层，确保董事会、管理层和企业员工之间有效沟通。

（2）企业信息资源归口管理部门通过信息平台或其他途径向信息需求部门提供所需信息，并对其他部门的信息沟通机制进行统一管理和监督。

（3）企业应建立规范的日常会议机制，具体会议形式包括但不限于总经理办公会议、总裁办公会议、年度工作会议、专业工作会议、部门例会等。

（4）企业应建立对外宣传工作的内部沟通机制，及时对自身形象塑造及对外宣传工作相关的信息进行整理、处置，研究判断信息的重要程度，通过适当形式进行传递。

（5）企业员工在日常工作中可以通过面谈、电子邮件、电话等方式，随时向其直属上级和单位主要领导汇报工作和讨论问题。企业应设立举报信箱、举报电话，员工可以通过书信、电话、走访等形式反映违规违纪问题以及有关建议和要求。企业应组织开展合理化建议活动，听取员工对经营管理、薪酬福利等方面的合理化意见和建议，并对合理化建议进行跟进、落实和公布。

（6）企业应建立改善经营管理建议机制，鼓励全体员工对企业改革发展、生产经营、企业管理等各项工作提出具有可行性、先进性和效益性的改进完善意见。

（7）企业应利用信息技术促进信息集成与共享，充分发挥信息技术在信息与沟通中的作用，通过建立统一的信息平台，实现信息共享。

2. 外部沟通机制

（1）企业应建立适当的外部沟通渠道，以保证与投资者和债权人、客户、供应商、政府、监管机构、外部审计师、律师、新闻媒体等利益相关者的有效沟通，及时传达企业的各种信息及需求，同时对外部的建议、投诉和其他信息予以处理与反馈。

（2）对外宣传工作管理。

①企业应建立对外宣传工作管理制度，规范对外宣传工作程序，指定对外宣传工作牵头单位或牵头人，负责与所在地政府相关职能部门及主流媒体的沟通联络工作。

②企业应实行新闻发言人制度。新闻发言人根据审定的新闻发布内容，代表企业或所属企业对外发布信息。企业应建立舆情监测、研判和处置机制，根据舆情事件发生、发展的规律及特点，把握舆情走势，判断舆情风险，收集相关信息，进行分类处置，必要时报主管部门或上一级。

③企业应制定新闻危机的应急预案和处置流程，以规范新闻危机应对与处置工作。

（3）企业应保持与政府、监管机构的适时沟通，及时向政府及监管机构了解法规政策和监管要求及其变化。

（4）企业应建立客户座谈会制度和客户走访制度，以促进与客户的有效沟通。

（5）根据法定要求和实际需要，企业应聘请律师参与有关重大业务、项目和法律纠纷的处理，并随时与律师沟通处理情况。

3. 内部报告

（1）内部报告体系的建立

①为满足经营管理和决策需要，企业应针对生产经营、投资、财务、HSE 等方面建立内部报告体系，该体系应明确各类内部报告的编制部门、内容要求、时效要求、方法要求、上报程序、保密规定等。

②根据自身的发展战略和风险控制的相关要求，以及业绩考核标准，设置内部报告指标体系，系统、科学地规范不同级次内部报告的指标体系，合理设置关键信息指标和辅助信息指标，并与全面预算管理等相结合，同时随着环境和业务的变化不断进行修订和完善。

③对内部报告应实行分类归口管理，如政务和商务信息由总经理办公室归口管理，生产经营类报告由生产管理部门归口管理，财务类报告由财务部门归口管理，HSE 信息由安全环保部门归口管理等。

④对内部报告指标进行具体细化、层层分解，以便控制风险并进行业绩考核。其中，报告的具体内容和形式根据经营管理的需求而变化，各归口管理部门负责及时收集各级管理层对内部报告的需求，并及时调整信息收集方式。

⑤内外部信息的收集和处理必须与内部报告体系设置的要求一致，根据层层分解后的具体指标，有针对性地收集各种信息资源，避免重复收集信息和遗漏重要信息，同时权衡获取信息的便利性与获取成本，兼顾信息收集和传递的成本效益原则。

⑥为深化内部管理，不断提高整体核心竞争力，企业应根据评价对象的功能与定位，按照全方位、多层次对标评价的工作要求，分层构建统一的对标评价指标体系。

⑦制定严格的公文（包括电子公文）管理制度，对公文种类、公文格式、行文规则、发文办

理、收文办理、公文归档、公文管理等程序进行明确规定，切实做好内部报告的编制与审核工作。

⑧建立综合统计机构或指定部门，管理和协调本单位各项统计工作，确保数据归口报出及数据的严谨性。

（2）内部报告的使用

①制定内部报告传递制度，根据信息的重要性、内容等特征，确定不同的流转环节，并设定严格的传递流程记录，以便在流转环节出现问题时查找原因并及时解决，同时充分利用信息系统，实现内部报告的电子流转。对于重要、紧急的信息，可通过特别渠道直接向管理层汇报。

②充分利用内部报告进行决策管理，指导公司的日常经营活动。

③构建统一的对标评价指标体系，形成多层次、全方位的对标评价结果，促使企业及时发现管理短板，持续改善经营管理水平。

④内部报告的流转和处理过程必须严格执行相关的保密规定，标有国家秘密及以上密级的公文，不允许使用办公综合业务处理系统。

⑤建立档案管理办法和档案分类规则，对企业档案包括内部报告的管理机构、管理流程、利用和公布等进行规定。

4. 保密管理

（1）制定企业保密工作管理办法，对企业的综合保密工作进行总体规定。

（2）根据在企业生产、经营和管理中的重要性与保密规定，信息可分为国家秘密信息、商业秘密信息和一般信息三级。其中商业秘密信息根据使用范围，依次分为决策层共享、部门内共享和部门间共享三个共享层次。在信息传递过程中严格遵循关于信息分级的要求，实现信息在规定的范围内分享和使用。

（3）通过成立专门的保密部门或指定部门，具体指导、推动和检查企业的保密工作与规章制度的落实情况。严格执行泄密事件报告制度，依法、依纪查处重大泄密事件。

（4）对外宣传工作严格遵守保密规定，禁止对外发布或泄露涉及国家、企业秘密的信息，未经批准禁止披露敏感信息。

（5）制定员工守则，规定每名员工不可利用企业的知识产权和相关信息谋取私利，不非法使用属于他人的知识产权和相关信息，不实施侵犯他人知识产权的行为。

（三）信息系统技术整体控制

信息系统是一个由人、计算机及其他外围设备等组成的能进行信息收集、传递、存储、加工、维护和使用并以处理信息流为目的的人机一体化系统。信息系统由计算机硬件、网络和通信设备、计算机软件、信息资源、信息用户和相关制度等组成。

信息系统是现代社会一门新兴的学科，其主要任务是最大限度地利用现代计算机及网络通信技术加强企业的信息管理，通过对企业拥有的人力、物力、财力、设备、技术等资源的调查了解，提供正确的数据，将数据加工处理并编制成各种信息资料，及时提供给管理人员，以便进行正确的决策，不断提高企业的管理水平和经济效益。企业的计算机网络已成为企业进行技术改造及提高企业管理水平的重要手段。

1. 信息化管理体系

企业应建立完善的信息化管理体系，设立信息化小组，定期召开会议，听取、总结和指导本单位信息化工作，对重大信息技术发展方向和目标进行决策。信息化工作归口管理部门对信息系统行使管理职责。

2. 信息系统技术组织架构及人员

信息系统管理人员须具备足够的专业技能，以胜任工作。人力资源部门应明确设定各信息系统管理人员的职责，在职责设定时，考虑职责分工及内部控制方面的要求。

3. 信息风险评估

根据风险防范的规定，信息系统归口管理部门负责每年对信息系统进行综合风险评估，识别和记录影响整个企业的信息技术风险，形成风险评估报告，并组织专家组对风险评估报告进行评审。同时，信息系统归口管理部门可以通过多种形式对本单位信息系统的风险进行评估，包括企业信息系统整体风险、重点系统风险、主要基础设施风险等，形成相关风险评估报告，并将风险评估报告经信息系统管理部门负责人审核签字后，上报企业高层。

4. 信息系统安全管理

（1）信息系统归口管理部门应提供本单位的信息系统关键岗位名录，岗位名录上的关键岗位人员要与所在单位签署信息系统关键岗位安全责任书。

（2）企业应建立应急预案，预案中应明确信息安全事件和事故的定义、发生不同信息安全事件或事故的问题上报流程、各应用系统和基础架构系统的重要性等级与业务影响程度等内容。应每年安排应急预案演练，并根据演练结果对应急预案进行必要的优化和更新。

5. 信息系统的 COBIT

国际信息系统审计与控制协会提出的信息系统和技术控制目标（COBIT）是目前国际上公认的最先进、最权威的安全与信息技术管理和控制标准。COBIT 框架采用的是 COSO 框架关于内部控制的定义，不同的是它重点集中于利用信息技术来达到企业的目标和实施内部控制。

COBIT 为 IT 的有效治理提出了路径，为企业在实现业务目标的同时平衡 IT 投资和风险方面提供一种机制，在确保企业能够实现业务目标的前提下，达到在风险管理和收益实现间的有效平衡，对指导和管理各类 IT 活动等起到了重要的作用。

我国《企业内部控制应用指引第 18 号——信息系统》是建立在 COSO 报告、COBIT 框架及《企业内部控制基本规范》基础上的，它用来管理企业内部控制和 IT 安全等级，指导企业有效利用信息资源，有效管理与信息相关的风险。

即时思考

内部报告的使用应注意什么？

任务三　企业信息与沟通中的冲突与协调

企业就像一个小社会，在日常的工作中，相当一部分的精力要用于信息与沟通，例如生产与销售、财务与考核、人力资源与人才成长等团队，时常会遇到信息不对等的情况，从而导致沟通不畅，影响工作效率与团队和谐。因此，如何化解信息与沟通中的不对称和不通畅，显得尤为重要。

一、团队冲突及其原因

（一）团队冲突

团队冲突需要三个要素：团队认同、可观察到的团队差别及挫折。首先，员工必须把自己看作一个可以辨别的团队的一部分。其次，团队必须在某种形式上存在可以观察到的区别于其他团队的不同点。团队可能位于大楼的不同楼层，其成员或许来自不同的学校或者在不同的部门工作。员工有能力认清自己是某一团队的一部分，并且能够通过比较观察到自己团队与其他团队的不同。最后，挫折是指团队在实现目标的过程中遇到的阻碍。挫折会带来团队之间的冲突。当一个团队试图超越其他相关团队时，便出现了团队之间的冲突。团队之间的冲突可以定义为发生在组织的团队之间的一种行为。当参与者认同某一团队，并且认为其他团队会阻碍自己团队实现目标或期望值时，会发生这种行为。冲突意味着组织的直接撞击，甚至意味着它们之间的根本对立。冲突与竞争相似，但更加激烈。竞争是指为追逐一个共同的奖励而进行的团队之间的竞赛，而冲突则直接涉及目标的实现。

组织内部团队之间既有横向冲突也有纵向冲突。横向冲突发生在同一层级的团队之间。生产团队可能会因为新的质量程序降低了生产效率而与质量控制团队发生争论，销售团队可能会因为财务团队的信用政策使其难以赢得新客户而与之产生分歧，市场团队和研究开发团队可能会为一项新产品的设计而发生争执。对此，需要某种横向的协调来减少冲突，实现协作。

冲突还会发生在纵向的不同层级之间。纵向冲突产生于控制、权力、目标、工资和福利等方面。一个典型的纵向冲突是管理总部和地方工厂或特许专卖商之间的冲突。

（二）团队冲突的原因

在任何建有不同团队的情况下，都存在团队冲突的潜在因素，团队冲突的原因主要有以下五个。

1. 环境

团队的建立是与外部环境相互作用的结果，随着环境不确定性和复杂性的增加，团队之间的技能、态度、权力及经营目标的差异也在加大。每个团队都力图适应环境，也因此与其他组织的团队产生差别。而且国内国际竞争的加剧导致价格下降、质量提高和服务改善，这些需求在组织内部转化为更加紧迫的目标压力，并由此在团队中产生更大的冲突。

2. 规模

组织规模的扩大带来了团队细分。团队成员开始考虑分离，在自己团队和其他团队之间建立隔离墙。层级的增加也加大了团队之间权力和资源的差别。

3. 技术

技术决定了团队中的任务分配和团队之间的依存性。在完成任务的过程中，依存性使团队更经常地相互作用，而且必须共享资源。依存性常常导致冲突。

4. 目标

组织的总目标被分解为每一个团队的经营目标。市场、财务、法律及人力资源所追求的经营目标似乎经常相互排斥,一个团队的经营目标可能会妨碍另一个团队的目标,由此引发冲突。创新目标也经常带来冲突,因为创新需要团队之间的协调,创新目标往往比内部效率目标冲突更大。

5. 结构

组织结构反映了劳动分工和便于协调与控制的系统。组织结构确定了团队的组合和员工对已经确定的团队忠诚度,例如,选择一个事业部意味着总部将事业部置于对资源的竞争之中,总部可能会根据事业部的竞争情况提供报酬上的激励。

二、应对团队冲突的方法

一个组织的理想状态是适度的团队冲突。管理者不能让冲突过于激烈,否则会带来损失,应当尽可能地鼓励合作,以激励员工提高工作效率、实现组织目标。冲突管理的目标是团队成员的行为或者态度。通过改变行为,公开的冲突会减少或削弱,但是团队的成员可能仍然讨厌其他团队的成员。行为的改变使冲突更不容易看出来,或者使团队相互分离。态度的改变更深入,花费的时间也更长。应对管理团队冲突的方法主要有以下几种。

(一)正式的权力

正式的权力意味着为了重新解决或控制冲突而使规章制度和合法权力生效的高级管理。例如,广告部和销售部可能对广告策略不一致,销售部可能希望以直接邮送作为基本策略,而广告部则更喜欢利用广播和电视。这种冲突可以通过将问题交给负责市场营销的副职来解决,他可以通过合法的权力来解决冲突。采用这种方法的弊端在于,并不能改变双方合作的态度,只能处理现时的问题。当成员对某种特定冲突的解决方案没能形成一致意见时,正式的权力在短期内具有效用。

(二)限定的沟通

在冲突的团队中鼓励某种沟通,可以避免对其他团队的能力、技术和特点的错误感知。当团队之间处于激烈冲突时,可以利用限定的沟通来解决。在一般情况下,限定的沟通可以集中于团队的共同目标,例如,某公司研发部门和生产部门之间经常发生冲突,位于同一城市的事业部高级管理者安排了一个会议,用以解决分歧。在这个会议中,管理者可以提出异议,大家共同讨论,通过这种方式解决有关问题的争议。这种方法可能会带来一定态度的转变。

(三)整合方法

企业可以将团队、项目组和超出边界的项目经理进行整合。将产生冲突的团队代表结合到一起,是减少冲突的一个有效方法,因为代表们愿意理解彼此的观点。有时需要一个专职整合员,通过与各个团队的成员会面和交流信息来实现合作及协调,该整合员必须了解各团队的问题,能够提出双方都可以接受的解决方法。

(四)对话和谈判

当冲突双方直接接触以解决分歧时,便会有对话,在对话的过程中,双方互讲条件的过程就是谈判。对话和谈判是双方有条不紊地寻找解决问题的办法。对话和谈判都有某种风险,既不能保证讨论集中于某项冲突，也不能保证双方都能够控制住情绪。但是，如果人们能够在面对面讨论的基础上解决冲突，他们就会发现彼此新的一面，进一步的合作也就变得更加容易。比如，企业可以采用让各个部门领导每个月和另外部门的领导面对面会见一次的方法，列出对对方部门的希望，讨论和谈判之后，部门领导在清单上写出对所要履行的服务承诺。

经常接触有助于提高管理者的技能，并使他们渴望通过自己来解决冲突和问题。当管理者实行的是双赢策略时，对话便是成功的方法。双赢即对团队双方都采取肯定态度，并试图通过彼此都能受益的方式解决冲突。如果谈判变成输赢策略，即每个团队都想击败另一方，对话就难以有效。

（五）第三方机构

当冲突激烈并且持续时间较长时，团队成员就会产生怀疑并且不愿意合作，这时可以由组织引进第三方机构，与双方团队的代表会面。第三方机构可以在很大程度上促进建立合作的态度并且减少冲突，有时这种方法也称为"现场调解"。第三方机构常试图在团队之间重新建立已经断裂的沟通线路，充当解释角色以保证团队之间的消息能够被正确理解，而不受偏见影响。同时，对一个团队或另一个团队的固有做法进行挑战并公开化，使固有做法曝光并瓦解。另外，提高对其他团队的积极行动和影响的认识，促使一个团队重新评价另一个团队。最后，确定、集中和解决冲突的特定来源，解决冲突，建立和培养合作态度，以取代以往的冲突。

（六）成员轮换

轮换是指在临时或永久的基础上，个人可以从一个团队到另一个团队工作。其好处是个人的价值观、态度、问题和目标可以和其他团队相互渗透。另外，可以将原先团队的问题和目标解释给新同事，使观点和信息的交流坦诚而准确。通过岗位轮换减少冲突的速度很慢，但就改变产生冲突的根本态度和认知而言，这种方法比较有效。

（七）共同的使命和最高目标

减少团队冲突还可以采用提出共同使命、制定需要各团队合作来实现最高目标等策略。在具有强势的、适宜文化的组织内部，员工对企业的发展前景较有信心与抱负时，更加容易拥有团结合作的动力。通常，当不同团队的员工看到他们的目标紧密相连时，会共享资源和信息。当然，管理层提出的最高目标必须很实在，必须可在一定时间内通过合作实现。报酬系统也应该设计成鼓励追求最高目标，比如组织生存目标，当组织将要失败、工作将要丧失时，团队会忘记它们的差别并试图拯救组织。实践表明，在不少面临危机的企业中，生存目标明显改善了团队之间的关系。

（八）团队之间的培训

团队之间的培训是减少冲突的一种有效方法。这种方法成本较高，但能够培养全企业范围的合作态度。团队培训工作步骤：一是向冲突着的团队设定培训目标，即寻求共同的感知和关系；二是将有冲突的团队分开，让每个团队讨论并列出对自己团队和另一个团队的感知；三是在两个团队都列席时，团队代表公开各自对自己和对方团队的认识，而团队成员有义务保持沉默，以便尽可能准确地向另一团队报告对方在本团队内的印象；四是在交换意见之后，各个团队回到自己的部门消化、分析听到的内容；五是在公共会议中再一次通过代表展开工作，团队之间共同探讨所暴露的分歧和带来分歧的可能原因，集中考虑真实的可观察的行为；六是在相互表白之后，双方可以更加公开地探讨目前共同的目标，确定造成认知歪曲的更多原因；七是综合探讨如何处理双方未来的关系，以促进团队合作。

即时思考

解决冲突的方法有哪些？

总结案例

聚灿光电科技股份有限公司内部控制自我评价报告

聚灿光电科技股份有限公司全体股东：

根据《企业内部控制基本规范》及其配套指引的规定和其他内部控制监管要求（以下简称企业内部控制规范体系），结合聚灿光电科技股份有限公司（以下简称公司）内部控制制度和评价办法，在内部控制日常监督和专项监督的基础上，我们对公司 2023 年 12 月 31 日（内部控制评价报告基准日）的内部控制有效性进行了评价。

一、重要声明

按照企业内部控制规范体系的规定，建立健全和有效实施内部控制，评价其有效性，并如实披露内部控制评价报告是公司董事会的责任。监事会对董事会建立和实施内部控制进行监督。经理层负责组织领导企业内部控制的日常运行。公司董事会、监事会及董事、监事、高管保证本报告内容不存在任何虚假记载、误导性陈述或重大遗漏，并对报告内容的真实性、准确性和完整性承担个别及连带法律责任。

公司内部控制的目标是合理保证经营管理合法合规、资产安全、财务报告及相关信息真实完整，提高经营效率和效果，促进实现发展战略。由于内部控制存在固有局限性，故仅能为实现上述目标提供合理保证。此外，由于情况的变化可能导致内部控制变得不恰当，或对控制政策和程序遵循的程度降低，根据内部控制评价结果推测未来内部控制的有效性具有一定的风险。

二、内部控制评价结论

根据公司财务报告内部控制重大缺陷的认定情况，于内部控制评价报告基准日，不存在财务报告内部控制重大缺陷。董事会认为，公司已按照企业内部控制规范体系和相关规定的要求在所有重大方面保持了有效的财务报告内部控制。

根据公司非财务报告内部控制重大缺陷认定情况，于内部控制评价报告基准日，公司未发现非财务报告内部控制重大缺陷。

自内部控制评价报告基准日至内部控制评价报告发出日之间未发生影响内部控制有效性评价结论的因素。

三、内部控制评价工作情况

(一) 内部控制评价范围

公司按照风险导向原则确定纳入评价范围的主要单位、业务和事项以及高风险领域。纳入评价范围的主要单位包括聚灿光电科技股份有限公司、全资子公司苏州聚灿能源管理有限公司、全资子公司聚灿光电科技（宿迁）有限公司及孙公司宿迁市聚灿光电有限责任公司。

纳入评价范围的主要业务和事项包括公司层面内部控制环境、销售及收款、采购及付款、存货管理、人力资源管理、资金管理、固定资产管理、财务报告流程等业务流程层面的内容；重点关注的高风险领域主要包括应收账款坏账损失风险、存货跌价损失风险、汇率变动带来的财务风险。

纳入评价范围的业务和事项以及高风险领域具体如下。

1. 内部环境

（1）治理结构

公司严格按照《中华人民共和国公司法》《中华人民共和国证券法》等相关法律法规和现代企业制度的要求，不断完善和规范公司内部控制的组织架构，确保了公司股东大会、董事会、监事会等机构的操作规范、运作有效，明确了权力决策机构与经理层之间的职责权限，使之各司其职、相互制衡、科学决策、协调运作。股东大会是公司最高权力机构，通过董事会对公司进行管理和监督，认真行使法定职权，维护上市公司和全体股东的合法权益。

监事会向全体股东负责，对公司财务以及公司董事、高管履行职责的合法合规性进行监督，维护公司及股东的合法权益。

公司在董事会下设立了董事会秘书，负责处理董事会日常事务，此外，根据不同功能，董事会还设立了战略与决策委员会、提名委员会、审计委员会、薪酬与考核委员会四个专门委员会。

总经理在董事会领导下，全面负责公司的日常经营管理活动，保证公司的正常运转。

（2）内部审计监督体系

公司设有审计部，对董事会审计委员会负责。审计部独立行使内部审计职权，向审计委员会报告工作。审计部负责对公司的日常财务情况及其他重大事项进行审计、监督和核查，对监督过程中发现的内部控制缺陷及时跟踪整改，确保内部控制制度的有效实施。

（3）公司组织结构

公司建立了与业务相适应的组织结构，各部门有明确的管理职责和权限，部门之间建立了适当的职责分工和报告制度，部门内部也存在相应的职责分工，以保证各项经济业务的授权、执行、记录以及资产的维护与保养分别由不同的部门或者员工相互牵制完成。

（4）人力资源管理

根据《中华人民共和国劳动法》及相关法律法规，公司建立了科学的聘用、考核、培训、晋升、工薪、请（休）假、离职、辞职、辞退、退休、社会保险缴纳等劳动人事制度，严格执行国家有关劳动用工等方面的法律法规，保障员工的合法利益，建立健全激励和约束机制，不断增强员工的归属感和使命感；根据企业发展规划及各年度生产经营计划，制订合理的用人计划和员工培训计划，不断提升员工专业胜任能力并强化其职业操守，通过建立健全灵活的用人机制，保持企业的生

存、发展和创新能力。以上制度经汇总后编制成《聚灿光电科技股份有限公司员工手册》，多渠道、全方位地使这些制度得到充分的宣传和有效的落实。

（5）企业文化建设

公司确立了"传统光源的颠覆者，绿色照明的领航人"的企业愿景，秉持"客户至上，品质第一"的经营理念，明确了"以优质的产品、卓越的服务打造一流企业，服务社会，回馈员工，为推进绿色LED照明做出卓越的贡献"为企业使命。公司将企业文化建设融入日常经营活动中，增强员工的信心和责任感，增强公司的凝聚力、向心力，树立公司的整体形象，保证公司的稳健运营。

2. 风险评估

公司根据战略目标及发展思路，结合行业特点，建立了系统、有效的风险评估体系，根据设定的控制目标，全面系统地收集相关信息，准确识别内部风险和外部风险，及时进行风险评估，做到风险可控。公司已建立突发事件应急机制、应急预案，明确责任人员、规范处置程序，确保突发事件得到及时妥善处理。

同时，公司为更好地控制风险，对现有的风险评估机制中的风险识别、预警和危机处理方法及制度、机制上的建设进一步加强，并进一步完善突发事件督察及责任追究制度。

3. 控制活动

（1）建立健全内部控制制度

在公司治理方面，公司已按照《中华人民共和国公司法》《中华人民共和国证券法》《上市公司治理准则》等有关法律法规的规定，修订或制定了《股东大会议事规则》《董事会议事规则》《监事会议事规则》《独立董事工作制度》《董事会秘书工作制度》《关联交易决策制度》《对外担保管理制度》《内部审计制度》《信息披露管理制度》《股东大会网络投票工作制度》《累积投票制实施细则》《投资者关系管理制度》《董事、监事和高管所持本公司股份及其变动管理制度》《内幕信息知情人登记管理制度》《定期报告信息披露重大差错责任追究制度》《重大事项内部报告制度》《衍生品投资管理制度》《对外提供财务资助管理制度》《委托理财管理制度》《外部信息使用人管理制度》等重大规章制度。

在日常管理方面，公司制定了一系列合法、有效的制度，涵盖了财务核算、物资采购、产品销售、人力资源管理、存货管理、内部审计等整个生产经营过程，确保各项工作都有章可循，形成了规范的管理体系。

（2）控制措施

采购环节内部控制：采购由采购部门负责，公司制定了《采购与付款业务管理制度》等控制制度，从制度上规范了公司物资采购行为，进一步加强了公司物资采购管理，降低了采购成本，提高了物资采购透明度和资金使用效率。

生产环节内部控制：生产由生产部门负责，公司制定了《生产停线管理规范》等制度，明确了生产、质保等业务环节的内部控制程序和措施，通过以上管理制度的建立健全和有效实施，基本实现了生产经营主要环节的风险控制，保障了生产经营业务的合规合法性和效率性。

销售环节内部控制：销售由销售部门负责，公司制定了《销售与收款业务管理制度》等制度，规范公司的对外销售行为，通过对职务分离、业务流程控制、财务结算控制等关键控制点采取相应的控制措施，实现销售与收款不相容岗位相互分离、制约和监督，并最终促成公司销售目标的实现；财务部配备专门会计对产成品、应收账款进行明细核算和开具发票，对产成品月末抽盘、年终全面盘点，并与客户定期对账、必要时提示催付货款。

货币资金管理环节内部控制：公司制定了《货币资金管理制度》《票据管理制度》等制度，明确规定了出纳人员岗位职责，对货币资金收支业务进行了授权批准程序，对货币资金的入账、划出、记录做出了规定，确保了货币资金的安全。

投资和筹资环节内部控制：公司制定了《对外投资管理制度》《控股子公司管理制度》《募集资金管理办法》等系列制度，规范了公司的投资行为，为防范相关财务风险提供了制度保证。

印章管理内部控制：公司制定了《印信管理制度》，对各类印章的保管和使用制定了严格的责任制度和规范的印章使用审批流程，并在公司运用过程中贯彻执行。

4. 信息与沟通

公司根据《中华人民共和国公司法》《中华人民共和国证券法》《深圳证券交易所创业板股票上市规则》等相关法律法规、规范的要求，依据《公司章程》的有关规定，结合公司信息披露及投资者关系管理工作的实际情况，明确了公司股东、董事、监事、高管对于信息披露的职责，明确了董事长是公司信息披露的第一责任人，董事会全体成员负有连带责任，董事会秘书负责协调和组织公司信息披露工作的具体事宜。证券部是负责公司信息披露工作的专门机构，规范了公司信息披露的流程、内容和时限。

5. 对控制的监督

公司建立了法人治理机制，建立了内部控制监督制度，独立董事、监事会能充分、独立地对公司管理层履行监督职责，进行独立评价和建议。公司制定了《内部审计制度》，在董事会审计委员会领导下设置有专门的内部审计机构，依法独立开展内部审计工作，确保对管理层的有效监督和内部控制有效运行。

（二）内部控制评价工作依据及内部控制缺陷认定标准

公司依据企业内部控制规范体系及其配套指引的规定组织开展内部控制评价工作。

公司董事会根据企业内部控制规范体系对重大缺陷、重要缺陷和一般缺陷的认定进行要求，结合公司规模、行业特征、风险偏好和风险承受度等因素，区分财务报告内部控制和非财务报告内部控制，研究确定了适用于本公司的内部控制缺陷具体认定标准，并判断是否属于重大缺陷、重要缺陷和一般缺陷。

公司确定的内部控制缺陷认定标准如下。

1. 财务报告内部控制缺陷评价标准

（1）财务报告内部控制缺陷评价的定量标准

①重大缺陷

如果该缺陷单独或连同其他缺陷可能导致财务报告错报金额达到或超过合并财务报表资产总额的2%；或者达到或超过合并财务报表营业收入总额的3%；或者达到或超过利润总额的5%，按孰低原则认定为重大缺陷。

②重要缺陷

如果该缺陷单独或连同其他缺陷可能导致财务报告错报金额大于或等于合并财务报表资产总额的0.5%，但小于2%；或者大于或等于合并财务报表营业收入总额的1%，但小于3%；或者大于或等于利润总额的3%，但小于5%，按孰低原则认定为重要缺陷。

③一般缺陷

如果该缺陷单独或连同其他缺陷可能导致财务报告错报金额小于合并财务报表资产总额的0.5%；或者小于合并财务报表利润总额的3%，按孰低原则认定为一般缺陷。

（2）财务报告内部控制缺陷评价的定性标准

①重大缺陷

出现以下情形的（包括但不限于），应认定为财务报告内部控制重大缺陷：

A. 公司内部控制无效；

B. 公司董事、监事和高管舞弊并给公司造成重大损失和不利影响；

C. 发现当期财务报告存在重大错报，但公司内部控制未能识别该错报；

D. 已经发现并报告给董事会和经理层的重大缺陷在合理的时间内未加以改正；

E. 公司审计委员会和内部审计机构对内部控制的监督无效。

②重要缺陷

出现以下情形的（包括但不限于），应认定为财务报告内部控制重要缺陷：

A. 未依照公认会计准则选择和应用会计政策；

B. 未建立反舞弊程序和控制措施；

C. 对于非常规或特殊交易的账务处理没有建立或实施相应的控制机制，且没有相应的补偿性控制；

D. 对于编制期末财务报告过程的控制存在一项或多项缺陷且不能合理保证编制的财务报表达到真实、准确的目标；

E. 内部控制重要缺陷或一般缺陷未得到整改。

③一般缺陷

不构成重大缺陷或重要缺陷的其他内部控制缺陷。

2. 非财务报告内部控制缺陷评价标准

（1）非财务报告内部控制缺陷评价的定量标准

①重大缺陷

直接或潜在负面影响或造成直接财产损失达到或超过合并财务报表资产总额的2%；或者达到或超过合并财务报表营业收入总额的3%，则认定为重大缺陷。

②重要缺陷

直接或潜在负面影响或造成直接财产损失达到或超过合并财务报表资产总额的0.5%，但小于2%；或者达到或超过合并财务报表营业收入总额的1%，但小于3%，按孰低原则认定为重要缺陷。

③一般缺陷

直接或潜在负面影响或造成直接财产损失小于合并财务报表资产总额的0.5%；或者小于合并财务报表营业收入总额的1%，按孰低原则认定为一般缺陷。

(2) 非财务报告内部控制缺陷评价的定性标准

①重大缺陷

出现以下情形的（包括但不限于），应认定为非财务报告内部控制重大缺陷：

A. 公司决策程序不科学，导致重大决策失误，给公司造成重大财产损失；

B. 违反相关法规、公司规程或标准操作程序，且对公司定期报告披露造成重大负面影响；

C. 出现重大安全生产、环保、产品（服务）事故；

D. 重要业务缺乏制度控制或制度系统性失效，造成按上述定量标准认定的重大损失；

E. 其他对公司负面影响重大的情形。

②重要缺陷

出现以下情形的（包括但不限于），应认定为非财务报告内部控制重要缺陷：

A. 公司决策程序不科学，导致出现一般失误；

B. 违反公司规程或标准操作程序，形成损失；

C. 出现较大安全生产、环保、产品（服务）事故；

D. 重要业务制度或系统存在缺陷；

E. 内部控制重要缺陷或一般缺陷未得到整改。

③一般缺陷

不构成重大缺陷或重要缺陷的其他内部控制缺陷。

（三）内部控制缺陷认定及整改情况

1. 财务报告内部控制缺陷认定及整改情况

根据上述财务报告内部控制缺陷的认定标准，报告期内公司不存在财务报告内部控制重大缺陷、重要缺陷。

2. 非财务报告内部控制缺陷认定及整改情况

根据上述非财务报告内部控制缺陷的认定标准，报告期内未发现公司非财务报告内部控制存在重大缺陷、重要缺陷。

四、其他内部控制相关重大事项说明

报告期内，公司无其他内部控制相关重大事项的说明。

聚灿光电科技股份有限公司
董事会
2024年1月26日

资料来源：http://www.szse.cn/disclosure/listed/bulletinDetail/index.html? d3129532 - a6d0 - 4ada - afa7 - 6e3564ff6bb5。

项目小结

在当今社会中，信息化、经济化已经成为社会发展的主流，随着经济的不断发展，信息化也在

逐步深入，与之相应地，社会竞争环境日趋复杂，企业需要面临更复杂的社会环境。企业要想在优胜劣汰的竞争环境中生存下来，就要充分利用信息与沟通对企业运营的积极作用，促进管理更加趋于科学化和合理化。

信息与沟通是企业内部控制的基本方法，企业在经营管理中及时、准确地收集、传递与内部控制相关的信息，以确保相关信息在企业内外部之间进行有效的沟通。

有效的信息与沟通要设定目标，在明确目标的基础上着手有关信息的收集，明确处理和传递程序，同时注意在信息沟通中的冲突和协调，确保信息的通畅和沟通的顺利。

掌握信息与沟通的含义及主要的控制方法，是企业内部控制有序进行的重要保证，可以主动化解企业在信息中存在的或有风险，让企业在内外部的沟通上更加通畅。

延伸阅读

国家层面

1. 《企业内部控制基本规范》及配套指引。
2. 《中华人民共和国网络安全法》。
3. 《全国人民代表大会常务委员会关于加强网络信息保护的决定》。
4. 《中华人民共和国计算机信息网络国际联网管理暂行规定》。
5. 《关于加强政府上网信息保密管理的通知》。
6. 《涉及国家秘密的通信、办公自动化和计算机信息系统审批暂行办法》。

企业层面

1. 信息资源、信息化、信息系统安全管理办法。
2. 企业政务信息工作规则。
3. 重特大事件应急预案。
4. 企业对外宣传工作管理办法。
5. 信息分级与授权规则。
6. 网站信息安全管理规定。
7. 企业商业秘密保护规定。
8. 企业内幕信息知情人登记制度。
9. 企业与信息沟通相关的经营管理制度。

复习思考

1. 简述信息与沟通的含义。
2. 信息收集的原则是什么？
3. 信息的分类有哪些？
4. 内部沟通的主要内容有哪些？
5. 信息与沟通中的主要风险是什么？
6. 描述信息与沟通的主要控制要求及其主要作用。
7. 企业在应对突发事件和不良舆情方面应该制定哪些对策和应急措施？

8. 如何防止团队发生冲突？

实践提升

1. 在现实工作中，将信息与沟通进行拆分是否可行？
2. 请问你与人沟通时，最在意的是什么？
3. 假设企业突发了环境方面的事件，你作为发言人应如何应对？
4. 在团队中，你如果与队友产生冲突，该如何解决？

本章考核

一、单项选择题

1. 信息系统内部控制的主要对象是（ ）。
   A. 办公系统　　　　B. 财务系统　　　　C. 信息系统　　　　D. 管理系统
2. 根据COSO《内部控制——整合框架》，下列不属于内部控制要素中信息与沟通的是（ ）。
   A. 反舞弊机制　　　B. 举报投诉制度　　C. 举报人保护制度　D. 缺陷认定机制
3. 在任何建有不同团队的情况下，都存在团队冲突的潜在因素，造成团队冲突的原因不包括（ ）。
   A. 沟通　　　　　　B. 目标　　　　　　C. 规模　　　　　　D. 环境

二、多项选择题

1. 下列属于信息与沟通要求的有（ ）。
   A. 建立反舞弊机制
   B. 建立举报投诉制度和举报人保护制度
   C. 与外部利益相关者保持有效沟通
   D. 设计控制活动旨在防止发生不希望出现的事情
2. 为了保证信息收集的质量，信息收集应坚持的原则有（ ）。
   A. 准确性原则　　　B. 全面性原则　　　C. 时效性原则　　　D. 保密性原则
3. 企业信息与沟通中的主要风险点包括（ ）。
   A. 在共享信息的过程中，由于信息的不对称和严重的信息污染现象，导致信息不准确、滞后
   B. 信息处理或流转不当、信息收集成本过高
   C. 信息保管不当，导致重要资料泄密或丢失
   D. 危机处理预案建立不当，应急沟通能力欠缺、公关宣传不力

三、判断题

1. 信息系统处理的对象既包括企业经营活动等内部信息，也包括与经营活动相关的外部事项、活动和环境等外部信息。（ ）
2. 企业组织的不同层级所需要的主要信息类型是不同的，决策层的信息需求以客观信息为主，执行层的信息需求则以主观信息为主。（ ）
3. 信息资源由信息生产者和信息两个要素组成。（ ）
4. 企业内部报告的流转和处理过程必须严格执行相关的保密规定。（ ）

5. 就改变产生冲突的根本态度和认知而言，成员轮换往往会比较有效。（   ）

参考答案：

一、单项选择题

1. C　2. D　3. A

二、多项选择题

1. ABC　2. ABC　3. ABCD

三、判断题

1. √　2. ×　3. ×　4. √　5. √

项目六
企业内部监督

学习目标

知识目标	技能目标	素养目标
1. 理解内部监督与内部监督体系。 2. 掌握内部监督的主要风险点和控制点。 3. 了解内部检查评价的目标、原则；掌握内部检查评价的内容、程序和方法。 4. 掌握内部控制缺陷的定义和分类；了解内部控制缺陷的认定标准	1. 能够有效识别企业内部监督中的主要风险点，并提出防范建议。 2. 能够识别企业存在的内部控制缺陷并提出相应的整改建议	1. 培养学生的工匠精神，强化责任意识，提升职业素养。 2. 树立正确的人生观和价值观，恪守诚信、客观、公正的职业准则，学会反思和质疑

思政融入点

1. 依托内部监督要素的教学内容，以近年来发生的企业内部控制失效及相关从业人员违法或失职事件为融入点，培养学生的工匠精神，强化责任意识，从而提升职业素养，也让学生能够切身体会审计人员"经济警察"职责的重要性。

2. 立足企业内部检查评价的原则，以检查评价人员应履行的职责和义务为切入点，引导学生树立正确的人生观和价值观，恪守诚信、客观、公正的职业准则，学会反思和质疑，切实提升监督绩效。

| 企业内部控制 |

知识框架图

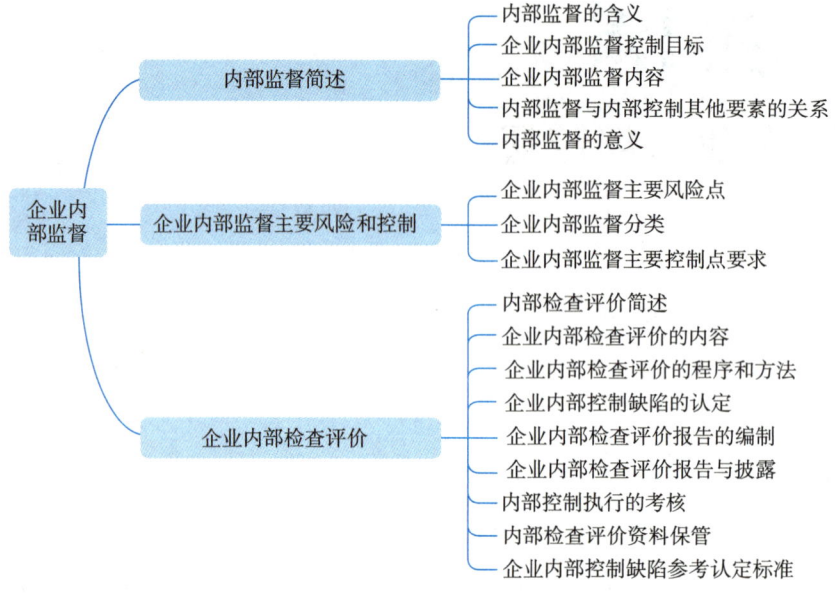

开篇案例

深圳证监局关于对深圳市赛为智能股份有限公司采取责令改正措施的决定

深圳市赛为智能股份有限公司：

根据《中华人民共和国证券法》《上市公司现场检查办法》以及我局 2019 年上市公司现场检查工作安排，我局于 2019 年 10 月起对你公司进行了现场检查。检查发现，你公司存在以下问题。

一、公司治理不健全，内部控制存在缺陷

（一）董事、监事违反规定缺席股东大会

2016—2018 年，你公司共召开 20 次股东大会，部分董事和监事未按规定出席股东大会，其中 1 名董事及 1 名监事自当选后从未出席你公司股东大会。上述情形违反了《上市公司股东大会规则》第二十六条的相关规定。

（二）高管选聘程序不规范

你公司聘任总经理、董事会秘书、副总经理、财务总监等高管的议案均未提交你公司设立的董事会提名委员会审议。上述情形不符合《上市公司治理准则》第四十一条的相关规定。

（三）董事会审计委员会履职不到位

你公司董事会审计委员会仅对公司年度报告、半年度报告进行审议，未对公司第一季度报告和第三季度报告进行审议。上述情形不符合《上市公司治理准则》第三十九条的相关规定。

（四）对外提供财务资助相关内部控制缺失

你公司于 2017 年 10 月 16 日与广东赛翼智能科技有限公司（以下简称赛翼科技）签订借款合同，向赛翼科技提供借款 500 万元，上述对外提供财务资助事项未经你公司董事会审议。你公司时任财务总监未将该事项报告董事会及董事会秘书，不符合《上市公司信息披露管理办法》第四十五条的规定。

（五）内幕信息知情人管理不规范

2016 年以来，你公司在编制业绩预告、业绩快报时未形成内幕信息知情人档案，违反了证监会《关于上市公司建立内幕信息知情人登记管理制度的规定》第六条的规定。

（六）公司印章管理及重大信息内部报告机制相关内部控制存在重大缺陷

2013 年 9 月 7 日，周庆华与你公司周勇、周新宏、封其华、陈中云签署合作协议，约定赛为智能股份有限公司重大资产并购、业绩承诺、现金及股票奖励等事宜。你公司董事长周勇、董事周新宏、时任董事封其华、原董事陈中云均未将上述事项报告董事会。合作协议加盖了公司公章，但未在你公司用印登记簿中进行登记。2017 年 12 月，周庆华就与你公司周勇、周新宏、封其华、陈中云的合同纠纷向深圳市中级人民法院起诉。上述情形反映出你公司董事、监事及高管人员未能勤勉尽责，守法合规意识淡薄，公司印章管理及重大信息内部报告机制相关内部控制存在重大缺陷，不符合《企业内部控制基本规范》的相关规定。

（七）收购标的游戏业务涉嫌违规经营

2017 年 5 月，你公司以发行股份及现金支付方式收购了北京开心人信息技术有限公司（以下简称开心人）100% 的股权。开心人开发运营的两款移动网络游戏在相关主管部门审批取得游戏版号前即对外上线运营，开放游戏充值渠道。上述行为不符合网络出版相关规定，存在被没收违法所得并受到相关主管部门行政处罚的法律风险。

二、信息披露存在不规范的情况

（一）未及时披露重大事项的进展或变化情况

2015 年 11 月 11 日，你公司披露《关于对上海国富光启云计算科技股份有限公司进行增资暨对外投资的公告》，对上海国富光启云计算科技股份有限公司（以下简称国富光启）增资 1.38 亿元，持有国富光启 10% 的股权。相关公告中，你公司还披露与上海范仕达科技投资有限公司（以下简称上海范仕达，国富光启为控股股东）签订的投资协议包含回购条款，约定在 2018 年 12 月 31 日前国富光启如未能首次公开发行股票并于中国或境外证券交易所挂牌上市，则上海范仕达对你公司持有国富光启的全部股份进行回购并按年利率 12% 支付利息。截至 2018 年末，国富光启未能实现境内或境外 IPO，已触发回购条件。2019 年 1 月，你公司函告上海范仕达要求其履行国富光启的股权回购义务，并在 2020 年 1 月 20 日向上海市第二中级人民法院就国富光启股权回购事项提起诉讼，但你公司未对上述事项进行披露。你公司未及时披露重大事项的进展情况，违反了《上市公司信息披露管理办法》第三十二条关于重大事项披露后应及时披露进展或者变化情况的相关规定。

（二）董事会秘书对外披露信息不谨慎

你公司董事会秘书在与投资者交流活动中发表与公司经营业绩相关的未公开信息，对外披露信息不谨慎，信息披露不公平，不符合《上市公司信息披露管理办法》第三条的相关规定。

三、财务管理和会计核算不规范

（一）在建工程及固定资产的会计核算不规范

2014年12月，你公司与安徽工业大学合作创办安徽工业大学工商学院。2015年6月，你公司启动安徽工业大学工商学院校区工程建设。你公司将该工程项目发包给多家建造承包商。各期期末，你公司按照建造承包商开具发票的金额确认在建工程入账成本，未能按照工程结算价款确认建筑工程的成本支出，在建工程核算不规范。上述工程项目中各类资产陆续完工投入使用，分期达到预定可使用状态，但你公司未能在相应时点及时分类别结转固定资产，导致后续固定资产计提折旧不准确，上述会计核算不符合《企业会计准则第4号——固定资产》第五条的相关规定。

（二）存货管理内部控制薄弱，会计核算不规范

2016—2018年，你公司在各期期末均未按照《企业会计准则第1号——存货》的要求对存货进行减值测试，也未计提存货跌价准备。此外，你公司重要子公司合肥赛为智能有限公司虽然每月末对仓库存货进行抽盘，但未留存完整、连续的书面盘点记录，年末也仅对部分存货进行抽盘，存货管理的内部控制存在缺陷，公司制度的执行流于形式。

综上所述，你公司治理不健全，内部控制不规范，反映出你公司在规范运作方面仍存在较多问题，影响你公司治理的有效性，不符合《上市公司治理准则》第三条的相关规定。你公司信息披露存在不规范的情况，不符合《上市公司信息披露管理办法》第三条和第三十二条的相关规定。你公司财务管理和会计核算不规范，影响相关财务信息披露的准确性，不符合《上市公司信息披露管理办法》第二条的相关规定。根据《上市公司现场检查办法》第二十一条、《上市公司信息披露管理办法》第五十九条和《关于上市公司建立内幕信息知情人登记管理制度的规定》第十五条的规定，我局决定对你公司采取责令改正的行政监管措施。你公司应按照以下要求进行整改，并于收到本决定书之日起30日内就整改情况向我局提交书面报告。

一、你公司全体董事、监事和高管应加强对《中华人民共和国证券法》等法律法规的学习，忠实、勤勉地履行职责，切实完善公司治理，健全内部控制制度，强化信息披露管理，严格履行信息披露义务，确保上市公司披露信息的真实、准确、完整、及时、公平。你公司全体董事、监事和高管应高度重视整改工作，对公司治理、内部控制、内幕信息管理、信息披露等方面存在的不规范情况进行全面梳理，采取有效措施进行整改，切实提高公司治理水平，强化规范运作意识。

二、你公司应加强财务基础工作，增强财务人员的专业能力和守法合规意识，确保财务管理和会计核算的规范性，从源头保证财务相关信息披露质量。

三、你公司监事会应当对公司财务以及公司董事、监事和高管履行职责的合法合规性进行监督，发现违反法律、法规或公司章程的行为，可以向董事会、股东大会反映，也可以直接向证券监管机构和有关部门报告。

如对本监督管理措施不服，可以在收到本决定书之日起60日内向中国证券监督管理委员会提

出行政复议申请，也可以在收到本决定书之日起 6 个月内向有管辖权的人民法院提起诉讼。复议与诉讼期间，上述监督管理措施不停止执行。

深圳证监局
2020 年 3 月 16 日

资料来源：http://www.csrc.gov.cn/shenzhen/c104320/c1582349/content.shtml。

内部监督是对内部控制活动执行情况的监察与督促。内部控制作用的发挥有赖于建立起健全有效的内部控制系统，建立起良好的运行机制，为此，需要对内部控制的建立和实施进行监督。承担这一任务的主要是内部监督部门，企业应当根据国家内部控制的相关规定制定内部监督制度，明确内部审计机构或经授权的其他监督机构，明确其在内部监督中的职责权限，规范内部监督的程序、方法和要求。

企业内部监督是单位内部设立的监督机构进行的一种监督与评价活动。内部监督离不开内部检查评价，且作为一种经济监督形式，其本身也是内部控制系统的组成部分。这一组成部分对完善内部控制系统有特殊的作用。

任务一　内部监督简述

一、内部监督的含义

内部监督是指企业对内部控制建立与实施情况进行监督检查，评价内部控制设计和运行的有效性，发现内部控制缺陷，提出改进措施并监督整改的过程。内部监督主要包括对建立并执行内部控制的整体情况进行持续性检查评价，对内部控制的某一或者某些方面进行专项检查评价，提交相应的检查报告，提出有针对性的改进措施等。

二、企业内部监督控制目标

（1）企业通过开展内部监督工作，提高内部控制设计和执行的有效性。

（2）企业通过开展内部监督工作，促进企业内部控制体系的持续优化和完善，提升企业市场形象和公众认可度。

三、企业内部监督内容

内部监督是内部控制发展到一定阶段的必然产物。早在内部牵制阶段，审计人员就注意到了内部监督问题。1929 年，美国注册会计师协会和美国联邦储备委员会在《财务会计报表的验证》一文中最早提出了内部控制评价概念，指出："要对内部控制的有效性做出评价，而抽查的范围将取决于检查内部控制系统的结果。"要做好内部监督，必须关注内部控制的运行过程。

（一）内部控制的运行过程

内部控制不是静态的，而是一个持续的循环过程。这个过程主要包括设计、执行、评价和改进四个环节，如图 6-1 所示。

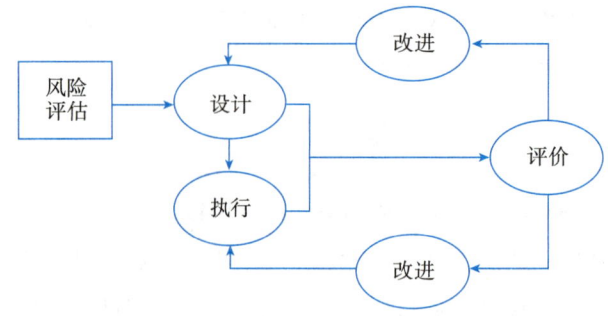

图 6−1 内部控制运行过程

1. 内部控制设计

企业需要对自身的任务和目标进行风险评估,并根据风险评估的结果来确定企业内部控制的具体目标,然后根据目标来设计内部控制。内部控制设计主要由管理层制定各种内部控制制度,是内部控制循环的基础。

2. 内部控制执行

内部控制执行是对内部控制设计的运用。内部控制设计得再完美,若不加以实施,就如同纸上谈兵,毫无意义。

3. 内部控制评价

内部控制评价是对设计与执行两个环节的恰当性和有效性等进行测试、分析,并进行合理的评价。内部控制评价是内部控制过程中非常重要的一个环节,或者说,是一个承前启后的环节。内部控制评价既是对已有内部控制的总结,也是未来改进内部控制体系的重要依据。

4. 内部控制改进

企业管理层应根据内部控制评价意见对企业的内部控制系统进行改进。如果只有内部控制评价,而没有改进措施,那么内部控制评价就没有任何价值。改进的内容又构成内部控制系统的组成部分,成为下一次内部控制评价的对象。

内部控制系统运行的四个环节环环相扣、紧紧相连,构成一个完整的内部控制过程。现实中并不存在一劳永逸的内部控制系统,内部控制系统必须随着企业内外部环境的变化不断改进。因此,企业应长期、持续地开展内部控制评价,及时对自身的内部控制体系加以改进,以适应新的要求。

(二)内部监督的主要内容

在上述内部控制的运行过程中,均不同层面地嵌入了内部控制环境、风险评估、控制活动、信息与沟通等要素内容。因此,内部监督应在此基础上进行,在监督的同时予以恰当的评价,以利于企业经营管理的优化和完善。

1. 建立健全内部监督制度

内部监督的内容包括企业应明确监督的组织架构、岗位设置、岗位职责、相关权限、工作方法、信息与沟通的方式以及表格与报告样本等。

2. 内部控制措施的健全性

内部控制措施是否健全,手续是否严密,设计的措施和方法能否真正起到事前控制的作用,均对企业影响甚大。一般来说，健全的内部控制措施能预防错误和弊端的发生，即使发生了，也容易及时发觉和纠正。内部控制措施是否健全要注意以下三个因素：各项内部控制措施是否符合内部控制的基本原则，关键控制点是否进行了控制，所有控制目标是否已达到。

3. 内部控制措施的合理性

内部控制措施的合理性，即企业是否依据自身生产经营活动的实际情况设计内部控制措施。盲目照搬其他组织的内部控制措施，或使用落后的内部控制措施，都是不合理的。

4. 内部控制系统的有效性

内部控制系统是否有效，要看在具体实施过程中内部控制是否具有有效的执行力。该执行力必须与企业的实际相结合，将内部控制镶嵌到日常的工作中。对于写在纸上、挂在墙上、说在嘴上，就是不做等摆样子的内部控制，企业必须从基础和源头进行强化监督，以防范内部控制系统的虚设。

5. 分析及报告内部控制缺陷和问题

内部控制缺陷和问题的报告对象至少应包括与存在缺陷和问题直接相关的责任单位、负责执行整改措施的人员、责任单位的上级单位。对于缺陷和问题，内部监督机构有义务直接上报董事会、审计委员会和监事会等相关机构。

6. 对内部控制缺陷和问题的整改

企业应对发现的内部控制建立与实施中存在的问题和缺陷进行整改，促进内部控制发挥更大的作用，尤其要关注屡查屡犯的现象。

四、内部监督与内部控制其他要素的关系

内部监督与内部控制其他要素相互联系、互为补充。

（一）内部监督以内部环境为基础

公司治理结构、董事会等决定着内部监督的地位和独立性，从而决定内部监督实施的力度和效果。内部监督为优化企业内部环境、实现控制目标提供保证。

（二）内部监督与风险评估、控制活动形成一个局部闭环的控制链

内部监督为企业对内部控制的认知与实践提供了一个螺旋式上升的契机。

（三）内部监督离不开信息与沟通的支持

企业应当充分利用信息与沟通，提高内部监督工作的针对性和时效性；同时，通过实施内部监督，不断提高信息与沟通的质量和效率。

五、内部监督的意义

企业在建立了内部控制系统之后，应对其内部控制设计与执行的完整性、合理性、有效性进行内部监督，并评价内部监督过程中发现的重大控制缺陷、重要控制弱点及存在的问题，然后提出改进建议。因此，实施内部监督对完善企业内部控制具有重要的理论和现实意义。

（一）更好地发挥监督的职能

通过内部监督，评价人员能确定合理的监督程序，提高监督效率；确定监督程序的实施程度，即确定监督的审查方法、抽查重点及审计范围等。

此外，健全的内部控制制度还可以保证检查测试的质量。在检查测试中，无论是符合性测试还是实质性测试，都存在抽样误差。如果被检查单位内部控制制度健全，则抽出样本的代表性强，评价结论的风险小；反之，可能会有较大的风险。

（二）帮助被检查单位改进内部管理，提高经济效益

随着我国市场经济体系的建立，企业作为自主经营、自负盈亏、自我发展、自我约束的经济实体，面临改善经营管理、提高经济效益的重要任务。内部监督一方面可以帮助企业发现并堵塞管理漏洞，加强内部管理，提高企业竞争能力；另一方面可以产生威慑效果，促使管理人员和员工改善经营管理，从而在一定程度上降低经营风险。内部控制的改善、经营风险的降低无疑有利于增加企业利益。

（三）更好地为宏观调控服务

通过内部监督，企业可进一步健全内部控制系统，完善自我约束机制，从而更好地贯彻落实国家宏观调控政策和措施。

（四）防止舞弊行为

通过定期与不定期的内部监督，企业可铲除滋生舞弊的土壤，为职务舞弊设下一道防火墙，能够营造健康的成长环境，提高员工的风险防范意识，更好地保护员工。

任务二 企业内部监督主要风险和控制

一、企业内部监督主要风险点

（1）内部监督缺失、内部监督无效、内部监督运行不力，导致难以对企业内部控制的有效性进行评价。

（2）内部监督职能被淡化、内部审计职权重视度不够、内部监督考核问责制度不完善，导致内部监督的震慑力不够、内部监督走过场。

（3）内部监控方式有缺陷，导致对发现的重大内部控制缺陷缺少报告与改正措施。

（4）内部监督人员的综合素质不高、自我评估无法提升对内部控制的认知和责任，导致对监督事项定性的偏差、信息不对称，影响企业高层对评价认知的公正性。

二、企业内部监督分类

企业内部监督分为日常监督和专项监督。日常监督是指企业对建立与实施内部控制的情况进行常规、持续的监督检查；专项监督是指企业在发展战略、组织结构、经营活动、业务流程、关键岗位等发生较大调整或变化的情况下，对内部控制的某一或者某些方面进行有针对性的监督检查。专

项监督的范围和频率根据风险的大小以及控制的有效性而定。

日常监督分为企业各部门（岗位）日常监督和内部审计监督，分别由各部门（岗位）及企业内审执行。

专项监督具体指企业组织或参与针对发展战略、组织结构、经营活动、业务流程、关键岗位等发生较大调整或变化的事项，或根据管理要求开展专项监督评价。企业既可以根据需要委托外部中介机构进行专项监督评价，也可以在企业、行业系统、集团系统等层面，通过调集专家或采取其他措施对相关运营活动中的事项进行专项检查评价。

三、企业内部监督主要控制点要求

（一）企业内部监督架构

1. 监督架构

（1）审计委员会。审计委员会是公司董事会中的专门委员会，主要负责公司有关财务报表披露和内部控制过程的监督，在公司董事会内部对公司的信息披露、会计信息质量、内部审计及外部独立审计等方面，执行控制和监督的职能。

《上市公司治理准则》第三十八条规定："上市公司董事会应当设立审计委员会，并可以根据需要设立战略、提名、薪酬与考核等相关专门委员会。专门委员会对董事会负责，依照公司章程和董事会授权履行职责，专门委员会的提案应当提交董事会审议决定。专门委员会成员全部由董事组成，其中审计委员会、提名委员会、薪酬与考核委员会中独立董事应当占多数并担任召集人，审计委员会的召集人应当为会计专业人士。"

（2）监事会。监事会由股东会或股东大会选举的监事以及由企业职工民主选举的监事组成，是对公司的业务活动进行监督和检查的法定必设和常设机构。监事会也是在股东会或股东大会领导下，与董事会并列设置，对董事和总经理行政管理系统行使监督的内部组织。

（3）内部审计机构。内部审计机构是企业专职经济监督的部门，是内部控制制度的有机组成部分。内部审计机构在企业主要负责人的直接领导下，依照国家的方针政策、财政经济法规和有关规章制度，对企业内部及其所属单位的财务收支和经济效益进行内部审计监督，独立行使内部审计职权，业务上受审计委员会指导。

（4）内部控制机构。一些企业会设立内部控制委员会或风险管理委员会，下设内部控制部门或风险管理部门，主要负责企业内部控制手册的编制、完善、修订，制度体系的归集与清理等工作，并牵头负责内部控制实施的测试与年度内部控制的检查，发现问题及时整改。

2. 监督机制之间的关系

审计委员会制度是在独立董事制度的基础上发展起来的。公司存在的舞弊现象仅依靠注册会计师审计是难以发现的，因此，根据各国审计委员会的实践，我国在上市公司中尝试性地引入了审计委员会制度。

企业从事监督功能的主体名目不少，如监事会、独立董事等。为了更明确地说明审计委员会的定位，有必要阐述审计委员会与独立董事、监事会以及内部审计的关系。

（1）审计委员会与独立董事的关系。独立董事是在完善公司法人治理结构、增强董事会功能的背景下产生的，如今已得到较普遍的应用。根据理论界的研究成果，董事会中应大量引入独立董事，以确保董事会功能的正常发挥、加强对总经理的监督。审计委员会作为董事会的专业委员会之一，其工作本质是内部审计，代表董事会行使对总经理的监督，所以独立性非常重要，委员会主席及大部分成员应为独立董事。这在西方已成为一种普遍做法，并有一系列的规定。在美国，1978年纽约证券交易所（NYSE）要求，每一个上市公司都必须建立由独立董事组成的审计委员会。1987年，美国的全国证券交易商协会自动报价表（NASDAQ）要求所有的纳斯达克上市公司，必须设立绝大部分成员为独立董事的审计委员会。1992年3月，美国法律协会（ALI）发布了一份名为《公司治理原则：分析和建议》的"最后提案"，具有很大的代表性，对公司治理的各个方面进行了分析，并指出，所有的大上市公司（权益股票在2000股以上、总资产超过1亿美元）应建立审计委员会，同时审计委员会必须包括至少3名最近2年在公司工作过的人员，并且大部分成员应与公司的高级经理没有重要关系。在加拿大，1988年加拿大特许会计师协会（CICA）发布的《麦克唐纳报告》（Macdonald Report）指出，审计委员会应主要由外部董事组成。1990年10月，加拿大证券管理局（CSA）发布公告指出，审计委员会主席应是独立董事。在英国，1977年的《公司法》要求所有上市公司必须设立由独立董事组成的审计委员会，就审计和控制的重要问题进行协商。1992年，英国公司治理财务方面委员会（CFACG）提出报告，指出审计委员会至少由3人组成，其成员要独立于公司，由独立董事组成。

（2）审计委员会与监事会的关系。从西方审计委员会的发展及其职责的演变过程中可以看出，审计委员会应设在董事会下，向董事会负责并报告工作，代表董事会监督财务报告过程和内部控制，以保证财务报告的可靠性和公司各项活动的合规性。审计委员会本质上是为实现董事会目标，而对企业的财务报告和经营活动进行的独立性评价，是内部控制的一种手段，与公司监事会有很大区别。

监事会是借鉴近代三权分立思想设立的专职监督机构，与股东会或股东大会直接构成委托代理关系，属公司治理范畴，其职责侧重于对董事会的监督；审计委员会是设在董事会下的专业委员会，以实现董事会的经营目标服务为宗旨，属公司管理范畴，其职责侧重于对总经理的监督。二者在地位和职责上有很大不同。

（3）审计委员会与内部审计的关系。审计委员会的功能从关注注册会计师的独立性拓展到全面治理企业财务呈报体系，既涉及企业经营风险、管理层对法律法规的遵循情况、调查违法舞弊行为等方面，也包括对内部审计进行监督。而内部审计受审计委员会领导，其目的是协助管理人员有效地履行职责。审计委员会的成员大部分是独立董事，易造成信息不对称，因此要保持与内部审计的沟通。国际内部审计师协会（IIA）认为，"审计委员会和内部审计师有着共同的目标"，将内部审计划归审计委员会领导，不但有利于审计委员会开展工作，而且有利于内部审计发挥作用，以维护股东的利益。

（二）企业内部监督人员的综合素质

内部监督人员素质是指在其心理和生理条件的基础上，通过学习、培养、实践和锻炼而逐渐形成并在工作中经常起作用的内在要素，是由自身各种素质要素有机结合而形成的整体综合能力，是进行内部监督工作所具备的思想、品德、知识、才能和体格等诸要素在限定时间的状况。

（1）在具备职业操守的基础上，内部监督人员必须具有专业知识和业务水平。内部监督人员应系统掌握财务、审计、法律等相关知识，精通内部控制检查评价标准、程序和方法，并能熟练运用；了解和熟悉企业经营业务及管理制度，通过财务、计算机等各种信息系统了解业务轨迹；具备发现问题、分析问题、解决问题和表达问题的能力。

（2）内部监督人员必须具有较好的沟通与协调能力。内部监督人员应具备良好的交流技巧，能够选择合适的交流方式，与被审计或被检查单位心平气和地交换意见，融洽彼此之间的关系，以保证内部监督过程中信息的快捷传递和充分交流。

（3）应做好内部控制检查评价前的方案培训工作。实施内部控制评价工作前，应对评价人员进行相关的岗前培训，主要包括企业业务知识、内部控制专业知识、法律法规、评价方案解读、评价底稿要求、缺陷认定方法、内部监督人员的回避原则、需要重点关注的问题等。

（三）企业内部监督中的信息与沟通

信息与沟通涉及企业的方方面面，是内部控制实施中的基础工作。在内部监督过程中，应收集企业的风险识别及相关的应对措施等方面的信息，与相关的业务人员进行良好沟通，选择有效的样本量，保证内部控制信息的真实性、完整性、充分性，以确保对企业经营管理活动定性的准确性。

（四）企业内部检查评价

企业应根据经营业务调整、经营环境变化、业务发展状况、实际风险水平等因素确定内部检查评价的具体方法、范围、程序和频率。

任务三　企业内部检查评价

一、内部检查评价简述

内部检查评价是指企业董事会或类似权力机构对内部控制的有效性进行全面评价，形成评价结论，出具评价报告的过程。由此定义可以看出，一是内部控制评价的主体是组织自身，而不是外部中介机构或监督机构；二是内部控制评价的目的是确认和优化内部控制；三是内部控制评价是一个过程，也是一种监督方法，其性质类似于审计。

企业为全面评价内部控制，实现控制目标，应遵循外部监管要求，根据《企业内部控制基本规范》《企业内部控制应用指引》《企业内部控制评价指引》等有关规定，制定本单位的内部监督评价及考核办法，明确相关机构或岗位的职责权限，落实责任制，按照规定的办法、程序和要求，有序开展内部检查评价工作。企业管理层或董事会应当对内部检查评价报告的真实性负责。

（一）内部检查评价与考核

内部检查评价与考核是指企业管理层领导、内部控制管理部门或内部控制评价部门具体组织实施的，对本单位内部控制设计和运行的有效性进行全面检查，查找内部控制缺陷，形成评价结论，并持续改进内部控制、实施内部控制考核、编制评价报告、依据相关规定或监管要求报告或对外披露的过程。

（二）实施内部检查评价工作的原则

企业实施内部检查评价工作，应当遵循以下六个原则。

1. 全面性原则

企业内部检查评价包括本单位内部控制的设计与运行，涵盖企业及其所属单位的各项业务和事项。

2. 重要性原则

内部检查评价应当在全面评价的基础上，围绕企业总体经营目标，关注重点单位、重要业务领域和关键业务环节的内部控制，重点关注管理层迫切需要解决和关注的事项。

3. 客观性原则

内部检查评价工作应当准确揭示企业经营管理的风险，如实反映内部控制设计与运行的有效性。

4. 及时性原则

内部检查评价工作应当在规定的时间得出结论，并在规定的整改期内及时整改缺陷，评价结论应当基于评价报告基准日，及时反映内部控制的重大变化。

5. 一致性原则

内部检查评价工作组织、评价程序、方法和缺陷认定标准与内部控制体系保持一致，检查评价工作标准一经确定，应当在不同的评价期间保持相对一致。

6. 以风险为导向的原则

内部检查评价工作应当以风险管理为基础，根据风险危害程度和对企业经营目标的影响，确定评价的标准、方法和程序。

（三）内部检查评价机构和职责权限

1. 企业管理层

企业管理层负责领导企业内部检查评价与考核工作，并对内部检查评价的真实性和完整性负责。企业管理层负责批准企业内部检查评价与考核办法；认定内部检查评价涉及的重大决策、重大缺陷和缺陷整改措施；审阅和批准内部控制自我评价报告，对评价报告的真实性负责。

2. 企业监督部门或审计委员会

企业监督部门或审计委员会监督企业内部检查评价，负责企业内部控制日常监督和专项监督。企业监督部门或审计委员会依据内部检查评价办法，结合管理要求，制定内部控制年度综合检查评价方案，建立内部检查评价工作组，组织实施现场内部检查评价工作，编制现场评价报告；认定内部检查评价涉及的重大缺陷、重要缺陷和缺陷整改措施；对企业内部检查评价的真实性和完整性负责；修订完善企业内部控制手册及风险识别清单等检查评价资料。

3. 企业各部门

企业各部门应当建立内部监督机制，制定内部检查评价与考核办法，明确评价主体，落实职责权限及评价工作程序和方法，并定期开展内部控制测试和内部检查评价。对发现的内部控制问题和内部控制缺陷进行书面记录，分析原因并制定整改方案，及时上报企业管理层，积极组织整改，实施考核，对重大缺陷追究相关责任。

二、企业内部检查评价的内容

（一）依据内部控制手册实施评价

内部检查评价内容应当以组织架构、权责分配、发展战略、人力资源、企业文化、社会责任、反舞弊、内部监督等控制内容为依据，结合本企业的内部控制制度，对内部环境设计和运行的有效性进行评价和认定。

1. 组织架构

企业应重点关注企业组织架构设计，确定组织架构设计是否完善，结构是否科学，企业高层成员分工是否明确、合理，部门和岗位职责是否清晰、相互制衡。企业应按照法律法规和章程规定正确设置组织架构。董事会及其专业委员会、监事会、高层成员的职责权限、任职资格和议事规则应设置明确并严格履行，在内部控制建立和实施中分工明确。

2. 权责分配

企业应重点关注内部控制权限指引，建立自上而下的权责分配体系，部门和岗位权责分配应科学、合理，部门或岗位设立应遵循不相容分离原则，形成恰当的制衡和授权机制，权责清晰，授权有度。

3. 发展战略

企业应重点关注企业发展战略管理机构的建立、健全和职责履行情况。企业董事会负责制定和执行企业中长期发展规划，并明确不同阶段的具体目标和实施计划。企业战略委员会对中长期发展规划进行审定并监督执行。企业发展目标应突出主业，结合企业实际，增强核心竞争力；战略规划的阶段目标、保障措施、方法、战略调整等应科学合理，符合公司战略规划。

4. 人力资源

企业应重点关注人力资源在引进、开发、使用、激励、约束和退出等方面的制度和运行机制，合理配置和布局。人力资源政策有利于企业可持续发展和内部控制的有效实施。企业可建立高层管理人员的激励和约束机制，避免制度缺陷导致高层管理人员舞弊；建立中层管理人员和一般员工教育培训机制，培养员工业务素质和道德品质。

5. 企业文化

企业应重点关注企业文化在提升企业核心竞争力、为内部控制提供保证方面的作用。企业高层管理人员应在企业文化建设和履行社会责任中以身作则，起到表率作用。企业文化建设应与制度建设有效统一，经营管理行为应秉承企业的经营理念，有利于发展，有利于社会。

6. 社会责任

企业应重点关注 HSE "三位一体"的管理体系。企业的安全生产体系、机制应健全有效；产品质量、服务质量和工程质量控制和检验制度应完善并严格执行；环境保护、资源节约措施落实，节能减排目标应明确并履行相应职责；在促进就业、员工权益保护、社会公益等方面应履行相应的社会责任。

7. 反舞弊

企业应重点关注建立并健全反舞弊机制，及时发现高层管理人员滥用职权，内部人员渎职或串通侵占、挪用资产，企业商业贿赂等违法违规行为，将举报投诉和举报人保护制度及时、准确地传递给企业全体员工。

8. 内部监督

企业应重点关注内部审计等监督组织机构。内部审计流程设计合理，程序和方法科学，审计处理具备准确性和独立性。内部审计人员具备应有的知识、技能和经验，并遵守内部审计职业道德规范。

（二）风险评估

风险评估应以《企业内部控制基本规范》中有关风险评估的要求以及国家层面的全面风险管理指引等规定为依据。对于构建全面风险管理体系的要求、各项应用指引中所列主要风险，应以企业风险清单为依据，结合国家、行业、企业风险管理相关制度，重点关注建立持续有效的内部和外部风险信息收集、风险识别机制，并按照风险评估的程序、方法，评估风险等级制定应对策略，将控制措施落实到责任部门和责任人。

（三）控制活动

控制活动应以《企业内部控制基本规范》和《企业内部控制应用指引》中的控制措施为依据，结合企业各项业务流程、相关管理制度，对各项业务内部控制的设计和执行情况进行认定和评价。重点关注控制措施是否能够涵盖风险清单的全部风险，不存在控制缺失。企业管理层面的控制措施与内部环境相适应，业务层面各项控制措施完整、恰当。内部控制手册针对内部环境、各项风险和关键环节的应对措施贯彻落实，并有效执行。

（四）信息与沟通

信息与沟通应以《企业内部控制应用指引》中的内部信息传递、财务报告、信息系统等相关应用指引为依据，结合企业信息与沟通的相关管理制度，对信息收集、处理和传递的及时性，反舞弊机制的健全性，财务报告的真实性，信息系统的安全性，以及利用信息系统实施内部控制的有效性等进行认定和评价。重点关注信息归口管理，并建立高效的信息收集、筛选、整理、分析、传递机制；各项信息在企业内部各管理层面传递及时、合规，董事会、监事会和管理层能及时掌握经营管理和内部控制的重要信息；建立信息公开和发言人制度，对外信息披露真实、准确、合规，与外部信息沟通及时、有效，信息公开透明；建立信息保密制度，重要信息建立分级授权管理，防止信息泄露；信息系统建设应与企业经营相适应，系统运行安全、稳定，信息数据备份及时、保存合规。

（五）内部监督

内部监督应以《企业内部控制基本规范》有关内部监督的要求，以及《企业内部控制应用指引》《企业内部控制评价指引》等有关日常管控的规定为依据，结合本企业内部监督相关制度，对内部监督机制的有效性进行认定和评价。重点关注监事会、审计委员会、内部审计机构等是否在内部控制设计和运行中有效发挥监督作用。企业在内部监督中应当以日常监督和专项监督为基础，结合自身的内部检查评价，由内部检查评价部门进行综合分析，然后提出认定意见，按照规定的权限和程序进行审核后予以最终认定。内部控制缺陷认定信息真实、充分和客观，整改方案措施得当，实际有效。

三、企业内部检查评价的程序和方法

（一）建立内部检查评价机制

建立科学的内部检查评价机制，规定检查评价与考核办法，包括检查与评价的原则、内容、程序、方法和报告形式。

（1）内部检查评价程序一般包括制定内部检查评价方案、成立内部检查评价工作组、实施现场检查与评价、认定内部控制缺陷、复核确认并出具现场评价结论、汇总分析检查评价结果、编制内部检查评价报告、报告与披露。

（2）内部检查评价方法主要包括个别访谈法、调查问卷法、比较分析法、标杆法、穿行测试法、抽样法、实地查验法、重新执行法、专题讨论法等。内部检查评价应综合运用上述方法，充分利用信息系统技术，实施计算机系统线上线下的检查与监控。

（3）企业可以授权内部审计等监督部门，负责内部检查评价的具体组织实施工作，一般每年至少一次，同时积极开展日常内部流程的岗位人员自我测试工作。

（二）制定内部检查评价方案

内部检查评价方案应遵循外部监管要求，围绕企业内部控制目标、管理层关注重点，充分考虑检查评价的效率和效果。内部检查评价方案应包括检查评价目的、范围、区间、人员组织、方法、检查评价与考核办法、评价重点和进度安排等内容。评价内容应涵盖企业内部控制手册的全部内容。内部检查评价方案报经董事会或其授权机构审批后实施。

（三）成立内部检查评价工作组

企业根据经批准的内部检查评价方案，组成内部检查评价工作组，具体实施内部检查评价工作。评价工作组应由熟悉相关机构及内部业务的骨干人员组成，并明确负责人。评价工作组会同有关部门对检查人员进行检查工作培训。评价工作组成员对本单位内部检查评价工作实施回避制度。

（四）内部检查评价人员权责

检查评价应充分考虑检查评价人员的职业道德和专业胜任能力。职业道德要求检查评价人员认真履行检查义务、听从检查安排、公允地表达意见。专业胜任能力要求检查评价人员至少在某一类控制活动或内部控制要素方面具备足够的知识和经验，熟练掌握企业内部控制要求，并恰当地表达意见。

1. 检查评价人员的权利

（1）查阅被检查单位与内部控制相关的全部资料。

（2）访谈被检查单位与内部控制相关的各级人员。

（3）对于检查发现的问题，有权要求被检查单位提供相关资料。

（4）对于计算机信息系统相关的检查，有权获得最大查询权限。

（5）对于检查事项，有权要求被检查单位给予必要的配合。

2. 检查评价人员的义务

（1）检查前应当充分了解被检查单位的以下信息：基本情况，如生产经营业务范围、组织机构及其职能、领导班子成员及其分工、财务管理核算体制等，以及检查年度变化情况；检查年度生产经营计划和预算完成情况；内部控制实施情况，如风险评估、实施细则及相关制度修订完善、内部控制宣传培训、日常内部控制工作机制、利用信息化技术实施内部控制、单位自查评价及整改；最近一次内部控制及审计或财务稽核查出问题的整改情况等。

（2）遵循客观、公正、公平原则，以提高检查工作质量和效率为中心，结合被检查单位整体情况，按照"内部检查评价工作方案"的内容及要求检查。发现问题应当如实反映，及时沟通，重大问题或缺陷应当及时报告。

（3）按时完成检查工作，包括按要求填写内部检查评价底稿和评价表、汇总内部检查评价结果并与被检查单位交换意见，通报内部检查评价情况。

（4）检查中注意收集内部控制执行中存在的问题，提出对企业内部控制手册、制度体系和内部控制工作开展的意见和建议。

（5）检查评价人员应当遵守工作纪律，不得接受被检查单位以任何形式赠送的礼金或礼品，工作时间不得到国家明示的风景名胜地区观光、游览。

（五）现场内部控制检查和评价

1. 召开内部检查评价启动会

召开内部检查评价启动会，听取被检查单位内部控制工作汇报、做好检查前期准备，初步确定检查具体范围和检查重点。检查小组内部通过内部控制管理信息系统配置相应检查人员。

2. 设计有效性评价

评价内部控制设计的有效性，应从企业内部控制目标出发，在风险被充分识别且控制措施已经存在的基础上，依据下列标准判断。

（1）财务报告目标：所设计的相关内部控制是否能够防止或发现并纠正财务报告的重大错报。

（2）合规目标：所设计的相关内部控制是否能够合理保证遵循适用的法律法规。

（3）资产安全目标：所设计的内部控制是否能够合理保证资产的安全、完整，防止资产流失。

（4）战略目标：所设计的内部控制是否能够合理保证战略目标的实现，是否能够合理保证董事会及时了解战略目标的合理性及实现程度并加以适当的调整。

（5）经营目标：所设计的内部控制是否能够合理保证经营目标的实现，并能够合理保证管理层及时了解外部经营环境的变化，从而判断经营目标的合理性并进行适时的调整、改进控制措施。

设计的有效性还体现在内部控制设计是否具有合理性、适当性。合理性表现为内部控制的设计在符合内部控制基本原理的同时，本着客观、公平、公正的原则制定，对董事会、监事会、管理层和员工具有执行的基础和约束力；适当性表现为内部控制的设计结合自身的环境条件、业务范围、经营特点，进行风险识别和评估，确定主要及重大风险控制措施，从而有利于实现控制目标。对于在设计上存在缺陷的内部控制，不再对其运行有效性进行检查评价。

3. 运行有效性评价

在评价内部控制设计有效性的基础上，应对内部控制实际执行情况进行检查和评价，以验证控制措施是否按照控制目标持续、有效地执行，有效性评价的内容包括以下六个方面。

（1）相关控制是否得到持续一致的运行。

（2）相关控制是否由适当的人员执行，即执行人员具有相应的权限和能力。

（3）相关控制是否在适当的时间被执行。例如，某交易在发生前得到相应的授权和审批，而不是在事后补齐授权审批手续。

（4）执行方式恰当。例如，某项控制按规定应执行管理层审批程序，但实际执行人仅进行审阅，没有批示决策意见，则该控制执行不当。

（5）执行结果进行了适当的记录，重要控制环节需要有签字、邮件、会议纪要等记录。

（6）执行时发现的差异及时得到了跟进。例如，对账的最终目的是发现核对过程中的差异，并进行调查跟进。对于关键控制点、控制失效风险较大的控制点，应当在检查过程中予以重点关注。

4. 抽样规则

（1）检查评价人员应结合被检查单位风险评估和业务实际发生情况，检查是否具有恰当、足够的内部控制以覆盖其各类风险。根据内部控制运行实际，确定检查方法及应抽取样本的范围和数量，分析样本，并在内部控制管理信息系统中做好记录。业务发生频率与抽样数量对应关系（参考）如表6-1所示。

表6-1　业务发生频率与抽样数量对应关系（参考）

序号	业务发生频率	至少抽样数量建议
1	每年一次	1笔
2	每年一次以上，最多可每季度一次	2笔
3	每季度一次以上，最多可每月一次	2笔
4	每月一次以上，最多可每周一次	4笔
5	每周一次以上，最多可每天一次	20笔
6	每天多次	25笔

对于存在问题或缺陷的控制点，评价人员可以根据评价需要，视现场实际情况调整抽样数量。

（2）抽取样本应结合被检查单位的管理层级和产（股）权结构情况，覆盖足够的所属控股子公司数量和业务。对于被检查单位所属控股子公司，应重点检查其内部环境、内部控制制度建设情况及重点业务控制。内部检查评价可以根据其控股子公司的内部控制制度检查，对其设计缺陷和运行缺陷，记入被检查单位内部检查评价结果。

（六）现场检查记录

检查评价人员充分运用穿行测试、实地查验、比较分析等方法，检查被检查单位内部控制设计和运行是否有效，初步认定内部控制缺陷。检查记录内容应保证可复核性。对于存在缺陷的控制活动，应详细记录具体原因，并将有关抽查样本及相关证明材料截屏或复印留存。检查评价人员在检查和评价过程中发现重要问题应及时向检查评价工作组组长汇报，组长及时协调和研究以解决现场检查评价中遇到的问题。

（七）复核与确认现场检查评价结果并出具现场评价结论

检查评价工作组应制定检查评价工作复核制度，汇总现场检查评价结果，整理发现的问题和认定内部控制缺陷。

（八）编制现场检查评价报告

检查评价工作组根据现场检查评价结果统一复核和确认，综合评价被检查单位内部控制有效性，编制现场检查评价报告。现场检查评价报告至少包括检查评价整体情况、企业管理层面控制及业务层面控制情况、单位自查测试情况、内部控制缺陷认定，以及对被检查单位提出的意见和建议等。其中，检查评价整体情况应对被检查单位内部控制设计及运行是否有效及其有效程度进行评价，对内部控制缺陷应深入剖析，阐明评价依据。

（九）现场检查评价结果的沟通

检查评价工作组编制完成现场检查评价报告后，应及时召开现场讲评会。向被检查单位讲评发现的问题，分析问题产生的根源；对认定的内部控制缺陷和存在的问题提出改进措施和整改要求。现场检查评价完成后，检查评价工作组应当整理被检查单位的检查评价资料，如现场检查评价报告、检查评价工作记录、内部控制缺陷认定的相关材料等，按照相关要求及时提交内部控制或监督管理部门。

企业监督管理部门对现场检查评价发现的内部控制缺陷和问题进行整理分析，提出改进措施和整改要求，督促整改。

四、企业内部控制缺陷的认定

（一）内部控制缺陷定义

内部控制缺陷是指内部控制的设计存在漏洞，不能有效防范错误和舞弊，或者内部控制的运行存在弱点和偏差，不能及时发现、纠正错误，防止舞弊。内部控制缺陷包括设计缺陷和运行缺陷。

1. 设计缺陷

设计缺陷是指企业缺少实现控制目标所必需的控制，或者现存控制设计不适当，即使正常运行也难以实现控制目标。

2. 运行缺陷

运行缺陷是指企业设计有效（合理且适当）的内部控制因执行不当（包括控制未被执行、由不恰当的人执行、未按设计的方式执行、执行时间或频率不当、没有得到一贯有效的执行等）而形成的内部控制缺陷。

（二）内部控制缺陷分类

1. 按严重程度划分

内部控制缺陷按照严重程度分为重大缺陷、重要缺陷和一般缺陷。

（1）重大缺陷。一个或多个控制缺陷的组合，或关键领域、环节出现严重漏洞，可能严重影响内部整体控制的有效性，进而导致无法及时防范或发现严重偏离整体控制目标的情形。如果发生的缺陷按照企业制定的缺陷认定标准达到重要缺陷标准，且缺陷相关事项属于重大风险业务事项，则应认定为重大缺陷。企业的重大缺陷需要按照偏离企业整体控制目标情形的严重程度予以确定。

（2）重要缺陷。一个或多个控制缺陷的组合，或关键领域、环节出现漏洞，严重程度低于重大缺陷，但仍有较大可能导致无法及时防范或发现偏离整体控制目标的情形。如果发生的缺陷达到一般缺陷标准，且缺陷相关事项属于企业重要风险业务事项，则应认定为重要缺陷。企业的重要缺陷需要按照偏离企业整体控制目标的严重程度予以确定。

（3）一般缺陷。除重大缺陷和重要缺陷之外的缺陷，包括但不限于企业管理层成员、职能部门分工不清、职责交叉重叠或遗漏，权限不透明，经营活动中重要原始凭证管理不当，未严格遵守信用及价格政策，合同执行不当、管理不规范，会计基础工作薄弱，未按规定对账，收入、成本、费用等核算不准确，未进行减值分析并计提减值准备，采购到货未按规定验收并及时入库，工程项目、修理费项目等未按规定验收并办理竣工决算，计算机信息系统账号及权限管理不当，网络安全及病毒防护不当等。

2. 按具体表现形式划分

按照具体表现形式，内部控制缺陷分为财务报告内部控制缺陷和非财务报告内部控制缺陷。财务报告内部控制缺陷是指不能及时防止或发现并纠正财务报表错报的内部控制缺陷；非财务报告内部控制缺陷是指除财务报告内部控制缺陷外，可能导致内部控制目标难以实现的内部控制缺陷。

（三）内部控制缺陷认定的基本原则

内部控制缺陷认定的基本原则包括：是否针对已经识别出来的风险设置合理的控制目标和控制措施；相应控制措施是否有效和持续运行；设计或运行不当，导致企业财产损失或声誉损害。

（四）内部控制缺陷认定标准

内部控制缺陷认定标准设置为定性标准和定量标准，同时达到定性标准、定量标准的事项从严认定缺陷。内部控制缺陷认定标准按照财务报告内部控制缺陷和非财务报告内部控制缺陷分别认定，详见"九、企业内部控制缺陷参考认定标准"。

（五）内部控制缺陷的例外认定

例外，偏离计划和预期效果的事件。例外原则最早由"科学管理之父"泰勒（F. W. Taylor）提出，是指单位主要负责人对管理条例、规章制度规定之外的偶发事项进行特殊的管理。而对一般事项，即例行性、常规性、流程化的事项，则授权由有关人员按制度常规处理。

政府监管部门、外部审计、内部审计、内部纪检监察部门或其他相关检查部门认定的企业违纪违规和内部控制管理问题，符合内部控制缺陷认定标准的，应由企业相关部门会同有关部门做出重大缺陷、重要缺陷和一般缺陷的认定，并报告企业管理层。

（六）内部控制缺陷的汇总分析

企业内部控制管理部门依据日常监督、专项监督和内部控制综合检查评价结果，汇总分析发现的内部控制缺陷，编制内部控制缺陷认定汇总表，分析内部控制缺陷的成因、表现形式和影响程度，提出认定意见和持续改进建议。对于内部控制缺陷，企业应及时制定整改措施、方案，持续跟进整改情况。对于重大缺陷，企业应追究有关部门和相关人员责任。

五、企业内部检查评价报告的编制

企业内部检查评价报告分为定期内部控制测试报告和年度内部检查评价报告。

（一）定期内部控制测试报告

（1）企业内部控制责任部门或单位应当至少每季度开展一次内部控制测试，企业内部控制管理部门应根据内部控制测试情况，编制内部控制测试报告。

（2）内部控制测试报告内容包括内部控制测试基本情况、内部控制测试结果、内部控制测试发现问题及整改计划、前期发现问题整改落实情况、对内部控制工作的意见及建议、其他需说明的事项等。

（3）内部控制测试报告经本单位内部控制管理部门负责人签字后，将前期问题整改结果等相关附件一并上报董事会或上级部门。

（二）年度内部检查评价报告

企业内部控制管理部门根据内部控制评价部门现场检查评价以及日常监督、专项监督和其他监督检查评价结果等，结合整改情况，编制本企业年度内部检查评价报告。企业年度内部检查评价报告以12月31日为基准日。

企业年度内部检查评价报告内容包括：

1. 董事会或管理层声明

企业年度内部检查评价报告应声明企业管理层及全体成员对报告内容的真实性、准确性、完整性承担个别及连带责任，保证报告内容不存在虚假记录、误导性陈述或重大遗漏。

2. 内部控制评价的总体情况

企业年度内部检查评价报告应说明本企业内部控制评价工作的组织、领导、实施等情况。

3. 内部控制工作的开展情况

企业年度内部检查评价报告应说明本企业当年内部控制手册更新及落实情况、相关管理制度修订及完善情况、内部控制制度宣传贯彻培训情况，以及定期内部控制测试、年度综合检查评价情况。

4. 内部控制检查评价的依据

企业年度内部检查评价报告应说明企业开展内部控制评价工作所依据的法律法规和规章制度，一般包括《企业内部控制基本规范》及相关指引、企业制定的内部控制手册及相关制度、评价办法等。

5. 内部控制评价的范围

企业年度内部检查评价报告应说明内部控制评价所涵盖的被检查评价单位，以及纳入评价范围的业务事项、重点关注的高风险领域。

6. 内部控制评价的程序和方法

企业年度内部检查评价报告应说明企业内部控制评价工作所遵循的基本工作程序，以及评价过程中采用的主要方法。

7. 内部控制缺陷及认定情况

企业年度内部检查评价报告应描述企业使用的内部控制缺陷具体认定标准，并声明与以前年度保持一致或做出的调整及相应原因；根据内部控制缺陷认定标准，确定评价期末存在的重大缺陷、重要缺陷和一般缺陷；充分说明重大缺陷的成因、具体表现及其影响后果。

8. 内部控制问题或缺陷的整改情况

企业年度内部检查评价报告应说明内部控制缺陷认定的重大缺陷、重要缺陷和一般缺陷的整改结果。对于评价期间发现的（含上一期间未完成整改的内部控制缺陷）、期末已完成整改的重大缺陷，展示企业的测试样本，说明与该重大缺陷相关的内部控制设计及运行有效；对于评价期末仍存在的内部控制缺陷，说明企业拟采取的整改措施及预期效果。

9. 内部控制有效性的结论

企业年度内部检查评价报告应对不存在重大缺陷的情形，出具评价期末内部控制有效结论。如果存在重大缺陷，企业年度内部检查评价报告则应描述该重大缺陷的性质及其对实现控制目标的影响，以及可能给企业生产经营带来的相关风险。

10. 对企业内部控制工作的意见和建议

企业年度内部检查评价报告应对进一步的内部控制工作进行说明，确保企业内部控制工作的有效性。

六、企业内部检查评价报告与披露

企业内部检查评价报告应于基准日后规定时间内报出。企业自内部检查评价报告基准日至内部检查评价报告发出日，如发生对评价结论产生实质性影响的内部控制重大缺陷，应由企业内部控制部门进行核实，并依据核实结果，按照企业董事会的要求进行相应调整，并说明拟采取的措施。

企业内部检查评价报告需先经监督或内部控制部门审核，再履行董事会审议程序，经其批准后，依据境内外有关法律法规及监管要求，对外披露或报告。

七、内部控制执行的考核

企业应将内部控制执行情况纳入本企业绩效考核体系，制定具体奖惩措施。企业相关部门应根据本企业内部控制执行情况、日常监督、专项监督和年度内部控制检查评价结果及其整改情况，拟订考核方案。

八、内部检查评价资料保管

企业应以书面或其他形式妥善保管内部检查评价资料，确保内部控制建立与实施过程的可验证性。内部检查评价相关资料的保存期限应当不少于10年，内部检查评价报告应永久保存。对载于内部控制管理信息系统的各类检查评价资料，按照企业信息系统管理有关规定予以备份和保管。

九、企业内部控制缺陷参考认定标准

企业应根据经营管理实际情况，合理设置具有自身特点或行业特点的潜在错报率对照表，以便企业内部控制检查评价人员有效地开展工作。本部分的财务报告内部控制缺陷参考认定标准、潜在错报率参考对照表、非财务报告内部控制缺陷参考认定标准仅作为参考。

(一) 财务报告内部控制缺陷参考认定标准

企业财务报告内部控制缺陷参考认定标准如表 6-2 所示。

表 6-2　财务报告内部控制缺陷参考认定标准（简表）

项目	重大缺陷	重要缺陷	一般缺陷	控制要素
定性标准	管理层舞弊： 董事、监事和高层管理人员存在任何形式的舞弊，如财务欺诈、滥用职权、贪污、受贿、挪用公款等	财务合规控制失效，如上市公司违规提供担保、进行关联交易，且未依法履行信息披露义务，披露信息不真实、不准确、不完整，存在虚假记载、误导性陈述或者重大遗漏等情况	会计基础工作薄弱，如缺乏合格的财务人员、财务系统功能不完善、未按规定装订并保管会计凭证、会计凭证丢失等	内部环境
	内部控制环境无效： 如审计委员会或类似机构职责权限、任职资格和议事规则不明确或未得到严格履行，审计委员会或类似机构和内部审计机构对内部控制的监督无效	防止欺诈、舞弊的控制缺陷，如关键业务领域（包括财务、资金、采购、投融资、工程项目等）不相容岗位未实现有效分离，且不存在相应的补偿性控制	虽有补偿性控制，但关键业务领域（如财务、资金、采购、投融资、工程项目等）不相容岗位未实现有效分离	
	财经法规等违规： 财务会计制度选用的控制缺陷，如企业未依照公认会计准则选择和应用会计政策或随意变更会计政策，会计估计或财务报表编制基础不当，导致财务报告出现重大错报	期末财务报表流程的控制缺陷，如未进行资产（含存货、固定资产、现金等）清查、内外部往来核对、按规定计提资产（含存货、固定资产、投资等）减值损失，或相关操作未按规定履行审批程序，导致财务报表出现重大错报	未按制度规定与外部往来单位对账，对账差异1个月以上未处理；未按规定编制银行存款余额调节表，或调节表差异1个月以上未处理；成本、费用列支不真实，虚列、多列、不列或者少列费用；资产不实，往来不清，未按规定进行清理盘查，计提相关准备；尚未办理竣工决算的工程项目未按照实际工程进度暂估工程成本；已竣工并投入使用的项目未按规定办理竣工验收手续，或未按规定暂估、转资、入账并计提折旧	控制活动
	财务报告体系违规： 财务报告相关信息系统一般性控制和应用控制缺陷直接导致财务报表的重大错报或者漏报	财务报告相关信息系统一般性控制和应用控制未按照内部控制要求设计或执行，且不存在相应的补偿性控制	财务报告相关信息系统不相容岗位未有效分离，不相容岗位包括系统管理员、安全管理员、应用系统管理员；不相容职责有系统开发或变更立项、审批、编程和测试账号及权限申请、审批、操作与监控。缺乏网络准入机制或机制不健全，如第三方接入网络缺乏控制、自动获取IP地址、无线网络未设定接入密码、内外网未有效隔离等；系统安装完成后未对预置账号的（操作系统、数据库、应用系统）初始密码进行修改，未按规定定期对系统账号、密码进行修改	
	外部监督： 外部审计师在本年度审计中发现重大错报，且内部控制运行未能发现该错报	对财务报表流程可靠性至关重要的风险评估失效，如针对业务或管理等变化（包括重组并购、境外投资等），缺失风险评估及控制措施，设立小金库等	资金安全控制缺陷，一人保管支付款项所需的全部印章；开通网上银行但未设置支付节点，只用一套网银卡和密码完成网银付款，由一人保管网银卡和密码，大额现金不及时送存银行，未按照规定开立境内、境外银行账户	风险评估 控制活动

续表

项目	重大缺陷	重要缺陷	一般缺陷	控制要素
定量标准	利润指标：$a \geq 2.5\%$，$a \geq 1\%$	$1\% > a \leq < 2.5\%$，$1\% > a \geq 0.5\%$	$a < 1\%$，$a < 0.5\%$	控制活动
	资产指标：$b \geq 2.5\%$，$b \geq 0.1\%$	$2.5\% > b \geq 0.1\%$，$0.1\% > b \geq 0.05\%$	$b < 0.1\%$，$b < 0.05\%$	
	收入指标：$c \geq 0.5\%$，$c \geq 0.2\%$	$0.5\% > c \geq 0.25\%$，$0.2\% > c \geq 0.1\%$	$c < 0.25\%$，$c < 0.1\%$	

定量指标主要计算错报金额。

错报金额计算方法在评价财务报告内部缺陷时有重要作用，其具体计算方法如下。

1. 计算会计科目潜在错报金额

会计科目潜在错报金额 = 相关内部控制设计缺陷导致的错报金额 + 相关内部控制运行缺陷导致的错报金额。

如果识别的内部控制缺陷存在有效的替代性控制，则控制缺陷导致的潜在错报金额为替代性控制有效运行后仍无法发现或纠正的错报金额。会计科目潜在错报金额包括利润总额潜在错报金额、净资产潜在错报金额和营业收入潜在错报金额。

（1）设计缺陷导致的错报金额。设计缺陷导致的错报金额等于设计无效控制点影响交易金额或对应会计科目同向累计发生额。

（2）运行缺陷导致的错报金额。抽样测试后查看潜在错报率参考对照表，依据控制点错报样本数量和抽取样本总量查找对应的潜在错报率；根据潜在错报率和控制点相应会计科目同向累计发生额计算潜在错报金额。

潜在错报金额 = 控制点相应会计科目同向累计发生额 × 潜在错报率。

2. 指标计算

（1）利润指标

a = 利润总额潜在错报金额 ÷ 下属单位上年度经审计的利润总额 × 100%。

a = 利润总额潜在错报金额 ÷ 企业（公司、集团）上年度经审计的利润总额 × 100%。

（2）资产指标

b = 资产潜在错报金额 ÷ 下属单位上年度经审计的资产总额 × 100%。

b = 资产潜在错报金额 ÷ 企业（公司、集团）上年度经审计的资产总额 × 100%。

（3）收入指标

c = 营业收入潜在错报金额 ÷ 下属单位上年度经审计的营业收入总额 × 100%。

c = 营业收入潜在错报金额 ÷ 企业（公司、集团）上年度经审计的营业收入总额 × 100%。

3. 指标使用原则

如果一个控制缺陷或缺陷组合影响的指标数量超过一个，如既影响利润又影响资产等，则应分别计算各指标数值，并按照孰高原则选择数值较高的指标进行缺陷认定。潜在错报率参考对照表如表 6-3 所示。

表 6-3　潜在错报率参考对照表

样本数量	错报数 1	错报数 2	错报数 3	错报数 4	错报数 5	错报数 6	错报数 7	错报数 8	错报数 9	错报数 10
20 个以下	*	*	*	*	*	*	*	*	*	*
20	18.1	*	*	*	*	*	*	*	*	*
25	14.7	19.9	*	*	*	*	*	*	*	*
30	12.4	16.8	*	*	*	*	*	*	*	*
35	10.7	14.5	18.1	*	*	*	*	*	*	*
40	9.4	12.8	16.0	19.0	*	*	*	*	*	*
45	8.4	11.4	14.3	17.0	19.7	*	*	*	*	*
50	7.6	10.3	12.9	15.4	17.8	*	*	*	*	*
55	6.9	9.4	11.8	14.1	16.3	18.4	*	*	*	*
60	6.4	8.7	10.8	12.9	15.0	16.9	18.9	*	*	*
70	5.5	7.5	9.3	11.1	12.9	14.6	16.3	17.9	19.6	*
80	4.8	6.6	8.2	9.8	11.3	12.8	14.3	15.8	17.2	18.6
90	4.3	5.9	7.3	8.7	10.1	11.5	12.8	14.1	15.4	16.6
100	3.9	5.3	6.6	7.9	9.1	10.3	11.5	12.7	13.9	15.0
120	3.3	4.4	5.5	6.6	7.6	8.7	9.7	10.7	11.6	12.6
160	2.5	3.3	4.2	5.0	5.8	6.5	7.3	8.0	8.8	9.5
200	2.0	2.7	3.4	4.0	4.6	5.3	5.9	6.5	7.1	7.6

注：①表中数据部分为潜在错报的参考比率。
②深色标注部分（偏差率低于10%）表示在90%的置信度下，该控制点运行有效。

（二）非财务报告内部控制缺陷参考认定标准

企业非财务报告内部控制缺陷参考认定标准如表 6-4 所示。

表 6-4　非财务报告内部控制缺陷参考认定标准（简表）

项目	重大缺陷	重要缺陷	一般缺陷	控制要素
定性标准	1. 治理层（董事会及监事会）与管理层职责权限划分不当； 2. 人员高度重叠导致治理层缺乏应有独立性； 3. 董事会及其专业委员会、监事会职责权限、任职资格和议事规则不明确或未得到严格履行	1. 未按照规定的程序向企业派驻股东代表、董事、监事； 2. 派出人员缺乏履行职责所需的专业知识和技能； 3. 派出人员未按照企业规定的程序和权限履行职责	1. 企业高层成员间分工不清、职责交叉重叠或遗漏、汇报路径不明、权限不透明； 2. 出现管理死角或多头领导； 3. 企业各职能部门间分工不清、职责交叉重叠或遗漏、汇报路径不明、权限不透明； 4. 出现推诿扯皮现象，管理效率低下	内部环境
	企业重大项目实施之前未进行风险评估并制定控制措施，可能导致企业遭受重大损失	1. 企业重大项目实施前的风险评估不到位、制定的应对措施缺乏可行性或执行不到位； 2. 可能导致项目偏离预期目标、企业遭受较大损失	1. 风险管理未涵盖主要经营领域或实体； 2. 风险识别不及时； 3. 风险应对措施不当，可能导致重大风险未能得到有效管控	风险评估

续表

项目	重大缺陷	重要缺陷	一般缺陷	控制要素
定性标准	重要业务，包括但不限于资金活动（含投融资）、采购业务、资产管理、销售业务、研究与开发、工程项目、担保业务、业务外包缺乏制度控制或控制失效。……	关键业务领域控制或业务领域关键控制环节缺失，可能导致公司遭受重大损失。具体类型举例如下： 1. 重要业务管理制度具体规定与国家等规定冲突或缺失； 2. 未对客户进行资信调查； 3. 未按规定制定信用政策及价格政策或未按规定审批； 4. 重大合同不安排尽职调查及相关谈判、涉及商业秘密的保密措施不到位； 5. 未按规定及时签署合同，未经审批签署合同或合同未按规定权限审批； 6. 应签署未签署合同； 7. 投资项目未进行可行性研究论证； 8. 投资无计划或超计划； 9. 应招标未招标； 10. 招标程序不符合《中华人民共和国招标投标法》及企业有关规定； 11. 投标资格和资质审查不当，缺乏资质和资格的投标人参与招标； 12. 工程项目建设违规用地，未取得安全环保等国家规定的合法手续； 13. 工程项目未按规定进行验收并办理竣工决算； 14. 工程存在重大质量事故； 15. 由于违规或违章操作造成重大或较大安全事故，或迟报、谎报、瞒报事故。……	1. 经营活动中重要原始凭证（包括但不限于合同、订单、验收单、出/入库单、提/发货单、发票）内容不完整、编号不连续； 2. 没有针对投资项目编制计划预算，或超计划预算后未及时上报审批； 3. 未严格遵守信用及价格政策，出现超信用额度发货、擅自调整销售价格、擅自提供折扣折让优惠等； 4. 物资采购管理未对供应商的准入、选用及综合风险进行评估； 5. 新增资产未按规定程序验收，相关部门未按规定共同验收并签字确认； 6. 未能取得固定资产和无形资产的权属凭证，或权属证明丢失。……	控制活动
定量标准	企业缺乏有效的激励和约束机制，导致高管或核心业务人员大量流失，流失率超过50%	企业缺乏有效的激励和约束机制，导致高管或核心业务人员流失率为30%~50%，中层管理人员或业务骨干流失率超过50%	企业缺乏有效的激励和约束机制，导致高管或核心业务人员流失率将近30%，中层管理人员或业务骨干流失率将近50%，其他员工流失率超过30%	
	直接财产损失率（直接财产损失/上年度经审计净资产）为0.1%及以上	直接财产损失率为0.05%（含）至0.1%	直接财产损失率小于0.05%	

即时思考

内部检查评价的内容有哪些？内部检查评价报告包含的内容有哪些？

 | 企业内部控制 |

总结案例

湖南裕能内部控制审计报告

天健审〔2023〕2-393号

湖南裕能新能源电池材料股份有限公司全体股东：

按照《企业内部控制审计指引》及中国注册会计师执业准则的相关要求，我们审计了湖南裕能新能源电池材料股份有限公司（以下简称湖南裕能公司）2022年12月31日的财务报告内部控制的有效性。

一、企业对内部控制的责任

按照《企业内部控制基本规范》、《企业内部控制应用指引》以及《企业内部控制评价指引》的规定，建立健全和有效实施内部控制，并评价其有效性是湖南裕能公司董事会的责任。

二、注册会计师的责任

我们的责任是在实施审计工作的基础上，对财务报告内部控制的有效性发表审计意见，并对注意到的非财务报告内部控制的重大缺陷进行披露。

三、内部控制的固有局限性

内部控制具有固有局限性，存在不能防止和发现错报的可能性。此外，情况的变化可能导致内部控制变得不恰当，或对控制政策和程序遵循的程度降低，根据内部控制审计结果推测未来内部控制的有效性具有一定风险。

四、财务报告内部控制审计意见

我们认为，湖南裕能公司于2022年12月31日按照《企业内部控制基本规范》和相关规定在所有重大方面保持了有效的财务报告内部控制。

注册会计师：×××

注册会计师：×××

二〇二三年八月十日

资料来源：http://www.szse.cn/disclosure/listed/bulletinDetail/index.html?bced6f46-0733-46f4-8ec6-a7e02d4fae00。

项目小结

监督是对内部控制活动执行情况的监察与督促。内部控制作用的发挥有赖于建立起健全有效的内部控制系统，建立起良好的运行机制，为此，需要对内部控制的建立和实施进行监督。通过监督的目标、内容、监督与内部控制其他要素的关系等内容的学习，读者应认识到：监督职能的充分发挥，促使内部控制不断优化和提升；监督帮助企业改进内部管理，从而提高经济效益；监督是防止舞弊的"防火墙"。

延伸阅读

国家层面

1. 《企业内部控制基本规范》。
2. 《企业内部控制应用指引》。
3. 《企业内部控制评价指引》。

企业层面

1. 企业内部控制实施手册。
2. 企业内部控制检查评价办法。
3. 企业会计核算办法。
4. 企业绩效管理办法。
5. 企业其他相关经营管理制度体系等。

复习思考

1. 内部监督的分类主要有哪几种？
2. 内部监督的要求体现在哪几个方面？内部监督人员的综合素质主要有哪些？
3. 简述内部检查评价的内容。
4. 简述内部检查评价的程序和方法。
5. 在检查评价中，抽样的规则是什么？企业内部检查评价报告的主要内容有哪些？

实践提升

1. 在内部监督中如何提高企业监督的效果？
2. 为什么说内部监督人员是企业的"护航卫士"？
3. 在内部控制的专项检查中，检查评价人员可采用哪些检查方法？

本章考核

一、单项选择题

1. 企业内部控制的运行过程不包括（　　）。

   A. 风险评估　　　　　　　　　　　　B. 内部控制设计

   C. 内部控制执行　　　　　　　　　　D. 内部控制评价和改进

2. 下列关于企业内部监督架构的描述中，错误的是（　　）。

   A. 审计委员会主要负责公司有关财务报表披露和内部控制过程的监督

   B. 监事会是在股东会或股东大会领导下，与董事会并列设置，对董事和总经理行政管理系统行使监督的内部组织

   C. 审计委员会应设在监事会下，向监事会负责并报告工作

D. 内部审计机构是企业专职经济监督的部门，是内部控制制度的有机组成部分

3. 负责领导企业内部检查评价与考核工作，并对内部检查评价的真实性和完整性负责的是（   ）。

A. 企业监督部门　　　　　　　　　　B. 企业审计委员会
C. 企业管理层　　　　　　　　　　　D. 企业股东

二、多项选择题

1. 下列属于企业内部监督的控制目标的有（   ）。

A. 提高内部控制设计和执行的有效性
B. 促进企业内部控制体系的持续优化和完善
C. 保证信息系统长期、稳定、安全、高效运行，为管理者提供准确的信息，为经营管理决策提供参考
D. 提升企业市场形象和公众认可度

2. 对于企业内部监督，下列说法中正确的有（   ）。

A. 内部监督与内部控制其他要素相互联系、互为补充
B. 内部监督以内部环境为基础
C. 内部监督与风险评估、控制活动形成一个局部闭环的控制链
D. 内部控制离不开信息与沟通的支持

3. 企业内部监督主要风险点包括（   ）。

A. 信息资源管理不当、评估不当　　　B. 内部监督缺失、无效、运行不力
C. 内部监控方式有缺陷　　　　　　　D. 内部监督职能被淡化

4. 企业内部检查评价的程序一般包括（   ）。

A. 制定内部检查评价方案
B. 建立内部检查评价工作组
C. 实施现场检查与评价
D. 认定内部控制缺陷，复核确认并出具评价结论

三、判断题

1. 内部控制不是静态的，而是一个持续的循环过程。（   ）

2. 内部监督是内部控制的构成要素之一，同时对内部控制的其他要素进行监控，是保障内部控制有效性的关键。（   ）

3. 企业实施内部检查评价工作的重要性原则是指内部检查评价应当包括本单位内部控制的设计与运行，涵盖企业及其所属单位的各项业务和事项。（   ）

4. 内部控制缺陷是指内部控制的设计存在漏洞，不能有效防范错误和舞弊。（   ）

5. 内部控制重要缺陷是指一个或多个控制缺陷的组合，或关键领域、环节出现严重漏洞，可能严重影响内部整体控制的有效性，进而导致无法及时防范或发现严重偏离整体控制目标的情形。（   ）

参考答案：

一、单项选择题

1. A 2. C 3. C

二、多项选择题

1. ABD 2. ABCD 3. BCD 4. ABCD

三、判断题

1. √ 2. √ 3. × 4. × 5. ×

实践篇

项目七
全面预算管理内部控制

学习目标

知识目标	技能目标	素养目标
1. 能列举全面预算管理的内部控制目标。 2. 能描述全面预算管理内部控制所涉组织及职责体系。 3. 能归纳全面预算管理内部控制的业务流、资金流、信息流。 4. 能叙述全面预算管理内部控制流程的风险评估过程。 5. 能举例说明全面预算管理风险的内部控制措施	1. 能设计全面预算管理内部控制所涉组织及职责体系。 2. 能设计全面预算管理内部控制所需信息流、资金流。 3. 能绘制全面预算管理内部控制的业务流。 4. 能评估全面预算管理内部控制流程的风险。 5. 能控制全面预算管理内部控制流程的风险	养成凡事预则立，不预则废的工匠精神

思政融入点

1. 在预算分配环节，要遵循公平公正的原则，根据各部门的实际需求和绩效表现进行合理分配。这可以引导学生树立公平竞争的意识，认识到只有通过努力工作和取得良好的业绩才能获得更多的资源支持。

2. 对于预算执行的监督和考核，也要做到公正客观，不偏袒任何一方。这有助于培养学生的公正之心，在工作中坚持原则，不徇私情。

知识框架图

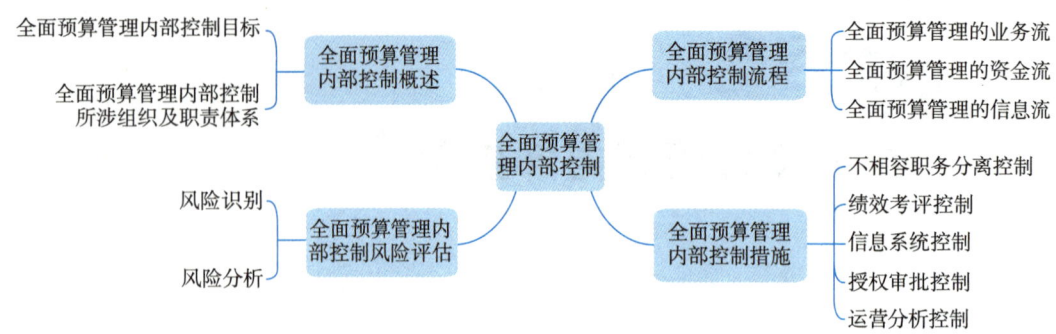

开篇案例

预算还是人算

销售专员：领导，大事不好！

销售总监：啥事儿啊？天塌不下来，有啥事儿慢慢说，不急。

销售专员：这都快年底了，我们部门还有一些预算没用完呢！

销售总监：这不是好事儿嘛，预算没用完，业绩做到了，给公司省钱，公司还得感谢咱们！

销售专员：唉，你这么想，公司未必这么想。这预算没用完，业绩做完了，明年不得砍预算啊！

销售总监：嗯……这倒是有可能。这样吧，你找点儿发票，把费用凑一凑。

销售专员：好的，领导。我手头正好还有几个项目没结，把费用走掉就行了。

销售总监：好！不过你千万记住啊，一定要控制在预算内，最好是预算一点儿不剩！

年终评价大会：

总经理：今年，公司市场拓展部业绩优异，并且费用控制得很好！预算做得很准，很不错！

销售总监：惭愧，惭愧！还是领导给的机会，谢谢领导！

财务总监：等等……等一下，他们那个预算也算做得好？

总经理：是啊，我特意比较了销售费用的实际发生额和年初预算，控制得很好，一点儿没超。

财务总监：领导，你不能光看总数，你拆到每个月看看！他们前几个月费用波动基本不大，可一到11月、12月，费用便急剧增加起来，这是什么原因呢？肯定是看预算没用完，赶紧调的啊！准是准，可这都是人为"造"出来的！

总经理：好家伙！玩儿这手，差点儿就上当了。

财务总监：没超预算需留意，每月拆分显端倪。年末费用波动大，预算人凑需注意！

资料来源："锐思商学院"公众号。

任务一　全面预算管理内部控制概述

全面预算是指企业对一定期间经营活动、投资业务、财务活动等做出的预算安排。全面预算作为一种全方位、全过程、全员参与编制与实施的预算管理模式，本就是一种很好的风控工具，但其自身各环节面临种种风险，需要进行风险管控来提高资金的使用效率和安全性，达到资金流入、资金流出之间的适当配合，实现资金的均衡流动。全面预算管理内部控制是指规范全面预算管理行为，建立预算管理运行机制，引导科学理财，合理配置资源，提高经济效益，从而保证实现企业战略目标。为加强全面预算管理内部控制，企业应梳理全面预算管理内部控制流程，及时发现全面预算管理中的薄弱环节，切实采取有效措施加以控制，其基本控制要求在《企业内部控制应用指引第15号——全面预算》中得到了体现。

一、全面预算管理内部控制目标

从内部控制建设和实施角度看，一般内部控制目标包含四个目标，分别是合规目标、报告目标、运营目标和战略目标。而内部控制建设是否真正落地，关键在于内部控制目标是否深入实际业务，下面结合全面预算管理来谈其内部控制具体目标。

（一）合规目标

全面预算管理应符合财政部印发的《关于企业实行财务预算管理的指导意见》等规定，确保全面预算所涉业务不因违反法律法规而遭受处罚。

为保证实现预算目标，全面预算必须严格遵守企业内部预算管理制度。在预算编制、执行、分析、考核中加以运用，以确保资金的安全和有效使用，减少不必要的损失，使全面预算发挥最大作用。

（二）报告目标

全面预算管理报告的目标是提供一个全面的、系统性的、可持续的预算管理方案，以优化企业的财务状况和绩效。具体来说，该报告的目标通常包括以下几点：为企业制订一个长期的、全面的预算管理计划，以确保财务资源的最优化利用和分配。识别企业的财务弱点和优点，找出财务管理中存在的问题和可以改进的空间。为企业管理层提供决策支持，帮助他们做出更明智的投资和财务决策。提高企业的财务透明度和财务责任感，以便监督和评估企业的绩效，并在必要时做出调整。帮助企业达成财务目标，包括降低成本、提高收入、增加利润、优化现金流等。总之，全面预算管理报告旨在为企业提供一个全面的预算管理方案，以帮助企业管理层实现财务目标、优化财务状况和提高绩效。

（三）运营目标

提高运营效率和效果。编制全面预算，要求预计未来某一特定期间的目标利润、需要实现的收入以及因此需要付出的成本和费用，从而预计需要多少资金和如何筹集管理资金。通过执行全面预算，企业可以对有限的资源进行最佳的安排，以避免资源浪费和低效使用。企业通过对全体员工进行全面预算管理和考核、奖惩，可以激励并约束全体员工追求尽量高的收入增长和尽量低的成本费用。最后将全面预算和实际执行情况进行比对和分析，能够为企业管理层提供有效的监控手段，使企业管理层了解采取哪些措施能够不断实现尽量高的收入增长和尽量低的成本费用，这样有利于提高企业的运营效率和效果。

为企业的内部评估提供科学的参考数据。推行全面预算管理，可以根据内部控制的实际情况与预算进行比较分析，及时解决问题，以达到对企业内部控制监督与检查的目的。

（四）战略目标

企业的发展战略包括短期战略和长期战略，短期战略需要企业通过预算管理来实现，全面预算管理能将公司战略以数据化的形式落实于个人，实现战略落地。全面预算监控可以帮助企业发现未能预知的机遇和挑战，这些信息通过预算汇报反映到决策机构，从而帮助企业动态地调整战略规划，提升企业战略管理的反应能力。

二、全面预算管理内部控制所涉组织及职责体系

全面预算管理内部控制所涉组织及职责体系的设计是做好全面预算管理工作的前提和基础。全面预算组织领导与运行体制健全，是防止预算管理松散、随意，预算编制、执行、考核等各环节流于形式的关键。全面预算管理内部控制所涉组织一般包括全面预算管理决策机构（预算管理委员会）、全面预算管理日常工作机构（预算管理办公室）、预算责任单位（全面预算执行单位）三个层次。

（一）全面预算管理决策机构

为提高预算的权威性，企业应在高层设立预算管理决策机构。例如，将企业全面预算管理决策机构设定在董事会，董事会下设专业委员会——预算管理委员会，辅助董事会做好预算决策工作。预算管理委员会以预算会议的形式工作，主任一般由董事长或总裁或总经理兼任，总会计师或财务总监或分管财会工作的副总经理任副主任，委员由独立核算部门和各职能部门负责人兼任。预算管理委员会主要职责如下。

（1）制定、颁布企业全面预算管理制度，包括预算管理的政策、措施、办法、要求等。

（2）根据企业战略规划和年度经营目标，拟定预算目标，并确定预算目标分解方案、预算编制方法和程序。

（3）指导各预算责任单位编制业务计划、预算草案、综合平衡预算草案，提供相关定员、定额、费用开支标准等基础信息。

（4）下达经批准的年度全面预算方案。

（5）协调解决预算编制和执行中的重大问题，仲裁与预算有关的冲突。

（6）审议预算调整方案，依据授权进行审批。

（7）审议预算考核和奖惩方案。

（8）对企业全面预算的总体执行情况进行分析、评价与考核。

（9）负责超预算或预算外支出的审批。

（10）其他与全面预算管理有关的事宜。

(二) 全面预算管理日常工作机构

预算管理委员会一般为非常设机构，企业应设立预算管理日常工作机构（预算管理办公室），由其履行预算管理委员会的日常管理职责。预算管理办公室一般设在财会部门，其主任一般由总会计师或财务总监或分管财会工作的副总经理兼任；工作人员除了财会部门人员，还应有计划、人力资源、投资、生产、销售、研发等业务部门人员。预算管理办公室的主要职责如下。

（1）制定企业各项全面预算管理制度，并负责检查落实预算管理制度的执行。

（2）拟订年度预算总目标分解方案及有关预算编制程序、方法的草案，报预算管理委员会审定。

（3）组织和指导各级预算单位开展预算编制工作。

（4）预审各预算单位的预算初稿，进行综合平衡，并提出修改意见和建议。

（5）汇总编制全面预算草案，提交预算管理委员会审查。

（6）跟踪、监控预算执行情况。

（7）定期汇总、分析各预算单位预算执行情况，并向预算管理委员会提交预算执行分析报告，为委员会进一步采取行动拟订建议方案。

（8）接受各预算单位的预算调整申请，根据企业预算管理制度进行审查，集中制定年度预算调整方案，报预算管理委员会审议。

（9）协调解决预算编制和执行中的有关问题。

（10）提出预算考核和奖惩方案，报预算管理委员会审议。

（11）组织开展对企业二级预算责任单位（内部各职能部门，所属分企业、子企业）预算执行情况的考核，提出考核结果和奖惩建议，报预算管理委员会审议。

（12）预算管理委员会授权的其他工作。

(三) 预算责任单位

预算责任单位，即全面预算执行机构，是指根据其在企业预算总目标实现过程中的作用和职责划分，承担一定的经济责任，并享有相应权力和利益的企业内部单位，包括企业内部各职能部门、所属分（子）企业等。根据权责范围，企业内部预算责任单位可分为投资中心、利润中心、成本中心、费用中心和收入中心。预算执行单位在预算管理部门（预算管理委员会、预算管理办公室）的指导下，组织开展本部门或本企业全面预算的编制工作，并严格执行批准下达的预算。各预算执行单位负责人应对本单位预算的执行结果负责。各预算责任单位的主要职责如下。

（1）提供编制预算的各项基础资料。

（2）负责本单位全面预算的编制和上报工作，将本单位预算指标层层分解，落实到各部门、各环节和各岗位。

（3）严格执行经批准的预算，监督检查本单位预算执行情况，及时分析、报告本单位的预算执行情况，解决预算执行中的问题。

（4）根据内外部环境变化及企业预算管理制度，提出预算调整申请。

（5）组织实施本单位内部的预算考核和奖惩工作，配合预算管理部门做好企业总预算的综合平衡、执行监控、考核奖惩等工作。

（6）执行预算管理部门下达的其他预算管理任务。

任务二　全面预算管理内部控制流程

全面预算关系到企业的财务控制、管理控制和合法合规控制，它不只涉及某一部门的工作，还需要全面预算管理决策机构、全面预算管理日常工作机构、预算责任单位之间相互沟通，因此全面预算管理关系比较复杂。企业应当先梳理全面预算管理的业务流、资金流、信息流，将其作为全面预算管理内部控制建设的起点。

一、全面预算管理的业务流

（一）编制预算草案

预算编制是企业实施全面预算管理的起点，企业一般按照分级编制、逐级汇总的方式，采用自上而下、自下而上、上下结合或多维度相协调的流程编制预算。预算编制流程与编制方法的选择应与企业现有管理模式相适应。

1. 分解下达预算目标

预算管理办公室根据企业发展战略和年度经营目标，结合对预算期经济形势的初步预测，测算下一年度的全面预算目标，预算管理委员会审定后予以下达；预算管理办公室拟订年度预算总目标分解方案及预算编制政策（包括预算编制程序、方法等），经预算管理委员会审定，预算指标连同编制政策层层下达至各预算责任中心。

预算管理办公室分解预算目标，应当建立系统的指标分解体系，并且应当在与各预算责任中心进行充分沟通的基础上进行分解，即预算管理办公室根据各责任中心的具体职能，在进行充分讨论、沟通的基础上，将预算目标细化、分解，产生各责任中心的量化目标。赋予责任中心的任务和预算目标应当是通过该责任中心的努力可以达成的。

2. 分级编制上报预算草案

各预算责任中心按照下达的预算目标和预算政策，结合自身特点以及预测的执行条件，认真测算并提出本责任中心的预算草案，经本责任中心负责人审核确认，在规定的时间内逐级汇总上报至预算管理办公室。预算草案包括预算报表和预算编制说明，预算编制说明需对预算报表的内容进行详细解释说明，并附相关附件依据、业绩报表。

3. 审查平衡预算草案

预算管理办公室对各责任中心上报的预算草案进行审查、汇总，提出综合平衡的建议。在审查、平衡过程中，预算管理办公室应当进行充分的协调、沟通，对发现的问题和偏差提出初步调整的意见，并反馈给有关责任中心予以修正。这个过程可能要反复多次。对经多次协调仍不能达成一致的，应向预算管理委员会汇报，以确定是否调整有关责任中心的预算目标，并最终达成综合平衡。

4. 汇总编制预算草案

预算管理办公室根据各责任中心修正调整后逐级汇总上报的预算草案，汇总编制整个企业的全面预算草案，一般应按"先经营预算、投资预算、筹资预算，后财务预算"的流程进行。在编制过程中，若预算平衡未能实现，预算管理办公室可以要求有关责任中心修订预算草案，直至企业总预算平衡为止。

预算管理委员会应当对预算管理办公室在综合平衡基础上提交的预算方案进行研究论证，从企业发展全局角度提出进一步调整、修改的建议，责成预算管理办公室完善后形成企业年度全面预算草案。

（二）审批与下达预算方案

全面预算草案完成后，由预算管理委员会提交董事会审批。企业董事会在审核全面预算草案时重点关注预算的科学性和可行性，以确保全面预算与企业发展战略、年度生产经营计划相协调。

全面预算草案经企业董事会审议批准形成全面预算方案，并及时以文件的形式下达。全面预算方案批准下达后，预算管理办公室应组织培训学习，并以全面预算方案为依据，制订详细可行的预算指标分解计划，将预算指标层层分解，从横向和纵向落实到内部各部门、各环节和各岗位，形成全方位的预算执行责任体系。

（三）执行预算方案

预算执行是将经批准的全面预算方案付诸实施的过程，全面预算要从"文件"走向"实用"，关键在执行环节。作为各责任中心的预算执行单位必须严格执行预算方案，财务部门对预算内各项支出按审批权限，经有关领导审核签字后方可办理借款、报销手续。企业应就涉及资金支付的预算内业务、超预算业务、预算外业务建立规范的审批程序。预算执行应向预算管理委员会报送预算执行计划进度，这是预算管理委员会对预算进行过程监督的依据，也是预算管理委员会考虑是否调整年度预算的重要参考。

（四）分析与调整预算

预算分析是指通过比较预算的实际执行结果与预算标准之间的差异，分析差异产生的原因，以便采取适当措施予以矫正的行为。在实际工作中，对于管理者而言，无论计划做得如何周密，在预算执行过程中，内外部环境的变化以及各种各样的意外事件，都会对预算产生这样或那样的影响。因此预算与实际总会出现一些差异，但是出现差异并不代表预算的失误。面对预算差异，应按以下流程进行预算分析：第一，对差异进行分类，并找出差异出现的具体原因；第二，对这些差异有可能对本预算以及其他预算造成的连带性影响做出评估；第三，采取相应的措施，以便能够及时修正和消除这些影响。

预算调整是指经过批准的预算方案在执行中因特殊情况需要变更现行预算方案的行为。为保证预算的严肃性，强化预算的约束力，全面预算方案一经确定，原则上不予以调整。如遇企业体制改革、国家宏观政策大幅调整、自然灾害、并购重组等特殊业务，对经营活动和财务收支产生重大影响，既定预算确实难以实现时，允许对预算进行调整。

（五）考核与奖惩预算

预算考核与奖惩是对企业内部各级责任部门、岗位或责任中心的预算执行结果进行考核和奖惩的过程，是管理者对预算执行者实行的一种激励和约束形式。考核主体通常划分为两个层级：第一层级是企业高层考评主体——预算管理委员会，负责对企业全面预算总体执行情况的考评；第二层级是企业内部各级预算责任单位，负责对下级单位和相关个人执行情况的考评，它既是上级考评主体的考评对象，又是下级单位和个人的考评主体。

二、全面预算管理的资金流

全面预算管理的资金流是规划预算期内由经营活动和资本投资业务引起的预计资金流入、预计资金流出及其资金余缺。此处资金为货币资金项目，包括库存现金、银行存款、其他货币资金。资金流的合理性和准确性决定着预算管控效率，因此应加强预算资金流的内部控制，正确调度资金，保证企业资金的正常流转。

（一）资金流入

资金流入是指预算期内可运用资金，包括期初的资金结存数和本期内发生的资金流。其中，本期内发生的资金流入包括预计发生的经营资金流入和非经营资金流入。前者数据来自销售预算，销售取得的资金收入是其主要来源，包括本期现销流入、收回以前期的应收账款、应收票据到期兑现、票据贴现流入等内容；后者数据来自专门决策预算，包括转让或处理长期资产（包括固定资产和无形资产）取得的资金流入。

（二）资金流出

资金流出是指预算期内预计发生的资金支出，包括经营资金流出和资本性资金流出之和。前者数据来自业务预算，包括直接材料资金流出、应交税费资金流出、直接人工资金流出、制造费用资金流出、销售费用资金流出、管理费用资金流出、偿还应付款项、预交所得税、支付利润的资金流出；后者数据来自专门决策预算，如有关设备的购置费等。下面着重介绍经营预算中的资金流出。

1. 直接材料资金流出

直接材料资金流出是指预算期内为采购直接材料发生的资金支出，是在生产预算的基础上预计的。生产预算是安排预算期生产规模的计划，是在销售预算的基础上编制的。在以销定产条件下，销售预算中的预计销货量从根本上限定了生产预算的编制，生产预算需要根据预计的销售量按产品品种分别编制。一般情况下，预计生产量不等于预计销售量，因为企业的生产和销售不能做到"同步同量"，必须设置一定的存货，以保证能在发生意外需求时按时供货，并可均衡生产，节省赶工的额外支出。生产预算主要由生产部门负责编制，编制期间一般为一年，年内按产品品种进行分季或分月安排。

直接材料资金流出的预算与生产预算一样，也要考虑预算期期初与期末的存料水平，应注意采购量、耗用量与库存量之间保持合理的比例，以避免材料的供应不足或超储积压。直接材料资金流出预算的主要内容包括单位产品直接材料耗用量、生产需用量、期初和期末存量、预计材料采购量和预计采购金额、材料采购方面预期的资金流出。直接材料资金流出的预算主要由物资供应部门负责。

2. 应交税费资金流出

应交税费资金流出是指预算期内预计发生的应交增值税、消费税、资源税、城市维护建设税和教育费附加资金的支出。本资金流出中不包括预交所得税和直接计入税金及附加的印花税。由于税金需要及时清缴，为简化预算方法，可假定预算期发生的各项应交税费均于当期以现金形式支付。

应交税费预算需要根据销售预算、材料采购预算的相关数据和适用税率资料来预计。应交税费资金流出一般由财务部门负责预计。

3. 直接人工资金流出

直接人工资金流出是指为直接生产工人耗费发生的资金支出，是以生产预算为基础预计的。其主要内容包括预计生产量、单位产品工时、人工总工时、每工时人工成本和人工总成本。直接人工资金流出主要由生产部门或劳动人事部门预计，预计时可按不同工种分别计算直接人工成本，然后予以汇总。

4. 制造费用资金流出

制造费用资金流出是指应列入产品成本的各项间接费用的资金支出，是除采购直接材料、直接人工预算以外的其他一切生产成本的资金流出。制造费用必须按其成本习性分为变动性制造费用和固定性制造费用，分别就变动性制造费用和固定性制造费用两部分内容预计。

变动性制造费用是以生产预算为基础预计的，即根据预计的生产量或预计的直接人工工时总数和预计的变动制造费用分配率来计算。固定性制造费用与本期的生产量无关，可在上年的基础上采用增量预算法根据预算变动加以修正，也可采用零基预算法逐项预计再汇总。

制造费用的编制依据主要包括有关制造费用的历史资料、标准成本资料、预算期的生产规模变动情况、各费用的明细项目在预算期的开支水平等。制造费用预算中，除折旧费以外都需要支付现金。因此应将制造费用预算总额扣除折旧费后调整为现金支出的费用。制造费用资金流出的预计主要由生产部门负责。

5. 销售费用资金流出

销售费用资金流出是指为实现销售预算目标而需要的资金支出，是以销售预算为基础预计的。编制时要分析销售收入、销售利润和销售费用的关系，力求实现销售费用最有效的使用。其编制方法与制造费用预算的编制方法非常接近，可将其划分为变动销售费用和固定销售费用两部分。预计固定销售费用可采用与预计固定制造费用一样的方法进行计算。销售费用资金流出一般由销售部门负责预计。

6. 管理费用资金流出

管理费用资金流出是指一般行政管理业务所必需的资金支出。管理费用预算的方法有两种：一是按项目反映全年预计水平，这是因为管理费用多属于固定成本，通常以其历史资料为基础，按预算期的可预见变化来调整确定；二是类似于制造费用预算或销售费用预算的方法。管理费用预算一般由企业行政管理部门负责编制。

（三）资金余缺

资金余缺是指资金流入与资金流出相抵后的余额。如果差额为正，说明资金流入大于资金流出，资金有多余；如果差额为负，说明资金流入小于资金流出，资金不足。为确保预算期经营所需的资金，企业需要根据资金余缺的性质与大小、期末应保持的资金变动范围，以及企业有关资金管理的各项政策，确定筹集或运用资金的数额。如果资金不足，可向银行取得借款，或转让短期投资的有价证券，或按长期筹资计划增发股票或公司债券。如果资金多余，除了可用于偿还借款，还可用于购买作为短期投资的有价证券。

三、全面预算管理的信息流

全面预算管理是一个庞大的系统工程，涵盖经营预算、投资预算、财务预算，需要通过信息流传递各预算之间的勾稽关系，是全面预算管理的重要工具。对信息流内部控制有助于确保信息的准确性、完整性和时效性，从而提高预算编制、执行、监控和评估等各个环节的管理效率。例如，通过编制预算方案，不仅能全面、综合地协调、规划企业内部各部门、各层次的经济关系与职能，使之统一服从于未来经营总体目标的要求，还能使决策目标具体化。

全面预算管理信息流中的常见表单没有统一的样式，但基本构成要素相似。例如，预算方案一般由预算汇总表和多个附表构成，它是一系列表格的统称。其中，附表包括营业费用预算表、主营业务收入预算明细表、主营业务收入季度预算表、销售资金回收预算表、陈欠账款（含呆死账）回收预算表、年度生产预算表、季度生产预算表、生产费用及成本预算表、产品成本预算表、采购预算表、采购资金支出预算表、管理费用预算表、财务费用季度预算表、营业外支出预算表、固定资产支出预算表、筹资预算表、利息支出预算表、现金预算表、预算变更申请表、单项预算指标考核表、各部门成本费用预算执行情况考核表、生产部门预算执行情况考核表、企业年度费用预算分析表。

任务三　全面预算管理内部控制风险评估

全面预算管理的内部控制是否有成效，体现为企业能否有效应对所面临的各类风险，而风险评估是确定如何应对风险的基础。全面预算管理内部控制流程的风险评估是指通过对识别出的风险进行分析，并描述风险发生可能性高低和风险发生后果，进而明确风险重要程度的过程。

一、风险识别

进行全面预算风险评估的首要任务是风险识别，即发现、认可并记录影响全面预算内部控制目标实现的风险的过程，其重点是收集全面预算管理中的风险信息，并识别风险信息的风险源。

（一）编制预算草案的主要风险

预算编制所依据的信息资料不充分、基础数字不真实，导致预算目标与战略规划经营计划、市场环境、企业实际相脱离，预算目标难以实现。

预算编制以财务部门为主、业务部门参与程度较低，导致预算内容不全面，责权利不匹配，预算之间缺乏整合，全面预算难以发挥统率作用。

预算编制程序不规范，横向、纵向信息未充分沟通，相互衔接配合不够，导致预算目标缺乏准确性、合理性和可行性，不能充分发挥预算作用。

预算编制方法使用不当，导致预算目标缺乏科学性、合理性和可行性。

预算目标及指标体系设计不完善、不完整，缺乏科学性及全面性，导致预算在实现发展战略、经营目标，促进绩效考核等方面的功能难以发挥。

预算编制范围和项目不全面，各个预算之间缺乏整合，导致全面预算难以形成。

预算编制的时间太早或太晚，导致预算准确性不高，影响预算的执行。

（二）审批与下达预算草案的主要风险

全面预算未经适当审批或超越授权审批，导致预算权威性不够、执行不力，或可能存在重大差错、舞弊导致损失。

全面预算下达不力，导致预算执行或考核无据可查。

预算指标分解不够详细、具体，导致企业的某些岗位和环节缺乏预算执行和控制依据。

预算指标分解与业绩考核体系不匹配，导致预算执行不力。

预算责任体系缺失或不健全，导致预算责任无法落实，预算缺乏强制性与严肃性。

预算责任与执行单位或个人的控制能力不匹配，导致预算目标难以实现。

（三）执行预算草案的主要风险

缺乏严格的预算执行授权审批制度，导致预算执行随意。

资金支付的审批权限及程序混乱，导致越权审批、重复审批，降低预算执行效率和严肃性。

预算执行过程中缺乏有效监控，导致预算执行不力，预算目标难以实现。

缺乏健全有效的预算反馈和报告体系，导致预算执行情况不能及时反馈和沟通，预算差异得不到及时分析，预算监控难以发挥作用。

（四）分析与调整预算的主要风险

预算分析不正确、不科学、不及时，可能削弱预算执行控制的效果，或导致预算考评不客观、不公平。

对预算差异的解决措施不得力，导致预算分析形同虚设。

预算调整依据不充分、方案不合理、审批程序不严格，导致预算调整随意、频繁，使预算失去严肃性和硬约束。

（五）考核与奖惩预算的主要风险

考核主体和考核对象的界定不合理，可能导致预算考核受阻。

考核指标设计不科学，可能使考核结果不客观、不公正，导致预算考核的权威性受到质疑。

考核过程不公开、缺少透明度，可能影响考核结果的客观性、公正性。

奖惩措施不公平、不合理，不能奖罚并举，或在奖惩实施中添加人情因素，可能导致奖罚结果缺少约束性和公信力。

二、风险分析

经过风险识别阶段，已经收集了全面预算管理流程中的风险信息，对面临的风险有了一个初步的认识，接下来需要对各类风险发生的可能性进行分析。全面预算管理中风险发生的可能性是指在企业目前的管理水平下，全面预算管理中各类风险发生概率的大小或者发生的频繁程度。在风险管理实践中，一般利用全面预算管理方面的历史数据推断风险事件在未来发生的可能性。

任务四　全面预算管理内部控制措施

全面预算管理是帮助企业实现战略目标、提升企业竞争力的重要手段。企业经营运作过程中应将全面预算管理与风险控制相结合，通过建立健全全面预算管理内部控制体系，引导和规范企业加强全面预算管理各环节的风险管控，促进全面预算管理在推动企业实现发展战略过程中发挥积极作用。

常见的全面预算管理内部控制措施有以下五种。

一、不相容职务分离控制

企业各部门的业务活动都要纳入预算管理，因此应当建立全面预算管理的岗位责任制，明确各岗位的预算责任，确保全面预算管理活动的不相容职务相分离。全面预算管理的不相容职务分离主要有以下三点。

（1）预算编制或调整与预算审批岗位应当分离，即预算编制或调整应由各预算责任中心填制预算方案或提出预算调整申请，由预算管理委员会或董事会进行审批。

（2）预算审批与预算执行岗位应当分离，即预算审批应由预算管理委员会或董事会进行，预算执行则由各预算责任中心进行。

（3）预算执行与预算考核岗位应当分离，即预算执行单位的预算考核应由其直接上级部门进行，不能自己考核自己。

二、绩效考评控制

企业应对预算目标执行情况实施严格的绩效考评控制，按年度对各预算执行单位和个人进行考核，切实做到有奖有惩、奖惩分明。预算考核过程应公开、公平、公正，将全面预算考核程序、考核标准、奖惩办法、考核结果等及时公开，以客观事实为预算考核依据，预算考核表需经预算管理委员会审核评议，如果没有异议，则批准公布，并上报董事会备案。具体措施包括以下两个方面。

（一）科学设计预算考核指标体系

预算考核指标要以各预算责任单位承担的预算指标为主，同时本着相关性原则，增加一些全局性的预算指标和与其关系密切的相关责任单位的预算指标。考核指标应以定量指标为主，同时根据实际情况辅以适当的定性指标。

（二）奖惩措施要公平合理并及时落实

预算考核结果应与各预算执行单位及其员工的薪酬、职位等挂钩，实施预算奖惩。预算奖惩方案应公平合理、奖罚并举，不能只奖不罚或只罚不奖。同时要注意各部门利益分配的合理性，根据各部门承担的工作难易程度和技术含量合理确定奖励差距，而且要防止奖惩实施中的人情因素。

三、信息系统控制

全面预算管理可借助先进的计算机技术，依靠网络信息系统，帮助企业实现全面预算管理的信息系统控制，成为企业进行内部控制的必然选择。企业的经营管理工作始于预算的编制，结束于预算的执行分析。预算管理信息系统能为企业预算的事前编制、事中控制和事后分析提供平台。平台应具备以下控制功能。

（一）全面预算的周期

满足不同时长的预算需求。长期计划：企业未来3～5年的总体规划，为企业描绘出未来经营发展的蓝图，体现企业的战略思想。中期计划：从年度计划到季度计划、月计划，具体指导企业经营活动的各个环节，保证企业的经营活动能够沿着预算管理轨道科学合理地进行。短期预测：以前期实际情况或其他数据为依据，通过各种算法模型实现对未来一段时期内（天、周、旬）的预期和展望。

（二）预算体系的建立

可设置不同类型的预算体系。销售起点型：适于以销售情况调整生产能力的企业，如家电、电子、服装等行业。以利润、销售额为企业全面预算的起点，分解生成其他相关计划预算。生产起点型：适于以生产能力为企业发展的基础，生产能力不便以外部情况做重大调整的企业，如冶金、化工、电信等行业。以生产计划为全面预算的起点，分解生成其他相关计划预算。专项起点型：适于承接项目的企业，如建筑施工、项目型软件企业等。以项目总计划为起点，分解生成子项目进度计划，再根据子项目进度计划分解生成其他相关计划预算。

（三）预算编制的方式

适合不同的预算编制方式。自上而下：由预算委员会先制订出总的计划，然后逐层分解到各单位、各部门，各单位对计划进行相应调整后再汇总。自下而上：由各单位、各部门负责人先编制计划，然后汇总生成总的计划。预算委员会对汇总计划进行调整后，再形成各单位的计划。

（四）预算控制的方式

设置不同的预算控制方式。刚性预算和柔性预算：刚性预算是指按照预算严格执行，超预算就不能通过；柔性预算在超过预算后，给出提示信息。总额控制和分项控制：总额控制是指可以对若干项预算项目进行综合控制，只要总额不超出预算即可；分项控制是指对每个预算项目都分别进行控制。与预警平台结合：提供计划预算的预警功能，系统自动检测，生成预警信息并自动通过网络传给相关负责人。

（五）预算的调整

预算编制完成后，在执行过程中，企业内外部环境的变化会引起预算的偏差，当这些偏差达到足以影响预算的控制与指导作用时，要对原来的预算进行调整。调整后，原来的预算仍然保留，新的预算形成新的版本，有利于预算数据多个版本直接比较分析。

（六）多角度、多层次的预算分析

能进行及时、灵活的预算分析，分析内容包括预算数与执行数比较分析，并提供多种图形分析，让上级单位能够及时了解下级各单位的预算执行情况。

四、授权审批控制

企业可采取授权审批控制制度控制全面预算管理中的风险，以明确各项生产经营活动、投融资活动的预算编制、执行、分析、调整、考核各环节的授权审批程序。

(一) 预算编制的授权审批控制，应按上下结合、分级编制、逐级汇总的程序

具体编制程序是：首先由预算管理机构预测预算目标，提出预算编制指导意见书，经预算管理委员会、董事会审核通过→下达预算指标、拟订目标分解方案并下达各部门→各部门分别编制预算草案并上报预算管理机构→预算管理机构审查平衡预算草案→修改后汇总编制全面预算草案→预算管理委员会、董事会审核全面预算草案→审议通过后正式下达预算方案→组织预算指标分解和责任落实。

(二) 预算执行、分析、调整的授权审批控制，应确保各项业务活动合法合规，与预算目标一致

企业应就涉及资金支付的预算内业务、超预算业务、预算外业务建立规范的授权批准制度和程序，避免越权审批、违规审批、重复审批现象的发生。对于预算内各项支出按审批权限，须经有关领导审核签字方可办理资金支付手续。对于预算内非常规或金额重大业务，应经过总经理审批。对于超预算或预算外业务，应实行严格、特殊的层层审批程序，最后报经总经理审批，其中金额重大的，还应报经预算管理委员会或董事会审批。预算执行单位提出超预算或预算外资金支付申请时，应提供有关发生超预算或预算外支付的原因、依据、金额测算等资料。

(三) 预算考核的授权审批控制

预算执行单位上报的预算执行报告是预算考核的基本依据，应经本单位负责人签章确认。预算考核主体应对各预算执行单位负责人签字上报的预算执行报告和已掌握的动态监控信息进行核对，确认各执行单位预算完成情况。

五、运营分析控制

企业可以采用运营分析控制对预算执行实时监控，及时发现和纠正预算执行中的偏差，使生产、购销、投资、筹资、财务等方均符合预算要求，及时制止不符合预算目标的经济行为。具体控制措施包括以下四个方面。

(一) 定期编制预算执行情况分析报告

各预算责任单位按规定的格式和内容编制预算执行情况分析报告，预算管理办公室汇总各预算责任单位预算执行报告，最终汇总为企业的全面预算执行报告。每季或每月预算管理办公室应向预算管理委员会提交预算执行分析报告和说明。在年度结束后的一段时间内，预算管理办公室还应向预算管理委员会提交上年度企业全面预算完成情况综合分析报告，并由预算管理委员会审议后提交董事会。

(二) 运用科学的预算分析流程和方法，确保预算分析结果准确、合理

分析预算执行情况，应充分收集有关财务、业务、市场、技术、政策、法律等方面的信息资料，根据不同情况分别采用比率分析、比较分析、因素分析等方法，从定量与定性两个层面充分反映预算执行单位的现状、发展趋势及其存在的潜力。

(三) 及时采取措施恰当处理预算执行偏差

根据造成预算差异的不同原因采取不同的处理措施：内部执行导致的预算差异，应分清责任归

属,以管理费用中的办公用品消耗为例,预算执行偏差可能由消耗数量或采购成本或两者共同引起,消耗数量原因应由使用部门负责,采购成本原因应由采购部门负责;外部环境变化导致的预算差异,应分析该变化是否长期影响企业发展战略的实施,并将之作为下期预算编制的影响因素。

(四) 特别关注重大预算项目

对于工程项目、对外投融资等重大预算项目,预算管理办公室应密切跟踪其实施进度和完成情况,实行严格监控。借助信息化管理平台,建立预算执行情况预警机制,科学选择预警指标,合理确定预警范围,及时发出预警信号,积极采取应对措施。通过电子信息技术手段监控预算执行,提高预警与应对水平。

拓展阅读

根据企业内部责任中心的权责范围及业务流动的特点,预算责任中心可以分为利润中心、成本中心、投资中心三大类,其相应考核指标设置如下。

一、利润中心的考核

利润中心是指对利润负责的责任中心,既要控制成本(费用)的产生,又要对收入和成本的差额即利润进行控制,一般指有产品或劳务生产经营决策权的企业内部部门。

利润中心的类型。利润中心分为自然利润中心与人为利润中心两种。自然利润中心是指可以直接对外销售产品并取得收入的利润中心;人为利润中心是指对内流转产品,不通过产品销售而取得"内部销售收入"的利润中心。

利润中心的考评指标。利润中心的考评指标为利润,即通过比较一定期间实现的利润与责任预算确定的利润,进而评价该责任中心的业绩。

当利润中心不计算共同成本或不可控成本时,所用考评指标的计算公式如下:

利润中心边际贡献总额=该利润中心销售收入总额-该利润中心可控成本总额(变动成本总额)

一般而言,利润中心的可控成本是变动成本。

当利润中心计算共同成本或不可控成本,并采取变动成本法计算成本时,采用的考评指标及其计算公式如下:

利润中心边际贡献总额=该利润中心销售收入总额-该利润中心变动成本总额

企业利润总额=各利润中心可控利润总额之和-企业不可分摊的各种管理费用、财务费用等

二、成本中心的考核

成本中心是指对成本或费用承担责任的责任中心,一般包括负责产品生产的生产部门、劳务提供部门及给予一定费用指标的管理部门。

成本中心的分类。成本中心分为技术性成本中心和酌量性成本中心。技术性成本是指发生的数额通过技术分析可以相对可靠地估算出来的成本,可以通过弹性预算予以控制;酌量性成本是指以直接控制经营管理费用为主的成本控制,着重于预算总额的审批。

成本中心的考评特点。只考评成本(费用)而不考评收益,只对可控成本承担责任,只对责任

成本进行考评和控制。

成本中心的考评指标。成本中心考评采用相对指标和绝对指标，即成本（费用）变动额和变动率两个指标。其计算公式为

成本（费用）变动额＝预算责任成本（费用）－实际责任成本（费用）

成本（费用）变动率＝成本（费用）变动额/预算责任成本（费用）×100%

三、投资中心的考核

投资中心是指既对成本、收入和利润负责，又对投资效果负责的责任中心。投资中心的考评指标有以下两种。

投资利润率。又称投资报酬率，是指投资中心所获得的利润与投资额之间的比率。投资利润率能反映投资中心的综合盈利能力，具有横向可比性，可以作为选择投资机会的依据及评价投资中心经营业绩的尺度。它可以正确引导投资中心的经营管理行为，使其行为长期化。其计算公式为

投资利润率＝利润÷投资额×100%

投资利润率＝（销售收入÷投资额）×（成本费用÷销售收入）×（利润÷成本费用）

＝资本周转率×销售成本率×成本费用利润率

剩余收益。剩余收益是一个绝对数指标，是指投资中心获得的利润扣减其最低投资收益后的余额。其计算公式为

剩余收益＝利润－投资额×规定或预期的最低投资报酬率

如果考评指标是总资产息税前利润率，则剩余收益计算公式应进行相应调整。其计算公式为

剩余收益＝息税前利润－总资产占用额×规定或预期的总资产息税前利润率

项目小结

本项目我们学习了全面预算管理的内部控制目标，全面预算管理内部控制所涉组织及职责体系，全面预算管理内部控制的业务流、资金流、信息流，对全面预算管理内部控制流程中的风险进行了识别、分析，并对此采取相应的内部控制措施。学习的重点是梳理全面预算管理内部控制流程和风险评估，学习的难点是针对风险选择恰当的内部控制措施。

实践提升

请根据以下案例进行风险识别与内部控制。

洁能公司是为集团其他公司提供服务而成立的服务共享公司，主要为集团处于高成本区的子公司提供研发、设计等服务。洁能公司总员工600人左右，组织机构简单。总经理下设负责公司营运的财务、人力资源、行政、信息等职能部门以及负责业务的若干业务部门。各部门之间均为平行关系。

预算管理与运营体系为总经理—财务经理—兼职预算员。未设立专门的预算管理和运营机构。各自的分工为：总经理审批通过最终的年度预算，并报送集团；负责重大预算内支出以及预算外支出的审批。财务经理收集、汇总数据，完成年度预算编制，提交总经理审批，并负责一般预算内支出的审批，对预算执行中的差异进行解释。兼职预算员由其他3个职能部门（人力资源部、行政

部、信息部）的兼职人员组成，负责在预算编制时，向财务提供数据。

目前预算管理存在以下问题。

（1）行政部、信息部和人力资源部为主要的预算相关业务部门，但业务部门对预算编制忽视，提供数据随意，一些重大支出未被纳入预算之内。在执行阶段，经常会发生业务部门的一些预算外的特批的费用、人情费用，使得预算控制流于形式，全面预算管理目标难以实现。

（2）在预算执行阶段，预算支出的控制、跟踪、分析等业务部门不再参与，由财务一手操办。在预算执行过程中，财务负责费用控制和差异解释，事后业务部门不必对执行情况做分析、总结，也没有相应的奖惩。

（3）目前洁能公司预算编制、控制和分析全部使用 Excel 表格。首先，在预算编制阶段，有的部门随意修改表格、公式，造成财务部门在数据收集、汇总处理过程中需要反复修改、确认，耗费大量时间和精力，业务部门也多有意见。在预算控制阶段，依靠财务将支出手工录入，不仅工作量大，项目和金额也容易出错。其次，预算项目界定模糊，员工水平参差不齐，填报准确性差。洁能公司财务预算人员虽然设计出了模板，但是由于理解上的差异、人员变更，常常出现项目分类错误、资产和费用混淆。这些错误需要财务花费大量时间进行沟通、确认。

任务实施过程	实施答案	评分标准	标准分	得分
一、确定内部控制目标		是否结合业务具体目标来设定内部控制目标	10	
二、识别风险源，并进行风险描述		是否识别出所有的风险源；风险描述是否清晰	10	
三、采取内部控制措施		所选内部控制措施是否正确	10	

项目八

筹资业务内部控制

学习目标

知识目标	技能目标	素养目标
1. 掌握筹资业务内部控制的基本理论。 2. 了解筹资业务的流程和关键环节。 3. 理解筹资业务的风险及其应对措施	1. 具备分析筹资业务内部控制的能力。 2. 具备解决筹资业务内部控制实际问题的能力	1. 培养严谨的职业态度和风险意识。 2. 增强法律合规和职业道德观念

思政融入点

1. 在讲解筹资业务的目标和重要性时，强调企业通过合法、规范的筹资活动为社会创造价值，承担社会责任。

2. 培养学生的职业操守和合规意识。强调筹资业务内部控制中的监督作用，要求学生秉持客观、公正、独立的原则，确保企业筹资活动的合法性和规范性。

知识框架图

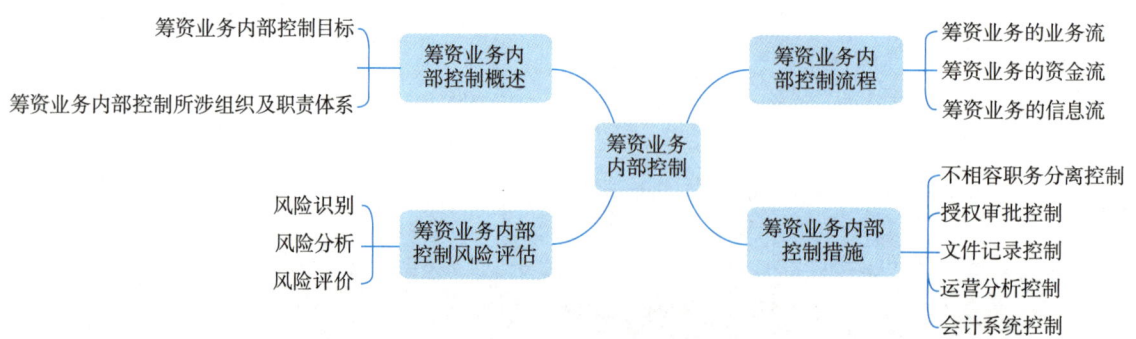

开篇案例

违规募集资金，相关责任人被处罚

广州天河警方在开展"飓风 2020"专项行动中，侦破一宗特大非法集资案件。涉案的深圳市滨海基金管理有限公司（以下简称深圳滨海基金公司）在未取得向公众吸收存款的资质的情况下，犯罪嫌疑人林某等以深圳滨海基金公司名义，在 2016—2019 年 12 月，先后以 20 余个项目发行理财产品 30 余个，累计募集资金 20 亿元；2019 年 10 月开始不能如期兑付，累计存量待付额 16.34 亿元，涉及客户 1938 人。"广州天河公安"发布的消息显示，深圳滨海基金公司在陕西、山东、湖南等地成立分公司，以及以滨海企业信息咨询有限公司名义，在辽宁、江苏、浙江等地成立分公司或分部，大肆招聘业务员，通过举办高尔夫球赛、推介会、路演等公开方式，或让业务员向社会不特定人群进行公开宣传，或以口口相传等形式传播，彰显公司实力并推介理财产品。为大量吸纳资金，该公司的产品说明宣传单以及公司业务员以口头或微信、短信、邮件等形式明确向客户承诺本金不受损失并可获得 8%～11% 不等的年化收益；公司允许业务员以个人名义提出申请，即可成为"超级投资人"，接收投资额低于 100 万元不合格投资人的投资款。实际上，该公司通过不备案、不托管（私募基金账户）、控制项目方资金账户等方式逃避监管，形成资金池操作，将数亿元投资款用于借新还旧、公司经营性支出以及挪作他用。2020 年 6 月 9 日，在广东省公安厅经侦局、广州市公安局经侦支队的统一指挥协调下，天河警方出动大批警力分为 40 余个抓捕组，将广州地区涉嫌参与集资诈骗的林某等 61 名犯罪嫌疑人抓捕归案，依法刑事拘留 45 人。

资料来源：中国基金报公众号。

任务一 筹资业务内部控制概述

筹资业务是指企业为满足对外投资和生产经营需要，通过银行借款或发行股票、债券等形式筹集资金的过程。根据筹集资金的来源不同，可以将筹资的方式分为内源筹资和外源筹资。内源筹资是指企业对内部已有的资金进行处置，这些资金源自企业的留存收益等；外源筹资是指从企业以外的地方筹集资金，来满足企业发展的需要，当前企业主要的外源筹资方式有银行借款、发行股票、发行债券、吸收直接投资、融资租赁等。

筹资业务内部控制是根据筹资目标和计划，结合年度全面预算，拟订筹资方案，明确筹资用途、规模、结构和方式等相关内容，对筹资成本和潜在风险做出充分估计，最终通过内部控制措施提升资金筹措效率、降低资金筹措成本的过程。为加强筹资业务的内部控制，企业应全面梳理筹资业务内部控制流程，识别、分析、评价筹资业务内部控制流程中的风险，并健全相应的风险管控措施。其内部控制具体要求在《企业内部控制应用指引第 6 号——资金活动》中有所体现，本项目仅探讨此指引所涉资金活动中筹资业务的内部控制。

一、筹资业务内部控制目标

筹资业务内部控制要深入实际业务，内部控制目标设定首先应基于具体业务设定，从内部控制建设和实施的角度，实务界将内部控制一般目标分为合规目标、报告目标、运营目标和战略目标，下面将结合筹资业务来解读内部控制具体目标。

（一）合规目标

企业的筹资业务必须遵循国家颁布的相关法律法规，如《中华人民共和国公司法》、《中华人民共和国证券法》、《上市公司证券发行管理办法》、《股权众筹融资管理办法（试行）》（征求意见稿）等。企业需履行法律法规约定的责任，采取合法合规的手段进行资金的筹措，杜绝非法集资，并依法进行信息的披露，维护各方的合法权益。

企业需要规范筹资流程，严格遵守筹资业务内部相关规章制度的要求，保证偿付体系的规范性。采取债务性筹资方式时，企业应当按时偿付利息，维护企业信誉；采取权益性筹资方式时，企业应当确立合理的股利分配政策，按照股利分配政策进行股利的发放。

（二）报告目标

企业应当保证筹资业务报告的真实性、完整性与准确性。真实性要求筹资业务中会计记录的交易活动都应当是真实发生的；完整性要求所有交易活动应当完整记录，不存在遗漏；准确性要求企业对筹资业务进行准确记录，因筹资业务的相关会计处理较为复杂，企业需要提升会计信息的准确性，如借款费用的利息核算、未确认融资费用的分摊等业务。

（三）运营目标

企业应当保证筹集资金量规模适当，既要避免筹资出现过多闲余资金，也要避免筹资不足不能满足企业生产经营需求。为保障筹资规模与资金需求量相匹配，企业应分析梳理生产经营情况，选取定性预测方法或者定量预测方法对资金需求量展开合理、科学的预测。

企业应当保证筹资期限与使用期限相匹配，合理安排资金筹措时间。企业应当按照资金使用时间合理编制筹资计划，永久性流动资产和固定资产以长期融资方式（负债或权益）来融通，波动性流动资产用短期来源融通。此外，要保证筹资时间与使用时间相衔接，既要避免筹资时机过早造成资金投放前的闲置，增加筹资成本，也要避免筹资时机滞后错过资金投放时间，造成企业损失。

企业应当尽量降低筹资成本，以最小的代价实现最大的效益，实现企业价值最大化的目标。不同的筹资渠道及筹资方式对应的筹资成本差异较大，为降低筹资成本，企业应全面考察并合理选择资金的来源渠道及筹措方式。

企业应当权衡债务性筹资和权益性筹资的利弊关系，优化自身资本结构。企业应当综合考量获利水平、现金流量、资产结构、信用评级和利率变动等因素，采取每股收益分析法、比较资本成本法或企业价值比较法等确定企业最优资本结构。

（四）战略目标

企业应当保证筹资方案符合企业整体发展战略。开展筹资业务时，应根据企业发展战略预算情况与资金现状等因素提出筹资方案，再组织相关专家对筹资方案进行可行性论证，并将战略性评估列为重要考量因素。

二、筹资业务内部控制所涉组织及职责体系

筹资业务内部控制的有序开展需要有力的组织保障，应先建立相关岗位责任制，以清晰界定各部门的职责。筹资业务内部控制一般涉及以下组织。

（一）筹资决策部门

企业中参与筹资业务决策的部门主要有股东大会、董事会、战略委员会和预算委员会等，主要负责决策公司的筹资方案，决策公司内部机构在筹资业务环节中的职责权限，授权审批筹资业务的负责人与执行人员。

（二）筹资管理部门

筹资管理一般由财务部门负责，但筹资业务发生频繁的企业会成立单独的筹资管理部门或融资管理部门，负责筹资调查工作与统筹安排工作，包括根据企业战略方向、年度预算和经营计划等文件，制定筹资方案和筹资计划等筹资业务必要文件；根据筹资评审流程要求提交、补充相应阶段评审文件；组织各部门展开筹资方案的可行性论证，编制可行性论证报告；根据编制的筹资计划，实施具体筹资业务。

（三）财务管理部门

财务管理部门主要职责包括预测企业资金需求量，确定企业自有资金与长短期筹资规模；对筹资业务进行会计核算记录；制定并实施筹资相关财务管理规章制度；对筹资业务进行尽职调查并参与论证分析工作；对筹资计划提出合理建议；对筹资业务涉及的资金及费用进行管理与审核；核查与保管筹资业务的相关文件；盘点筹资业务取得的相关资产；对本金、利息及股利进行计提与支付。

（四）筹资监督部门

企业中履行筹资业务监督职能的部门主要有监事会、内审部门等，主要负责核实筹资业务中相关人员是否遵守内部控制制度与政策；实施与维护筹资业务的内部控制程序、风险评估流程；监督董事、高管在筹资业务中是否正确履行其职责；跟踪与检查企业的重大筹资方案；审核筹资合同与协议的合法性、合理性与完整性；审查筹资业务财务记录的准确性，出具审计报告；监督筹集资金的用途与偿付；评价筹资业务环节、落实违规人员追责制度。

（五）法律部门

法律部门主要负责筹资业务的相关法律性事务。职责包括对公司筹资业务的开展进行合法性论证并提供法律支持，对公司筹资合同的重要法律条款进行审查，对重要条文、违约责任等提出意见与建议。

任务二　筹资业务内部控制流程

筹资业务不仅是企业资金活动的起点，也是企业整个经营活动的基础。同时，筹资业务属于高

风险经济活动，很多企业开展对外筹资导致重大经济损失，严重影响了企业的生存和可持续发展能力。因此，企业应当根据筹资业务的特点，设计出合理的业务流、资金流、信息流，以有效防范筹资风险，将完善筹资业务内部控制流程作为内部控制建设的起点。

一、筹资业务的业务流

筹资业务的业务流通常包括筹资决策、筹资执行、筹资后评估三个环节。

（一）筹资决策环节

筹资决策环节包括拟订筹资方案、论证筹资方案与审批筹资方案三个步骤。

1. 拟订筹资方案

一般由企业的筹资管理部门进行筹资方案的初步拟订。从企业内部角度出发，筹资方案的拟订需要考虑企业资金需求量、年度预算计划、企业经营战略、目标资本结构、授信情况、偿债能力等因素。从外部环境出发，筹资方案的拟订需要考虑政治、经济、政策、法律法规等因素。综合上述因素，筹资部门提出至少两个备选筹资方案。其中，筹资方案需预计筹资成本、考虑筹资时机与筹资风险等因素；需明确筹资规模、资金使用途径、资方筹资期限以及筹资结构等相关内容。在拟订筹资方案的过程中，筹资管理部门还应与其他生产经营部门进行沟通协调，保证筹资的针对性，然后形成初步的筹资方案。

2. 论证筹资方案

拟订筹资方案之后，筹资管理部门需要组织财务部门、法律部门、内部审计部门等相关部门人员组成专项小组，进行筹资方案可行性论证。论证前应对筹资方案进行充分调研，论证报告应全面反映论证人员的意见，并由所有论证人员签章。

3. 审批筹资方案

筹资方案论证通过后，企业须按照分级授权审批制度对筹资方案进行审批并保留完整的书面记录。审批流程中，如有超出授权范围的筹资业务，审批人员需将筹资方案递交上层进一步审批。

（二）筹资执行环节

1. 编制筹资计划

企业的筹资管理部门需依据经由审批的筹资方案，编制更加详细的筹资计划，对筹资业务的实施进行细致规划，对筹资人员的工作进行具体安排，保障筹资业务有效推进。

2. 实施筹资计划

依据编制的筹资计划办理相关的筹资业务，主要包括筹资合同或筹资协议的审核与签署、筹资合同或筹资协议的履行、筹资费用的支付、筹集资金的使用、筹资书面凭证的记录等。实践中分为以下三种情况。

（1）企业通过银行借款方式筹资的，应当与有关金融机构进行洽谈，明确借款规模利率、期限、担保业务、还款安排、相关的权利义务和违约责任等内容。双方达成一致意见后签署借款合同，据此办理相关借款业务。

（2）企业通过发行债券方式筹资的，应当合理选择债券种类（如普通债券、可转换券等），并对还本付息方案做出系统安排，确保按期、足额偿还到期本金和利息。

（3）企业通过发行股票方式筹资的，应当依照《中华人民共和国证券法》等有关法律法规和证券监管部门的规定，优化企业组织架构，进行业务整合，并选择具备相应资质的中介机构（如证券公司、会计师事务所、律师事务所等）协助企业做好相关工作，确保符合股票发行条件和要求。

3. 偿付筹资款项

筹资相关款项的偿付主要包括本金、利息、租金、股利等，需要提前计划偿付形式和预算安排，确保各款项偿付符合筹资合同或筹资协议的规定。以非货币资产偿付本金、利息、租金或支付股利时，应由相关机构或人员合理确定其价值，并报授权审批部门批准，必要时可委托具有相应资质的机构进行评估。股利分配方案应当经过股东大会批准，并按规定履行披露义务。

（三）筹资后评估环节

筹资业务执行完成之后，企业应当对筹资业务的实施情况进行分析评价。确保筹资业务的记录与监督贯穿于全流程之中；确保企业严格按照筹资计划确定的用途使用资金；确保资金收支，股息、利息支付，股票、债券托管符合规定。如有违规行为，企业应严格追究相关责任。

二、筹资业务的资金流

企业在分析筹资业务流的同时，应当梳理筹资业务的资金流。对于筹资业务，主要是实施筹资计划和偿付筹资款项两个环节会引起资金运动。依据业财融合视角，只有将业务流和资金流有效结合起来，才能实现对筹资业务的精准管控。资金流反映了筹资业务中资金运动的过程，是筹资业务效率与效益的直接反馈。一般企业筹资方式可以划分为权益性筹资与债务性筹资，这里将分两种方式讨论筹资业务的资金流。

（一）权益性筹资的资金流

权益性筹资是指企业自有资金的筹集方式，一般包含发行股票、吸收直接投资和留存收益等方式。相较于债务性筹资，企业采取权益性筹资方式一般面临的财务风险较小，无须到期还本付息，但筹资成本较高。

1. 资金流入

权益性筹集资金的来源因公司类型而不同。若企业属于非股份制公司，其初期采取的权益性筹资方式一般为吸收直接投资；若企业属于股份制公司，其初期采取的权益性筹资方式除了吸收直接投资，还可以发行股票。企业接受的权益性筹资除了货币形态的资金，还可以以固定资产无形资产等非货币形态资产吸收筹资。

2. 资金循环与周转

企业获取初始筹资后开始进行生产运营活动，后续企业还可以继续增加资本，主要有以下四种方式：接受投资者直接追加资本，通过发放股票、股利间接追加资本，资本公积转增筹资资本，盈余公积转增筹资资本。

3. 资金退出

企业权益性资金的退出实质上就是减资行为。对于非股份制企业而言，减资的程序较为简单，按法定程序报批减少注册资本即可，按减少的注册资本金额减少实收资本。对于股份制企业而言，企业需要通过先回购本公司股票再注销股票来进行减资。

（二）债务性筹资的资金流

债务性筹资是指企业借入资金的筹资方式，主要包括银行借款、发行债券、商业信用融资租赁等。相较于权益性筹资，债务性筹资方式需要还本结息，企业承担的财务压力大，但对应的资本成本较低。下面通过资金流入、资金循环与周转、资金退出三个阶段探讨债务性筹资的资金流。

1. 资金流入

债务性筹资最常见的方式有银行借款、发行债券两种。企业选择银行借款方式时，分为短期借款和长期借款。短期借款是指企业向银行或其他金融机构借入的期限在一年及一年以下的款项；长期借款是指企业向银行或其他金融机构借入的期限在一年以上的款项。企业选择发行债券方式，其债务性资金流入银行存款。

2. 资金循环与周转

债务性资金的循环与周转主要涉及利息支付业务。根据利息支出的性质，可分为收益性支出和资本性支出。收益性支出在发生当期直接扣除，应当在发生时根据其发生额确认为费用，计入当期损益。资本性支出应当予以资本化，计入相关资产成本。同时满足下列条件的，才能开始资本化：第一，资产支出已经发生，资产支出包括为购建或者生产符合资本化条件的资产而以支付现金、转移非现金资产或者承担带息债务形式发生的支出；第二，借款费用已经发生；第三，为使资产达到预定可使用或者可销售状态所必要的购建或者生产活动已经开始。

3. 资金退出

债务性资金的退出阶段主要涉及偿还本金业务。

三、筹资业务的信息流

筹资业务的信息流是指在筹资过程中，各种相关的信息在筹资主体、投资者、中介机构以及其他相关方之间传递和沟通的过程。筹资业务信息流为企业提供了关于市场趋势、资金成本、筹资渠道和筹资策略等方面的信息，有助于企业制定更为明智的筹资决策。筹资业务的信息传递畅通有效时，筹资各环节的业务流与资金流才能协同起来，保障筹资业务的高效处理。

任务三　筹资业务内部控制风险评估

筹资业务开展过程中可能会面临多种风险，为减少风险发生的可能性，企业应当针对筹资业务内部控制流程展开合理的风险评估，再进一步采取有效的控制措施。风险评估是指通过对筹资业务内部控制流程识别出的风险进行分析，并描述风险发生可能性的高低和风险发生后果的大小，进而明确风险重要性等级的过程。风险评估包括风险识别、风险分析、风险评价三个环节。

一、风险识别

筹资业务风险评估的首要任务是风险识别,即发现、认可并记录影响筹资业务内部控制目标实现的风险的过程,其重点是收集筹资业务中的风险信息,并识别风险信息中的风险源。

(一) 筹资决策环节的主要风险

筹资项目成员未充分评估企业的资金需求,筹资过度导致企业收益与偿还能力不匹配,面临偿债风险;筹资不足导致资金流断裂,面临经营风险。

筹资项目成员未与生产经营等部门人员进行充分沟通,筹资方案缺乏针对性。

筹资项目成员不具有充分的法律意识或有意违反法律法规,非法募集资金,企业可能蒙受信誉和经济损失。

筹资方案未经可行性论证或虽经可行性论证但不够全面科学,导致发生筹资业务离企业发展战略目标较远、筹资成本过高、收益情况与偿债能力不匹配、筹资结构不合理、筹资风险未充分考虑等情形。

筹资方案可行性论证成员不具备充分的专业知识与研究能力,无法评判筹资方案,导致企业面临筹资风险。

筹资方案审批流程不规范,未经适当审批或越权审批。尤其重大筹资业务,未按规定的权限和程序实行集体决策或联签制度,导致企业筹资决策出现重大疏漏。

筹资方案审批过程中,存在重大差错、舞弊、欺诈等行为,导致企业遭受损失。

(二) 筹资执行环节的主要风险

筹资计划编制人员缺乏经验,未充分考虑企业预算、经济金融形势等因素,导致实际执行时难以推进,使企业蒙受损失。

筹资计划对各职能部门及员工的职责划分不明确。例如,筹资计划编制与审批未实现不相容职务分离,筹资合同或筹资协议的拟定与审批未实现不相容职务分离,导致实际执行时权责混乱或未经适当授权审批,甚至发生徇私舞弊现象。

筹资计划执行时未按照预定计划实施,资金流与企业预估发生偏差,导致企业面临财务风险。

筹资资料未妥善保管或筹资记录未完整留存,甚至缺少筹资合同或筹资协议等重要文件,导致企业对筹资业务监管困难或不能明确违约责任。

筹资合同或筹资协议不符合法律法规要求,企业可能面临法律纠纷风险。

未对筹集资金的使用执行有效监控,导致资金使用混乱,企业需承担资金流失的风险。

筹资相关资金不能按时偿付,包括本金、利息、股利等,导致企业违约,蒙受信誉损失。

筹资会计核算不符合会计准则要求或存在差错,导致会计信息披露失真。

(三) 筹资后评估环节的主要风险

筹资后评估环节的主要风险包括筹资业务缺乏严密的跟踪管理制度、未将筹资效益与筹资人员的绩效挂钩,导致筹资决策责任追究无法落实到具体的部门及人员。

二、风险分析

经过风险识别阶段,已经收集了筹资业务内部控制流程中的风险信息,对面临的风险有了一个初步认识，接下来需要对各类风险发生的可能性和后果进行分析。

（一）风险发生的可能性

筹资业务中风险发生的可能性是指在企业目前的管理水平下筹资业务中各类风险发生概率的大小或者发生的频繁程度。在历史数据情况可观的情形下，实践中一般利用筹资业务方面的历史数据推断风险事件在未来发生的可能性。

（二）风险发生的后果

筹资业务风险发生的后果是通过假设特定事件或情形已经出现，然后判断其影响的性质、类型和大小。

三、风险评价

筹资业务的风险评价是风险评估的最后一个环节，将筹资业务风险分析的结果（风险发生可能性和发生后果）与预先设定的风险重要性等级准则进行对比，以确定筹资业务风险的重要性等级。

（一）风险的重要性等级

筹资业务风险的重要程度是发生可能性和发生后果的综合结果。在筹资业务风险管理实践中，用得比较多的方法是把风险发生可能性的分值与风险发生后果的分值相乘，其乘积即为风险重要程度的大小，数字越大，对应的风险越高。

（二）风险矩阵

筹资业务的风险矩阵是利用筹资业务风险发生可能性及其发生后果这两个维度来绘制的矩阵图，是用于对风险进行优先排序的有效工具。绘制矩阵时，一个坐标轴表示筹资业务风险发生可能性等级，另一个坐标轴表示筹资业务风险发生后果等级，根据风险在矩阵中所处的位置，可以直观地显现筹资业务风险的分布情况，可以确定哪些风险更需要分析和优先应对，非常有助于管理者确定关键风险和风险应对方案。

任务四　筹资业务内部控制措施

针对筹资业务内部控制流程展开风险评估后，企业应当采取内部控制措施对评估出的风险加以控制，降低或减轻风险发生的可能性和后果，将风险控制在企业可承受范围之内，让筹资业务更加经济高效。常见的筹资业务内部控制措施有以下五种。

一、不相容职务分离控制

不相容职务分离控制是指企业应当分析筹资业务中各部门和岗位的职责、权限，确保同一部门或个人不得办理筹资业务的全过程。该措施可以形成各司其职、互相牵制、互相监督的工作机制，避免内部舞弊的发生。常见筹资业务中不相容职务分离主要有：

筹资方案的拟订人员与论证、审批人员相分离；

筹资计划编写人员与审批人员相分离；

筹资计划审批人员与执行人员相分离；

筹资合同或筹资协议的订立人员与审批人员相分离；

与筹资有关的各种款项偿付的审批人员与执行人员相分离；

筹资业务的绩效评估人员与绩效执行人员相分离。

二、授权审批控制

企业应根据筹资业务的重要性确定不同的授权审批程序，从而保证各管理层有权亦有责。可根据筹资方案涉及的资金总额、营业收入或净利润等确定重要性大小，建立严格的分级授权审批制度，不得超越审批权限；经办人在职责范围内，按照审批意见办理筹资业务。对于审批人超越授权范围审批的筹资业务，经办人有权拒绝办理，并及时向审批人的上一级授权部门报告。

筹资业务应严格按照企业规定的权限执行审批程序。例如，筹资方案一般由筹资经理审批后报送财务经理，财务经理审批后报送总经理，由总经理负责审批；重大筹资方案应当提交股东大会和董事会进行审议，实行集体决策审批或联签制度。筹资计划等也需经由筹资经理、财务经理、总经理、董事会、股东大会等逐级审批。

三、文件记录控制

企业应加强对与筹资业务有关的各种文件和凭据的管理，建立筹资决策、执行环节的书面记录制度，以及有关合同或协议、收款凭证、支付凭证等资料的存档、保管和调用制度。例如，在论证筹资方案时，应全面记录评估人员的可行性论证意见，形成可行性论证报告，一般应记录以下内容。

（一）筹资方案的战略性评估

主要评估筹资方案与企业整体发展战略是否符合，控制筹资业务偏离企业发展战略的风险；评估筹资规模与企业经营计划是否相符，控制筹集资金过度带来的财务风险与偿债压力，或筹资资金不足带来的资金缺口问题。

（二）筹资方案的经济性评估

主要分析筹资方案的经济性因素，包括筹资成本、筹资期限、筹资形式、经济效益、资本结构等。主要评估筹资成本是否为能获取的最低成本；评估筹资期限是否合理；评估筹资形式是否合适；评估经济效益是否满足要求；评估资本结构是否最优。其中，筹资成本是评判筹资方案经济性的重要因素。一般而言，权益性筹资方式的筹资成本较高，债务性筹资方式的筹资成本较低。对于权益性筹资与债务性筹资方式的选择引起的企业资本结构的变动，企业需结合自身生命周期、行业特性等因素，综合考虑筹资成本与资本结构的问题。

（三）筹资方案的风险性评估

主要分析筹资方案面临的风险性因素。评估利率和汇率趋势、货币政策导向、宏观经济走势可能引起的风险。比如，企业选择债务性筹资方式时需按时还本付息，承担的财务风险较大，企业需综合考虑利率、偿债能力、现金流量等因素，评断风险是否可控；企业选择权益性筹资方式时无须按时还本付息，但权益性方式筹资成本较高，承担的不可控风险较大，企业需综合考虑筹资成本、控制权、股利分配等因素，评判风险是否可控。

四、运营分析控制

企业的运营分析控制主要是指合理预测筹集资金需求量、降低资本成本以及优化资本结构。

（一）筹集资金需求量

企业的资金需求量是筹资业务的重要依据，只有建立科学合理的资金需求量预测才能保障资金规模筹集适度。企业一般可以采取定性分析法和定量分析法进行资金需求量预测。其中，定性分析法是指预测人员根据相关知识及经验对资金需求量进行主观分析及判断，可以采取德尔菲法、市场调查法和相互影响预测方法进行定性分析。定量分析法是指根据历史资料，采取数学方法揭示资金需求量和相关因素直接数量关系的方法，实践中常用分析法有以下两种。

1. 销售百分比法

销售百分比法是指基于某些（经营性或敏感性）资产和负债与销售额存在稳定的百分比关系（与销售额同比变动）的假设，进而预测外部资金需求量。此方法需要看随销售额变动的资产和负债项目有哪些，以及这些项目与销售额的稳定比例关系是多少。

敏感负债项目（经营性负债）是指随销售额变动而同比例变动的流动负债，通常包括应付票据、应付账款、应付职工薪酬、应交税费等，不包括短期借款。

2. 资金习性预测法

资本习性预测法是基于资本的变动与产销量（业务量）的变动之间的依存关系的一种资金需求预测方法。按照资本习性可将资本分为不变资本、变动资本和半变动资本。其中，不变资本表示不随销售变动而变动的资本，用 a 表示；变动资本表示总额随着产销量变动呈同向变动的资本。如果用 b 表示单位变动资本，x 表示产销量，则变动资本可用 bx 表示。半变动资本可以采用一定的方法划分为不变资本和变动资本。y 表示资本占用量，总资本习性模型为 $y = a + bx$。

（二）资本成本

资本成本是指企业为筹集和使用资本而付出的代价，企业在筹资过程中应当尽量降低资本成本的支出。其计算原理为

$$资本成本率 = 年使用费用 \div （筹资数额 - 筹资费用）$$

资本成本具体应用时可以区分为个别资本成本、综合资本成本和边际资本成本三类。个别资本成本是指企业单个长期资金的成本，如债券资本成本、长期借款资本成本、优先股资本成本、普通股资本成本、留存收益资本成本等；综合资本成本是指企业全部长期资金的加权平均资本成本；边际资本成本是指企业追加长期资金的成本。

（三）资本结构

资本结构是指企业各种资金的构成及其比例关系。资本结构是企业筹资决策的核心问题。企业确定最佳资本结构的方法主要有每股收益分析法、资本成本比较法和企业价值比较法。

每股收益分析法是指在息税前利润的基础上，通过比较不同资本结构方案的普通股每股收益，来选择最优资本结构或评价债务与权益资本如何安排更为合理。

资本成本比较法是通过计算各方案的加权平均资本成本，并根据加权平均资本成本的高低来确定资本结构的方法。

企业价值分析法是指通过计算和比较各种资本结构下企业的市场总价值进而确定最佳资本结构的方法。这种方法确定的最佳资本结构为企业价值最大时的资本结构。

五、会计系统控制

企业应当加强筹资业务的会计系统控制，主要包括以下几个方面。

企业财会部门应建立严密的筹资业务账簿体系，并妥善保管筹资合同或筹资协议、收款凭证、入库凭证、验收证明和支付凭证等资料。为了更好地管控筹资业务，财会部门还应当建立借款台账，登记债权人、本金、利率、还本付息期限和方式等；建立股东名册，记录股东名称、地址、股东所持股份、股票编号以及股东取得股票的日期；建立债券存根簿，记录持有人、债券编号、债券总额、票面金额、利率、还本付息期限和方式、债券发行时间等；对于以抵押、质押方式筹资的，还应对抵押或质押物资进行登记，待业务终结后，应对抵押或质押资产进行清理、结算、收缴，及时注销有关担保内容。

企业财会部门应随时掌握资金情况，监督资金取得、资金使用、费用支付、本利偿还、股利支付等情况。财会部门应编制贷款申请表、内部资金调拨审批表等，严格管理筹资程序，以保障资金管理工作的良好运作；财会部门应通过编制借款存量表、借款计划表、还款计划表等，掌握贷款资金的动向；财会部门还应定期与资金提供者进行账务核对，以保证资金及时到位与资金安全。

企业财会部门应按照会计准则或会计制度对筹资业务进行正确核算，为利益相关者提供高质量的财务信息。若资金为非货币资金且无法确定价值，资金取得时须经有资质的机构进行验资和评估，然后进行会计处理。

建立科学的预算和严格的内部稽核制度。合理的会计政策和会计程序是会计核算与监督的依据，内部稽核则可及时发现舞弊行为。

拓展阅读

《企业内部控制应用指引第6号——资金活动》。

项目小结

本项目我们学习了筹资业务的内部控制目标，筹资业务所涉组织及职责体系，筹资业务内部控制的业务流、资金流、信息流，对筹资业务流程中的风险进行了识别、分析、评价，并对此采取相应的内部控制措施。学习的重点是梳理筹资业务内部控制流程和风险评估，学习的难点是针对风险选择恰当的内部控制措施。

实践提升

请根据以下案例进行风险识别与内部控制。

一、T教育投资公司基本情况

T教育投资公司于2010年1月注册成立，是由集团房地产反哺教育事业的全资企业，注册资金为5亿元。T教育投资公司是Z集团在城市建设教育板块完善和发展功能配套的业务实体，主要负责对集团范围内的教育业务资源进行整合、投资、经营、管理，公司主要业务范围包括基础教育、高等教育、教育培训和教育信息化。总体思路是"建设特色高校，用培训增效"，准确把握好"服务集团、面向市场、教培结合、办出特色、效益良好"的总体方向，公司秉承Z集团的核心价值观，致力于打造市场化、品牌化、国际化的新型教育资源整合、管理、服务平台。T教育投资公司所辖民办高等院校现已成为教育部审批通过的全日制本科（民办）独立学院，公司目前在经济区新征1113.67亩土地作为校区建设用地。

截至2019年底，T教育投资公司总资产规模已达18.56亿元，包含下属公司在职员工500余人。在2019年报告期内，公司资产负债率达到81.47%，实现收入39841.40万元。

T教育投资公司组织架构较为完善，聘请相关管理层对集团进行分模块管理，其中，总经理负责统筹公司内部各项事务及子公司、组织分解筹资计划和经营计划，而各职能部门结合内部管控的要求，分别对子公司日常经营及事项进行指导、审核及监督。总体来看，T教育投资公司旗下公司及学校不算少，需要具体的工作分工，只有减少滞后管理或越权管理的情况发生，才能有效确保公司更高效率的管理。

公司股东会是公司发展战略的管理部门，股东会拥有最高权力，确保所有股东可以通过持股比例享有平等待遇。

董事会是公司的决策机构，董事会负责制定公司各项工作方案及制度、人员聘任，还包括建立内部控制方案、指导内部控制体系有效实施和建立、定期进行检查和评估、审查审批内部控制方案及相关工作和年度内部控制评价报告。在董事会领导下，总经理拥有公司全部事项的控制权，公司的日常经营以及审批子公司的经营决策方案都由总经理进行审批。不仅审议制度的制定，对内部控制有效负责，总经理还需对日常工作中业务部门间的沟通问题进行协调、管理，并监督公司各项执行情况。

董监高是对被投资企业子公司的监督层。董事的职责是参与子公司方案的制定，了解子公司的经营情况。监事主要负责审核各项报告并提出书面审核整改意见；监督高管，并将出现的违纪违规情况及时上报董事会。

内部控制管理部门是公司内部制度建设归口的主要部门，主要负责公司及子公司内部控制体系建设、内部控制执行情况、合规经营和监督，加强沟通效率以最短路径解决问题。此外，还需协同财务管理部门不定期对子公司开展稽核与审计监督工作，向董事会汇报公司内部出现的异常状况，或者通过内部控制管理部门向总经理报告。各业务部门及子公司下设内部控制管理岗及联络员。

二、公司筹资需求

企业投资教育项目，该项目发展资金需要通过筹资活动来获取，为了保证公司战略规划顺利实施，T教育投资公司的筹资需求为以下几点。

扩大投资项目规模。国家对民办教育发展持赞同的态度，但金融机构投资较为保守，要想更好地发展教育就必须有足够的资金推进具体项目发展。而且T教育投资公司2020年战略目标为投资运营共同驱动，线上线下一同进行，计划成为教育投资行业的前驱者，拟扩大学校规模，扩大招生，加大资产租赁的业务。整合集团内部的教育资源，为集团做好教育配套的业务。T教育投资公司近期较大投资项目是 Q 学院新校区建设，参照教育部对我国高校内部环境建设和在校生人均面积的相关规定，学校自有面积限制了学校的招生规模，为了保证长久的办学前景，需要让学校做到全面发展建设，确保学校经营收入可以做到平稳发展，在可承担风险范围内需要大量资金来推动教育项目投资，力求年度战略目标的有效实施，确保公司可持续发展。从公司投资的教育项目来看，为保证教育部办学条件的要求，需要购入足额足量的教学仪器设备保障项目的顺利开展，短期内这些资本性需求和项目投资会进一步加大公司的筹资需求。

改善资本结构。2019 年 T 教育投资公司的流动资产占总资产的比例为 11%，而非流动资产占总资产的比例高达 89%，但是在负债中流动负债占负债的比例高达 96%，占资产总额的比例也达到了 78%，说明企业的一大部分流动负债要靠长期资产变现来偿还，企业经营存在很大的风险。另外，从长期资产适合率来分析资产，公司资产存在明显不合理性，该指标 100% 为正常，T 教育投资公司 2019 年长期资产适合率为 24%。因此，为了调整资本结构、降低企业的偿债风险需要长期融资来改善资本结构。T 教育投资公司的负债存在较高的筹资成本，2019 年，财务费用占营业总成本的 19%，严重影响企业盈利能力，需要通过较低融资成本的融资来改善盈利能力。从现金流量表来看，2019 年企业经营活动现金流量净额和投资活动现金流量净额远不能满足企业筹资活动流出现金流，同时现金流动负债比率为 10%，远小于 1，说明公司无法依靠自身经营所得偿还其流动负债，需要进行外部筹资或者变卖资产才能补足到期债务。

三、公司筹资方式

T 教育投资公司虽于 2010 年成立，但在近几年才开始扩张建设，随着办学水平以及师资力量的不断提高，先期的投入和期间盈利均用于校区扩建、软硬设施购置，对利润留存不足，但有限的筹资渠道开始限制 T 教育投资公司的长远发展，继续扩张就会遇到资金的瓶颈期。

在公司发展初期，基本以吸收直接投资与债务性筹资为主要筹资渠道，且相应的筹资规模受到很大限制。2016 年筹资总额达到 1880 万元，其中短期借款增幅较大。主要原因是 T 教育投资公司发展初期各项筹资的条件不足以满足外部市场筹资的要求；次要原因是对公司补贴较少，筹资渠道较窄，如果一条渠道断裂，就会引起极大的危机。短期借款筹资速度较快，且资金使用不受太大限制，程序较为简单，但对企业经营活动现金流有一定要求。根据 T 教育投资公司财务报表数据分析，近年来公司以留存收益筹资、股东入股筹资、部分经营性负债以及少量银行借款为主要筹资来源。根据相关情况整理分析，自公司发展开始筹资方式可分为以下两类。

（一）权益性筹资

T 教育投资公司留存收益在增加，说明公司靠自身经营活动产生资本积累增加，留存收益筹资用来满足日常经营需求。

（二）债务性筹资

1. 银行借款筹资

由于银行贷款手续烦琐，审批流程较为严格且漫长，所获取的额度较小。在审批手续上，银行会要求筹资方提供固定资产、学费收费权等进行抵押或保证。然而，学校属于非营利性组织，根据《中华人民共和国担保法》的规定，非营利性组织不得变成中间保证人向金融机构申请抵押性质的贷款，各学校虽有教学楼等资源，但公司很难通过学校进行筹资，且银行贷款多为短期贷款，很难做到长期借款，为此增加不少财务费用。2018年取得借款为0.3亿元；2020年通过高校固定资产质押与建行合作，筹资5.13亿元。截至2020年12月，一年内需偿还的非流动负债为0.35亿元，2019年同期一年内需偿还的金额为0.33亿元。受限于T教育投资公司的性质，银行借款筹资以短期借款为主，长期借款所占比例较低，如若长期处于该模式，则公司长短期负债结构会出现不平衡且不合理的趋势。

2. 资产证券化

2015年，T教育投资公司高校面积限制了招生规模，为扩大学校规模，首次以高校为原始权益人，以在籍学生学费、住宿费为收益权发行"Q2015-1"资产支持证券产品进行筹资，以此来支持新校区的建设，实际发行金额为10.04亿元，在上海交易所发行，预计到期日在2024年。该ABS项目与传统的银行借款则筹资相比综合成本率仅为4%，选择银行借款筹资成本率需增加0.9%，有利于降低筹资门槛和减轻偿还压力。同时，因为学校办学时间长、办学条件有保障且有实力有保障的担保人，在获得资金的同时不仅加快学校发展，还保证学校现金流的稳定，但有好处的同时风险也伴随而来。产品的规模较大且存续期较长，资金管理方面对于资金收缴存在不完整性，单一的SPV模式可能会导致破产和出售做不到相分离。

3. 融资租赁筹资

为保证学校项目改造，通过租赁公司进行融资租赁，期限为3年，合同金额为635万元。但筹资资本成本较高，且与银行筹资相比，风险因素过多，导致风险性较大。

后续筹资方式的选择需要关注公司资本结构，可以考虑通过加权平均资本成本率、净资产收益率等多个财务指标清晰列举，更直观地为公司筹措新的资金提供基础依据。

四、公司内部控制现状

公司内部的制度正在不断改进和完善，2020年，内部控制管理部门对自公司成立以来的制度及正在执行的所有制度和流程进行全面、系统的梳理。同年9月，依照财政部印发的《企业内部控制基本规范》，结合公司实际情况，公司内部公布《T教育投资公司经营管理制度汇编》，让制度更加全面规范。

公司在制度中特别提及内部控制五要素中各要素需要注意的问题，为了避免内部控制出现问题，设置专门内部控制管理部门，但内部控制组织结构并不是最理想状态。公司虽拥有独立的财务部门和内部控制部门，但资产管理部门在2019年以前归属财务部门，且未设专门审计岗位，由内部控制部门统筹。结构的设置不能较好地体现内部控制，严格按照相关制度执行内部控制才是最为关键的。公司对待下属子公司的经营活动未做到定期有效的监督。同时，从公司的财务报表和数据可以看出，公司与下属公司存在不少往来款，且管理不规范，长期挂在"其他应付款"和"其他应收款"下未处理。此外，T教育投资公司风险意识较为薄弱，从校区规划选址的教育投资项目中可以看出其缺乏较为全面的可行性分析，导致后期校区建设时因地貌问题发生较大的额外费用，且投入使用后一系列前期未考虑的状况屡屡发生。窥斑见豹，T教育投资公司的内部控制结构与完善的内部控制结构有差异。

筹资活动需做到每个环节相辅相成，透过 T 教育投资公司筹资活动内部控制流程现状，针对提出已细化的筹资方案、筹资审批控制、筹资计划编制控制、筹资计划的实施控制以及评价与监督等五个方面，明确每个控制流程中的风险控制点。在筹资活动风险内部控制指引的基础上，一方面可以对筹资活动提供理论指引，另一方面可以增加筹资活动风险控制的有效性。

以《企业内部控制基本规范》和《企业内部控制应用指引》中提及的控制措施为主要依据，阅读相关文献归纳整理出《筹资业务各环节内部控制主要评价指标》，再根据公司自身情况编制的《内部控制制度汇编》中与筹资业务相关制度，如《内部控制管理制度——重大投资控制》《合同管理制度》《投资管理制度》《投资后评价管理办法》《筹资管理办法》《财务会计管理制度》等。

（一）筹资活动方案的提出和审批

筹资方案的提出作为筹资活动第一个且至关重要的基础环节，需要考虑结合国家法律法规、外部环境、公司预算、发展战略规划和公司实际发展经营情况。根据公司制度，先由筹融资管理部门协同财务管理部门或下属公司财务部门根据内外部因素并结合上年度预算执行情况编制本年度筹资预算方案，通过后开始拟订筹资方案。最先拟订的方案需进行评估及可行性论证，可行性论证作为方案提出重要控制风险举措。

T 教育投资公司筹资方案审批流程为：拟订方案且通过可行性论证后上报至筹融资业务管理部门，经由财务管理部门配合上报部门负责人审核，审核通过后由财务总监、总经理分层审批，通过后交由法律顾问、财务顾问审核，待通过交由董事会审批。如审批通过则反馈至业务管理部门以书面形式记录审批结果，并特别注明执行程序及相关手续，最后由主导筹资活动部门反馈至集团公司筹融资业务管理部门登记备案。

（二）筹资活动计划的编制

T 教育投资公司依照自己的状况，结合市场环境，了解且分析不同筹资方式下产生的筹资成本，制定符合自身条件的筹集资金方案，并根据审批完成并论证通过的筹资方案逐步制订相匹配的筹资计划。例如银行借款筹资，需要与金融机构协商，明确贷款的有关事项和内容，达成协议后，签订借款合同；发行债券需要合理选择债券品种，统筹安排还本付息计划，确保到期本息顺利返还。筹资方案批准后，由筹融资业务管理部门牵头，财务管理部门配合，选择合适的筹资对象和方式，分级授权批准后，确定计划有效性。

（三）筹资活动计划的实施

通过一层一层审批后筹资计划应开始付诸实施，筹融资业务管理部门取得最终版筹资方案后，向董事会日常事务管理部门提交相关材料，后由董事会日常事务管理部门提请董事会和股东会审议，筹融资部门审议通过后，通过法务部门对筹资合同或者筹资协议的合法性、完整性进行严格的专业审核，再进行合同的签署。待合同生效开始，财务管理部门对相关后续工作进行配合和执行。T 教育投资公司颁布的《筹、融资管理办法》中对筹集资金的使用及存储做出了相关说明解释，但未详细说明筹集资金会计处理以及筹资合同的拟定。

（四）筹资活动方案评价与追责

筹资活动监督评价及追责环节在整个筹资业务中存在，其具体的流程图无法进行绘制。对应的约束机制必须贯穿整个筹资业务活动的每一个环节，如果某一环节出现执行得不具体且不到位的问

 企业内部控制

题，就会导致筹资活动中剩余环节工作不力，造成监管不到位，产生企业筹资风险。T教育投资公司没有组织专门的人员进行筹资活动检查，没有制定相关指标对筹资活动进行相应的评价，每次筹资活动发生后所获得的经验都不能通过相应指标有效且及时地进行积累。

任务实施过程	实施答案	评分标准	标准分	得分
一、确定内部控制目标		是否结合业务具体目标来设定内部控制目标	10	
二、识别风险源，并进行风险描述		是否识别出所有的风险源；风险描述是否清晰	10	
三、采取内部控制措施		所选内部控制措施是否正确	10	

项目九 投资业务内部控制

学习目标

知识目标	技能目标	素养目标
1. 能列举投资业务的内部控制目标。 2. 能描述投资业务内部控制所涉组织及职责体系。 3. 能归纳投资业务内部控制的业务流、资金流、信息流。 4. 能叙述投资业务内部控制流程的风险评估过程。 5. 能举例说明投资业务风险的内部控制措施	1. 能设计投资业务内部控制所涉组织及职责体系。 2. 能绘制投资业务内部控制的业务流。 3. 能设计投资业务内部控制所需资金流、信息流。 4. 能评估投资业务内部控制流程的风险。 5. 能控制投资业务内部控制流程的风险	养成诚信法治、审时度势、谨慎评估的投资理财职业素养

思政融入点

1. 在讲解投资业务的目标和重要性时，强调企业通过谨慎的投资活动为企业创造价值。
2. 培养学生的职业操守和合规意识。强调投资业务内部控制中的监督作用，要求学生秉持诚信法治、审时度势、谨慎评估的投资理财职业素养。

知识框架图

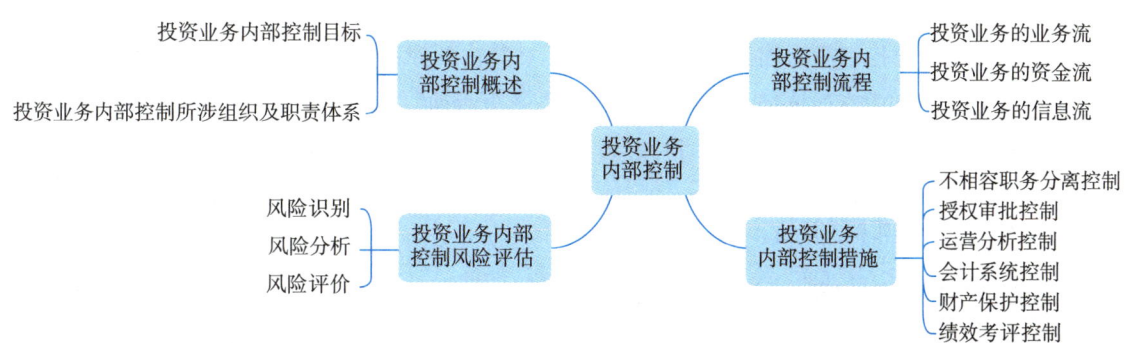

开篇案例

未进行风险管理导致投资失败

上海天门创意股份有限公司（以下简称天门创意）成立于 2009 年 3 月，注册资本为 9000 万元，是一家以创意设计为核心，以数字技术为支撑，为城市展览馆、博物馆、图书馆、科技馆等多馆合一的文化中心或文化综合体空间环境提供一站式设计服务的企业。公司 2018 年度的营业收入比 2017 年减少 22.86%，原因是 2017 年 12 月国家发展改革委、住房和城乡建设部发布了《关于规范城市规划展览馆建设布展的通知》，要求各地严格规范城市规划、展览馆建设布展，严格审批，严禁举债建设，严控建设规模和标准，杜绝奢华布展。

鉴于此，2019 年初公司管理层提出"非相关多元化"发展战略，认为目前展馆建设行业已经进入饱和状态，当前业务高度集中，且缺乏增长潜力。企业要做大做强，必须利用现有资源优势通过并购、重组等方式寻求新的增长点。经过多方调研考察，公司决定布局电商行业。

2019 年 3 月，公司成立投资小组，经过与电商行业内多家公司深入交流，结合自身特点与财务筹划需要，公司最终锁定深圳后裔网络股份有限公司（以下简称后裔网络）为本次股权投资标的公司。根据公司章程及相关业务流程，工作组将后裔网络收购项目逐级上报至总经办、董事会、股东大会进行审议。审议通过后，天门创意以自有资金和债务融资相结合的方式向后裔网络原股东支付 5066.22 万元，取得后裔网络 25% 的股权。

收购后的第三年（2021 年），天门创意合并报表显示全年净利润同比下滑 882.96%。净利润下滑的主要原因是长期股权投资后裔网络计提减值损失 2714.08 万元。对此公司立即成立调查小组，彻查投资损失产生的原因。

资料来源：中国基金报公众号。

任务一 投资业务内部控制概述

投资业务是指企业投入财力以期望在未来获取收益的一种行为，是筹资业务的延续。投资业务作为一种营利活动，对补偿筹资成本和创造企业利润具有举足轻重的意义。投资业务内部控制是指根据投资目标和规划，合理安排资金投放结构，科学确定投资项目，拟订投资方案，关注投资项目的风险，进而采取内部控制措施确保投资收益的过程。其内部控制要求在《企业内部控制应用指引第 6 号——资金活动》中有所体现，该项指引所称"资金活动"是指企业筹资、投资和资金营运等活动的总称，本项目仅探讨资金活动中对外投资业务的内部控制。

一、投资业务内部控制目标

要对投资业务进行有效控制，首先需要明确其控制的目标。企业投资业务内部控制主要有四个目标，分别是合规目标、报告目标、运营目标和战略目标。下面结合投资业务来谈其内部控制具体目标。

（一）合规目标

为了规范企业的投资行为，国家颁布了相关法律法规，如《中华人民共和国公司法》、《中华人民共和国证券法》、《中华人民共和国外商投资法》、《中华人民共和国招标投标法》及《中华人民共和国企业国有资产法》等。各种投资的交易手续、程序、各种文件记录以及账面的反映和财务报表的披露等均应符合国家的法律法规，以保护投资者自身的利益。

保证投资业务符合企业相关内部规章制度。比如，保证一切投资业务必须经过适当的授权或审批程序才能进行，据此设置职务分离制度、批准投资业务负责人的级别，使投资业务在投资初期就得到严格的控制。

（二）报告目标

保证企业投资资产在报表上合理反映。市场变化较快，投资资产的价值变化很大，因此企业的利益相关人必然会关心报表所反映的价值是否真实合理。企业要使利益相关人及审计人员对其提供的财务信息感到可信，就必须对投资的计价和反映进行有效的控制，防止计价方法的不恰当运用和其他原因导致的报表错误。

对外投资的全资子公司、控股子公司应执行信息披露管理制度，重大信息及时向投资方报告，例如对外投资涉及收购出售资产行为、重大诉讼仲裁事项、重大经营性或非经营性亏损、重大行政处罚、重要合同（借贷、委托经营、受托经营、委托理财、赠予、承包、租赁等）的订立或变更和终止等重大事项。

（三）运营目标

企业应当在保证投资资产安全性与完整性的基础上实现投资收益。强调保住本金才是投资的首要目标，才能为获益打好根基。保住本金的关键是识别并控制投资中的风险，如企业投资资产中的有价证券，其流动性仅次于现金，它们被挪用的可能性较大，如果没有适当的控制，它们较易被冒领或转移。

保证投资规模与筹资、资源调配能力相适应。企业确定的投资方案或项目所需资金，需要通过筹资业务来募集。只有如数、及时地筹集到投资所需资金，投资方案才能实施。如果筹资不顺利、筹集不到或筹集不足所需资金，即使再好的投资方案也不能得以实施。另外，企业投资中需要的原材料、优秀人才、能源等一系列资源，以及企业本身是否有独特的优势也是企业运营的关键。

保证投资业务资金来源的可靠性。企业的短期投资业务只能利用企业暂时闲置不用的资金，并且不得削弱企业的偿债能力；企业的长期投资业务一般规模较大，占用资金的时间长，应以不影响企业的正常经营活动为限。因此，企业在进行投资前，应进行周密、科学的投资规划，确保投资业务具有可靠的资金来源。

保证投资弹性适度。第一，规模弹性，投资企业必须根据自身资金的可供能力和投资效益或市场供求状况，调整投资规模，或收缩或扩张。第二，结构弹性，投资企业必须有能力根据市场风险或市场价格变动，调整现存投资结构。市场处于永续变动之中，企业的经营规模和投资规模、经营结构和投资结构都必须相应调整，调整的前提就是投资弹性。

（四）战略目标

对外投资业务是企业发展战略中的重要环节。企业需保障发展战略的有效执行，将发展战略细化到投资环节之中，需制定明确的投资战略，并确保其与发展战略的一致性。因此，企业在选择投资项目时应实施可行性论证，并将战略性评估列为重要考量因素，确保投资项目与战略目标方向相符。

二、投资业务内部控制所涉组织及职责体系

投资业务的有序开展需要有力的组织保障，应先建立相关岗位责任制，以清晰界定各部门的职责。常见投资业务内部控制所涉组织及职责体系如下。

（一）投资管理部门

投资管理部门主要负责投资调查工作与统筹安排工作，包括编制投资方案、投资可行性研究报告、投资计划、资产清算处置方案等投资业务必要文件；根据投资评审流程要求提交、补充相应阶段评审文件；组织各部门展开投资方案的可行性论证等。

（二）投资决策部门

参与投资业务决策的部门主要有股东大会、董事会、战略委员会等。主要负责投资业务中的决策行为，包括授权审批投资方案、可行性报告、投资计划、投资合同或协议、资产清算处置方案等重要信息流文件；制定企业发展战略，并审核投资业务与发展战略的一致性等。

（三）运营管理部门

运营管理部门主要负责投资项目的运营管理与投后管理工作，定期进行投资项目的运营情况分析与汇报，对投资项目的运营情况进行建议与调整等。

（四）投资监督部门

履行投资业务监督职能的部门主要有监事会、内审部门、审计委员会等。主要负责对投资业务的内部控制实施进行全程监督与检查；制定企业投资业务内部审计规章制度；对企业以及被投资单位的经济活动进行审计监督，出具审计报告。

（五）财务管理部门

财务管理部门的主要职责包括对投资业务进行会计核算记录、对投资相关财务管理规章制度进行制定并实施、对投资项目进行尽职调查并参与论证分析工作、对投资计划提出合理建议、对投资业务涉及的资金及费用进行管理与审核。

（六）法律部门

法律部门主要负责投资业务的相关法律性事务，包括对公司投资业务的开展进行合法性论证并提供法律支持，对公司投资规章制度、合同协议中的法律条款进行审查，对重要条文、违约责任等提出意见与建议，对投资单位展开资信审查等。

任务二　投资业务内部控制流程

投资业务属于高风险经济活动，很多企业因对外投资出现重大经济损失，严重影响了企业的生存和可持续发展能力。为了谨慎投资，合理安排资金投放的数量、结构、方向与时机，企业应将完

善投资业务内部控制流程作为内部控制建设的起点，根据投资业务的特点，设计出合理的业务流、资金流、信息流。

一、投资业务的业务流

投资业务的业务流通常包括投资决策、投资执行、投资处置三个环节。

（一）投资决策环节

投资决策环节包括拟订投资方案、论证投资方案与审批投资方案三个步骤。

1. 拟订投资方案

企业应结合内外部因素制定合理的投资方案，一般由企业的投资管理部门初步拟订。从企业内部角度出发，投资方案的拟订需要考虑企业整体发展战略、投资战略、投资预算与规划、企业经营计划等因素，其中投资战略因素需重点关注。一般企业需事先制定科学的投资战略，并根据市场变动情况进行战略的修订，明确企业投资的整体方向与目标。投资管理部门拟订投资方案时应确保与投资战略目标一致。从企业外部环境出发，投资方案的拟订还需要考虑产业政策、宏观趋势、经济形势、市场情况、法律法规等因素。

2. 论证投资方案

拟订投资方案之后，先由投资经理与总经理对投资方案进行初步审批。审批完毕后需要对投资方案进行可行性论证，主要由投资管理部门组织相关部门人员组成专项小组，或委托外部具有资质的专业机构进行投资方案可行性论证。论证前应对投资方案进行充分调研，收集详尽、可靠的项目资料，论证报告应全面反映论证人员的意见，并由所有论证人员签章。专项小组主要针对以下几个方面展开论证。

进行投资方案的战略性评估。主要评估投资战略与企业整体发展战略是否相符，尤其当企业采取股权方式对外投资时，需考虑投资对象对企业长期战略的影响。企业需获取投资对象的战略发展文件，调查其经营模式、战略部署情况、战略实施情况与未来发展趋势，分析其是否与本企业长期战略相符。

进行投资方案的经济性评估。主要分析投资方案的经济性因素，包括投资方式、投资回报率、投资流动性、资金来源、筹资能力、预期成本、税收优惠、投资规模、投资时机等。主要评估投资方式是否合理、投资回报率是否具有吸引力、投资项目是否有可靠的资金来源渠道、企业的筹资能力是否能覆盖投资项目所需资金、投资的预期成本是否合理、是否享受税收优惠政策、投资规模与投资时机是否恰当等。

进行投资方案的风险性评估。主要分析投资方案面临的风险性因素是否在可承受范围之内。评估政府政策、宏观经济走势、技术可行性、市场前景、法律法规等可能引起的投资风险（包括经营风险、财务风险、市场风险等），强化投资项目的风险管理。比如，企业采取并购方式投资时，需考虑的法律风险有以下几点：交易主体瑕疵的法律风险、交易程序瑕疵的法律风险、股权转让的法律风险、资产权属风险、信息不对称的法律风险、由并购协议程序带来的风险、行政干预的法律风险、劳动法律风险和税务风险等。

3. 审批投资方案

投资方案论证通过后,企业须对投资方案进行分级授权审批并保留完整的书面记录。投资方案发生重大变化时,应重新对其进行可行性论证,并再次办理相关授权审批。

(二)投资执行环节

1. 编制投资计划

企业需依据经由审批的投资方案,编制更加详细的投资计划,合理安排投资项目的实施执行,保障投资业务有效推进。企业可能同时有多个需推进的投资项目,因此企业应编写整体投资计划,合理调度与分配企业资源。投资计划可以划分为短期投资计划与长期投资计划,但都应与企业发展战略保持一致。

一般由投资管理部门编制投资计划,投资计划中应明确项目成员,进行具体的权责划分;明确投资项目具体的执行步骤;明确项目筹资来源渠道、方式;明确资金投入阶段与金额;明确投资项目验收的标准与要求等。在投资过程中,需要根据内外部环境的变化实时修订投资计划。投资计划编制完成后,企业须分级授权审批投资计划并保留完整的书面记录。

2. 实施投资计划

实施投资计划是保障企业投资项目正常运作的重要环节。企业需要根据已授权审批的投资计划,组织投资项目实施成员、规划投资计划进度、签订相关合同或协议等。投资合同与协议一般由企业法务部门、投资部门、财务部门等共同讨论拟定、审核其中的条款。拟定完毕投资合同或协议后,一般经由投资经理、总经理、董事会、股东大会等逐级审批。审批完毕后,由投资部门或运营部门等相关部门执行实际的投资计划,合理地安排项目资金投放的进度。

在投资计划执行期间,企业还需定期对投资资产进行减值测试。一般由财务部人员定期对投资资产进行减值测试,编制投资减值报告后,按照资产减值重要程度,经由财务经理、财务总监、总经理、董事会、股东大会等逐级审批。

(三)投资处置环节

企业投资项目的处置环节主要包括投资项目的回收、转让与核销等业务。企业须针对对外投资项目实施监督与控制,考察投资项目的执行情况与投资报酬率等。除定期清算处置已到期投资项目以外,若投资项目效益不佳,企业须考量退出投资项目。处置投资项目时应编制资产清算处置方案,并由相应部门及人员完成投资评估流程,必要时应当聘请具有资质的机构完成评估。评估过程中需选择恰当的资产评估方法,确保客观地评价项目价值。处置投资资产的决议需要经过相关管理层的授权审批。

二、投资业务的资金流

从业财融合视角,在关注投资业务流的同时,应关注投资业务的资金流。企业投资业务的成功需要大量的资金支持,如果投资收益不能弥补投资成本,会给企业的持续经营带来影响。资金流反映了与投资业务相关的价值转移,管控资金流可以确保对外投资的保值、增值。

(一)短期投资的资金流

短期投资是指企业投资在一年以内的对外投资。短期投资期限较短,较容易变现。短期投资主要包括一年内存续期的以公允价值计量且其变动流入"公允价值变动损益"的金融资产，一年内存续期的以公允价值计量且其变动计入"其他综合收益"的金融资产以及一年内存续期的以摊余成本法计量的金融资产。其中，一年内存续期的以公允价值计量且其变动流入"公允价值变动损益"的金融资产即为交易性金融资产。在此以交易性金融资产的资金流为例进行介绍。

1. 资金流入

根据《企业会计准则》与《小企业会计准则》，在此将企业划分为非小企业与小企业展开讨论。取得交易性金融资产时，涉及的资金流内容包括所支付含税价款与附加股利或利息以及相关费用。支付交易性金融资产的含税价款，以及交易性金融资产所包含的已宣告但未发放的现金股利或利息时，非小企业与小企业处理相同。

2. 资金循环与周转

持有交易性金融资产期间，所引起资金流内容包括宣告发放的现金股利、计提的利息收入以及实际收到的发放股利或利息。

3. 资金退出

企业处置交易性金融资产，所引起资金流内容包括回收交易性金融资产的账面价值与取得利息收入。其中，账面价值主要包括原值与公允价值变动损益两部分。

（二）长期投资的资金流

长期投资是指企业投资在一年（含）以上的对外投资。长期投资的投资期限相对较长，同时收益相对较高。长期投资可以划分为债权投资与股权投资，主要包括债权投资、其他债权投资、长期股权投资、其他权益工具投资等。

1. 债权投资

企业以债权工具形成的长期投资主要包括债权投资与其他债权投资两类。在此仅讨论债权投资的资金流。

资金的投入。债权投资是指以摊余成本法计量的金融资产。取得债权投资时，摊余成本的资金流内容分为两部分：面值以及面值与实际含税价款之间的差额。非小企业与小企业所引起的资金流不同；当取得的债权投资包含已到付息期但尚未领取的债权利息时，非小企业与小企业的资金流相同。

资金的循环与周转。企业持有债权投资期间涉及的资金流内容包括以摊余成本和实际利率确定的投资收益、实际收到的应收利息和应收利息与投资收益间的差额。其中，对于投资收益的处理，非小企业与小企业处理一致。

资金的退出。企业处置债权投资时，资金流内容主要是债权投资价值的回收。债权投资的价值包括三部分：债权投资的面值、债权投资的减值与债权投资的利息。

2. 股权投资

企业以股权方式形成的长期投资主要包含长期股权投资与其他权益工具投资两种类别。在此仅讨论长期股权投资的资金流。长期股权投资根据投资方对被投资方施加的影响程度，可以划分为子公司投资、合营企业投资及联营企业投资。其中，子公司投资为企业对被投资方实施控制；合营企业投资为企业与其他合营方一同对被投资单位实施共同控制且对被投资单位净资产享有权利；联营企业投资为投资方能对被投资单位施加重大影响，被投资单位为其联营企业。

资金的投入。企业取得长期股权投资时，涉及的资金流内容是所支付的长期股权投资的相关成本与费用。其中，成本包含初始投资成本以及已宣告但未支付的现金股利两部分，投资方可以以支付现金、转让非现金资产、发行权益性证券或承担债务的方式为合并对价。其资金流核算方式由该资产的取得方式决定，分为以企业合并方式取得或以合并以外方式取得。其中，以合并方式取得又可以划分为同一控制下的企业合并和非同一控制下的企业合并。

资金的循环与周转。持有长期股权投资期间引起资金流的内容主要是宣告发放股利与实际发放股利。企业应依据对被投资方施加影响的程度选取不同的资金流核算方式。

处置长期股权投资时，引起的资金流内容主要为长期股权投资的回收，包括长期股权投资账面余额、减值金额与投资收益。对于长期股权投资的账面余额部分，若持有子公司投资则采取成本法核算。

三、投资业务的信息流

投资业务运转所需表单构成了信息流，其核心功能是在各部门或各岗位间传递信息。这包括投资决策、执行、处置等环节的各种信息，如市场分析、投资策略、投资组合、风险评估、交易记录和投资业绩等。通过在表单上列明确认事项，对特定工作的关键点予以明确，如在投资项目可行性报告上应明确评估关注的重点事项，或通过在表单上填写岗位，授予其对事项特定方面的确认权力，如对投资过程中形成的各种决议、合同、协议以及对外投资权益证书等指定专人负责保管，并建立详细的档案记录。未经授权人员不得接触权益证书。

任务三　投资业务内部控制风险评估

投资业务内部控制是否有成效，体现在企业能否有效应对所面临的投资业务风险，而风险评估是确定如何应对风险的基础。投资业务内部控制流程的风险评估是指通过对识别出的风险进行分析，并描述风险发生可能性的高低和风险发生后果的大小，进而明确风险重要性等级的过程。风险评估包括风险识别、风险分析、风险评价三个环节。

一、风险识别

进行投资业务风险评估的首要任务是风险识别，即发现、认可并记录影响投资业务内部控制目标实现的风险的过程，其重点是收集投资业务中的风险信息，并识别信息中的风险源和风险类别。

（一）投资决策环节的主要风险

投资项目成员未进行深入的市场调研，缺乏相关决策信息，导致企业不了解市场发展趋势或国家产业政策，造成投资损失。

投资项目成员不具有充分的法律意识或有意违反法律法规，非法牟利，企业可能蒙受信誉及经济损失。

投资规模不恰当，投资规模过小导致企业持有大量货币资金，效益低下；投资规模过大，导致企业面临较高的经营风险与财务风险。

投资方案审批流程不规范，未经适当审批或越权审批。尤其重大投资项目，未按规定的权限和程序实行集体决策或联签制度，导致企业投资决策出现重大纰漏。

投资方案审批过程中，存在重大差错、舞弊、欺诈等行为。

投资方案未经过可行性评估与论证，导致没有突出主业，资源配置效率低下，企业缺乏长期核心业务竞争力，或盲目从事高风险投资，如股票投资或衍生金融产品投资，或投资方案盲目采取并购方式，未考虑并购对象的隐性债务、承诺业务、发展能力、员工状况等。

投资方案经过可行性评估与论证但不够全面科学，未充分考虑战略层面是否一致、经济层面是否能带来效益，以及风险层面是否考虑全面，包括政府政策、宏观经济走势、技术可行性、市场前景、法律法规等可能引起的投资风险。

投资方案可行性论证成员不具备充分的专业知识与研究能力，错误评判投资项目给企业带来投资风险。

（二）投资执行环节的主要风险

投资计划中对各职能部门及员工的职责划分不明确，造成权责混乱。

相关部门未做到尽职调查义务，投资计划编制的依据信息不充足，导致错误判断市场，投资业务与市场环境脱离。

投资计划超出目前公司的承受能力，如资金发放金额、时机安排不恰当，造成企业筹资压力较大。

投资计划中资产评估有失公允，加大企业投资成本。

投资计划未经适当的授权审批，可能存在徇私舞弊的现象。

市场环境发生变化时，未及时调整投资计划，企业可能面临市场风险。

投资合同或协议未经严格审核，企业可能面临法律风险。

投资实际执行过程中偏离投资计划，出现无法预估的投资风险。

未对投资项目的实施进行有效监控，导致企业承担投资亏损。

未对投资资产进行定期的减值测试，导致企业资产价值计量不准确。

投资资产减值申请与审批不合理，导致企业资产虚增或资产流失。

投资资产减值的会计处理不规范，导致会计信息披露失真。

未明确投资项目业绩与相关人员绩效考核挂钩制度，导致企业出现投资重大损失时无法追责。

（三）投资处置环节的主要风险

投资处置环节的主要风险包括筹资业务缺乏严密的跟踪管理制度，未将筹资效益与筹资人员的绩效挂钩，导致筹资决策责任追究无法落实到具体的部门及人员。

二、风险分析

经过风险识别阶段，已经收集了投资业务内部控制流程中的风险信息，对面临的风险有了一个初步认识，接下来需要对各类风险发生的可能性和后果进行分析。

（一）风险发生的可能性

投资业务中风险发生的可能性是指在企业目前的管理水平下，投资业务中各类风险发生概率的大小或者发生的频繁程度。在风险管理实践中，一般利用投资业务方面的历史数据推断风险事件在未来发生的可能性。

（二）风险发生的后果

投资业务风险发生的后果是通过假设特定事件或情形已经出现，然后判断其影响的性质、类型和大小。

三、风险评价

投资业务的风险评价是风险评估的最后一个环节，是将投资业务风险分析的结果（风险发生可能性和风险发生后果）与预先设定的风险重要性等级准则进行对比，以确定投资业务风险的重要性等级。

（一）风险的重要性等级

投资业务风险的重要程度是发生可能性和发生后果的综合结果。在投资业务风险管理实践中，用得比较多的方法是把风险发生可能性的分值与风险发生后果的分值相乘，其乘积即为风险重要程度的大小；数字越大，对应的风险越高。

（二）风险矩阵

投资业务的风险矩阵是利用投资业务风险发生可能性及其发生后果这两个维度来绘制的矩阵图，是用于对风险进行优先排序的有效工具。绘制矩阵时，一个坐标轴表示投资业务风险发生可能性等级，另一个坐标轴表示投资业务风险发生后果等级，根据风险在矩阵中所处的位置，可以直观地显现投资业务风险的分布情况，可以确定哪些风险更重要，需要更细致的分析和优先应对，非常有助于管理者确定关键风险和风险应对方案。

任务四　投资业务内部控制措施

企业对投资业务流程进行风险识别、分析与评价后，应对识别出的风险采取一定的内部控制措施，旨在降低或减轻风险发生的可能性和后果，将风险控制在企业可承受范围之内。确保企业的对外投资行为符合国家有关法规及产业政策，符合公司发展战略，有利于增强公司竞争能力，有利于合理配置企业资源，创造良好经济效益，促进公司可持续发展。常见的投资业务内部控制措施有以下六种。

一、不相容职务分离控制

企业应当合理设置投资业务中的各岗位职责权限，确保投资业务中不相容岗位的分离，形成各司其职、互相牵制、互相监督的工作机制。不相容职务分离控制能极大程度地减少内部舞弊事件的发生，是风险控制中的重要措施。常见投资业务中的不相容职务分离情形如下：

投资方案编写人员与审批人员相分离；

投资方案可行性研究与可行性评估人员相分离；

投资计划编写人员与审批人员相分离；

投资计划审批人员与执行人员相分离；

投资合同或协议订立人员与审批人员相分离；

投资业务执行人员、会计记录人员与资产保管人员相分离；

投资业务绩效评估人员与绩效考核执行人员相分离；

投资资产处置申请人员、处置审批人员与处置执行人员相分离。

二、授权审批控制

投资业务在正式执行前必须进行严格的审批，明确被授权者在履行权利时应对哪些方面负责，应避免责任不清、一旦出现问题又互相推诿的情况发生。建立完善的投资业务授权审批制度需注意以下几点。

投资业务流程的各环节均须经过严格的授权审批，包括对外投资的决策权限、对外投资的后续日常管理、对外投资的转让与回收、对外投资的财务管理及审计、对外投资的重大事项报告及信息披露等。

企业应根据投资业务交易标的物性质和金额大小确定不同的授权审批层次，从而保证各管理层有权亦有责。可根据投资业务涉及的资产总额或成交金额、营业收入或净利润等指标建立严格的分级授权。例如，当投资行为属少量闲置现金进行的临时性短期投资，投资计划可由董事会授权的一位高管来负责审批；当投资金额较大或属长期投资性质，审批一般由董事会、股东大会进行。

三、运营分析控制

投资业务是以营利为目的的资本性支出活动。为实现投资收益，企业应综合运用投资信息，定期开展运营分析并出具相关报告，对存在的问题及时查明原因并加以改进。常见的运营分析控制方法如下。

（一）现金流量分析

项目现金流量是投资项目可行性分析的关键要素，项目的现金流量情况比会计期间利润的实现更为重要。若将投资项目周期划分为投资期、运营期与处置期，这三个区间的现金流量计算如下。

投资期现金流量：初始现金流量＝营业收入－付现成本－所得税。

运营期现金流量：营业现金流量＝税后经营利润＋折旧摊销等非付现成本。

处置期现金流量：处置资产的净损益与营运资本的收回。

（二）项目评价指标

基于现金流量分析，企业可以进一步使用财务指标进行投资决策。

（三）项目投资后管理

项目投资后企业仍要对被投资单位实施运营分析，企业应定期获取被投资单位的运营信息，包括但不限于以下方面:被投资单位月度、季度、半年度、年度的财务报表,重大合同,业务经营信息,重大的投资业务和融资活动,标的企业经营范围的变更,重要管理人员的任免,其他可能对标的企业生产经营、业绩、资产等产生重大影响的事宜。依据以上信息,运营部经过深入分析形成运营分析报告,报告被投资单位的经营效率(存货周转率、应收账款周转率等)、盈利能力(净资产收益率等)、市场占有率等,如有经营异常,须及时上报高层。

四、会计系统控制

企业应严格执行投资业务相关的会计制度,规范会计核算形式、会计报告制度、会计档案管理制度等。投资业务会计系统的有效控制,可以确保会计处理程序的规范性,保证会计信息的真实性与完整性,实现投资业务内部控制的财务目标。可采取的措施如下。

企业应确定适用的会计政策并有效执行。总体而言,企业应当严格遵循国家统一的会计准则完成会计处理工作,但会计准则中也提供了一些可选择项。针对投资业务,企业应当基于《企业会计准则第 2 号——长期股权投资》和《企业会计准则第 22 号——金融工具确认和计量》等文件,确定合适的会计政策。比如,对长期股权投资的后续计量,应视其对被投资方的影响程度等情况,采取权益法或成本法进行计量。

企业应妥善保管投资业务相关会计资料与档案,确保可对投资过程进行查证。主要包括投资合同或协议、出资证明、股东名册、债券契约等文件记录。

企业应建立并及时维护投资管理台账。投资管理台账中应详细记录投资对象、投资金额、投资期限、投资收益等相关业务。财务人员须及时更新投资管理台账记录内容,企业应定期对台账内容进行清点与核查。

企业应及时关注对外投资资产的公允价值以及被投资对象的运营分析结果。若出现资产公允价值下降或被投资对象财务状况恶化等情形,企业应及时合理地计提资产减值准备,调整资产账面价值。

五、财产保护控制

面对风险的不确定性,公司在进行投资决策时应当首先考虑投资财产的保护问题,以避免损失,促进进一步的投资扩张。以证券投资为例,企业可采取以下措施。

明确资产保管制度,企业一般可以采取两种方式进行证券投资的保管:第一种方式是将资产委托给银行、证券公司、信托公司等金融机构进行管理,企业需要选择具有资质的机构;第二种方式是企业自行管理证券类资产,企业应建立严格的联合控制制度,只有经过授权审批的人员才能接触证券,且保证有两人以上对证券实施共同控制,不得由一人单独管理。

健全定期盘点制度,企业应定期对投资资产展开盘点工作,确保账存数和实存数相符。依据企业资产保管制度,如果证券类资产由银行等第三方金融机构代为保管,企业应由机构发来的凭证证券存放清单确定实存数,由企业自行记录的登记簿、明细账确定账存数,核对两者是否相符。如果证券类资产由企业自行保管,企业应定期组织盘点工作,将证券实存的盘点结果与登记簿、明细账进行对比,确认两者是否相符。

执行记名登记制度,企业购入证券类对外投资资产时,除不记名证券外,都不可登记于企业个体名下，应于取得当天尽快登记于企业名下。健全的记名登记制度可以为企业避免员工或其他个体违规转移或出售相关资产，同时避免个体盗取企业应获股利和利息。记名登记制度的实施能进一步保障授权审批制度控制成效，避免个人在未经授权审批的情形下接触企业资产，是企业确保财产安全的有效内部控制手段。

六、绩效考评控制

企业应建立完善的投资业务绩效考评制度，选取合理的考评指标，针对企业投资业务的相关部门及人员开展绩效考核工作，形成奖惩分明的制度。基于绩效考评制度，企业可以规范投资业务中各职能部门与员工的行为，减少员工工作不尽责、不规范带来的投资损失。一般由人事部门提出投资业务中的绩效考核方案，将相关人员绩效与投资执行情况挂钩，再经由人事经理、运营经理、总经理等环节对绩效考核报告进行授权审批。

企业可通过以下途径制定奖惩合理的投资业务绩效考评制度：确定投资业务绩效考评目标；设置考核指标体系；选择考核评价标准；形成投资业务相关职能部门与个人的考核评价结果；制定合理的奖惩措施，将评价结果作为人员薪酬及职务晋升、评优、降级、调岗的依据。

拓展阅读

1. 《企业内部控制应用指引第 6 号——资金活动》。
2. 《企业会计准则第 2 号——长期股权投资》。

项目小结

本项目我们学习了投资业务的内部控制目标，投资业务内部控制所涉组织及职责体系，投资业务内部控制的业务流、资金流、信息流，对投资业务内部控制流程中的风险进行了识别、分析、评价，并对此采取相应的内部控制措施。学习的重点是梳理投资业务流程和风险评估；学习的难点是针对风险选择恰当的内部控制措施。

实践提升

请根据以下案例进行风险识别与内部控制。

一、H 公司简介

H 公司隶属的集团是经国务院批准设立、国务院国资委管理的中央企业，是以"检验、鉴定、认证、测试"为主业的综合性质量服务机构，是 97 家央企中唯一一家检验检测认证企业。集团承担了国家检验检测认证技术的创新和推动之重任，为质量强国、制造强国、网络强国提供技术保障；经过近半个世纪的发展，已经成为"中国第一，世界知名"的国际化检验检测认证企业。集团服务网络遍布国内外各大矿山、港口和主要城市。该集团公司的专家技术团队可在源头—生产—运输—市场—消费的整个生产和物流链环节中，提供专业、高效的第三方检验、鉴定、测试及技术咨询等综合质量服务。H 公司是其所属集团的一级子公司，成立于 1981 年，同时拥有"CCIC"和"CQC"两大知名品牌，注册资本为 2000 万元。总部设在石家庄，在河北省境内拥有黄骅港、唐山港、曹妃甸、秦皇岛港 4 家口岸公司和 9 家内陆分公司、1 家参股公司；服务网络覆盖京津冀。H 公司连续多年被所属集团授予"质量管理和经营绩效先进单位"，被省政府授予"精神文明先进单位"和"青年文明号"等荣誉称号。H 公司是从事煤炭、矿产品、粮食、煤化工等商品检验鉴定的权威性专业机构，不仅为国内客户提供专业的检验鉴定服务，还承担着河北黄骅港、曹妃甸、秦皇岛港和京唐港 4 个港口 95% 以上的进出口煤炭、铁矿石、铝矾土等矿产品的品质检验及水尺计重业务，为保障产品质量和地方外向型经济发展提供了重要技术支撑。H 公司是所属集团煤炭产品线的牵头单位，负责集团全国范围的内贸煤炭检验工作统筹协调职能，并结合全国煤炭产业布局、用户分布，成立了技术研发中心、质量监控中心、运营中心、大数据中心，设计开发了煤炭业务数字化管理系统，实现集团系统煤炭检验业务"八统一""两统筹"，得到了客户的高度评价。

二、H 公司投资管理情况

H 公司投资业务主要涉及固定资产投资和股权投资。股权投资是指通过认购新增股权、受让现有股权或通过独资或合资开设新公司等方式，获取投资标的股权或其他相关权益的行为。固定资产投资是指通过购置、新建、改（扩）建等形式，形成固定资产的行为。公司战略与投资部负责对投资活动实行全过程管理，包括投资计划、投资立项、投资决策、项目实施、投资后评价五个阶段。

（一）投资规模和投资结构情况

目前，H 公司控股企业 1 家，参股企业 2 家。2022 年初，H 公司上报集团的投资计划金额为 4238.01 万元，均为主业投资、固定资产投资、自有资金。其中，新开工项目 3964.7 万元，续建项目 273.31 万元。随着海关股权退出工作的逐步推进，为了能够持续满足国能销售集团招标项目的满分要求，H 公司于 8 月新增投资额 188 万元，用于购买煤炭检测设备。因此，2022 年全年投资金额共计 4426.01 万元，均为主业投资、固定资产投资、自有资金。其中，综合办公实验楼购置与改造项目 3500 万元，实验室设备采购项目 926.01 万元。

（二）年度投资计划执行情况

实验室设备采购项目实际执行投资项目金额为 837.01 万元，投资计划执行率为 90.39%。疫情导致部分设备未进行验收，未支付金额作为续建项目转到 2023 年进行支付。截至 2023 年 8 月，综合办公实验楼购置与改造项目还在等待集团批复，未有实质性的工作开展。

（三）投资管理问题现状

H 公司近几年投资管理项目主要集中在固定资产投资上，股权类投资项目进展缓慢，不能满足集团要求加大股权投资拉动经营业绩快速增长的需求。固定资产投资中，2023 年度金额大的原因是 2022 年度 H 公司唐山港分公司办公大楼项目在集团立项获批晚，执行不力，导致 2023 年投资计划金额持续走高。此外，H 公司投资计划执行率比较高，但是还不能完全按照预算进度支出。总体来说，H 公司投资管理进展缓慢，有效标的选取不够。近年来公司投资工作呈现以下几个特点：投资拉动增长基本可以忽略不计、投资呈现小散弱现象并且小散弱项目失败率很高、项目推进实施难，投资人才、投资经验相对有限。此外，公司投资标的库建设缓慢，标的信息较少、不够全面；标的规模普遍偏小且多集中在传统业务领域；优质标的寻找困难，3000 万元以上规模的标的较少。

2023 年初，随着集团提出投资工作是集团"当务之急"，是提高集团市场占有率的必由之路，是贯彻落实党中央、国务院关于加快建设世界一流企业和国务院国资委持续深入推进战略性重组和专业化整合战略部署的重要举措。集团在国资委的支持下，加大投资力度，要求各级"一把手"要真正认识到投资工作是第一要务，要时时自省，日日推进。因此，H 公司目前投资需求大，但是进展缓慢，投资人才及优质标的寻找不够，还需通过练好内功、引入高端人才、会聚集团系统专家，借力券商、律师事务所、产权交易所专业机构等多种途径，打造具有中国特色的多层次投资人才体系，对投资形成强有力的技术支撑。除股权投资外，还要进一步推动实验室规划相关工作，摸清公司实验室家底，对标华测检测、谱尼测试等先进机构，在实验室地域布局、业务布局、投资方式、建设规模选择等方面进行研究总结。

三、H 公司投资管理内部控制情况

内部控制体系建设是 H 公司连续三个年度的重要任务，也是国资委挂牌督办的重点工作。当前集团公司以及 H 公司面临国资委内部控制体系验收和巡视整改的双重任务，必须高标准、严要求，加快推进完成目标内内部控制体系建设主体任务，达到国资委的验收标准。内部控制体系建设是中国特色现代企业制度建设的重要组成部分，是保障企业稳健运行、实现高质量发展的一项基础性、战略性、系统性工程。目前，H 公司内部控制体系建设进度较慢，距离集团要求还存在一定差距。下一步，H 公司将加快内部控制体系建设，高质量完成集团下发的各项内部控制体系建设任务。

H 公司内部控制体系建设的目标是实施国有企业改革三年行动计划和世界一流管理水平提升行动计划，以战略指导为指导，以风险管控为基础，建立一套具有集团特色、有效运作的内部控制体系，以制度建设为中心，注重提高效率，并要求整合其他管理制度。加强集团管控，实现"强化内部控制、防范风险、促进合规"的管控目标，形成全方位、全过程、全系统的风险防控机制。

内部控制制度建设理念以战略目标为基础，制定顶层规划；根据管理需要，明确建设内容；整合内部资源，推动多系统整合；建立缺陷和漏洞填补监督评估制度。以战略目标为基础，制定顶层规划是依托集团公司战略目标，以财政部等五部委联合发布的《企业内部控制基本规范》和 18 条配套意见，以及国资委内部控制制度的强制性要求为核心要素，明确总体目标，推进思路，为集团内部控制制度建设制定顶层规划，为集团内部控制制度建设提供方向指导。以管理需求为基础，明确建设内容就是根据外部监管和集团内部管理需求，明确内部控制体系建设的具体工作内容，即公司及所属控股单位治理层、管理层、所有部门、所有岗位职责，涵盖内部控制框架的核心内容，如控制环境、风险评估、控制活动、信息沟通、监督等。整合内部资源，促进多体系融合就是充分利用集团合规体系、风险管理以及 17020、17021、17025、9001 等质量管理体系等成果，不推倒重来，不搞"两张皮"。整合优化内部控制、风险和合规管理相关制度，全面嵌入业务流程，促进多体系融合，实现"强内部控制、防风险、促合规"的管控目标。针对缺陷补漏洞，建立监督评价体系就是根据巡视、审计以及评价暴露出的内部控制缺陷和问题，完善相关制度和流程，统筹推进内部控制、风险和合规管理监督评价，将风险、合规管理、制度建设和执行情况纳入内部控制体系监督评价范围，建立自评与他评工作机制。

（一）组织机构

成立"1+N"内部控制体系建设领导小组，由公司经理层成员组成，总经理任组长。领导小组主要负责贯彻落实集团关于中央企业内部控制体系建设与监督工作的部署，研究决定 H 公司

"1+N"内部控制体系的顶层设计，审议内部控制体系建设工作报告，研究决定内部控制体系建设中涉及的部门职责调整、人员安置等重大事项和重要问题。

成立内部控制工作组，由主管领导任组长，公司各部门及各分公司、子公司内部控制人员为工作组成员。工作组主要负责向H公司内部控制领导小组汇报内部控制建设进度和成果；对接集团合规部、华北区域内部控制工作组，汇报工作进度；按照各单位职责权限，负责组织并完成相应的内部控制工作；按照公司要求，组织各单位进行相关内部控制培训。

公司合规部为公司内部控制建设的统筹协调部门，主要负责按照集团要求确定H公司内部控制建设实施方案，并督促各单位、各部门按时保质完成工作任务；负责组织H公司内部控制相关内容培训活动；负责H公司内部控制任务分解工作；负责监督H公司内部控制任务执行情况。

（二）实施方案

公司内部控制体系建设共分为四个阶段，分别为内部控制体系建设文件编制、内部控制自评与他评、内部控制手册编制、内部控制体系建设成果完成。

（三）H公司内部控制建设现状

在公司领导的大力支持下，在各单位的努力以及通力配合下，H公司内部控制建设在集团、区域公司的总体要求下，稳步推进，完成相关工作部署。根据集团的统一部署，H公司制定并印发了《H公司内部控制体系建设实施方案》的通知，采取周报制度，将任务层层分解，确保落实到位。

持续培训。H公司组织内部控制相关人员参加本公司组织的内部控制基础知识培训和考试，有100余人次参加考试并合格；参加集团培训6次，参加集团统一组织的考试18人次，全部考试合格，近200人次参加H公司组织的考试，全部考试合格。培训涉及内部控制基础知识、内部控制要求、内部控制建设流程等方方面面，覆盖包括领导层在内的全体员工，为做好内部控制建设打下坚实的组织基础和理论基础。

内部控制推进会及周报。按照集团内部控制建设方案总体进度，共进行了6次周报工作。为及时推进和反馈问题，先后举办了3次内部控制工作推进会，对内部控制工作进行部署和答疑解惑，确保H公司内部控制阶段性建设高质量完成。

制度修订。H公司对照集团发布的二级公司66个必建制度和可选制度，共涉及637个风险点进行分析对比，对照制定修改了58个制度，交由区域公司进行审定，均覆盖风险点，基本满足要求。另外，H公司根据部门及职责调整，重新评审和修订了公司现有制度共84项，共完成制度评审及修订142项。

内部控制表单。完成459项法规清单、193个制度及体系文件索引、近3年合同及供应商等12个台账的统计、完善部门职责、权责界面等9个内部控制表单，超额完成集团内部控制工作部署。

（四）H公司内部控制流程介绍

根据《内部会计控制规范——基本规范（试行）》相关规定，"单位应当建立规范的对外投资决策机制和程序，通过实行重大投资决策集体审议联签等责任制度，加强投资项目立项、评估、决策、实施、投资处置等环节的会计控制，严格控制投资风险"，投资业务应包括收集、分析、决策和监督环节。

H公司战略与投资部对公司投资活动实行全过程管理，包括投资计划、投资立项、投资决策、项目实施、投资后评价五个阶段。投资管理内部控制涉及投资计划编制与下达、投资计划调整与实施、投资项目审批及备案、投资项目后评价管理四个流程。其中，投资计划调整与实施不在下文具体展开。

（1）投资计划编制与下达

H公司各分公司、子公司按照业务发展需求编制本单位投资计划，上报主管领导审核通过后，提报公司战略与投资部汇总、确定投资项目，制订H公司年度投资计划，然后提请主管领导审核，提报公司投资管理技术委员，经党委研究批准后上报集团备案。

（2）投资项目审批及备案

项目投资单位应根据集团发展战略和规划，按照集团主责主业及新兴产业投资方向，综合考虑行业、市场和资源等因素，选择确定投资项目，并对投资项目的必要性、可行性及投资方案等进行初步论证分析。在此基础上编制项目建议书、前期立项支持文件、可行性研究报告等申报材料并报战略与投资部，战略与投资部按照上级单位相关部门要求履行前期立项手续。

列入投资计划内的项目实施前均须以请示形式报H公司。投资项目金额100万元以下的，项目投资单位以请示形式报H公司，战略与投资部以签报形式报河北公司分管领导、总经理研究决定；投资项目金额100万元（含）以上、300万元以下的，项目投资单位应附项目可行性研究报告等相关资料以请示形式报H公司，战略与投资部按审批流程提交公司总经理办公会研究决定后批复；投资项目金额300万元（含）以上的，项目投资单位应附项目可行性研究报告等相关资料以请示形式报H公司，经公司党委会前置研究后，提交公司总经理办公会研究决定后批复。

未列入年度投资计划内的项目原则上不予以批复，特殊投资事项按照公司"三重一大"决策制度实施办法相关规定办理。

（3）投资项目后评价管理

应指定专门机构或人员跟踪和管理投资项目，及时收集被投资单位经审计的财务报告和其他相关信息，定期组织投资效益分析，关注被投资单位的财务状况、经营成果、现金流量和投资合同的履行情况，及时报告和妥善处理异常情况。

公司财务部门应高度重视投资到期本金的回收；当期被投资方财务状况恶化或者市场价格大幅下跌的，应当计提合理的减值准备，确认减值损失；加强对投资回收处置流程的控制，按照"三重一大"原则分类审批，落实投资回收、转移、核查等决策审批程序；投资转让价格由有关机构或者人员合理确定，并经授权的审批部门批准；核实投资需要取得法律文件和有关证明，证明投资不能收回。

任务实施过程	实施答案	评分标准	标准分	得分
一、确定内部控制目标		是否结合业务具体目标来设定内部控制目标	10	
二、识别风险源，并进行风险描述		是否识别出所有的风险源；风险描述是否清晰	10	
三、采取内部控制措施		所选内部控制措施是否正确	10	

项目十

采购与付款业务内部控制

学习目标

知识目标	技能目标	素养目标
1. 能列举采购与付款业务的内部控制目标。 2. 能描述采购与付款业务内部控制所涉组织及职责体系。 3. 能归纳采购与付款业务内部控制的业务流、资金流、信息流。 4. 能叙述采购与付款业务内部控制流程的风险评估过程。 5. 能举例说明采购与付款业务风险的内部控制措施	1. 能设计采购与付款业务内部控制所涉组织及职责体系。 2. 能绘制采购与付款业务内部控制的业务流。 3. 能设计采购与付款业务内部控制所需资金流、信息流。 4. 能评估采购与付款业务内部控制流程的风险。 5. 能控制采购与付款业务内部控制流程的风险	强化采购时廉洁奉公、恪尽职守的职业素养

思政融入点

在讲解采购与付款业务时，引导学生廉洁奉公、守法合规，培养学生合规意识。

知识框架图

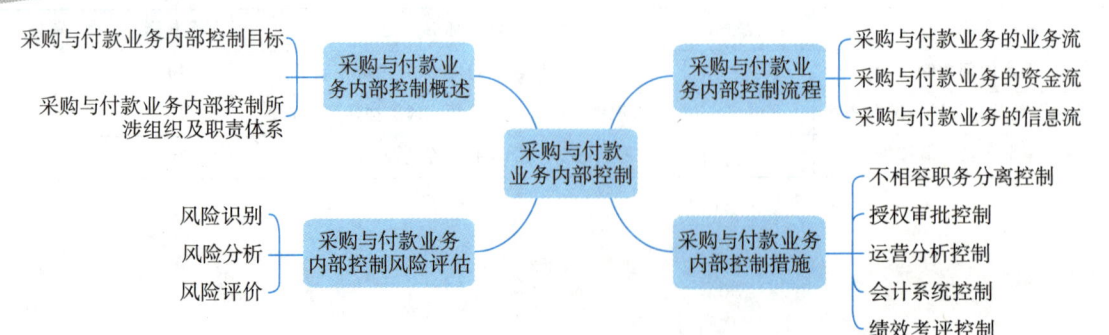

项目十 采购与付款业务内部控制

开篇案例

突遇原材料无法供应 正常生产如何办？

小麦有芒科技有限公司（以下简称小麦有芒）成立于2012年3月，注册资本为1.5亿元，是一家集研发、生产于一体的OLED企业。OLED是继LCD以后新一代平板显示技术，其依靠省电、轻薄、可视角度大、柔性等优点，逐渐成为中小尺寸显示面板的主流，被广泛应用于消费类电子、工控仪表、金融、医疗、车载、通信等领域，目前该行业正处于高速发展时期。

OLED面板的核心原材料包括有机发光材料、阳极材料和阴极材料，其中有机发光材料是OLED产业链中技术壁垒最高的领域，在OLED面板成本中占比为12%左右。小麦有芒的有机发光材料一直由国外京瓷电子科技股份有限公司（以下简称京瓷科技）供应。2022年2月，小麦有芒采购部突然收到该供应商的通知函，称自2019年下半年新冠疫情开始暴发并全球蔓延，其所在地区防控不力已严重影响公司正常生产，未来将不能按时按量供应有机发光材料。收到该通知函后，采购部立刻召开部门会议，讨论如何应对有机发光材料采购问题，会上收集到以下信息。

（1）京瓷科技是小麦有芒有机发光材料的独家供应商。目前公司有机发光材料库存仅能生产5000件OLED产品，而2022年2月底公司需要交货8000件OLED产品。如果不能按时按量交货，法务部等相关部门测算公司将承担大约90万元的经济损失。

（2）近年来随着研发的不断投入，我国在有机发光材料领域已实现核心技术的突破，国内企业已研制出高质量的有机发光材料，且在国际市场的份额也在不断扩大。

鉴于以上信息，公司采购部立即启动国内第二供应商的开发。为了有效管理相关业务风险，公司决定加强采购与付款业务的内部控制建设，从梳理采购与付款流程着手，识别、分析、评价该流程中的各类风险，并采用适当的内部控制措施管理风险。

资料来源：企业内部控制实务公众号。

任务一 采购与付款业务内部控制概述

采购与付款是指企业取得外购材料、商品或劳务并支付价款的过程，是生产经营中的重要环节。采购与付款业务和后续的生产、销售紧密相关，且发生频繁、交易金额大、运行环节多，容易产生管理漏洞，因此企业必须加强对采购与付款的内部控制。

采购与付款业务的内部控制是指规范采购与付款行为，防范采购与付款过程中的差错和舞弊，保障生产经营需要，提高采购资金的使用效益。企业应全面梳理采购与付款流程，及时发现采购与付款中的潜在风险，对其采取内部控制措施，其具体控制要求在《企业内部控制应用指引第7号——采购业务》中得到了体现，有关采购合同的控制要求则在《企业内部控制应用指引第16号——合同管理》中体现。

一、采购与付款业务内部控制目标

为了建立有效的采购与付款内部控制，企业首先要制定清晰的控制目标。典型的内部控制目标包括以下四个方面。

（一）合规目标

采购行为或采购合同等都必须符合国家法律法规的要求（如《中华人民共和国民法典》《中华人民共和国招标投标法》等），在维护企业自身合法权益的同时，防范由此导致的行政处罚或名誉损失；采购与付款业务还应遵守企业内部规章制度，如公司《合同管理制度》《货币资金管理制度》等，防范采购与付款过程中的差错和舞弊。

（二）报告目标

企业应按照会计准则及相关规章制度的规定，及时、准确、完整地记录并报告采购与付款过程，防范会计核算多记、错记、漏记采购成本或应付账款等可能导致的财务风险，以确保财务会计报告合理揭示采购业务享有的折扣或折让。根据《中华人民共和国招标投标法》及《中华人民共和国招标投标法实施条例》的规定，招标采购的开标需公开投标截止时间前收到的且经确认密封完好的所有投标文件，企业应确保所公开内容的真实性，包含投标人名称、投标价格等信息。

（三）运营目标

提高采购的效率和效益，在满足需求的前提下，努力降低采购成本，减少采购资金占用和采购环节的损失。既要避免重复采购、盲目采购，又要避免因采购不及时影响生产经营的正常运行。

保证采购与付款过程中相关资产安全完整。既要保证企业所购货物安全完整、保质保量地运达企业，又要保证应付账款的真实性和货款支付的严密性。

（四）战略目标

采购战略因企业竞争战略而派生，必须与之匹配，保持目标一致性。采购物资或劳务的质量、价格、供应商选择、运输等情况，在很大程度上取决于企业物资生存与可持续发展，因此采购与付款业务应与企业战略紧密联系，有效支持企业经营计划的落实。

二、采购与付款业务内部控制所涉组织及职责体系

有效控制采购与付款业务并不只是采购部门的责任，采购与付款过程中涉及的各部门都应承担相应责任，以确保采购与付款的有序推进。采购与付款业务主要涉及请购、采购、验收和财务四个部门。

（一）请购部门

请购部门是指生产经营等需求部门根据采购计划和实际需要提出采购申请的部门。企业也可根据实际需要设置专门的请购部门，对需求部门提出的采购需求进行审核，并进行归类汇总，统筹安排企业的采购计划。

（二）采购部门

采购部门在相关职能部门的配合协助下，严格制定并执行采购制度与采购工作流程，确保企业

生产、经营活动顺利进行。采购部在企业中行使下列职能。

建立采购部组织。结合企业实际情况和发展需求，建立健全采购部的组织结构设计，明确职责分工，优化人员配置，提高采购工作绩效。

建立健全采购管理制度体系。根据企业管理要求及部门任务，制定并严格执行采购规章制度，规范采购作业。

采购计划管理。在调查和分析采购需求的基础上进行采购决策，编制采购计划与采购预算，指导采购活动。

供应商管理。根据采购计划进行市场调研，选择、评审、考核供应商，建立并完善供应商档案。

采购价格管理。建立并更新重要物资及常备物资的价格档案，指导采购作业与价格谈判，提高采购绩效。

采购合同管理。组织合同评审，签订采购合同，建立采购合同台账并分类管理，监督合同的执行。

采购进度控制。监督采购合同签订与执行，开展采购跟单与催货工作并进行交期管理，严格控制采购进度，确保供应及时。

采购质量控制。建立采购认证体系，对供应商及采购物资的质量进行检验、认证，确保采购物资符合企业要求。

采购成本控制。严格执行采购预算，监督采购询价、议价、订购过程费用的使用情况，开展成本分析，有效控制采购成本。

采购绩效管理。定期对部门采购作业及各采购人员进行绩效考核，并根据采购结果实施奖惩，分析采购过程中的薄弱环节与问题，制订改进计划，提高采购绩效。

（三）验收部门

验收部门的主要职责是核对采购物资数量、检验质量，确保入库物资符合合同约定。为此，验收部门应当配备必要的专业人员对质量进行检验，必要时也可将物资送到第三方机构检验。如果发现物资出现问题，验收部门应及时报告，并对不符合合同要求的物资做出相应处理。

（四）财务部门

财务部门的主要职责是对采购与付款业务进行审核记账并付款。负责审查发票等票据的真实性、合法性和有效性，判断采购款项是否确实应予以支付。例如，审查发票填制的内容与发票种类是否相符，发票加盖的印章与票据种类是否相符；严格遵循合同规定和相关法规，合理选择付款方式；定期与供应商核对应付账款、应付票据、预付账款等往来款项，发现问题及时处理；对于采购退货，协助采购人员办理退货手续，涉及符合索赔条件的退货，及时办理索赔手续。

任务二　采购与付款业务内部控制流程

采购与付款业务是企业生产经营的起点，是业务、资金、信息三流交织的经营活动，因此蕴藏着大量潜在风险。为较好地保证物资和劳务供应顺畅，并能与生产和销售环节紧密衔接，企业应对采购与付款业务进行全面分析，并有效控制其中的潜在风险。下面将从梳理采购与付款的内部控制流程着手。

一、采购与付款业务的业务流

采购与付款业务的业务流通常包括需求与计划、请购与审批、选择供应商、谈判与执行、验收与付款以及采购后评估六个环节。

（一）需求与计划

采购业务从计划（或预算）开始，包括需求计划和采购计划。实务中，一般于年底或月底制订下一年度或月度的物资需求计划。首先，需求部门根据实际需要、库存和在途情况，向采购部门提出物资需求计划；其次，采购部门根据该需求计划归类、汇总、平衡现有库存物资后，统筹安排采购计划。采购计划是企业年度生产经营计划的重要内容，企业应科学安排采购计划，防止采购量过高或过低，应将采购计划纳入采购预算管理，作为刚性指令严格执行。

（二）请购与审批

请购是指生产经营等需求部门根据采购计划和实际需要，提出采购请求。大多数企业对正常经营所需物资的购买作一般授权。比如，仓库可在现有库存达到再订购点时直接提出请购申请，其他部门也可为维修等正常工作直接申请购买所需物品。但对资本支出和租赁合同，企业通常要求作特别授权，只允许指定人员提出请购。

请购通常需要经过内部审批流程，以确保采购请求是符合公司政策和预算的。通常审批人会审核请购单上的相关信息，例如，采购物品的类型、数量、价格、供应商等。如果请购单上的信息不够清晰或需要进一步核实，则审批人可能会要求请购人提供更多信息或核实所提供的信息。

（三）选择供应商

选择供应商即确定采购渠道，是企业采购与付款流程中非常重要的环节，采购部门应当结合采购业务的特点，确定供应商选择方式。选择供应商后，还应对供应商进行管理，供应商管理包括供应商的资格评审、日常考核（月、季、年）、供应商的业绩评估、供应商的奖惩、供应商的淘汰、约谈等内容。

（四）谈判与执行

采购谈判是指企业与供应商就采购物品的品种、规格、技术标准、质量保证、订购数量、包装要求、售后服务、价格与付款方式、交货日期与地点、运输方式等进行磋商，谋求达成协议的过程。谈判前企业应收集谈判对手的资料，熟悉谈判对手情况，并研究国家相关法律法规、行业监管、产业政策、竞品价格等信息，制定谈判策略；对于影响重大、涉及较高专业技术或法律关系复杂的采购业务，可组织法律、技术、财会等多方专业人员参与谈判，并做好全程谈判记录。洽谈成功后，则进入采购执行阶段，即订立框架协议或采购合同、下达采购订单、运输与供应的过程，详情如下。

1. 订立框架协议或采购合同

框架协议是企业与供应商之间为建立长期物资购销关系而做出的一种约定。采购合同是指企业根据采购方式、采购价格等内容与供应商签订的具有法律约束力的协议。企业一般会根据物品金额、重要性等确定合同形式，除小额零星物品的采购可采用口头合同形式外，其他采购皆采用书面合同形式。合同管理人员应随时了解合同的执行情况，对合同执行过程中出现的异常情况及时向有关部门反映，提请有关部门处理。

一般企业订立合同过程如下。

合同谈判。企业应根据拟采购物品的金额、重要性等确定合同谈判人员。对于影响重大、涉及较高技术或法律关系复杂的合同，应当组织法律、技术、财会等专业人员参与谈判，必要时可以聘请外部专家参与相关工作，谈判人员至少应有两人，并与订立合同的人员相分离。

合同评审。企业大额或者重要的采购合同，在签订前应当经过财务、法律等相关部门和专业人员评审。小额或零星采购也应经过授权的部门事先对价格等有关内容进行审查。

合同审批。企业所有采购合同须经审批人批准方可签订。

合同订立。书面合同应经法定代表人或其授权代理人签字，并加盖公章或合同专用章。对按法律规定需办理批准、登记、公证等手续的应及时办理，以保证合同的有效性。

2. 下达采购订单

采购订单是依据采购合同条款制定的，采购合同条款约定采购订单的内容。采购合同约定双方的权利、义务，包括产品质量、付款期限、售后服务、违约责任等，而采购订单是采购合同生效、实施的载体。

3. 运输与供应

运输与供应是指企业根据生产、建设进度和采购物资特性等因素，选择合适的运输工具和运输方式，并办理投保等事宜，也可通过全程信息化实时掌握物资采购供应情况，以确保采购合同的有效履行，从而使采购物资能够按时、按质、按量供应。

（五）验收与付款

1. 验收

有效的采购订单代表了企业已授权验收部门检验供应商发送过来的商品或服务，以确保其符合合同中的相关规定或产品质量要求。企业应明确采购验收标准，结合物资特性确定必检物资目录，规定此类物资出具质检报告后方可入库。验收机构或人员应当根据采购合同及质检部门出具的质检报告，关注采购合同、发票等原始单据与实际物资的数量、质量、规格型号等是否一致。对于验收合格的存货，应办理入库手续；对于验收不符合要求的存货，应立即向有关部门报告，及时查明原因，必要时办理退货、换货或者索赔。

2. 付款

付款是指企业在对采购预算、合同、相关单据凭证等内容进行审核并确认无误后，按照采购合同的规定及时向供应商办理支付款项的过程。企业应合理选择付款方式，根据国家有关支付结算的规定和企业生产经营的实际情况，除不足转账起点金额的采购可以支付现金外，采购价款的转账应通过银行办理。

（六）采购后评估

采购与付款业务对企业生存与发展具有重要影响，企业应当设立采购业务后评估环节。即企业

 | 企业内部控制 |

应当定期对物资需求计划、采购计划、采购价格、采购质量、采购成本或合同签约与履行情况等物资采购供应活动进行专项评估和综合分析，及时发现采购业务薄弱环节，循环优化采购与付款流程。

二、采购与付款业务的资金流

采购与付款业务的资金流反映了资金从存储形态转化为生产或服务所需储备物资的过程，资金流内容反映库存商品或材料采购成本，具体指企业从外部购入原材料等所实际发生的全部支出，主要由材料的买价和采购费用两部分构成：①购买材料，结算价款即买价；②支付各种材料采购费用，包括运输费、装卸费、保险费、包装费、仓储费、入库前的挑选整理费，以及运输途中的合理损耗，小规模企业还包含增值税。加强材料采购成本的内部控制，使材料采购成本下降对一个企业的经营业绩至关重要。

材料采购成本的资金流核算方法有两种。对于一般规模较小、存货品种简单、采购业务不多的企业，可选择实际成本法，它可以直接反映采购物资的实际资金占用额。对于材料品种规格繁多、采购收发业务频繁的企业，可选择计划成本法，它可以反映资金流中采购物资的实际成本与计划成本的差异，不仅便于考核采购与付款业务的效率与效果，也有利于分析各部门耗用采购材料的节约或浪费情况，考核各用料部门的经济效益，从而有效提升内部控制的价值。采购与付款业务的资金流出现在采购与付款业务流中的验收与付款环节，下面以原材料的验收与付款为例，解释其资金流如何流转。

（一）实际成本法下的资金流

实际成本法下，对已发出但未验收入库的原材料，其资金流先流转至"在途物资"。依据付款方式不同，资金流动有所区别。

（二）计划成本法下的资金流

计划成本法下，无论企业购买的材料是否验收入库，资金流都必须首先在材料采购处汇集，反映企业采购原材料所花费的实际资金成本。材料采购工作结束时，企业需要将这批材料按照计划价格确定价值，而材料采购的实际资金成本与其计划价格经常不一致，为此企业设置"材料成本差异"以反映和监督这种不一致形成的差异。因此，结转其实际资金成本时，将材料采购的实际资金成本分为两部分：与该批材料计划价格对应的部分确认为原材料成本，当实际资金成本高于计划成本时，材料成本差异为正数，该差异为不利差异；当实际资金成本低于计划成本时，材料成本差异为负数，该差异为有利差异。

三、采购与付款业务的信息流

采购与付款信息流伴随业务流和资金流而产生，体现为特定采购与付款信息有方向性地输入和输出。采购与付款的信息流是企业在采购商品、原材料、设备或服务并完成支付过程中涉及的信息和数据流动，在这个过程中，不同部门（如采购部、财务部、仓库部等）需要协同合作，共享信息，以确保采购活动的顺利进行。例如，在谈判与执行环节下达采购订单时，采购执行专员需要依据采购合同及生产需要填写采购订单，再由采购主管审核采购订单中的采购需求。采购执行专员向采购主管发出采购订单的过程，其实质就是信息流的传递过程。由于信息流能反映业务流和资金流的运动状态，在很大程度上影响流程的整体运行效率和效果，因此加强信息流内部控制也很重要。

实践中，各企业信息流中的表单形式并不统一，但表单上的构成元素大致相同。在此仅介绍采购申请单、采购订单、采购合同的常见形式。

采购申请单应明确采购类别、质量等级、规格、数量、相关要求和标准、到货时间等。采购申请单通常一式三联，经审批，一联退请购部门，以示答复；一联交财会部门以筹备资金和备查；一联交采购部门作为编制采购计划和签订购销合同的依据。由于企业内许多部门可以填列采购申请单，不便事先编号。故为加强控制，每张采购申请单必须经过对这类支出预算负责的主管人员签字批准。

采购部门在收到采购申请单后，只能对经过批准的采购申请单发出采购订单。对每张采购订单，采购部门应确定最佳的供应来源。采购订单应正确填写所需商品的品名、数量、价格，厂商的名称和地址等，预先予以编号并由被授权的采购人员签字确认。其正联应送交供应商，副联则送至企业内部的验收部门、应付凭单部门和编制采购申请单的部门。

采购合同是对采购人和供应商之间的权利和义务按照平等、自愿的原则进行约定。通常一式三份，一份交供应商请求发货；一份由采购部门专人保管，负责合同的执行；一份交财会部门，以监督合同的执行。

任务三　采购与付款业务内部控制风险评估

为了确保物资和劳务采购按质、按量、按时，并且经济高效地满足生产经营需要，企业应对梳理出的采购与付款业务内部控制流程进行风险评估，包括对识别出的业务风险进行分析，并描述风险发生可能性的高低和发生后果的大小，进而明确风险重要性程度。因此，风险评估分为风险识别、风险分析、风险评价三个步骤。

一、风险识别

进行风险评估的首要任务是风险识别，即发现、认可并记录影响采购与付款内部控制目标实现的风险，其重点是收集采购与付款业务中的风险信息，并识别风险信息的风险源。采购与付款业务的风险识别对象不包括采购与付款后评估环节，因为该环节本身就是用来识别风险的。

（一）需求与计划的主要风险

企业未将采购计划纳入采购预算管理，或未对采购预算实行控制，或未对采购预算的执行情况进行定期分析，导致不能及时修正采购预算执行差异，造成资金使用效率低下。

需求或采购计划不合理，未结合库存和在途情况科学安排采购计划，与企业生产经营计划不协调等，造成企业资源短缺或库存成本上升，甚至影响企业正常生产运行。

（二）请购与审批的主要风险

缺乏采购申请制度，造成企业管理混乱。

具有请购权的部门对于预算内采购项目，未严格按照预算执行进度办理请购手续，或者未根据市场变化提出合理的采购申请。

请购未经适当审批或超越授权审批，出现采购申请内容不准确、不符合生产经营需要、不符合采购计划等问题，导致采购物资过量或短缺，影响企业正常生产经营。

（三）选择供应商的主要风险

未按照公开、公正和竞争的原则选择供应商，导致供应商选择不当，采购物资质次价高，甚至出现舞弊行为。

对个别供应商过于依赖，缺乏完善的竞争机制，让企业陷入被动境地。

未能对供应商的表现进行定期评价，或者供应商信息更新不及时，未对供应商进行动态管理，不能保证供应商资质的延续性。

供应商档案管理混乱，合格供应商名录和档案的建立及修订未履行相关程序，未经充分授权和批准。

（四）谈判和执行的主要风险

采购定价机制不科学，采购定价方式选择不当，缺乏对重要物资价格的跟踪监控，引起采购价格不合理，造成企业资金损失。

内部稽核制度不完善，导致因收受回扣等不端行为给企业带来损失。框架协议或合同约定的供应商主体资格、资信情况与履约能力等未达要求，导致物资采购不顺畅，无法满足企业的采购需求。

采购合同未能准确描述合同商品的质量标准、交货地点、交货时间、货款支付方式等条款，没有明确双方权利、义务和违约责任，合同内容甚至存在重大疏漏和欺诈，导致企业合法权益受到侵害。

未及时根据市场状况调整合同内容，造成企业采购行为脱离市场供需状况。

采购人员在采购之前没有依据采购合同和库存做好规划工作，导致采购订单下达不及时或未选择合理的订购方式等。

（五）验收与付款的主要风险

验收标准不明确、验收程序不规范，导致不合格品流入企业。

验收时涉及技术性强的物资、大宗物资和新特物资，没有邀请验收机构或人员对其进行专业测试或委托具有检验资质的机构或聘请外部专家协助验收，造成采购质量不合规损失。

对于验收过程中发现的异常情况（如无采购合同或大额超采购合同的物资、超预算采购的物资、损毁的物资等）未及时处理，造成账实不符、采购物资受损。

采购付款未对采购合同、到货情况、发票等票据的真实性和合法性以及有效性等相关内容进行严格审核，或不同层级的付款金额未经适当的授权审批，导致无法准确判断采购款项是否确实应予以支付，企业出现资金损失和信用受损。

付款方式不恰当，给企业带来法律风险。

采购款项支付之前，没有认真核查已付款情况，忽视对预付账款和定金的管理，导致对供应商的重复付款或者面临不可回收风险。

二、风险分析

经过风险识别阶段,已经收集了采购与付款流程中的风险信息,对面临的风险有了一个初步认识,接下来需要对各类风险的发生可能性和发生后果进行分析。在风险管理实践中,一般利用采购与付款方面的历史数据推断风险事件在未来发生的可能性和后果。

(一) 风险发生的可能性

采购与付款中风险发生的可能性是指在企业目前的管理水平下,采购与付款中各类风险发生概率的大小或者发生的频繁程度。

(二) 风险发生的后果

采购与付款业务风险发生的后果是通过假设特定事件或情形已经出现,然后判断其影响的性质、类型和大小。

三、风险评价

采购与付款业务的风险评价是风险评估的最后环节,将采购与付款业务风险分析的结果(风险发生可能性和风险发生后果)与预先设定的风险重要性等级准则进行对比,以确定采购与付款业务风险的重要性等级。

(一) 风险的重要性等级

风险的重要性等级是风险发生可能性与风险发生后果的综合性考量,在采购与付款业务风险管理实践中,常用的方法是把风险发生可能性的分值与风险发生后果的分值相乘,乘积即为风险值的大小;数字越大,对应的风险重要性等级越高,企业应该予以更多关注。

(二) 风险矩阵

采购与付款业务的风险矩阵是利用采购与付款业务风险发生可能性及其发生后果这两个维度来绘制的矩阵图,是用于对风险进行优先排序的有效工具。绘制矩阵时,一个坐标轴表示采购与付款业务风险发生可能性等级,另一个坐标轴表示采购与付款业务风险发生后果等级。根据风险在矩阵中所处的位置,可以直观显现采购与付款业务风险的分布情况,明确不同风险的重要程度,帮助管理者快速识别采购与付款业务面临的各类风险及其紧急程度,使风险应对更加有的放矢。

任务四 采购与付款业务内部控制措施

采购与付款流程所涉环节较多,中间蕴含较多风险,通过对风险进行识别、分析、评价后,企业应权衡成本效益,采取适当的内部控制措施降低风险,将风险控制在企业风险承受度之内。常见的采购与付款业务内部控制措施有以下五种。

一、不相容职务分离控制

不相容职务分离控制要求企业全面、系统地梳理采购与付款流程中所涉及的不相容职务,实施相应的分离措施，形成各司其职、各负其责、相互制约的工作机制。采购与付款常见不相容职务分离至少包括：

采购生产和销售所需原材料、商品等需求必须由生产或销售部门提出，然后由采购部门采购；

付款审批与付款执行人员相分离；

采购合同的订立与审查职务相分离；

采购人员不能同时担任验收工作的主要负责人；

采购人员、验收入库人员和使用人员不能同时担任账务的记录工作；

付款审批人和付款执行人不能同时办理寻求供应商和询价业务；

记录应付账款的人员不能同时办理付款业务。

二、授权审批控制

企业应根据采购物品或劳务的性质、本单位生产经营特点，对不同物品或者劳务所涉授权审批分别予以明确，可从以下两个方面入手。

（一）授权审批的范围

企业应将采购与付款业务流的各个环节均纳入授权审批范畴，明确授权审批的方式、权限、程序、责任和相关控制措施。例如，依据购买物资或接受劳务的类型，确定归口管理部门，授予相应的请购权，明确相关部门或人员的职责权限及相应的请购程序。对于预算内采购项目，请购部门应严格按预算执行进度办理请购手续，并根据市场变化提出合理采购申请。对于超预算和预算外采购项目，请购部门应先履行预算调整程序，由具备相应审批权限的部门或人员审批调整预算后，再行办理请购手续。对于独家代理、专有、专利等特殊商品的采购，请购部门应提供相应的独家、专有资料，专业技术部门研讨后，经具备相应审批权限的部门或人员审批。具备审批权限的部门或人员审批采购申请时，应重点关注采购申请内容是否准确、完整，是否符合生产经营需要，是否符合采购计划，是否在采购预算范围内等。对于不符合规定的采购申请，应要求请购部门调整请购内容或拒绝批准。

（二）授权审批的层次

根据采购业务活动的重要性和金额大小确定不同的授权审批层次，从而保证采购业务授权合理，各管理层权责匹配。例如，对于重要的和技术性较强的采购业务，企业应组织专家论证，实行集体决策和审批，防止决策失误。信息化技术较为先进的企业，采购职责权限可相对集中，以提高采购效率、堵塞管理漏洞、降低成本和费用。

三、运营分析控制

为了确保以最优性价比采购到符合需求的物资，企业可通过运营分析控制使存货总成本最低。首先应定期研究采购物资或服务的成本构成与市场价格变动趋势，然后确定采购执行价格或参考价格；其次建立采购价格数据库，定期开展针对重要物资的市场供求形势及价格走势的商情分析。在考虑降低存货总成本时，需要综合考虑各成本的构成要素，才能找到最佳的经济订货量。存货总成本的公式为

$$存货总成本 = 取得成本 + 储存成本 + 缺货成本$$

降低取得成本即为取得某种存货而支出的成本。取得成本包括订货成本加上购置成本，因此降低取得成本包括降低订货成本和降低购置成本，其公式可扩展为

$$取得成本 = 订货成本 + 购置成本 = 订货固定成本 + 订货变动成本 + 购置成本$$

降低订货成本。订货成本是指取得订单的成本，如办公费、差旅费、邮资、电话费等支出。在订货成本中，一部分与订货次数无关，称为订货的固定成本；另一部分与订货次数相关，称为订货的变动成本。降低订货成本，就必须控制订货次数，当然要综合考虑存货总成本（订货次数少可能会引起缺货成本上升）。

降低购置成本。购置成本是指存货本身的价值，等于采购数量与采购单价的乘积。控制单价是降低购置成本的关键。

考虑储存成本。储存成本是指为保存存货而发生的费用，包括存货占用资金所应计的利息、仓储费用、保险费用、变质损失。储存成本也分为固定成本和变动成本。储存固定成本与存货的数量无关，储存变动成本与存货的数量有关。要降低储存成本，可以从仓库折旧、仓库员工工资、存货资金的应计利息、存货的破损和变质损失及存货的保险费用等方面入手，切实降低储存成本。

评估缺货成本。缺货成本是指存货供应中断造成的损失。要降低缺货成本，首先，尽量缩短缺货时间；其次，减少材料供应中断造成的停工损失、产品库存缺货造成的拖欠发货损失和丧失销售机会的损失，以及紧急额外购入存货增加的费用等。

四、会计系统控制

企业应当加强采购与付款业务的会计系统控制，详细记录供应商情况、请购申请、采购合同、采购通知、验收证明、入库凭证、商业票据、款项支付等情况，确保会计记录、采购记录与仓储记录核对一致，确保账实相符。具体包括以下内容。

（一）检查购进手续

通过账目或凭证流转跟踪以及实物流转跟踪，查明购进业务手续的齐全性。检查内容如下：存货购入是否经过质量检验、计量验收、办理入库手续；购进的凭证处理是否完整；凭证是否经主管、采购、质检、验收、保管、出纳、会计等人员复检签章。

（二）确保成本真实

存货采购成本包括采购价格以及按规定标准分摊计入的采购费用。常见不应列入存货采购成本的项目包括：存货包装物押金误计入存货成本；应由供应商负担的运杂费，以及因不能及时支付货款而产生的罚金；应由数种存货共同分担的采购费用列入某一种存货中，将未经批准的超定额损耗列入存货采购成本；将责任事故造成的损失列作合理损耗计入采购成本。常见应列入但可能未被列入采购成本的项目包括将购入存货的外地运杂费、挑选等采购费用，或计入当期生产成本列作费用支出报销，或列作专项存货成本。

（三）应付账款管理

应付账款是因在正常的商业过程中接受商品和劳务而产生的未予付款的负债。企业应加强对应付账款和应付票据的管理，由专人按照约定的付款日期、折扣条件等管理应付账款。已到期的应付

账款须经有关授权人员审批方可办理结算与支付。企业还应当指定专人通过函证等方式，定期与供应商核对应付账款、应付票据、预付账款等往来款项，重点审查应付和预付账款支付的正确性、时效性和合法性，发现差错应及时查明原因，报经批准后做出相应调整。

五、绩效考评控制

采购绩效管理的目的是规范采购流程，提升采购质量及效率，挖掘更多更优降本空间，最终提升公司的综合竞争力。采购与付款业务的绩效评估指标应反映以下四个方面的内容。

（一）价格与成本

采购的价格与成本指标包括参考性指标及控制性指标。参考性指标主要有年采购总额、采购人员年采购额及年人均采购额、各供应商年采购额及供应商年平均采购额、各采购物品年度采购基价（也称预算价或标准价）及年平均采购基价等。它一般作为计算采购相关指标的基础，同时是展示采购规模、了解采购人员及供应商负荷的参考依据，还是进行采购过程控制的依据和出发点，常提供给公司管理层参考。控制性指标则是展示采购改进过程及其成果的指标，如平均付款周期、采购降价、本地化比率等。

（二）质量

质量指标主要是指供应商的质量水平以及供应商所提供的产品或服务的质量表现，包括供应商质量体系、来料质量水平等方面。例如，来料质量包括批发质量合格率、来料抽检缺陷率、来料在线报废率、来料免检率、来料返工率、退货率、对供应商投诉率及处理时间等。

（三）企划

企划指标是指供应商在实现接收订单过程、交货过程中的表现及其运作水平。例如，订单与交货包括各供应商以及所有供应商平均的准时交货率、首次交货周期、正常供货的交货周期、交货频率、交货数量的准确率、订单变化接受率、季节性变化接受率、订单确认时间、交货运输时间、平均报关时间、平均接收时间、平均退货时间、退货后补货的时间等。

（四）其他采购效果指标

其他与采购及供应商表现相关的指标有供应商总体水平、综合考核以及参与产品或业务开支、支持与服务等方面的指标。例如，综合指标包括供应商总数、采购的物品种数及项目数、供应商平均供应的物品项目数、通过 ISO 国际质量体系认证的供应商数目、独家供应的供应商数目及比例、伙伴型供应商及优先型供应商的数目及比例等。

拓展阅读

1. 《企业内部控制应用指引第 7 号——采购业务》。
2. 《企业内部控制应用指引第 16 号——合同管理》。

项目小结

本项目我们学习了采购与付款业务的内部控制目标，采购与付款业务内部控制所涉组织及职责体系，采购与付款业务内部控制的业务流、资金流、信息流，对采购与付款业务内部控制流程中的风险进行了识别、分析、评价，并对此采取相应的内部控制措施。学习的重点是梳理采购与付款业务内部控制流程和风险评估，学习的难点是针对风险选择恰当的内部控制措施。

实践提升

请根据以下案例进行风险识别与内部控制。

2020年10月1日，一家集团公司投资成立的涉外星级酒店——国际酒店正式对外营业。酒店大堂内如天宇星际一般的灯光装饰和一盏月亮水晶灯，使整个酒店绚丽夺目、熠熠生辉，毫无争议地成为国际酒店区别于其他酒店的独特标志。这些珠宝灯饰是公司王副总经理亲自组织货源，最终从瑞士某珠宝公司高价购买而来的，货款总价高达150万美元。国际酒店因其精致高档的装修一举成名，对外营业当天客房入住率就达到了80%以上。王副总经理也因此受到公司领导的高度赞扬。

然而好景不长，两个月后，这些水晶灯饰逐渐失去了原来耀眼的光泽，部分金属灯杆出现锈斑，还有一些灯珠破裂甚至脱落。国际酒店不仅因此遭受了巨额损失，更为严重的是，酒店名誉蒙受重创，沦为同行的笑柄。这对于一家新开业的公司而言，不啻致命的打击。

鉴于事态严重，公司领导责令王副总经理限期内对此事做出合理解释，并停止了他的一切职务。

经过调查，事件真相很快水落石出。原来这盏价值百万美元的水晶灯根本不是从瑞士珠宝公司处购得，而是通过南方某地的奥尔公司代理购入的赝品水晶灯。经查实，这笔采购业务由王副总经理一人经手，从供应商选择到采购合同签订到验收入库再到支付货款都由他一人审批。由于收取了奥尔公司的巨额好处费，在未经公开招标的情况下，他与奥尔公司签订了价值为150万美元的代购合同，其中20万美元为支付给奥尔公司的代理费。依照合同约定，奥尔公司必须提供瑞士某著名珠宝公司出产的珠宝灯饰，并由奥尔公司向国际酒店出具该批珠宝灯饰的验证证明书，然而交易达成后，奥尔公司并未按照合同约定向国际酒店出具任何品质鉴定资料，国际酒店也始终没有会同奥尔公司办理必要的查验手续，最终导致采购的珠宝灯饰质量低劣，给公司带来了不可估量的负面影响。

任务实施过程	实施答案	评分标准	标准分	得分
一、确定内部控制目标		是否结合业务具体目标来设定内部控制目标	10	
二、识别风险源，并进行风险描述		是否识别出所有的风险源；风险描述是否清晰	10	
三、采取内部控制措施		所选内部控制措施是否正确	10	

项目十一

存货与生产业务内部控制

学习目标

知识目标	技能目标	素养目标
1. 能列举存货与生产业务的内部控制目标。 2. 能描述存货与生产业务内部控制所涉组织及职责体系。 3. 能归纳存货与生产业务内部控制的业务流、资金流、信息流。 4. 能叙述存货与生产业务内部控制流程的风险评估过程。 5. 能举例说明存货与生产业务风险的内部控制措施	1. 能设计存货与生产业务内部控制所涉组织及职责体系。 2. 能绘制存货与生产业务内部控制的业务流。 3. 能设计存货与生产业务内部控制所需资金流、信息流。 4. 能评估存货与生产业务内部控制流程的风险。 5. 能控制存货与生产业务内部控制流程的风险	树立加强存货监管、提升生产效率的廉洁从业观

思政融入点

在讲解存货与生产业务中的存货管理时,引导学生树立加强存货监管、提升生产效率的廉洁从业观。

知识框架图

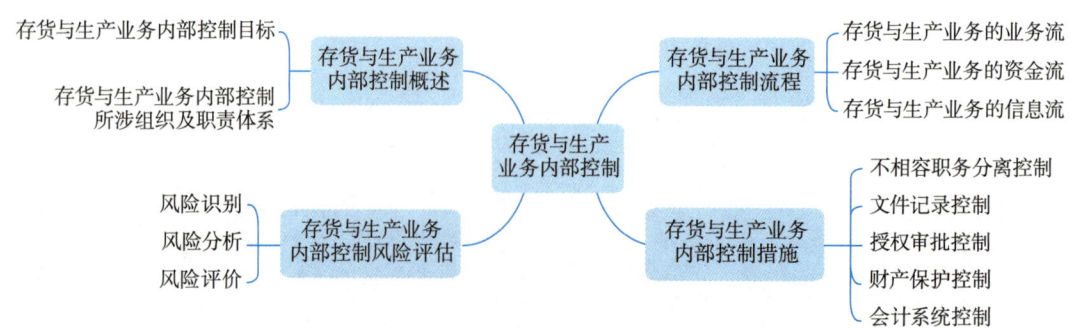

开篇案例

选择适当存货计价方法很重要

红星机械厂的主营产品是机械零部件，需要的主要原材料是钢板。2022年3月1日结存原材料钢板300千克，每千克的实际成本是10元，金额为3000元。3月4日和3月20日分别购入该原材料300千克和400千克，每千克的单位成本分别是11元和12元，3月5日和3月23日车间领用数量分别为500千克和300千克。采用不同领用存货的计价方法计算结果各不相同，个别计价法、先进先出法、月末一次加权平均法和移动加权平均法计算的发出存货成本依次为8800元、8700元、8880元和8760元。其中，受存货实际单价波动影响，最高的为采用月末一次加权平均法计算的发出存货成本为8880元，最低的为采用先进先出法计算的发出存货成本为8700元，二者相差180元，差异率约为2%。

由此可见，在企业进货单价不断上涨的情况下，不考虑其他影响利润的因素，采用先进先出法计算的利润额最高，采用月末一次加权平均法计算的利润额最低，这对准确评价企业盈利能力产生一定影响；发出存货成本高则期末存货成本低，对存货周转率、资产负债率等财务指标造成一定影响，进而对评价企业营运能力和偿债能力产生一定的影响。可见，不同存货计价方法的经济后果可能存在差异，因此企业应在国家统一会计制度范围内选择合适的计价方法。

资料来源：企业内部控制公众号。

任务一　存货与生产业务内部控制概述

存货是指企业或商家在日常活动中持有以备出售的原料或产品，以及处在生产过程中的在产品，还有在生产过程或提供劳务过程中耗用的材料、物料、销售存仓等。生产则是将存货转化为产品的重要活动。生产所耗用的存货质量会影响生产效率，同时生产效率会影响用于出售的存货的质量，因此存货与生产两者关系密切，存货与生产活动是实现经营目标的重要环节。

存货与生产业务内部控制是指为保护存货的安全和完整，保证生产活动的有效进行，针对存货收、发、存各环节的特点制定和实施的程序与政策。为了落实存货与生产的内部控制建设，企业应全面梳理存货与生产业务内部控制流程，及时发现存货与生产中的薄弱环节，并采取有效措施加以改进。有关存货的基本控制要求在《企业内部控制应用指引第8号——资产管理》中得到体现，有关安全生产的控制要求则在《企业内部控制应用指引第4号——社会责任》中体现。

一、存货与生产业务内部控制目标

从内部控制建设和实施角度看，一般内部控制目标包含四个，分别是合规目标、报告目标、运营目标和战略目标。而内部控制建设是否真正落地，关键在于内部控制目标是否深入业务，下面结合存货与生产业务来谈内部控制目标。

(一) 合规目标

存货和生产业务应符合国家相关法律、法规，如《中华人民共和国安全生产法》《中华人民共和国民法典》等。存货和生产业务也应严格遵守企业内部规章制度，包括《仓储管理制度》《安全生产管理制度》等，以达到规范存货与生产流程，严把质量关，禁止缺乏质量保障、危害人民生命健康的产品流向社会。

(二) 报告目标

企业应确保所报告的采购与生产成本为实际发生的，而非虚构的；所有的耗费或物化劳动均已反映在合适期间的成本中；成本以正确的金额，在恰当的会计期间记录在适当的会计账户。

(三) 运营目标

在保证及时交货的前提下，尽可能降低库存，减少呆滞，以最少的库存资金支撑尽可能大的出货，提高存货管理和利用效率，加速存货资金周转，提高资金效益，确保生产正常高效运行。

定期盘点存货，保证各项存货安全、完整，对于霉烂、变质、损毁的存货，按照规定程序及时报经有关部门批准，并进行处理，保障企业生产运营顺利推进。

(四) 战略目标

存货与生产战略是企业根据所选定的目标市场和产品特点构造其存货和生产系统时所应遵循的指导思想，以及在这种指导思想下的一系列决策、规划及计划。存货与生产战略作为一个职能战略，其作用在于在存货与生产领域内取得某种竞争优势（降低生产成本、提高生产效率等）以支持企业的经营战略，而不局限于处理和解决生产领域内部的矛盾和问题。

二、存货与生产业务内部控制所涉组织及职责体系

企业应建立存货与生产活动的岗位责任制，明确相关部门和岗位的职责、存货与生产权限，确保存货与生产业务有序开展。

(一) 生产计划部门

生产计划部门主要负责生产指挥及总体调度，包括在综合考虑客户订单、销售预测以及存货需求分析的基础上，制订和下达生产计划；综合考量生产计划和实际库存量等因素后，编制和汇总物料需求计划；负责生产所需物料的跟催工作，确保生产顺利开展；决定授权生产时，签发预先按照既定规则编号的生产通知单。

(二) 仓储部门

仓储部门主要负责存货的日常仓储管理与库存控制，确保存货的安全性及可使用性、账目的真实性和准确性，包括：根据生产部门签发的领料通知单发出生产用原材料；根据各仓库的库存需求情况，依据库存调拨单进行存货调拨；根据公司管理需要，定期或者不定期会同财务部门及其他相关部门进行存货盘点，核对存货的数量和质量，确保账账相符、账实相符，存货无明显损坏；负责定期对存货进行检查，对于存货变质、毁损、报废或流失的处理要分清责任，分析原因，及时处理。

(三) 生产部门

生产部门主要负责在收到生产通知单以及领取原材料后，及时按照生产计划组织生产；不定期检查生产人员是否按照操作规程进行生产，确保安全文明生产；严格执行技术工艺标准和作业指导书，对生产过程进行检查和控制，满足客户对产品质量的要求；负责各类生产设备的维护与检修工作；控制、降低生产成本；待生产完成后，将产品转交质检部门验收并按流程办理入库手续。

(四) 质检部门

质检部门主要负责制定存货质量管理、质量体系、质量检验等管理制度和程序；参与公司新产品开发、合格供应商业绩和购销合同的评审工作；负责公司外购品、产品和过程的质量检验工作，审核、审批、签署不合格品退货、报废和索赔的处置意见；编制年度、季度、月度产品质量统计报表，开展质量统计分析工作。

(五) 销售部门

销售部门主要负责制定销售目标和下放销售任务后，协同给生产计划部门，让其在销售目标的基础上制订生产计划。

(六) 财务部门

财务部门主要负责存货与生产业务的会计核算和财务监督，为生产计划执行提供保障，包括：存货与生产业务的单据审核和整理；定期核算生产成本及单位成本；进行生产成本分析，提交成本分析报告；加强对仓储部门的经常性审核工作，开展定期或不定期盘点，定期进行账证、账账、账实核对，保证存货安全、正确记录；配合仓储部门做好实物管理和效益评价工作。

任务二　存货与生产业务内部控制流程

存货与生产业务是衔接采购与付款业务、销售与收款业务的中间流程，且存货与生产业务横跨多个职能部门，又因存货的种类繁多，其取得、发出频繁，流动性强且会计核算复杂，因此企业应梳理其业务流、资金流、信息流，将其作为存货与生产业务内部控制建设的起点。

一、存货与生产业务的业务流

存货与生产业务的业务流通常包括计划与领用、生产与仓储、内部调拨、盘点与处置四个环节。具体到某一特定的企业实务中，业务流程及所涉组织可能更为复杂，在此探讨一般情形。

(一) 计划与领用

1. 计划生产

生产计划部门根据公司发展战略、经营目标、年度销售计划以及估算的企业长期生产能力，制订当年的生产计划。审批完成后，组织生产部门、销售部门、仓储部门等相关负责人根据销售计划、已收到的客户订单、当前库存、预估的安全库存等将年度生产计划分解为季度、月度、周、日生产计划，生产任务按品种、规格、数量进行分解，分解完成后将生产计划与设备维护、质量、安全、环保等各种计划同时下达。生产计划部门在计划下达后对生产过程进行平衡、控制和监督，合理调度资源，重点关注生产过程中安全、质量、成本等因素的控制。

2. 领用存货

领用存货是指生产部门领用原材料、辅料、燃料和零部件等用于生产加工，以保障企业生产顺利开展。

首先，领用存货由工艺部门核定消耗定额并编制计划，生产部门根据物料需求计划、定额标准等填制材料领用单，部门负责人审批无误后交由仓储部门进行领料。大批存货的领用应实行特别授权。

其次，仓储部门应严格审核领料申请单或发货通知单，重点关注领料申请单据是否合规，手续是否齐全，存货品名、规格、型号、数量、计量单位是否准确等。审核无误后由仓管员进行拣货、备货，并根据材料领用单和物料标签进行实物点验，确认一致后对材料领用单上的每一项物料进行签字确认，然后与领用人当面核对、点清交付并进行书面确认。仓管经理在存货出库后应及时登记存货出库台账，生成材料出库单，并且及时将相关单据交给财务部门。

最后，财务部门会计应审核存货领用相关单据，根据加盖"材料发讫"的出库单登记库存材料明细账，并在材料出库单上签字，要求单据审核严格、规范，凭证填写和账簿登记及时、准确。财务经理监督和审核库存明细账的登记。

（二）生产与仓储

1. 生产产品

生产产品是指从原材料投入到成品出产的全过程。首先，生产部门综合考虑订单交期、客户重要程度、产能和工艺流程等因素将生产订单排序；其次，生产车间进行生产线准备，将生产所需原材料、生产设备和工具、工艺文件和作业指导书等技术资料按需求定位生产线相应的位置，并要求相关生产人员熟悉产品生产工艺及验收标准；再次，准备完成后进行样品生产和检验，必要时进行工艺调试，满足标准后生产线正式投产，进行批量生产；最后，生产期间对作业员进行指导，对生产进度和生产质量进行跟踪监控，审核生产报表、计件计时报表、生产异常报告和补料单等。

2. 仓储产品

仓储产品环节包括产品验收入库及仓储保管。

产品验收入库。产品完工后，应及时通知质检部门进行检验，重点检查产品质量，检验合格后由质检员填制产品质量检验单，并由车间经办人员与质检人员在产品质量检验单上签字或盖章。车间经办人员持产品质量检验单向仓储部门申请办理入库手续。仓管员在收到产品质量检验单后与车间经办人员一同核对产品名称、清点产品数量，确认无误后可入库保管。财务部门审核相关单据并编制记账凭证，记账时应详细记录产品名称、数量、规格、型号、入库时间、单证号码、验收情况，做到账实相符。

仓储保管。收到验收入库的产品后，仓储部门指定专人负责存货的存放和管理。首先，对存货进行分类编目，入库存货应及时登记并详细标明存放地点，存放地点选择的基本原则是保证存货安全、有序，存放安排有助于提高生产效率；其次，应建立存货台账，详细登记存货类别、编号、名称、规格、型号、数量等信息，并定期与财务部门就存货品种、数量、金额等进行核对，台账记录不得随意修改，如发现不符情况，及时上报处理；最后，应对库存物料和产品进行每日巡查和定期抽检，详细记录库存情况，发现毁损或存在跌价迹象的，应及时与生产、采购、财务等相关部门沟通。

（三）内部调拨

库存的内部调拨是指为了平衡库存供给和消耗，将库存从一个仓库调拨到另一个仓库的过程。首先，调入仓库提出调拨需求，库管人员根据实际需求填写并递交要素齐全的调拨单，审核无误后交由调出仓库；调出方库管人员在见到要素齐全的调拨单后，及时、准确地备货，发货人员应当根据调拨单清点数量、核实各种明细信息，确认无误后出库，如实录入出库单、出运单，通知调入方收货。其次，调入方根据业务系统内的调配信息和对方出运单信息，安排双人对送达的存货进行现场验收，核对数量、规格等明细信息，确认一致后，签字验收，并同步在系统录入入库单据。若存在差异，应及时与调出方沟通协调，务必确保实物与系统记录一致。最后，为了确保实际调拨物资与财务系统记录保持一致，公司应当规范内部调拨业务的会计核算要求，明确财务人员及时根据完整、准确的业务原始凭证记账。

（四）盘点与处置

1. 盘点存货

为了保证账实相符，一般由财务部门会同生产部门、仓储部门定期对存货进行实物盘点。首先，财务部门拟订详细的盘点计划，确定存货盘点负责人、盘点时间、盘点范围、盘点分工、盘点方法以及盘点表设计，根据盘点计划具体组织各仓库进行盘点。其次，仓储部门明确盘点范围、盘点方法、盘点分工等具体内容，冻结存货，确定系统初始化数据，创建并打印仓位排序盘点表，进行盘点工作筹备。再次，仓储部门开始进行存货盘点工作，财务部门人员监督盘点，特殊存货可以聘请专家采用特定方法进行盘点。仓储部门会同财务部门结合盘点结果对存货进行库龄分析，确认是否需要计提存货跌价准备，经相关部门审批进行会计处理，并附上有关书面材料。最后，对于盘点清查中出现的问题，仓储部门会同相关部门，及时查明原因、落实责任，按照规定权限报经批准处理。

2. 处置存货

定期盘点后，对于需报废的产品，由仓储部门填写报废申请单并及时上报，并说明产品报废原因及数量，交经理审核，财务会签，最后逐级核准。报废申请单核准后，交财务部门及时进行账务处理，并会同财务部门共同销账，以确保双方库存数量的一致性。如果报废品还能销售，则由仓管负责填写收款单，经销售经理核准，销售款交出纳签收，作相应账务处理，同时将收款单及时交给财务部门。

二、存货与生产业务的资金流

存货与生产的资金流是指存货生产业务所引起的价值运动。资金流内容为生产车间发生的各种支出，如材料支出、工资支出、机器设备等损耗。企业以营利为主要目的，降低成本并提高产品质量是企业增加盈利的根本途径，从这个意义上说，控制存货与生产资金流的质量至关重要。存货与生产资金流出现在业务流中的生产产品、盘点存货环节。下面结合这两个环节解释其资金流如何运动。

(一) 生产产品的资金流

生产产品的资金流按照耗费要素分类核算，反映了一定时期内发生了哪些费用及其金额，可以用于分析各时期费用的构成和各要素所占的比重，进而考核各时期各要素计划的执行情况。生产产品一般会产生人工成本、车间房屋建筑物和机器设备的折旧费、租赁费、机物料消耗、水电费、办公费以及停工损失、信息系统维护费等，分别从"应付职工薪酬""累计折旧""银行存款"流转至"生产成本"或"制造费用"，不能根据原始凭证或原始凭证汇总表直接计入成本的，需要按一定标准分配计入成本核算对象，费用流转进"制造费用"，反之流转至"生产成本"。生产产品所耗费的原材料，其资金流运动需区分实际成本法和计划成本法。

1. 实际成本法

实际成本法下，材料采购验收入库时，购入材料所花费的资金流入"原材料"。生产领用材料时，企业按照领用材料的用途将资金流再转到"生产成本""制造费用"，所引起的资金流转金额取决于企业选定的计价方法，常用的计价方法包括先进先出法、后进先出法、月末一次加权平均法、移动加权平均法和个别计价法等，根据现行的《企业会计准则第1号——存货》的规定，企业不得采用后进先出法。

2. 计划成本法

计划成本法下，企业会提前制定各种材料的计划成本目录，规定材料的分类，标明各种材料的名称、规格、编号、计量单位和计划单位价格。材料采购验收入库时，根据前期制定的材料计划成本目录，购买材料所花费的资金被分成两股：一股为原材料的计划成本流入"原材料"，另一股为实际成本与计划成本的差异流入"材料成本差异"。领用发出材料时，企业需要通过"材料成本差异"将发出存货和期末存货调整为实际成本。

以上归集至"制造费用"的资金，应在月末按一定标准分配至各产品的"生产成本"，其流转金额的分配方法有很多，通常采用生产工人工时比例法（或生产工时比例法）、生产工人工资比例法（或生产工资比例法）、机器工时比例法和按年度计划分配率分配法等。企业具体选用哪种分配方法，由企业自行决定，原则是确保分配到每种产品上的制造费用金额合理。

(二) 盘点存货的资金流

为核查存货资产价值，企业需要定期或不定期开展盘点。若发生盘盈，经查明是由收发计量或者核算上的误差等造成的，应按照同类或者类似存货市场价格增加资金流至"待处理财产损益"，按规定程序报有关部门批准后，冲减"管理费用"的资金流。

若发生盘亏或毁损，在报经批准前，应根据存货盘存报告表及时办理存货销账手续，调整减少存货的实存数，按盘亏、毁损存货的实际成本冲减"待处理财产损益"的资金流。属于自然损耗产生的定额内的损耗，经批准流转至"管理费用"。属于计量收发差错和管理不善等原因造成的存货短缺或毁损，应先扣除残值价值、可以回收的保险赔偿和过失人的赔偿，然后将净损失流转至"管理费用"。属于自然灾害或意外事故造成的，应先扣除残值和可以回收的保险赔偿，然后将净损失流转至"营业外支出"资产负债表，存货应当按照成本与可变现净值孰低计量。若存货销售前，其存货成本高于可变现净值，则企业应按照存货可变现净值低于账面价值的差额，将资金流从营业成本流转至"资产减值损失"。

三、存货与生产业务的信息流

存货与生产业务的信息流是指在企业进行原材料、半成品、成品等存货管理及生产过程中涉及的信息和数据流动。这个过程包括存货的领料、生产、质量控制、成品入库、出库等环节。在这个过程中，不同部门（如采购部、生产部、仓库部、质检部等）需要协同合作，共享信息，以确保存货管理和生产活动的顺利进行。例如，生产管理部门在决定授权生产时，会签发经批准的生产计划，同时编制一份生产领料单，以供仓库部门根据领料单发出原材料，这就是一种信息流的传递。

表单格式的设计质量在很大程度上会影响流程的整体运行效率。限于篇幅，在此仅介绍领料单、调拨单的常见格式。

领料单用于制造中心各车间生产领料，应明确领料单位、发料单位、生产订单号、物料名称、计量单位、领用数、实发数、发料仓库号等。领料单通常一式三联，一联给仓库用于出账，二联给财务用于核算，三联给车间用于留存。其种类又可分为定额领料单、限额领料单、领料登记表、退料单等。定额领料单是一次性的领料凭证，领料时，由领料车间或领料部门根据用料计划或费用计划填制。限额领料单是在规定限额和有效期内多次使用的物资发出凭证，用于需经常领用并有消耗定额的物资领发业务。限额领料单的限额由生产、计划和供应部门根据生产经营计划和消耗定额共同确定。领料登记表是可以多次使用的物资发出凭证，适用于办理使用部门经常领用的各种消耗性物资领发业务。退料单领用的物资不合用或有剩余，办理退库手续时需明确。

调拨单主要用于多仓库之间商品库存量的调拨，应明确转库日期、转出和转入库房名称、物料名称、计量单位、申请数量、转库数量、实收数量等。调拨单通常一式四联，一联给转出库房用于留存，二联给转出财务用于核算，三联给转入库房用于留存，四联给转入财务用于核算。

任务三　存货与生产业务内部控制风险评估

存货与生产业务内部控制的对象是存货与生产业务中的风险，应通过风险评估甄别存货与生产流程中存在的风险，这是内部控制建设的基础工作。存货与生产业务内部控制流程的风险评估是指通过对识别出的风险进行分析，并描述风险发生的可能性和风险发生的后果，进而明确风险重要程度的过程。因此，风险评估分为风险识别、风险分析、风险评价三个步骤。

一、风险识别

存货与生产风险评估的首要任务是风险识别，即发现、认可并记录影响存货与生产内部控制目标实现的风险过程，其重点是收集存货与生产中的风险信息，并识别风险信息的风险源。

（一）计划与领用的主要风险

生产计划制订不合理或没有生产计划，致使生产所需的物料需求量预估偏差过大，导致存货积压或短缺。

生产计划分解不合理，生产预算编制不科学，导致生产进度滞后，生产成本过高。

生产部门没有按照物料清单领料，导致生产物料领取随意，影响公司生产效率；生产管理流程紊乱，或者物料清单更新不及时，导致生产信息不准确，影响财务数据准确性和生产经营效率。

仓储部门存货领用发出审核不严格、手续不完备，领料随意，导致原材料浪费或者生产效率低下。

（二）生产与仓储的主要风险

未结合企业实际情况建立严格的安全生产管理体系、操作规范和应急预案，难以保证安全生产。

安全生产制度不健全，安全生产主体不落实，制度形同虚设，安管人员配备不足。

安全生产投入不足，未按规定提取和使用安全生产费用，没有安全投入计划，未对特种设备定期查验。

企业领导不够重视、不清楚自己的法定职责，员工缺乏安全生产意识。

安管人员不具备从事安全生产管理相适应的知识和能力。

特种作业人员未经专门培训，未取得合格证即上岗作业。

未建立和落实严格的产品质量控制和检验制度，导致产品质量低下，不能满足消费者需求，同时不利于企业品牌建设。

产成品验收入库时程序不规范、标准不明确，导致数量克扣、以次充好、账实不符。

存货出入库信息更新不及时或者不准确，导致存货台账不准确，影响企业经营效率和效果。

库存水平未得到有效监控或调整，导致存货不足或过多，从而影响企业经营活动或占用资金。

未根据存货特征选择合适的仓储保管环境，导致存货损坏变质、价值贬值等。

未对不同类型、批次和用途的存货分类存放，标识不清晰，导致存货管理混乱，出现存货遗失、交接错误等情况。

仓储保管环境或方法不满足仓储标准或外部监管要求，未根据实际情况对存货进行保险投保，导致企业产生合规风险。

（三）内部调拨的主要风险

内部调拨的相关原始单据不完整、信息不准确，导致存货漏发、错发等。

内部调拨存货未按照调拨单信息运抵调入方等，未及时满足生产需求。

必要时主动核实单据的相关信息，鉴别在途存货是否真实发出，否则会导致实际库存与财务系统数量存在差异，引发法律风险。

财务人员在调拨业务相关单据不齐全的情况下记账，特别是在缺少出运单、调入方入库单的情况下确认了内部调拨业务，导致实际调拨物资与财务系统记录存在出入，难以确认存货的实际数量。

（四）盘点与处置的主要风险

存货盘点清查制度不完善、计划不可行，存货盘点工作流于形式，无法及时发现存货短少及其他异常状态，导致存货出现遗失、损坏、账实不符等情况。

存货盘点中存在伪造、虚报等情况，导致存货盘点数据不实，企业蒙受损失。

对于存货盘盈或者盘亏等情况，未及时查明原因、落实责任，甚至私下处置，导致企业遭受损失的同时面临违规风险。

对存货报废等情况处置不规范、不及时，或者处置方式、对价不合理，导致企业利益受损。

二、风险分析

经过风险识别阶段，已经收集了存货与生产流程中的风险信息，对面临的风险有了一个初步认识，接下来需要对各类风险发生的可能性和后果进行分析。

（一）风险发生的可能性

存货与生产业务风险发生的可能性是指在企业目前的管理水平下，存货与生产业务中各类风险发生概率的大小或者发生的频繁程度。在风险管理实践中，一般利用相关风险的历史数据推断风险事件在未来发生的可能性。

（二）风险发生的后果

存货与生产业务风险发生的后果是通过假设特定事件或情形已经出现，然后判断其影响的性质、类型和大小。

三、风险评价

存货与生产业务的风险评价是风险评估的最后一个环节，将存货与生产业务风险分析的结果（风险发生可能性和风险发生后果）与预先设定的风险重要性等级准则进行对比，以确定存货与生产业务风险的重要性等级。

（一）风险的重要性等级

存货与生产业务风险的重要程度是发生可能性和发生后果的综合结果。在存货与生产业务实践中，用得比较多的方法是把风险发生可能性的分值与风险发生后果的分值相乘，其乘积即为风险重要程度的大小；数字越大，对应的风险越高。

（二）风险矩阵

风险矩阵是利用风险发生可能性及其发生后果这两个维度来绘制的矩阵图，是用于对风险进行优先排序的有效工具。绘制矩阵时，一个坐标轴表示存货与生产业务风险发生可能性等级，另一个坐标轴表示存货与生产业务风险发生后果等级，根据风险在矩阵中所处的位置，直观表明存货与生产业务风险的分布情况，据此确定哪些风险更重要，需要更深入地分析和优先应对，有助于管理者确定关键风险和风险应对方案。

任务四　存货与生产业务内部控制措施

风险应对是在风险识别、风险分析和风险评价的基础上，根据企业自身条件和外部条件，选择合适的应对措施，对不同风险采取不同应对措施的过程。企业内部控制便是一种有效的风险应对措施，以降低风险发生的概率和风险的影响程度。通过不断调整和尝试，将风险控制在企业的可承受范围内。常见的存货与生产业务内部控制措施有以下五种。

一、不相容职务分离控制

企业应当据此建立存货与生产业务的岗位责任制，明确相关部门和岗位的职责、权限，确保办理存货与生产业务的不相容职务相分离。存货与生产业务的不相容职务分离至少包括：

生产计划的编制者应同其复核人员和审批人员相分离；

存货保管与记录人员相分离；

存货领用的申请、审批与记录人员相分离；

生产业务执行人员与存货验收、保管人员、质量监管人员相分离；

存货的盘点不能只由负责保管、使用或者负责记账职能的职员来进行，应由负责保管、使用、记账职能的职员以及独立于这些职能的其他人员共同进行；

存货的采购、保管、销售人员相分离；

存货处置的申请、审批与会计记录人员相分离。

二、文件记录控制

现代企业存货与生产的文件记录控制主要依靠BOM（物料清单，有些系统中也称材料表或配方料表），详细记录一个项目所用到的所有材料及相关属性，即母件与所有子件的从属关系、单位用量及其他属性，是指导技术管理、生产、计划、采购和成本核算的基础数据。结合公司实际操作流程，将BOM分为三类。

技术BOM：技术部门图纸标题栏和明细栏中所包含的物料信息。

生产BOM：生产计划部门根据技术BOM分解成各个车间所需的物料，再把工艺部门提供的各标配车型的工艺定额添加进去，即形成生产BOM。

工艺BOM：工艺部门在生产BOM的基础上再添加工位信息，根据各订单实际配置修改工艺定额，最终形成工艺BOM，下发到车间。

BOM对存货与生产流程所起控制作用如下。第一，生产计划部门编制计划的依据。当公司接到订单后，生产计划部门便依照订单的交货日期，结合BOM及库存信息，进行订单进度评审，从而编制生产计划。第二，仓管部门发料的依据。有了BOM，仓管部门可直接按照BOM中的物资编码、物资数量来发料，方便快捷，能大幅提高物料仓管员的工作效率和工作质量。第三，财务部门计算生产成本的基础。财务部门通过BOM可以清楚计算出每项产品总成本在制造过程中所需的物料成本，从而进行成本控制，避免造成浪费。第四，技术部门降低产品成本的参考。技术部门根据BOM对照相应的物资单价进行降本工作。譬如，用功能类似但价格更便宜的物料来代替原物料等。第五，安排生产线的重要文件。从BOM中可以清晰地看出某个物资是在哪个车间装配或具体在哪个工位上装配，生产调度能够更方便地参照BOM来安排生产。

三、授权审批控制

企业应根据存货性质或生产要求建立自身的授权审批体系，明确授权审批范围和授权审批层次。

（一）授权审批的范围

企业应将存货与生产业务流的各个环节均纳入授权审批范围，指定审批人依据规范的审批流程在授权审批的范围内审批，不得超越权限进行审批；经办人应当在职责范围内，按照审批人的批准意见处理业务。对于审批人超越权限范围批准的业务，经办人有权拒绝办理，并及时向审批人的上级授权部门报告。例如，存货在库期间，原则上不允许非仓库人员进入，那何时其他部门和人员才可以进入仓库呢？需要进行授权范围的规定，一般以下情形才允许其他部门和人员入库：开展存货的年度盘点、月度盘点和不定期盘点；公司总监级以上管理人员对仓库工作进行检查；仓储部经理对仓库工作的开展进行指导；财务部工作人员根据账实核对工作要求，需进库核对。

（二）授权审批的层次

企业应根据存货与生产业务的重要性和金额大小确定不同的授权审批层次，保证各管理层权有所属，责有所归。例如，存货损失业务有关的授权审批，由于存货损失的情形包括盘亏、丢失、变质、毁损、淘汰、被盗，使用价值和转让价值发生了实质性且不可恢复的灭失，应区分损失金额和损失原因确认审批层级。

四、财产保护控制

存货与生产业务的财产保护控制主要有以下四种方式。

（一）日常保管

存货日常保管要求仓储部门合理规划库区库位，优化库存摆放，对于不同批次、型号和用途的产品分类存档，尤其要对相似物料进行库位分离管理，避免出现物料交接错误；科学陈列和存放，根据仓库场地的负荷能力，最大限度地提升仓库容积，同时选用科学的存货标记方法和货架摆放方法，便于存货盘点和发放；仓储部门负责设立标准的物流设施及仓储条件，按照仓储物资要求的储存条件贮存，并做好防火、防盗、防潮、防变质、防病虫害等保管工作。

（二）限制接近

存货与生产业务的限制接近主要针对存货的日常仓储，建立和完善进出登记手续和审批制度，严格控制存货接触，限制未经授权人员对存货的直接接触。尤其对于贵重物品、生产用关键备件、精密仪器和危险品的存储，应实行严格的审批制度。

（三）盘点

企业应对存货进行定期或不定期的盘点，保证存货处于账实相符的状态。存货盘点一般由财务部门牵头，仓储部门负责仓库盘点工作，相关部门负责本部门盘点及盘点协助工作。每月定期进行一次自我盘点，每个季度的最后一个月月底进行一次大盘点。盘点内容如下：

盘点存货总账的账面金额与其明细账的账面金额是否相符；

盘点存货明细账的数量与存货台账的数量是否一致；

盘点存货台账的数量与实物的数量是否相符；

盘点存货实物的质量是否有明显的损坏。

（四）财产保险

财产保险是通过对存货投保（如火灾险、盗窃险等）增加存货受损后的补偿机会，从而合理降低存货意外损失风险。企业应当建立存货投保制度，明确应投保存货的范围和标准，仓储部门负责提出投保申请，由企业相应部门审核后，企业财务部门负责投保手续的办理。一般情况下，保险公司会根据仓库存放货物的具体情况、仓库的建筑结构、仓库管理现状、消防设施情况等确定投保的金额。

五、会计系统控制

存货与生产业务的会计系统控制以会计凭证、会计账簿记载和传递业务。具体可从以下三个方面进行控制。

（一）收集会计凭证

存货与生产业务须收集以下会计凭证。

（1）领料凭证。领用存货时，应根据领料部门的名称以及所需原材料的数量、规格和型号及其用途填写领料单，以便归集成本核算对象。

（2）核算人工成本的凭证。主要包括工资卡、考勤记录、产量工时记录和工资单等。

（3）成本归集凭证。为了核算每种产品的成本，应将该种产品生产过程中发生的直接材料、直接人工以及制造费用归集到一个账户中，并按照不同产品分别设置明细账户。

（4）成本分配凭证。为了核算产品的成本，应将月末完工产品与在产品的成本进行分离，"在产品"账户设置就是为了解决这一问题。对于月末无在产品的，只要将该产品当月的"生产成本"账户余额一次性转入相应"产品"账户即可。

（5）存货盘点凭证。存货盘点经常使用的凭证有存货保管卡、仓位排序盘点表、存货盘盈盘亏报告表、存货盘盈盘亏处理意见表等。主要内容包括盘点人员、时间，实际盘点存货名称、品种、数量、存放情况以及盘点过程中发现的盘盈、盘亏情况及原因分析等。

（二）开设会计账簿

存货与生产业务须开设以下会计账簿。

（1）存货账簿。企业存货包括原材料、辅助材料、包装物、低值易耗品、在产品、产品等。各种存货又包括许多不同种类和规格，存货明细账的设置必须根据实际情况分类设置。账户借方登记实际存货的增加额，贷方登记存货的发出领用额，余额表示存货的账面结存额。

（2）应付职工薪酬——工资账簿。登记内容包括工资总额内应付给员工的标准工资、奖金、津贴等，借方登记实际发放的工资数，贷方登记企业应发放的工资数。

（3）制造费用账簿。制造费用按各种费用分类设置明细账，借方反映费用的归集，贷方反映费用的分配，月末无余额。

（4）生产成本账簿。生产成本按不同产品设置明细账，借方反映该产品料工费的投入额，贷方反映月末完工产品的转出成本，余额反映月末未完工产品的成本。

（5）产品账簿。按不同产品设置明细账，借方反映完工产品的转入成本，贷方反映当月销售产品的成本，余额反映月末库存完工产品的成本。

（三）核算生产成本

存货与生产业务会计系统控制的重点是核算生产成本，以正确反映存货增减变动情况，确保生产有效开展，有利于管理层及时监控与决策。具体可从以下四个方面进行控制。

（1）核算直接材料。直接材料的核算包括数量核算和金额核算。数量核算一般采用永续盘存法和实地盘存法相结合的方法，金额核算则可以选择按实际成本计价或按计划成本计价。

（2）核算直接人工。直接人工的核算包括计时工资、计件工资、其他工资等。计时工资根据有关工资标准、考勤记录等计算而得，计件工资按产量工时记录、计件单价计算产生，其他工资需要按照国家或企业的有关规定计算。

（3）核算制造费用。制造费用的核算应注意以下问题：费用的实际支付期与应归属期不一致的费用归集项目时，应采用待摊或预提方式；有些费用的核算带有估价的性质，归集时应注意国家在使用年限、计提折旧等方面的有关规定。

（4）核算生产成本。生产成本的核算包括生产成本的归集以及成本在在产品和产品之间的分配。

拓展阅读

1.《企业内部控制应用指引第8号——资产管理》。
2.《企业内部控制应用指引第4号——社会责任》。
3.《企业会计准则第1号——存货》。

项目小结

本项目我们学习了存货与生产业务的内部控制目标，存货与生产业务内部控制所涉组织及职责体系，存货与生产业务内部控制的业务流、资金流、信息流，对存货与生产业务内部控制流程中的风险进行了识别、分析、评价，并对此采取相应的内部控制措施。学习的重点是梳理存货与生产业务内部控制流程和风险评估，学习的难点是针对风险选择恰当的内部控制措施。

实践提升

请根据以下案例进行风险识别与内部控制。

三只松鼠股份有限公司（以下简称三只松鼠）高管盗卖废旧纸箱获刑，引发全网热议。中国裁判文书网公布的判决书显示，蒋某于2013年7月22日入职三只松鼠任物流仓管，2016年7月1日任华北DC高级经理兼天津配送仓经理，2019年9月12日任华北大区总监兼天津2C发货仓运营经理，2020年3月8日与华北大区新负责人进行工作交接，交接结束后至案发前任物流参谋部总参谋。

2018年10月至2020年4月，蒋某利用职务上的便利，伙同公司员工童某林采取销售不入账或调整过磅表等方式，将三只松鼠出售的价值68.4万元的废旧纸箱占为己有。其中，蒋某分得34.4万元，童某林分得34万元。价值近70万元的废旧纸箱到底有多少呢？相关行业人员表示，蒋某与童某林侵占公司废旧纸箱期间，正好是废纸价格比较低迷的阶段，纸厂收购价每斤（市斤）价格0.5~0.8元。据此计算，上市公司的两只"老鼠"侵占的废旧纸箱总量或在百万斤以上。最终，法院一审判决蒋某犯非国家工作人员受贿罪，判处有期徒刑1年零2个月，并处罚金人民币5万元；犯职务侵占罪，判处有期徒刑11个月，并处罚金人民币5万元。决定执行有期徒刑1年零10

个月,并处罚金人民币 10 万元。童某林犯职务侵占罪,判处有期徒刑 1 年,宣告缓刑 2 年,并处罚金人民币 5 万元。

因公司所处行业特殊性,三只松鼠产品依赖包装吸引消费者进而抢占市场,故公司拥有大量纸箱存货,包括报废纸箱。但这些纸箱即使报废也属于公司资产,是资产就要有处置,要处置就要有流程。本案例中,蒋某、童某林二人之所以能够将价值近 70 万元的废旧纸箱收入占为己有,主要是因为公司对废品处理的流程不够健全。蒋某作为经理人员,伙同童某林调整过磅表,纸箱报废的处理过程仅由童某林一人负责。

任务实施过程	实施答案	评分标准	标准分	得分
一、确定内部控制目标		是否结合业务具体目标来设定内部控制目标	10	
二、识别风险源,并进行风险描述		是否识别出所有的风险源;风险描述是否清晰	10	
三、采取内部控制措施		所选内部控制措施是否正确	10	

项目十二

销售与收款业务内部控制

学习目标

知识目标	技能目标	素养目标
1. 能列举销售与收款业务的内部控制目标。 2. 能描述销售与收款业务内部控制所涉组织及职责体系。 3. 能归纳销售与收款业务内部控制的业务流、资金流、信息流。 4. 能叙述销售与收款业务内部控制流程的风险评估过程。 5. 能举例说明销售与收款业务风险的内部控制措施。	1. 能设计销售与收款业务内部控制所涉组织及职责体系。 2. 能绘制销售与收款业务内部控制的业务流。 3. 能设计销售与收款业务内部控制所需资金流、信息流。 4. 能评估销售与收款业务内部控制流程的风险。 5. 能控制销售与收款业务内部控制流程的风险	树立风清气正、干事创业的廉洁从业观

思政融入点

在讲解销售与收款业务的内部控制时,引导学生树立风清气正、干事创业的廉洁从业观。

知识框架图

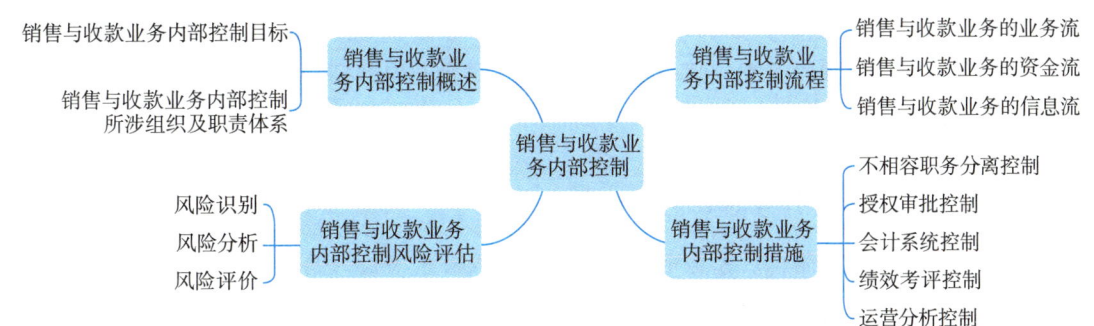

开篇案例

业务员暗度陈仓，销售款落入私囊

骆某生于 1988 年 7 月 13 日，初中文化，湖南省永州市人，因涉嫌职务侵占罪于 2019 年 9 月 25 日被逮捕。骆某 2018 年 5 月入职东莞市和风家具有限公司（以下简称家具公司），任职销售跟单业务员，工作渐渐上手后，便动起了歪脑筋。2019 年 3 月，骆某便利用职务上的便利开始"布局"。据调查，每次客户确定下单后，骆某会按照客户订单需求在家具公司系统中做好销售单（所注收款账户为其个人控制的账户），待客户打款至上述账户后，骆某再根据客户所需货物的不同，采用以下两种方式实现侵占。

第一种，客户所需货物可以找到代工厂，此时，骆某会直接把系统中的销售单删掉，然后委托代工厂生产假冒产品（贴上"家具公司"商标）发货给客户。据统计，骆某用此方式共侵占公司货款 126419 元。

第二种，客户所需货物无法找到代工厂，骆某会在确认客户货款到账后，在公司系统中制作发货单下达发货指令，待货物发出后，再利用自己的权限将系统中相应的销售单删掉、发货单作废，以此共侵占公司货款 109594 元。

通过以上方式，骆某致使家具公司合计损失 236013 元。家具公司于 2019 年 8 月 14 日发现问题并报案，2019 年 8 月 23 日骆某应被害单位要求返还公司财产后被公安机关抓获归案。

资料来源：裁判文书网。

任务一　销售与收款业务内部控制概述

企业以价值创造为目标，而销售与收款业务是保证所生产商品或提供劳务内在价值实现的重要活动，关系到企业资金的回收和持续再生产，是企业实现经济利益流入的关键环节，因此企业无不对销售与收款业务给予极大的关注。

销售与收款业务的内部控制目的是规范销售与收款行为，明确销售与收款业务中涉及的审批权限，加强对销售与收款业务的监督与控制，防范销售与收款过程中的差错和舞弊。为建立销售与收款业务的内部控制，企业应全面梳理销售与收款业务内部控制流程，及时发现销售与收款中的薄弱环节，切实采取有效措施加以控制，其基本控制要求在《企业内部控制应用指引第 9 号——销售业务》中得到体现。

一、销售与收款业务内部控制目标

销售与收款业务内部控制总目标是帮助企业销售收入稳定增长，销售款项及时收回。而内部控制建设是否真正落地，关键在于内部控制目标是否深入销售与收款业务，其具体控制目标如下。

(一) 合规目标

保证销售与收款业务合法合规。销售与收款业务应符合国家法律法规（如《中华人民共和国民法典》《中华人民共和国产品质量法》等），销售行为或合同要公允、合理、有效，要能保护双方合法权益和商业利益；销售与收款业务还应符合企业内部规章制度的要求，有效预防差错和舞弊行为的发生。

(二) 运营目标

企业应采取积极的销售和收款政策，努力扩大销售，不断提高市场占有率，同时注意控制销售费用，积极催收货款，争取将营业收入尽快转变为现金流量，确保销售货款的安全收回，只有确保货款完整、安全地收回，才能确认销售业务的真正实现。保证所销售产品或服务安全完整。交付已销售的产品应该保证质量合格、数量完整，提供劳务应该保证劳务的质量与合同中要求的相一致。

(三) 报告目标

确保财务报告中收入与收款的真实性和完整性。按照会计准则及相关规章制度的规定，及时、准确、完整地记录销售与收款业务，保证信息质量，为信息使用者提供真实、准确、完整的信息决策依据。

销售分析报告。销售分析报告应为销售措施的改进和新销售战略的制定提供科学依据。将影响销售业务的主客观原因区分开，查清各责任单位对销售成果的影响，分析完成或没有完成销售目标的原因，以及对各资源利用状况的分析，找出优化资源利用的方法，以进一步提高销售业务的经济效益。

(四) 战略目标

销售与收款业务的战略目标是指在完成规划产品生产后，对销售渠道、销售模式以及渠道的利润分成进行规划；利用内外资源高效地将产品展示在目标用户前，并通过一定的渠道大力推销和宣传，以及利用一些宣传营销方式让用户认可并购买产品。销售战略是企业战略的外在表现形式，通过传递、竞争、交易等行为实现企业战略目标，是企业战略管理体系中最重要的组成部分。

二、销售与收款业务内部控制所涉组织及职责体系

销售与收款业务的有序开展需要有力的组织保障，应先清晰界定各组织的职责。常见销售与收款业务内部控制所涉组织及职责体系如下。

(一) 营销部门

销售部门主要承担业务拓展职能，包括：完成公司制定的营销指标；营销策略、计划的拟定、实施和改进；营销经费的预算和控制；营销管理制度的拟定、实施和改善；负责市场调研、市场分析工作，制订业务推进计划；负责如实向客户介绍产品、投标、与客户洽谈和签订合同，确保所签合同规范、有效和可行；负责货款回收的管理；为公司研发项目决策提供市场动态的信息等。

(二) 信用管理部门

信用管理部门的职责主要包括信用政策制定、信用评级、业务中的信用控制以及应收账款管理（账务核对、催收以及法务追讨等）。企业因信用管理模式的不同将信用管理职能设置在不同部门，

常见情形如下。

保守型管理模式：一般由财务部门掌管信用管理职能。

激进型管理模式：一般由业务部门掌管信用管理职能。

更专业、更独立的模式，则由独立的信用管理部门掌管信用管理职能，但企业通常会承担更高的组织成本。

（三）仓储物流部门

仓储物流部门负责所销售产品的仓储、出入库、发运等工作，包括发货的提出、审核、审批、发运处理等权限。在此基础上，严格按照销售通知单所列需要发运货物的内容，在规定的时间内备货，并与运输部门办理手续，组织发货。在货物组织发运离开企业环节，仓储部门在货物装运完成后，应形成相应的发货凭据并连续编号，做好库房的出库记录。

（四）财务部门

财务部门负责收款、往来款管理、开票、会计处理等工作。例如，销售发票开具权，包括发票开具的申请、审核等；对账结算权，包括与客户往来账项的核对、复核、款项收取等；账务处理权，包括销售业务会计处理的执行与审核，报表的编制、审核与审批等；退款接收权，包括退款申请的审核、审批及执行权限；销售考核权，包括对销售业务完成、销售费用控制、销售行为规范性考核评定予以提出、审核、审批等权限。

（五）销售部门

销售部门主要负责制定销售目标和下放销售任务后，协同给生产计划部门，让其在销售目标的基础上制订生产计划。

（六）财务部门

财务部门主要负责存货与生产业务的会计核算和财务监督，为生产计划执行提供保障，包括：存货与生产业务的单据审核和整理；定期核算生产成本及单位成本；进行生产成本分析，提交成本分析报告；加强对仓储部门的经常性审核工作，开展定期或不定期盘点，定期进行账证、账账、账实核对，保证存货安全、正确记录；配合仓储部门做好实物管理和效益评价工作。

任务二　销售与收款业务内部控制流程

销售与收款业务涉及多个部门，且销售与收款业务是企业利益与外部对接的通道，导致业务过程较为复杂。企业应将完善销售与收款业务内部控制流程作为其内部控制建设的首要环节，根据业务特点设计出合理的业务流、资金流、信息流，以避免内部控制出现薄弱环节。

一、销售与收款业务的业务流

处于不同发展阶段、不同行业的企业由于销售业务的特点不同、复杂程度不同，销售与收款业务的业务流也不尽相同，但完整的销售与收款业务流应包括销售目标及计划管理、客户开发与信用管理、销售定价、订立销售合同、下达销售订单、组织发货、收款、售后服务八个环节。

（一）销售目标及计划管理

制定销售目标不仅是具体销售业务开展的起点，也是整个企业各项主要工作计划制订的依据。典型的销售目标制定方法包括：标杆法，即企业通过与可比竞争对手进行对比制定销售目标；时间序列法，即根据历史业务数据（如增长率等）制定销售目标；市场容量与市场份额法，即根据业务整体市场容量及企业所占的市场份额制定销售目标。

制订与销售目标配套的销售计划，让销售部门及其他相关部门了解计划期间内的销售情况，并基于自身职责进行相互协调，也便于基于销售计划对销售业务相关部门人员进行激励或约束。

（二）客户开发与信用管理

客户开发是销售工作的重要环节，通常来讲，业务人员通过调查初步了解市场和客户情况，对有实力和有意向的客户进行重点沟通，最终完成目标区域的客户开发计划。企业需要围绕以下三个方面进行客户开发。

客户准入：只有满足企业各项要求的主体，才能成为企业的客户。

客户评价及配套机制：基于评价结果对客户进行合理的分类，并且针对不同类型的客户采取不同的管理措施。

客户资源管理：包括客户档案的建立、维护、使用、保密，以及客户数据的取得、录入、校验、维护和使用。

信用管理是指对企业所有客户的信用进行管理，包括建立客户信用档案、划分不同的信用等级、按信用等级采取不同的销售策略等。在当前市场环境下，赊销是常见的销售形式。

赊销一方面能够提高企业产品销售竞争力，另一方面会产生对应的赊销风险，如延迟回款风险、坏账风险等。因此，对于采取赊销形式进行销售的企业，更应开展信用管理工作。

（三）销售定价

销售定价需要一定的信息基础和专业性，企业应结合产品成本、市场状况、竞品情况、营销目标以及财务目标等因素确定产品定价。若企业因会计核算基础薄弱、成本分担出现重大差错，则易导致产品长期以低于生产成本的价格销售，虽销售火爆却会给企业带来巨大的经济损失。

（四）订立销售合同

企业根据销售定价以及赊销政策，在销售合同订立前，应当指定专门人员就销售价格、信用政策、发货及收款方式等具体业务与客户进行谈判。在谈判达成一致的基础上与客户订立销售合同，明确双方的权利和义务，以此作为开展销售活动的基本依据。销售合同法定文件的签署一般应由销售部门发起，经过信用管理部门、财务部门以及分管领导的审核审批方能正式签署。签署的合同需在信用管理部门、财务部门备案。

（五）下达销售订单

销售订单是销售实施的首张单据，作为后续单据生成的基础，主要包括产品信息、客户信息、交货信息等。企业应结合客户的信用情况以及自身供应能力，对订单的供货品类、期限、价格、数量、赊销额度以及折让、折扣等予以确认，以确保销售业务发生的真实性以及销售订单的合理性等。

(六）组织发货

组织发货是根据销售订单的约定向客户提供商品的环节。企业一旦成功订立销售订单，立即进入根据销售订单的约定向客户提供商品的环节，即由销售部门向仓储部门下达销售发货单，仓储部门则对销售发货单据进行审核，严格按照销售发货单所列的发货品种和规格、发货数量、发货时间、发货方式组织发货。在组织发货的同时，应根据销售部门开具的销售发货单向客户开具销售发票。

（七）收款

收款是指企业经授权发货后与客户进行结算、回笼资金的环节。在销售活动中，除预收款方式外，按照销售发货时是否收到货款，分为现销和赊销。现销业务是发货即收款或者收到预收款后发货，这种形式收款简单，按程序认真办理相关收款入账手续即可。赊销业务是发出商品后给予客户一定的付款信用期，到期后才与客户结算收款，其收款是一个动态跟踪和管理的过程，在货款到期前要定期对账，一旦到期要及时催收。在此过程中，销售部门负责应收款项的催收，催收记录（包括来往函电）应妥善保管；财务部门负责办理资金结算；信用管理部门负责监督款项收回。

（八）售后服务

提供售后服务是提升产品附加值的重要手段，其中同质化竞争激烈的产品对售后服务的要求更高。售后服务是在企业与客户之间建立信息沟通机制，对客户提出的问题，企业应予以及时解答或反馈、处理，不断提升商品质量和服务水平，以提升客户满意度和忠诚度。售后服务包括产品维修、销售退回、维护升级等。

二、销售与收款业务的资金流

销售与收款的业务流能描述业务的发生经过，财务人员根据业务流的相关信息提炼出业务发生的主体和对应的财务数据，从而编制会计凭证，形成销售与收款的资金流，实现业务数据与财务数据的共享与同步。资金流能反映销售与收款业务相关的价值转移，资金流内部控制可加大财会监督力度、遏制财务造假行为、提高会计信息质量。

为了有效促成销售与收款业务，前期企业需要一定的资金流出，这些资金流出包括在客户开发环节发生的通信费、宣传费、展销会费、差旅费、业务招待费等，在订立销售合同环节发生的通信费、差旅费、业务招待费等，在组织发货环节支付给经销商的佣金和代理费，因销售产品而承担的运输费、装卸费等相关费用以及产品销售过程中由销售方承担的途中损耗费用。

销售与收款业务的资金流入发生在收款环节，收款方式通常包括钱货两清、预收和赊销三种。其中，赊销是指企业提供产品或劳务而不立即收取现款，实质上是向购货企业提供了一笔无息短期贷款，是企业的一项潜在损失。因此，企业为了缩短收款时间，降低坏账损失风险，鼓励客户尽早付清货款而提供现金折扣。在确认销售收入时，要预估现金折扣发生的比例，并相应扣除后，确认收入。应收账款也可能因购货人拒付、破产、死亡等原因而无法收回，这类无法收回的应收账款作为坏账损失计入信用减值损失，企业的资金流入会相应减少。因此，企业应在赊销所带来的销售额以及利润的上升与付款延期所带来的潜在损失及可能的坏账损失等之间进行权衡，制定适宜的赊销、收账措施，提高经济效益。

销售与收款业务的售后服务环节也可能会发生资金流出，即销售退回。对于已经确认收入的售出产品发生退回的，如果能够取得红字发票，应当在发生退货时冲减销售收入，同时冲减当期销售成本。

三、销售与收款业务的信息流

销售与收款业务的信息流是指在企业进行产品或服务销售、收款和客户管理过程中涉及的信息和数据流动。信息流表现为流转在各环节的表单，因为表单是发生经济业务活动的书面证明，证明经济业务事项的真实性及其金额，是进行会计核算的原始资料，是企业调整产品战略、市场定位、营销策略，分析销售业务价值创造能力等重大决策行为的基础依据。例如，企业通过合同管理信息流实现合同的发起、审核、审批、用印以及电子化归档等流程；通过库存管理信息流实现对存货移动的记录、库存信息的实时查询等功能。

实践中，信息流中各单据虽没有统一的样式要求，但所包含的关键信息类似。例如，企业收到客户的订货单后应编制发货通知单，发货通知单一式多联，上面的信息应包含所订货物的编号、数量、价格等，也应记录销售过程所需的各种授权和批准，为组织发货的执行和有关账册的记录提供书面依据。

任务三　销售与收款业务内部控制风险评估

销售与收款业务的内部控制是否有效，体现为企业能否有效应对所面临的各类风险，而风险评估是确定如何应对风险的基础。销售与收款业务内部控制流程的风险评估是指通过对识别出的风险进行分析，并描述风险发生可能性的高低和风险发生后果的大小，进而明确风险重要程度的过程。风险评估分为风险识别、风险分析、风险评价三个步骤。

一、风险识别

销售与收款业务风险评估的首要任务是风险识别，即发现、认可并记录影响销售与收款业务内部控制目标实现的风险的过程，其重点是收集销售与收款中的风险信息，并识别风险信息中的风险源。

（一）销售目标及计划管理的主要风险

销售计划脱离实际，缺乏对市场现状和未来趋势、竞争对手状况的正确认识。

销售计划缺乏或不合理，或未经授权审批，导致产品结构和生产安排不合理，难以实现企业生产经营的良性循环。

销售计划制订后未及时进行调整，导致销售计划不符合市场情况，无法维持正常经营。

销售计划经常调整，导致销售计划随意变动，影响正常生产经营。

未对销售计划执行情况进行考核，导致员工动力弱，销售计划无法实现。

（二）客户开发与信用管理的主要风险

客户开发活动无计划或未按照计划执行，导致活动失控或市场活动偏离计划，影响市场开发活动目标达成。

未定期开发新客户或新增客户未经过严格审核,导致公司遭受客户信用风险增大,影响公司经营效率。

未对客户开发活动进行后续评估,导致开发活动无法跟踪,缺乏市场信息反馈,影响营销策略的调整。

未对市场开发和客户开发的评估结果进行相应处理,可能影响评估结果的合理运用。

企业未建立客户档案或者主要客户档案不健全,缺乏日常的信用积累记录和合理的资信评估,甚至为了占领市场盲目扩大客户源,可能导致客户选择不当或者赊销政策的受益对象选择错误,未经信用审批给予赊销、冒险向某些"特殊利益客户"大量赊销发货,导致销售货款不能收回或者遭受欺诈形成坏账损失,从而影响企业的资金流转与正常经营。

(三)销售定价的主要风险

缺乏完善的定价机制,可能导致定价不合理,影响公司的营销策略。

销售定价与企业市场战略不符,从而在市场竞争和以后的长期经营中处于劣势地位,造成企业利益损失。

对单项业务的定价调整没有履行严格的内部审批程序,可能使销售人员利用一定的价格浮动权进行内外串通舞弊,造成企业经济利益的直接损失,甚至会扰乱市场,给企业形象带来极大的负面影响。

(四)订立销售合同的主要风险

合同签订未考虑公司产能、生产计划等因素,导致未能按时交货,造成资产损失并影响公司声誉。

未经授权对外签订销售合同,导致公司合法权益受到侵害。

销售价格、收款期限等违背公司销售政策,导致公司经济利益受损。

合同内容存在重大疏漏和欺诈,导致公司合法权益受到侵害。

合同评审不严格,未按公司要求履行评审职责,导致公司利益受损。

(五)下达销售订单的主要风险

未对销售订单的状态进行跟踪和维护,导致既不能高效服务客户又不能实现系统控制,进而引发舞弊风险。

销售订单录入数据有误,导致下单错误,造成公司利益受损。

销售订单审核不严,可能导致虚假销售等欺诈。

销售订单处理不及时,可能影响后续的销售进程。

(六)组织发货的主要风险

未经授权发货或发货不符合公司或合同约定,可能出现装运错误、私自发货等情形,导致货物损失或客户与公司销售争议、销售款项不能收回。

发货未得到完整、准确记录,导致会计核算不准确,公司经济利益受损。

发货单与销售订单无人核对,或发货单回执未妥善保管,导致存在舞弊和法律风险,影响公司资产安全。

未对销售发货数量、金额、批次、规格、发运客户、车牌等信息进行核对，导致发货错误或重复发货。

未与客户进行收货确认，无法掌握货物是否及时送达客户，可能导致货物丢失和产生法律纠纷。

企业缺乏发货后的监督管理（如定期或不定期的盘点），存在发货人员利用职务之便监守自盗、发货给虚假客户、重复发货等风险，造成企业财产损失。

（七）收款的主要风险

缺乏有效的会计系统控制，导致公司账实不符、账证不符、账账不符或账表不符，影响销售收入、销售成本、应收款项等会计核算的真实性和可靠性。

未制定完善的应收账款催收政策，应收账款长期挂账，导致应收账款坏账，公司资金难以回笼，造成经济损失。

客户多次无故延期付款，导致应收账款回款慢，影响公司资金周转，可能形成坏账。

未制定坏账计提与核销政策，坏账准备计提以及坏账核销不及时或不准确，无法保证公司财务报告数据真实准确。

货款不直接通过转账回到公司，而是通过销售员账户上缴，或现金通过销售员交付，导致销售员截留或挪用资金，形成个人小金库，造成舞弊风险。

（八）售后服务的主要风险

客户服务水平低，消费者满意度不足，影响公司品牌形象，可能造成客户流失。

无专门部门或人员处理客户投诉和退换货申请，导致公司无法及时处理客户投诉，影响公司声誉。

对客户投诉的退换货申请，没有判断退换货原因和退换货责任，导致公司承担不必要的责任，影响公司经营效率。

客户投诉退换货未经适当审批，可能导致发生未经授权的退换货，影响公司日常经营效率。

退换货产品数量、规格、品名、金额等与退换货申请单不符，导致公司收到的退换货物品质量低下。

对于重大客户投诉事件中涉及的产品质量问题没有进行纠正改善，不利于公司质量管理的持续提高。

未对客户投诉情况进行产品质量控制，可能导致无法及时发现公司产品的质量问题。

未对客户投诉情况进行记录，或记录不完整，可能导致客户投诉处理不当无法追查其处理详情。

二、风险分析

经过风险识别阶段，已经收集了销售与收款业务中的风险信息，对面临的风险有了一个初步认识，接下来需要对各类风险发生的可能性和后果进行分析。

（一）风险发生的可能性

销售与收款业务中风险发生的可能性是指在企业目前的管理水平下，销售与收款中各类风险发生概率的大小或者发生的频繁程度。在风险管理实践中，一般利用销售与收款业务的历史数据推断风险事件在未来发生的可能性。

（二）风险发生的后果

销售与收款业务风险发生的后果是通过假设特定事件或情形已经出现，然后判断其影响性质、类型和大小。

三、风险评价

销售与收款业务的风险评价是风险评估的最后环节，将销售与收款业务风险分析的结果（风险发生可能性和风险发生后果）与预先设定的风险重要性等级准则进行对比，以确定销售与收款业务风险的重要性等级。

（一）风险的重要性等级

销售与收款业务风险的重要程度是发生可能性和发生后果的综合结果。在销售与收款业务风险管理实践中，用得比较多的方法是把风险发生可能性的分值与风险发生后果的分值相乘，其乘积即为风险重要程度的大小；数字越大，对应的风险越高。

（二）风险矩阵

销售与收款业务的风险矩阵是利用销售与收款风险发生可能性及其发生后果这两个维度来绘制的矩阵图，是用于对风险进行优先排序的有效工具。绘制矩阵时，一个坐标轴表示销售与收款业务风险发生可能性等级，另一个坐标轴表示销售与收款业务风险发生后果等级，根据风险在矩阵中所处的位置，可以直观地显现销售与收款业务风险的分布情况，可以确定哪些风险更重要，需要更细致的分析和优先应对，非常有助于管理者确定关键风险和风险应对方案。

任务四　销售与收款业务内部控制措施

设计销售与收款业务的内部控制，就是在评估销售与收款业务风险的基础上，为销售与收款业务建立一套相互牵制、相互稽核的内部控制体系，目的是有效减少信誉不良等问题的发生，降低企业成本，促进企业良好发展。内部控制是一个递进的循环过程，在实施内部控制措施后，还要继续评估剩余风险的风险水平是否可以承受，如果不能承受，则要采取进一步的应对措施，直到剩余风险可以承受。常见的销售与收款业务内部控制措施有以下五种。

一、不相容职务分离控制

企业应当建立销售与收款业务的岗位责任制，明确相关部门和岗位的职责、权限，确保办理销售与收款业务的不相容职务相分离。销售与收款业务的不相容职务分离主要有：

办理销售、发货、收款三项业务的岗位相分离；

信用管理岗位与销售业务岗位相分离；

合同谈判人员与签订合同的人员相分离；

填制发票与发票复核相分离；

折扣、折让的申请与审批相分离；

退货验收与结算货款相分离。

二、授权审批控制

企业应当对销售与收款业务建立严格的授权审批制度，明确审批人员对销售与收款业务的授权审批方式、权限、程序、责任和相关控制措施，规定经办人的职责范围和工作要求。

（一）授权审批的范围

销售与收款业务各环节都会涉及授权审批，企业应明确各部门或人员在流程中的权限范围。例如，财务部门在销售与收款业务中一般拥有客户对账、收款、坏账、坏账损失的纳税申报权限；销售部门拥有定价、发货与结算、折扣与折让的审批权限。各部门或人员应当在授权范围内进行审批，不得超越审批权限。

（二）授权审批的层次

企业应结合销售与收款业务各环节的性质和金额大小，就某一具体事项设置不同的审批层级。例如，客户信用管理环节，企业一般参考客户上年度销售额、回款情况以及客户当年销售目标确定其信用额度，若超过信用额度，在客户回款前一般不再发货，想要超出信用额度发货则需销售、财会等部门逐级审批。

三、会计系统控制

对销售与收款业务的会计系统控制，现代很多企业已采用 ERP 系统代替手工控制，因为 ERP 系统整合、简化了部分记录，且 ERP 系统对部分记录根据信息技术特点进行了重新设计，通过采用适合 ERP 系统特点的形式，更简捷、高效地达成各种记录存在目的。例如，手工控制系统中对部分内部凭证的联次编号设计，在 ERP 系统中则可利用信息系统的实时性，通过不同权限的人员联签同一个文件记录的形式实现。这样，既能避免凭证多联次传递造成的流程烦琐、冗长和效率低下问题，又能堵塞凭证多联次造成的舞弊漏洞。

四、绩效考评控制

销售与收款业务的绩效考评既是收集、分析、传递有关个人在工作岗位上的工作行为、表现和工作结果等方面信息的过程，也是检测产品结果和顾客需求满意程度的过程。这是一项系统工程，涉及公司的发展规划、战略目标体系及其目标责任体系、指标评价体系、评价标准、评价内容及评价方法等，其核心是促进企业管理水准的提高及综合实力的增强。例如，在销售与收款业务的售后服务环节，通过对售后服务的责任与考核奖惩制度，来加强对销售队伍的管理。绩效考评的控制流程主要包括制订绩效计划、选择考核工具、绩效实施与管理、绩效考核、绩效反馈等工作，通过指标的选择、目标的设置，发现公司或个人在绩效上的差距和优势，找出背后的原因，提出改进的措施，结合晋升、培训等激励措施，惩罚不符合公司期望的行为，引导员工的行为符合公司的期望，提高企业的经营效率和效果，实现企业的战略目标。

五、运营分析控制

在市场竞争比较激烈的情况下，企业单纯依赖现销方式会丧失许多有利的机会，使市场萎缩，竞争力下降，长期利益受到损害。为了适应市场竞争的需要，企业适时采取有效的赊销方式即应收账款是非常有利的。应收账款作为企业的一项资金投放，是为扩大销售和盈利而进行的投资，而投资肯定要发生成本，因此，应收账款的内部控制便是对应收账款信用政策所增加的盈利和这种政策的成本进行综合权衡，以求经济效益最大化。下面介绍如何针对应收账款的信用和账龄采用运营分析控制。

（一）应收账款信用控制

信用政策并不是一成不变的，企业应定期对客户进行信用再评价，及时修正信用政策。对于信用评分较高的客户，可适当增加信用额度，放宽信用标准，延长信用期间，提供优惠的现金折扣条件；对于信用评分较低的客户，应当减少信用额度，提高信用标准，缩短信用期间。这样既有利于扩大销售，提高竞争力，又有利于降低风险，实现应收款项控制的目标。具体措施如下。

1. 信用期间

信用期间是企业允许顾客从购货到付款的时间，或者说，企业给予顾客的付款期间。例如，企业采用顾客在购货后的 50 天内付款的信用政策，则信用期间为 50 天。信用期间过短，不足以吸引顾客，在竞争中会使销售额下降；信用期间过长，对销售额增加固然有利，但只顾及销售增长而盲目放宽信用期间，所得的收益有时会被增加的费用抵销，甚至造成利润减少。因此，制定合理的信用期间政策是加强应收账款控制、提高应收账款投资收益的重要手段。

2. 现金折扣政策

现金折扣是与信用期间结合使用的，所以确定折扣程度的方法和程序与前述确定信用期间的方法和程序一致，同时应将所提供的延期付款时间和折扣综合起来考虑，计算各方案的延期与折扣取得的收益增量和成本增量，最终确定最佳方案。

（二）应收账款账龄控制

企业已发生的应收账款时间长短不一，有的尚未超过信用期间，有的则逾期拖欠。一般来说，逾期拖欠时间越长，成为坏账的可能性就越高。对应收账款有一套成熟科学的控制模式和体系，其中最核心的部分就是账龄分析控制法。所谓账龄分析控制法，是指将应收账款的收回时间加以分类，统计各时间段内支付或拖欠的应收账款情况，从而监督每个客户的应收账款情况及其应收账款支付进度，对不同时间段内的逾期账款采取不同的对策的一种控制方法。

账龄分析表是一张能显示应收账款在外天数（账龄）长短的报告，由应收账款账龄、账户数量、金额和所占百分比等项目构成。

账龄分析表可以是针对某个客户、某类客户或全部客户的。利用账龄分析表，企业可以掌握以下情况。

有多少欠款尚在信用期间内。这部分款项未到偿付期，欠款是正常的；但到期后能否收回，还要待时再定，故及时监督仍是必要的。

有多少欠款超过了信用期间，超过时间长短的款项各占多少，有多少欠款会因拖欠时间太久而成为坏账。

本企业对该客户的收账水平及信用政策。

此时，企业对逾期账款应予以足够重视，查明具体属于哪些客户，这些客户是否经常发生拖欠，并查明原因。一般而言，账款逾期的时间越短，收回的可能性越大，即坏账损失的程度相对越小；反之，坏账损失的程度就越大。因此，对不同拖欠时间的账款及不同信用品质的客户，企业应采取不同的收账方法，制定出经济可行的不同收账政策、收账方案。

拓展阅读

1. 《企业内部控制应用指引第 9 号——销售业务》。
2. 《企业内部控制应用指引第 16 号——合同管理》。

项目小结

本项目我们学习了销售与收款业务的内部控制目标，销售与收款业务内部控制所涉组织及职责体系，销售与收款业务内部控制的业务流、资金流、信息流，对销售与收款业务内部控制流程中的风险进行了识别、分析、评价，并对此采取相应的内部控制措施。学习的重点是梳理销售与收款业务内部控制流程和风险评估，学习的难点是针对风险选择恰当的内部控制措施。

实践提升

请根据以下案例进行风险识别与内部控制。

2002 年上市的湘电股份，公司主营业务为大中型交直流电机（含特种电机）、水泵、矿用采运设备（含特种车辆）和城市轨道交通车辆及电气成套设备的生产和销售，主要产品有直流电机、直流牵引电机、特种电机、水泵等。近几年，湘电股份的业绩表现平平，开始投身非主营业务的贸易交易。2019 年 6 月 30 日，湘电股份的全资子公司湘电国际贸易（以下简称湘电国贸）与上海煦霖国际贸易有限公司（上游供方，以下简称上海煦霖）及上海弘升纸业有限公司（下游需方，以下简称上海弘升）开展的多笔纸浆贸易业务中，湘电国贸的交易相对方涉嫌合同诈骗。在上述三方关系中，湘电国贸为贸易环节的中间方，主要从上游上海煦霖采购纸浆，然后交由第三方物流公司上海堃翔，在下游客户上海弘升付款后，直接从物流公司仓库处取货。湘电国贸在发现客户发生逾期付款现象后，为了保证能按期支付银行信用证，准备将货品变现，但随后发现物流方上海堃翔管理人员失联，无法完成货物变现。经上海及湘潭警方查证，上海煦霖、上海弘升、上海堃翔的实际控制人均为陈某一人。

一笔多方合谋的诈骗无疑让上市公司湘电股份受到了直接的影响。公告显示，上述涉嫌诈骗的合同总金额约为 3.7 亿元，均为远期信用证结算，其中目前已止付的信用证金额为 3.2 亿元，其余 0.5 亿元信用证金额将于 2020 年到期，到期后湘电国贸将办理止付手续。湘电股份公告表示，目前，公司已成立贸易风险处置工作组，加强对湘电国贸的风险管控和化解，拟采取诉讼、仲裁等方式维权，尽量减少其对湘电国贸以及公司业绩的不利影响。同时，公司将积极协助公安部门侦查案件，切实维护上市公司和投资者利益。

任务实施过程	实施答案	评分标准	标准分	得分
一、确定内部控制目标		是否结合业务具体目标来设定内部控制目标	10	
二、识别风险源，并进行风险描述		是否识别出所有的风险源；风险描述是否清晰	10	
三、采取内部控制措施		所选内部控制措施是否正确	10	

项目十三

固定资产管理内部控制

学习目标

知识目标	技能目标	素养目标
1. 能列举固定资产管理的内部控制目标。 2. 能描述固定资产管理内部控制所涉组织及职责体系。 3. 能归纳固定资产管理内部控制的业务流、资金流、信息流。 4. 能叙述固定资产管理内部控制流程的风险评估过程。 5. 能举例说明固定资产管理风险的内部控制措施。	1. 能设计固定资产管理内部控制所涉组织及职责体系。 2. 能绘制固定资产管理内部控制的业务流。 3. 能设计固定资产管理内部控制所需资金流、信息流。 4. 能评估固定资产管理内部控制流程的风险。 5. 能控制固定资产管理内部控制流程的风险	养成廉洁奉公、恪尽职守的职业道德

思政融入点

在讲解固定资产管理内部控制时，引导学生养成廉洁奉公、恪尽职守的职业道德。

知识框架图

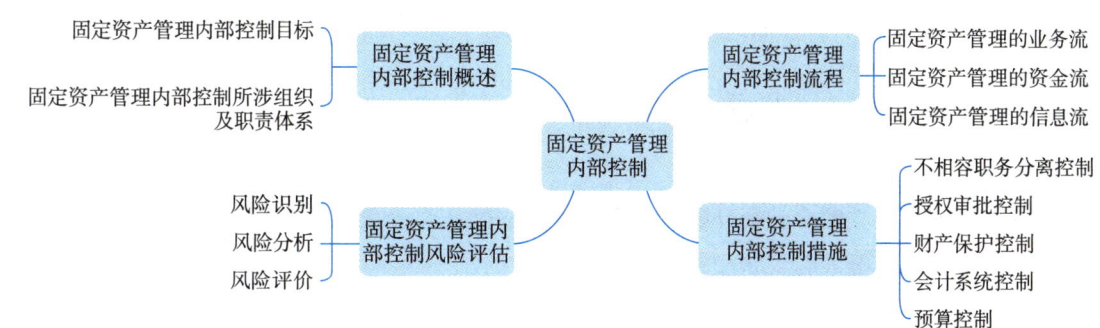

 | 企业内部控制 |

开篇案例

华为固定资产管理创新手段

华为在全球实施的射频识别（RFID）物联固定资产管理方案，目前已经覆盖52个国家及地区、2382个场地、14万件固定资产。RFID标签贴在需要管理的固定资产上，每5分钟自动上报一次位置信息，每天更新一次固定资产的使用负荷（或者闲置）情况。华为部署RFID后，固定资产盘点从历时数月减少为只需数分钟，每年减少固定资产盘点、巡检的工作量9000人/天。固定资产位移信息、固定资产闲置信息及时更新、共享，使华为的固定资产管理能够有的放矢。

资料来源：华为CFO孟晚舟2017年新年致辞，2017年1月11日，搜狐网。

任务一 固定资产管理内部控制概述

固定资产作为企业重要的经济资源，是企业从事生产经营活动并实现发展战略的物质基础和重要保障，固定资产管理贯穿企业生产经营全过程，对企业具有重大意义。为加强固定资产管理，企业应全面梳理固定资产管理内部控制流程，及时发现固定资产管理中的薄弱环节，切实采取有效措施加以改进，其基本控制要求在《企业内部控制应用指引第8号——资产管理》中得到了体现，此指引所指的"资产"是指企业拥有或控制的存货、固定资产和无形资产。本项目仅探讨固定资产管理的内部控制，因为固定资产一般在企业资产总额中占有较大的比例。

一、固定资产管理内部控制目标

从内部控制建设和实施角度来看，一般内部控制目标包含四个，分别是合规目标、报告目标、运营目标和战略目标。而内部控制建设是否真正落地，关键在于内部控制目标是否深入业务，下面结合固定资产管理来谈内部控制目标。

（一）合规目标

固定资产管理应符合国家有关安全、消防、环保等基本建设规定，以防遭受外部处罚和信誉损失。

固定资产管理应遵守《民法典》等法律、法规的规定，维护公司合法权益的同时，避免公司承担违约风险。

固定资产管理应遵守企业内部规章制度，避免产生内部舞弊行为。

（二）报告目标

固定资产管理应建立健全的会计账目，固定资产的确认、计量和报告应当符合国家统一的会计准则要求，并确保会计账表与实物相符。

（三）运营目标

维护固定资产的安全完整，确保各项工作顺利进行，以便高效地生产出客户满意、市场需要的产品；定期盘点，考核固定资产的利用率和完好率，保持固定资产的运营能力；规范处置闲置、效益低的固定资产，让其产生应有的社会效益和经济效益。

（四）战略目标

确保固定资产的投资决策正确，以期帮助企业扩大规模，产生经济效益，以免战略错误导致资源浪费。

二、固定资产管理内部控制所涉组织及职责体系

固定资产管理的有序开展需要有力的组织保障，应先清晰界定各部门的职责。

（一）固定资产管理部门

固定资产管理是企业日常管理的重中之重，一般会设立专门的行政管理部门担当此任，通常负责固定资产管理制度的制定；主持固定资产的购置论证、编号、建卡、台账、调拨、报废、EHS管理；参与固定资产的维护（日常修理技术支持、更新改造等）、安装验收、实物盘点等工作。

（二）财务管理部门

财务管理部门主要负责固定资产业务的日常会计核算和财务监督；执行固定资产年度购置预算；负责固定资产发票管理、付款审核和款项支付；组织固定资产管理部门开展常态化盘点，保证固定资产账实相符；配合固定资产管理部门做好实物管理和效益评价工作。

（三）固定资产使用部门

固定资产最初的购买申请一般由资产使用部门提出。在固定资产使用过程中，各使用部门需要指定一名对口固定资产管理部门的联络员，这名联络员对本部门的固定资产数量和使用状况应该非常清楚。联络员对外负责对接固定资产管理部门，对内实现所在部门固定资产的集中管理，包括建立本部门的固定资产台账及申领、维修、转移、配合盘点等日常业务活动。当更换联络员时，前联络员须先完成名下固定资产的清点交接，方可办理人事手续。

任务二　固定资产管理内部控制流程

固定资产管理涉及固定资产管理部门、财务管理部门以及固定资产使用部门，且固定资产本身种类繁多、使用地点分散，因此固定资产管理范围广、环节多，企业应当根据固定资产的特点，设计出合理的业务流、资金流、信息流，以避免管理出现薄弱环节，应将完善固定资产管理流程作为固定资产管理内部控制建设的起点。

一、固定资产管理的业务流

固定资产管理的业务流通常包括取得与登记造册、使用与维护、处置与转移三个环节。

（一）固定资产取得与登记造册

固定资产的取得方式有外购、自行建造、非货币性资产交换等，但其取得流程大致相同。首先

应在充分了解固定资产使用状况和闲置数量的情况下，由固定资产使用部门根据实际需求以及部门前期预算提出采购申请；固定资产管理部门会对采购申请进行真实性和合理性的审核，审核通过后，交由采购部门招标采购或自行购买，采购人员要完成固定资产的询价、签订合同等工作；待所购固定资产送达后，应组织成立验收小组对其进行检查验收，若验收通过，还应填写验收报告。在此要特别注意，不同类型的固定资产有不同的验收程序和技术要求。比如，办公家具、电脑、打印机等标准化程度较高的固定资产的验收过程较为简单，而一些复杂的大型设备，尤其是定制的高科技精密仪器以及建筑物的竣工验收等，则需要一套规范、严密的验收制度。企业取得每项固定资产后均需进行详细的登记造册，包括编制固定资产目录、建立固定资产卡片和账簿，以便固定资产的统计、检查和后续管理。

（二）固定资产使用与维护

固定资产必须使用得当、合理维护，才能维持较长的使用寿命，因此固定资产的使用与维护是最重要的业务环节。

首先，固定资产使用部门应组织编写固定资产使用手册，对使用者进行操作培训；会同固定资产管理部门开展EHS管理，从生产环境以及操作人员等方面识别风险源，对操作人员进行安全教育，落实特定操作岗位须持证上岗；为了确保固定资产安全，固定资产管理部门还应确定固定资产的投保范围和政策，根据固定资产的性质办理投保手续。

其次，固定资产使用部门应会同固定资产管理部门建立固定资产日常维护标准及程序，明确固定资产维修的发起、实施以及验收的职责和流程，并定期执行检查、维护等预防保全工作。若需更新改造，应组织相关部门进行可行性论证，对固定资产技术先进性予以评估，结合盈利能力和企业发展可持续性，制定更新改造方案，并监控方案的实施过程。

最后，财务管理部门应对固定资产账簿记录进行核对，保证账账相符，若有差异，应对差异进行分析与调整；并会同固定资产管理部门、固定资产使用部门定期对固定资产进行实物盘点，保证账实相符，若账实不符，应编制固定资产盘盈盘亏表。固定资产管理部门和财务管理部门还应于每年年末对固定资产进行价值分析，对于可能存在减值迹象的，应计算其可回收金额，若可回收金额低于账面价值则确认减值损失。

（三）固定资产处置与转移

固定资产的处置与转移一般由固定资产管理部门或固定资产使用部门提出申请，并将申请资料上交相关责任人复核审核，按照审批意见开展处置与转移业务。

1. 固定资产的处置

对于使用期满、正常报废的固定资产，应由固定资产使用部门或固定资产管理部门填制固定资产报废单，授权批准后进行报废清理；对于使用期未满、非正常报废的固定资产，应由固定资产使用部门提出报废申请，并组织有关部门进行技术鉴定，再按规定程序审批后进行报废清理。若是重大的固定资产处置，应考虑聘请有资质的中介机构进行固定资产评估，并采取集体合议审批制度。

2. 固定资产的转移

固定资产的转移一般是指固定资产在企业内部、子公司范围内发生的因调拨、调剂、投资、买卖而发生产权变更或实物安装地点变更的情况。固定资产管理部门应动态监控固定资产的使用状态和需求情况，根据固定资产的库存数量、使用状态以及需求情况编制转移计划，并填制固定资产内部转移单，明确固定资产转移时间、转移地点、编号、名称、规格、型号等，固定资产转移的价值应当由财务管理部门审核批准。

二、固定资产管理的资金流

固定资产管理的业务流能描述事件的发生过程，但若只关注固定资产管理的业务流会产生内部控制效率低下的问题，依据业财融合视角，也应关注固定资产管理的资金流。财务人员根据业务流的相关信息提炼出业务发生的主体和对应的财务数据，从而编制会计凭证，形成固定资产管理的资金流，实现业务数据与财务数据的共享与同步。资金流反映了与固定资产相关的价值转移，利用资金流可以管控如何使流动的资金在数量上达到最大，并实现资金在各个节点之间的合理分配，从而有效提升内部控制的价值。

（一）资金投入

固定资产取得与登记造册的资金流属于资金的投入，使资金从存储形态转换为生产形态，固定资产将作为生产工具来分摊资金的价值。

一般企业取得固定资产的资金投入方式包括钱货两清、赊购、预付三种。若所取得的固定资产需要安装调试才能使用，需要设置在建工程项目来管控整个安装调试过程。

（二）资金循环与周转

资金的循环与周转即固定资产的运行和维护，此时固定资产主要通过折旧的方式完成价值的转移。按期对固定资产计提折旧时，资金从生产形态转换成了成本形态，不同的折旧方法会通过影响企业所得税来影响现金流。具体是将已磨损的价值通过"累计折旧"账户分别流转到"制造费用"（生产用固定资产）、"管理费用"（管理部门用固定资产）、"销售费用"（销售部门用固定资产）以及"其他业务成本"（经营租赁方式出租固定资产等）。

若固定资产发生损坏、技术陈旧或者其他经济原因，导致可回收金额低于其账面价值，应当按可回收金额低于其账面价值的差额计提减值准备，并计入"固定资产减值损失"，此时固定资产反映的是扣除累计折旧和减值准备的账面价值。

若固定资产需要维护，且维护支出提高了固定资产的性能，增强了固定资产获取未来经济利益的能力，使固定资产可能创造的经济利益超出了原先的预计，则该项支出符合资本化条件，应计入固定资产成本，否则后续支出予以费用化，计入当期损益。

（三）资金退出

固定资产进入处置与转移，资金也就完成了生产形态，进入退出阶段。由于固定资产处置过程时间较长，业务较为烦琐，企业需要设置"固定资产清理"项目来专门管控固定资产的清理过程及其清理结果。

首先，将固定资产的账面价值（原值扣除累计折旧和减值准备后的余额）转入"固定资产清理"科目（借：固定资产清理，贷：固定资产）；其次，在清理过程中，若发生清理费用（如拆卸、搬运等），计入该科目（借：固定资产清理，贷：银行存款等），若获得残料收入或收到保险公司、过失人的赔偿款，则冲减该科目（借：银行存款/原材料等，贷：固定资产清理）；待清理事项完成后，结转"固定资产清理"科目的借贷方差额（即清理净损益）：若属于生产经营期间的正常报废或出售，其净损益通过"资产处置损益"科目核算；若属于非正常原因（如灾害、事故）造成的报废，产生的净损失计入"营业外支出"（如营业外支出－非流动资产毁损报废损失），产生的净收益则计入"营业外收入"。待固定资产清理完毕后，若属于生产经营期间的正常报废，则其处置损益计入"资产处置损益"；若属于非正常报废，则计入"营业外收支"。

三、固定资产管理的信息流

固定资产管理的信息流是伴随业务流和资金流而产生的，通过现代信息技术，结合企业实际发生的业务，实现信息收集、处理、储存和分析。在企业的管理中需要借助信息流将信息孤岛连接起来，这种非实物的传递方式能形成连续不断的、有秩序的数据处理活动。固定资产管理信息流的处理质量和传递速度不仅会影响固定资产管理流程的顺利进行，也能反映企业的整体运作情况，固定资产管理信息收集、传递、分析、处理和判断的一系列过程能有效地帮助内部控制进行决策。在获得与固定资产管理有关的业务流和资金流信息后，可以收集企业固定资产的种类、名称、规格、型号、使用部门、负责人、折旧方法等相关信息，这些信息能为固定资产管理的内部控制提供最基础的数据支持，能够使整个固定资产管理活动形成完整的、动态的闭环。

限于篇幅，在此仅介绍固定资产目录、固定资产卡片的特征。

（一）固定资产目录

固定资产管理部门负责编制固定资产目录，这是实行固定资产归口分级管理与建立岗位责任制的重要基础工作，是后续建立固定资产卡片和账簿、进行固定资产核算与管理的依据。目录上应列明固定资产编号、名称、规格型号、使用地点、使用部门、责任人、数量、购置日期、投入使用日期、备件附件情况等内容。

（二）固定资产卡片

固定资产卡片由财务管理部门签发，通常一式三份，财务管理部门、固定资产管理部门和固定资产使用部门各一份。它是进行固定资产明细核算的依据，应按每一独立登记对象登记，一个登记对象设一张卡片，卡片上的固定资产编号应与固定资产目录保持对应，应详细记录各项固定资产的账面价值、维修、改造、折旧、预计净残值、盘点、处置等相关信息，以便固定资产的有效识别。

任务三　固定资产管理内部控制风险评估

固定资产管理的内部控制是否有成效，体现为企业能否有效应对所面临的各类风险，而风险评估是确定如何应对风险的基础。固定资产管理流程的风险评估是指通过对识别出的风险业务进行分析，并描述风险发生可能性的高低和风险发生后果的大小，进而明确风险重要程度的过程。因此，风险评估分为风险识别、风险分析、风险评价三个步骤。

一、风险识别

固定资产管理风险评估的首要任务是风险识别，即发现、认可并记录影响固定资产内部控制目标实现的风险的过程，其重点是收集固定资产管理中的风险信息，并识别风险信息的风险源。

（一）固定资产取得与登记造册的主要风险

固定资产投资不科学，盲目向热门领域和地区出资或超标准配置资产，容易形成资产闲置或浪费。

固定资产的取得未经适当验收，导致固定资产的品种、规格、数量、质量、技术要求等不符合要求，造成经济损失。

对于具有权属证明的固定资产，未取得合法的权属证书，影响固定资产的使用或导致经济损失。

固定资产的原始凭证在传递过程中出现传递不及时、记录不准确或计算有误等问题，导致企业固定资产的核算不规范、不真实等，最终影响财务报表的准确性。

固定资产未登记或登记内容不完整，可能导致固定资产流失、固定资产信息失真、账实不符。

未建立固定资产的实物台账、未进行固定资产的卡片管理，可能导致固定资产管理混乱。

未及时对固定资产调拨进行实物台账更新，可能导致账实不符。

（二）固定资产使用与维护的主要风险

未定期进行对固定资产维护保养或维护保养不合理，可能造成固定资产使用效率低下或存在安全隐患、经济损失。

未制定设备操作规程或操作手册，可能影响企业安全生产和产品质量。

未对特殊设备或关键设备的操作人员进行相关培训，导致设备使用效率低下，可能造成安全事故和质量事故。

固定资产折旧政策不符合会计准则或未按固定资产折旧政策计提折旧，可能影响会计报表准确性。

未对固定资产进行投保，导致固定资产在发生意外事故或自然灾害时出现经济损失。

对重大固定资产项目进行投保，未采取招标方式确定保险人，可能造成固定资产投保舞弊。

未根据固定资产运行维护情况进行评估，并形成升级改造计划，影响固定资产使用效率。

未定期进行固定资产清查或清查报告不真实、不准确，造成固定资产丢失、毁损。

未对固定资产的盘盈（盘亏）进行分析和处理或未根据盘盈（盘亏）及时调整固定资产账面价值，造成固定资产信息失真、账实不符。

（三）固定资产处置与转移的主要风险

固定资产处置业务管理混乱，职责分工不明确、流程不清晰，对处置业务没有引起足够重视而任意处置固定资产，易产生资产流失。

未经过适当的申请、审批、鉴定等程序，擅自确定固定资产评估机构或超越授权范围审批，甚至处置过程收受回扣，可能导致处置价格过低、资产损失。

企业内部固定资产转移未按规定处理，造成管理信息失真。

固定资产处置的相关凭证未提交给财务部门，导致账实不符。

二、风险分析

经过风险识别阶段，已经收集了固定资产管理流程中的风险信息，对面临的风险有了一个初步认识，接下来需要对各类风险发生的可能性和后果进行分析。

（一）风险发生的可能性

固定资产管理中风险发生的可能性是指在企业目前的管理水平下，固定资产管理中各类风险发生概率的大小或者发生的频繁程度。在风险管理实践中，一般利用固定资产管理方面的历史数据推断风险事件在未来发生的可能性。

（二）风险发生的后果

固定资产管理风险发生的后果是通过假设特定事件或情形已经出现，然后判断其影响的性质、类型和大小。

三、风险评价

固定资产管理的风险评价是风险评估的最后环节，将固定资产管理风险分析的结果（风险发生可能性和风险发生后果）与预先设定的风险重要性等级准则进行对比，以确定固定资产管理风险的重要性等级。

（一）风险的重要性等级

固定资产管理风险的重要程度是发生可能性和发生后果的综合结果。在固定资产管理风险实践中，用得比较多的方法是把风险发生可能性的分值与风险发生后果的分值相乘，其乘积即为风险重要程度的大小；数字越大，对应的风险越高。

（二）风险矩阵

固定资产管理的风险矩阵是利用固定资产风险发生可能性及其发生后果这两个维度来绘制的矩阵图，是用于对风险进行优先排序的有效工具。绘制矩阵时，一个坐标轴表示固定资产管理风险发生可能性等级，另一个坐标轴表示固定资产管理风险发生后果等级，根据风险在矩阵中所处的位置，可以直观地显现固定资产管理风险的分布情况，可以确定哪些风险更重要，需要更细致的分析和优先应对，非常有助于管理者确定关键风险和风险应对方案。

任务四　固定资产管理内部控制措施

固定资产管理的风险控制是企业内部控制的关键一环，之前对风险的识别、分析、评价都是序曲，皆为风险控制服务。面对风险，企业一般会在权衡成本效益之后，采取适当的控制措施降低风险或者减轻损失，将风险控制在可承受度之内。风险控制是一个递进的循环过程，在实施风险控制措施后，还要继续评估剩余风险的风险水平是否可以承受，如果不能承受，则要采取进一步的应对措施，直到剩余风险可以承受。常见的固定资产管理内部控制措施有以下五种。

一、不相容职务分离控制

企业应当建立固定资产管理业务的岗位责任制，明确相关部门和岗位的职责、权限，确保办理固定资产业务的不相容职务相分离。固定资产业务的不相容职务分离主要有：

固定资产投资预算的编制人员与预算的审批人员、预算的审批人员与预算的执行人员相分离；

固定资产的采购人员、验收人员与付款人员相分离；

固定资产投保的申请人员与审批人员相分离；

固定资产处置的审批人员与执行人员相分离；

固定资产取得与处置业务的执行人员不得进行相关会计记录。

二、授权审批控制

固定资产授权审批控制按其形式可以分为常规授权和特别授权。固定资产常规授权是指处理常规固定资产业务时的条件、权力和责任的规定，常规授权的时效性较长；固定资产特别授权是指处理较为特殊、例外的固定资产业务时的条件、权力和责任的规定，特别授权的时效性较短。无论采用哪种授权审批方式，企业要运用授权审批对固定资产加以控制，就必须建立固定资产授权审批体系，明确授权审批的方式、程序和相关控制措施，规定审批人的权限、责任和经办人的职责范围和工作要求，严禁未经授权审批的机构和人员办理固定资产业务。审批人应根据固定资产授权审批制度的规定在授权审批的范围内审批，不得超越权限进行审批；经办人应当在职责范围内，按照审批人的批准意见办理固定资产业务。对于审批人超越权限范围批准的固定资产业务，经办人有权拒绝办理，并及时向审批人的上级授权部门报告。建立完善的固定资产授权审批制度需要注意以下四点。

（一）授权审批的范围

通常企业的每项固定资产预算只有经过董事会等高层管理机构或相应的审批部门批准方可生效；所有形式固定资产的增加或减少（包括固定资产的外购、固定资产的自建、接受投资转入或捐赠的固定资产以及固定资产的正常、非正常报废等）均须经过企业相应授权审批机构的书面认可，并应纳入授权审批的范围。

（二）授权审批的层次

根据固定资产业务活动的重要性和金额大小确定不同的授权审批层次，从而保证各管理层有权亦有责。例如，根据固定资产投资额的大小以及单项投资占净资产的比重，针对购建、处置固定资产建立严格的分级授权审批制度；根据减值额的大小以及减值额占资产价值的比重建立固定资产减值处理的授权审批制度。

（三）授权审批的责任

明确被授权者在履行权力时应对哪些方面负责，避免责任不清、一旦出现问题又难辞其咎的情况发生。

（四）授权审批的程序

每类固定资产业务审批程序，包括固定资产的外购、自建、受赠、调出、出售、报废等，都应按规定的程序和手续，经有关部门批准方能办理，以避免越级审批、违规审批的情况发生。

三、财产保护控制

此处的财产保护是指固定资产实物资产的直接保护，主要有以下三种方式。

(一) 限制接近

固定资产的限制接近主要是针对某些特定的固定资产实施的控制，如各种精密仪表仪器、设备等。限制非固定资产使用部门、管理部门等无关人员对这些固定资产的直接接触，只有经过授权审批的部门和人员才能够接触这些固定资产。

(二) 定期盘点

企业应建立固定资产定期盘点制度，并保证盘点时固定资产的安全性。通常可采用先盘点实物，再核对账册来防止盘盈固定资产流失。对盘点中出现的差异进行调查，对盘亏的固定资产应分析原因、查明责任，进而完善相关控制制度。固定资产盘点由财务管理部门、固定资产管理部门牵头配合抽调人员成立盘点小组，每年至少盘点两次。盘点内容如下：

固定资产总账的账面金额与其明细账的账面金额是否相符；

固定资产明细账的数量与卡片的数量是否一致；

账、卡的数量与实物的数量是否相符。

固定资产盘点完毕后应编制固定资产盘点报告表，对出现的问题认真查明原因，分清责任，并进行报批处理。

(三) 财产保险

财产保险是通过对固定资产投保（如火灾险、盗窃险等）增加固定资产受损后的补偿机会，从而保证固定资产的安全性。企业应当建立固定资产投保制度，防范和控制固定资产的意外风险。企业应当明确应投保固定资产的范围和标准，由固定资产管理部门负责提出投保申请，由企业相应的安全工程师负责投保申请的审核，最后由企业财务部门负责投保手续的办理。

四、会计系统控制

会计记录反映了固定资产各项业务的发生、处理和结果，健全、良好的会计记录能够保护固定资产的安全与完整，正确反映企业固定资产的增减变动情况，有利于企业管理层决策的及时性和有效性，在进行会计处理时应进行以下检查。

与固定资产有关的原始凭证（如合同、入库单、订单、发票、货运资料、调拨申请单、内部转移清单等）是否齐全、是否合法；相关记账凭证、账簿的内容是否一致、合规；定期与行政管理部门、使用部门进行对账，做到账、卡、物相符；有关人员在凭证上的签字是否齐全。

根据具体固定资产的性质和消耗方式，合理地确定固定资产的预计使用年限和预计净残值，并根据科技发展、环境及其他因素，合理地选择固定资产的折旧方法。固定资产的预计使用年限、预计净残值和折旧方法一经确定，不得随意变更。如需变更，应报上级领导批准。

固定资产增减变动要及时进行会计处理；对未使用、不需用固定资产要及时办理封存手续；清理报废的固定资产残值应及时入账，实物要妥善保管和统一处理。

五、预算控制

固定资产预算控制是指通过编制固定资产预算来确定固定资产购置、建造或处置的计划指标，并规定为达到计划指标而需要通过的途径和采取的步骤与措施，从而对各年度固定资产的增减变动情况和资金的合理运用进行预测和控制。

企业应当明确固定资产投资预算编制、调整、审批、执行等各环节的控制要求。企业编制的固定资产预算应当符合本企业的发展战略和生产经营的实际需要，综合考虑固定资产投资方向、规模、资金占用成本、预计盈利水平和风险程度等因素，在对固定资产投资项目进行可行性研究和分析论证的基础上，合理安排投资进度和资金投放量。固定资产预算控制的关键在于预算制定的科学性和适应性，同时应注意预算执行过程中的适时监控，否则预算控制将失去其应有的意义。

固定资产预算的编制由固定资产使用部门、固定资产管理部门、企业财务部门等有关部门共同参加，以便减少资本支出预算错误发生的可能性。固定资产预算应于每年年度开始之前进行。固定资产预算必须在考虑多种因素的基础上予以编制，包括投资预算额、投资的机会成本、投资的资金成本、预计现金净流入、投资回报率以及当前年度企业生产经营总体目标和计划、上一年度固定资产预算的执行情况、企业生产使用的实际情况、以后若干年度企业的整体发展规划等。

拓展阅读

《企业内部控制应用指引第 8 号——资产管理》。

项目小结

本项目我们学习了固定资产管理的内部控制目标，固定资产管理内部控制所涉组织及职责体系，固定资产管理内部控制的业务流、资金流、信息流，对固定资产管理内部控制流程中的风险进行了识别、分析、评价，并对此采取相应的内部控制措施。学习的重点是梳理固定资产管理内部控制流程和风险评估，学习的难点是针对风险选择恰当的内部控制措施。

实践提升

请根据以下案例进行风险识别与内部控制。

50 岁的老归是原上海溢彩技术工程公司（以下简称上海溢彩）轻纺工程部经理，其利用职务上的便利，骗取企业财产 64 万余元。面对法院的终审判决，被告人老归不得不低下头，吞下自己"精心隐藏"的苦果，等待他的将是牢狱生活。

2020 年 11 月，山东一家公司向上海溢彩求购精梳机一套，但当时上海溢彩没有购买此类机械的配额，头脑活络的老归想出一个好办法，利用其他公司的配额到大发纺机总厂定购。随后，老归将上海溢彩的 45 万余元划入大发纺机总厂。然而，2021 年初，他代表上海溢彩到大发纺机总厂核账时发现，大发纺机总厂财务人员出错，把上海溢彩已提走的精梳机当作其他公司购买的，因此他划入的 45 万余元变为公司的预付款。于是，一场偷梁换柱的把戏开始上演。

2021 年 3 月至 4 月，老归派人到大发纺机总厂以上海溢彩的名义购买混条机等价值 60 余万元的设备。因为有了 45 万余元的"预付款"，老归仅向大发纺机总厂支付了 15 万元。随后，他找到了亲戚经营的志君纺织器材公司，开出了上海溢彩以 67 万元购得这批设备的发票。而上海溢彩不知内情，向大发纺机总厂支付了全部购货款，其中 15 万元支付给大发纺机总厂，剩余 52 万元全部被老归占有。同年 7 月至 10 月，老归又以相同手段骗得公司 12 万余元，并占为己有。2021 年底，老归终于梦想成真，开办了自己的公司——中岛纺织机械成套设备公司，并担任法定代理人。

2022 年上半年，大发纺机总厂发现 45 万余元货款被骗，向公安机关报案，老归随后被捕。法院认定老归贪污公款 64 万余元，构成贪污罪，判处老归有期徒刑 15 年。

任务实施过程	实施答案	评分标准	标准分	得分
一、确定内部控制目标		是否结合业务具体目标来设定内部控制目标	10	
二、识别风险源，并进行风险描述		是否识别出所有的风险源；风险描述是否清晰	10	
三、采取内部控制措施		所选内部控制措施是否正确	10	